SCHAPS-ABRAHAM

Das deutsche Seerecht

Schaps - Abraham

Das deutsche Seerecht

Kommentar und Materialsammlung

Begründet von Reichsgerichtsrat Dr. Georg Schaps,
fortgeführt von Senatspräsident Dr. Max Mittelstein
und Rechtsanwalt Dr. Julius Sebba

Dritte umgearbeitete und erweiterte Auflage
von

Dr. iur. Hans Jürgen Abraham
ord. Professor an der Universität Frankfurt a. M.

Registerband

A – Z

Berlin 1965

WALTER DE GRUYTER & CO.

vormals G. J. Göschen'sche Verlagshandlung · J. Guttentag, Verlagsbuchhandlung · Georg Reimer · Karl J. Trübner · Veit & Comp.

Archiv-Nr. 22 17 65 1

Satz, Druck und Bindearbeiten: Dr. F. P. Datterer & Cie. – Inh. Sellier – Freising

Register

Die lateinische Ziffer bezeichnet den Band, die arabische die Seitenzahl. Außer Kraft getretene Bestimmungen sind in schräger Schrift gesetzt.

A

aandeel I 394
Abänderung des Reedereivertrages II 88ff
Abandon
— des Frachtschuldners II 500ff, 529
— des Mitreeders II 104, 108ff, 112
— des Verfrachters II 656
— des Versicherungsnehmers I 378, II 1343ff, 1367, 1373
Abandonsystem, französisches II 65
Abbäumung II 400, 404
Abbringung II 223, 511, 892ff, *918ff*, 1209
Abdrängen II 1027
Abessinien I 322
Abfahrt
s. „Reiseantritt"
Abfertigung
— von Schiffen II 4
— des Schiffes II 374, 376
Abfertigungsabteilung II 228
Abgaben
— in Häfen s. „Hafenabgaben"
— öffentliche II 1321f
— auf Wasserstraßen I 223f, s.a. „Kanalgebühren"
— s.a. „Schiffahrtsabgaben"
Abgabenfreiheit auf dem Rhein I 191
Abgang des Schiffes II 351, 358, 362, 387
Abgangshafen II 242, 447, 517, 533, 818, 921, s.a. „Ladehafen"
Abgangsort II 280, 283
Abgasleitung I 957
Abgekürztes Vermessungsverfahren *I 1191*
Abkommen
s. „Internationale Verträge, Abkommen"
Abladegeschäft II 597, 614
Abladekonnossement
s. „Bordkonnossement"
Ablader
— Anlieferung der Ladung II 236
— Annahmeverzug bez. des Konnossements II 556
Ablader
— Anspruch
— — auf Aufnahme seiner Angaben ins Konossement II 576ff, 638
— — auf Konnossementsausstellung II 556, 579, 691ff
— Ansprüche
— — wegen Nichtladens II 280
— — gegen den Reeder II 40, 575
— — gegen die Schiffsbesatzung II 457
— — gegen den Verfrachter II 430
— Anweisungen des — II 265, 395, 607ff
— als Aussteller des Schiffszettels II 297
— Ausstellung des Konnossements an den — II 550ff, 556
— Begriff II 235, 261f
— Bescheinigen verbrauchter Ladezeit II 357
— im Binnenschiffahrtsrecht II 262
— Disposition über die Ladung II 239
— Eigentum an der Ladung II 515
— als Empfänger II 266, 619, 651
— als Frachtschuldner II 264, 529, 617
— Genehmigung des Konnossementsinhalts II 559
— Haftung
— — für Angaben über das Frachtgut II 329, 330ff, 474, 692, 702f
— — für gefährliche Güter II 337f, 703
— Hilfeleistung durch den — II 272
— Kenntnis von Art und Beschaffenheit des Frachtguts II 331f
— Konnossementsangaben des —
— — falsche II 428, 473ff
— — über das Frachtgut II 576ff, 692, 702
— — Mitteilung der — an das Schiff II 567, 615, 692
— — Namensangabe II 565f
— — betr. Wert und Art des Gutes II 633, 638f
— als Konnossementsinhaber II 585, 589, 606, 608, 615, 642

— als Ladungsbeteiligter II 235f
— mitwirkendes Verschulden des — II 615, 697, 700
— nicht zu ermittelnder — II 370f
— Obliegenheiten II 23
— Order für den Hafen II 264
— Pflichten II 358, 610f
— als Reiseinteressent II 150
— Reverszeichnung II 626
— Rücktrittsrecht II 527
— Schädigung des Gutes durch den — II 467, 472
— bei Schiffsverkauf II 227
— Selbstverladung II 468, 472, s.a. „fio-Klausel"
— Stellung von Stauern II 23, 168
— Unterbefrachter als — II 427
— Verfolgungsrecht II 589
— Verfügung des — II 262, 265, 376, 380, 608
— Vergütungen an den Kapitän II 252ff
— Verhältnis
— — zum Empfänger II 422
— — zur Kaianstalt s. dort
— — zum Schiff II 621
— — zum Verfrachter II 621
— Versicherung der vom — verursachten Schäden II 1336
— als Vertragspartner des Verfrachters II 262
— als Vertreter des Befrachters II 262, 321, 323, 340, 360
— Vertretung des — s. „Vertretung"
— Wahlrechts hinsichtlich des Ladungsplatzes II 323
— Weigerung zu verladen II 309, 370f
— Widerruf von Verfügungen II 265
— Wiederausladungsrecht II 544
— Zustimmung
— — zur Ausstellung eines Übernahmekonnossements II 551, 560
— — zur Deckverladung II 343ff, 645
— — zur Umladung II 286

Abladung
— anderer Güter s. „Lieferung"
— Aufforderung zur — II 286, 386
— ausländisches Recht II 322f
— Beendigung II 362, 370f, 377, 535
— Begriff II 326
— Dauer II 387
— Hindernisse s. „Verhinderung"
— Kosten II 325ff
— Mitlieferung der Begleitpapiere II 390f
— Pflicht des Befrachters zur — II 325ff,
— Reederhaftung nach — II 1312ff
— im Stückgüterverkehr II 286, 436, 549
— ungetrennte II 584f
— Unmöglichkeit II 349, 384
— Unvollständigkeit II 375, 383
— Verletzung gesetzlicher Vorschriften bei — II 330ff
— Verweigerung II 262, 384
— Wartepflicht des Verfrachters II 347, 361f

Abladungshafen
s. „Ladehafen"

Abladungsort II 331, 336, 371, 373, 506

Abladungsplatz
s. „Ladungsplatz"

Abladungstermin II 356, 360, 370

Abladungszeit II 336, 347, 506, 667

Ablassen von Öl s. „Öl"

Ablauf der Wartezeit II 383

Ablegen II 309

Ablegung der Verklarung II 198ff

Ablehnung eines Richters I 279

Ableichterung II 969

Ablenkung
— s. „Deviation"

Ablieferung
— Ende der Güterversicherung mit — II 1372
— im Endhafen II 622ff
— des Frachtguts II 262, 265, 398, 400, 420, 423, 428f, 431, 435, **436ff**, 454, 475f, 481, 503f, 514ff, 517f, 583ff, 606, 613, 644, 646, 655f, 657f, 668, 689, s.a. „Auslieferung"
— des Reiseguts II 824
— des Schiffs II 123
— unvollständige II 667
— Verschulden bei — II 1357
— verspätete II 1385f
— s.a. „Nichtablieferung"

Ablieferungshindernis s. „Verhinderung"

Ablösungsrecht s. „Befriedigungsrecht", „Schiffshypothek"

Abmessungen der Einsatzgläser von Positionslaternen I 1119

Abmusterung III 43, 79f, 82

Abnahme
— des Frachtguts
— — durch den Empfänger II 399ff, 403, 407, 412ff, 417f, 422ff, 436, 521f, 554
— — durch den Unterbefrachter II 428
— eines Schiffes aus dem Dock I 426
— Unterbrechung II 476
— Verzögerung s. „Verzögerung"

Abnahmeaufforderung des Kais II 769

Abnehmer II 501f

Abnutzungsschäden II 1335, 1364

Abort I 15, III 118, 212, 213, 297, 354f, 952ff

about II 293, 296

Abreise
— vorzeitige II 383
— Zeitpunkt s. „Reiseantritt, Abfahrtszeit"
Abschätzen
— Kosten des II 1338
— nach Rettung II 1217
Abschlagszahlung auf den Heuervertrag II 1386
Abschleppen festsitzender Fahrzeuge III 665
Abschluß s. bei dem betr. Rechtsgeschäft
Abschlußort des Vertrages II 277ff, 281ff, 289, 563
Abschlußzwang s. „Kontrahierungszwang"
Abschreibeversicherung II 1376
Abschreibungen
— der Reederei II 112
— und Wertberechnung II 1215
Abschrift von Eintragung in das Schiffsregister I 248
Absender II 261, 514, 517
Absichtliche Strandung II 913, 917f
absolute bill of sale I 397
Absolute Negligence-Klausel II 669
Absolute Reparaturunfähigkeit II 13
Absolute Theorie II 598f
Absolute Verfügungsbeschränkung und Schiffsregister I 474
Absonderungsrecht
— des mortgagee I 397
— des Schiffsgläubigers II 1289
— bei Vorschuß des Mitreeders II 107
Absperrung gegen ansteckende Krankheiten I 21 III 1507
Abstandhalten, ungenügendes II 1025
Abstandssumme II 377f, 381, 384
Abstempelung von Konnossement oder Teilschein II 398f, 437, 491, 493, 516, 588, 606
Abstieg des Tauchers I 938
Abstoppgeld III 150
Abstumpfung und Mitverschulden II 1073
Abteilung Seeverkehr — Bundesverkehrsministerium III 13
Abteilungen des Schiffsregisters I 287ff, 293
Abtretung
— der Chartervertragsrechte II 297, 651
— der Ersatzansprüche II 398, 431, 458, 631f
— der Fracht II 1312f
— von Freistellungsansprüchen II 465
— des Herausgabeanspruchs II 458, 592, 594, 598
— der Hilfslohnforderung II 1228, 1243
— der Konnossementsrechte II 492, 591, 596
— eines Schiffsgläubigerrechts II 1276
— einer durch Schiffshypothek gesicherten Forderung I 526f
— an den Versicherer II 1332
— des Versicherungsanspruchs II 640, 642, 694, 1348
Abtretungsverbot II 464
Abtrift II 185ff
Abu Bhadi Arbitration I 66
Abwehr schädigender Einwirkungen aus fremden Wirtschaftsgebieten II 773
Abweichung
s. „Deviation"
— vom Reiseweg
— von den Zeugnissen des Schiffssicherheitsvertrages I 605
— — des SSV I 751
Abwicklung der Hörwachen I 835
Abwrackbeihilfe III 1280
Abzahlung des Darlehens von Schiffspfandbriefbanken *I 439*, III 1272
Abzweigungen von Fahrwassern III 554
Abzug „neu für alt" s. „Alt und Neu"
Abzüge vom Brutto-Raumgehalt bei Schiffsvermessung *I 1188*
accident II 662, 664
Achterwehrer Schiffahrtskanal
s. „Betriebsordnung für den Nord-Ostsee-Kanal..."
Achtungssignal II 1027, III 636, 639, s. a. „Kurssignal", „Nebelsignal"
acte authentique II 289
acte de francisation I 274
actio in rem scripta II 1270f
act of God II 289, 660f, 664, 699
actual gross weight II 629
actually on board II 560
actual possession I 513
Adäquate Kausalität II, 341, 421, 439, 1030f
Adjektizische Haftung des Reeders II 33ff
— für Berge- und Hilfslohnansprüche II 1129f
— bei Schiffskollision II 1046
Adreßklausel II 766
Adreßkommission II 378, 495, 510, 763
Adriatische Zone (Ölverschmutzung) I 126
ADS
s. „Allgemeine Deutsche Seeversicherungsbedingungen"
ADSp
s. „Allgemeine Deutsche Spediteurbedingungen"
Ägypten III 1209, 1210
— Außenzone I 63
— Flaggenrecht I 322
— Küstenmeer I 57
— Küstenschiffahrt I 107
— als Mitglied internationaler Abkommen I 569, 584, 977, 1294, 1316, II 67, 1099, 1109, 1112, 1253

— seerechtliches Schrifttum I 38
— Seerechtsquellen I 31
— s.a. „Vereinigte Arabische Republik"
Allgemeines Verkehrsrecht I 8f
Ältermann III 492, 562, s.a. „Lotsenbrüderschaft"
Amtliche Feststellung des Güterzustands II 479, 482
Änderung
s. beim Gegenstand der —
Äpfel II 473
Ärmelkanal I 59
Ärztliche Untersuchung
— der ankommenden Schiffe I *1275*, *1286*, III 1501
— der Besatzungsmitglieder I 28, III 165ff
— von Kindern und Jugendlichen I 15, 25, III 360, 365f
— der Seelotsen III 486
— s.a. „Untersuchung"
Äthiopien
— Küstenschiffahrt I 107
— als Mitglied internationaler Abkommen I 1294
— Seerechtsquellen I 31
Ätzende Stoffe I *1081ff*, s.a. „Gefährliche Güter"
Äußerlich erkennbare Verfassung und Beschaffenheit II 439, 565, 567f, 576f, 612f, 691
Äußerlich nicht erkennbarer Schaden II 479, 482, 667, 693, 823
affrètement partiel II 284
affrèteur II 261, s.a. „Befrachter"
Afghanistan I 1294
agency-fee II 767
Agent II 57, 228, 234, 237, 459, 467, 472, 477, 479, 493, 558ff, 591, 656, 669f, 691ff, 697, 700, 770, s.a. „Auswanderungsagent", „Schiffsagent"
agent II 265, 289, 459f, 463
agent maritime II 772
Agentur II 228, 436
AHGB
s. „Allgemeines Handelsgesetzbuch"
Akaba, Golf von — I 57
Akkreditiv II 555, 784, s.a. „Dokumentenakkreditiv"
Akkreszenzpflicht II 111
Akkumulator III 1307
Aktiengesellschaft
— als Schiffspfandbriefbank I *428f*
— und Partenreederei II 88
— als Reederei II 88
— im Seehandelsrecht II 5
— s.a. „Juristische Person"
Aktienrechtliche Vorschriften über Jahresabschluß der Schiffspfandbriefbanken I *438*
Aktivlegitimation
— bei Ansprüchen
— — aus Bergung und Hilfeleistung II 1128f
— — aus § 606 HGB II 438
— — aus Schiffskollision II 1046f
— des Schiffers II 217f, 241
Akustische Fernmeldeanlage I 1924ff
Akzept II 221f, 555, 588
Akzessorietät
— des Schiffsgläubigerrechts II 486
— der Schiffshypothek I 526f
Alarmvorrichtung III 1308
Albanien I 100, 139
Alkoholische Waren I 17, 153, 173, 177, 1331ff, II 263, **334f**, 473, s.a. „Gesetz über die Verfrachtung alkoholischer Waren", „Alkoholschmuggel", „Branntwein"
Alkoholschmuggel I 173, 177
all other conditions as per charterparty II 495
Alle übrigen auf dem Schiff angestellten Personen I 19f
Alleinsteuermann II 141, 172, III 11
Allgemeine Bedingungen des Vereins Hamburger Stauer III 1044
Allgemeine Darlehensbedingungen der Schiffspfandbriefbanken I 428, *433*, III 1272
Allgemeine Deutsche Seeversicherungsbedingungen I 9, 498, 500, II 1328, **1350ff**
Allgemeine Deutsche Spediteurbedingungen II 261
Allgemeine Eisklausel II 300
Allgemeine Freizeichnung des Verfrachters II 659
Allgemeine Genehmigungen nach dem Gesetz über die Kontrolle von Kriegswaffen II 797
Allgemeine Geschäftsbedingungen I 9, 425, II 3, 237f, 397, 552, 569, 654, 862, s.a. „Charterklauseln", „Konnossementsklauseln", „Passagebedingungen", „Verfrachtungsbedingungen"
Allgemeine Grundsätze für den Bau, die Ausrüstung und den Betrieb von Ölfeuerungsanlagen auf Seeschiffen III 1371
Allgemeine Kriegsklausel II 300
Allgemeine Lotsordnung
s. „VO über die Seelotsreviere, ihre Grenzen und die Lotsensignale"
Allgemeine Schleppbedingungen II 273ff, III 938, 1047, 1144
Allgemeine Streikklausel II 300

Anbordbringen
— von Gütern durch Passagiere ohne Wissen des Kapitäns II 822, 824
— von Gütern ohne Wissen des Kapitäns II 336
— Strafbestimmung I 19
— von Personen und Gegenständen durch Besatzungsmitglieder III 190ff
— s.a. „Frachtgut"
Anbringung des Schiffsnamens I 348
Andienung II 272, 286, 436, 561, 1360
Andienungsfähigkeit II 343, 551, 556, 560, 622, 625
Aneignung
— eines herrenlosen Schiffes I 375, 379
— von Konnossementsgütern II 596
Anerkenntnis
— des Kapitäns im Rechtsstreit mit Schiffsgläubigern II 1300
— durch Konnossementszeichnung II 375, 494
— Prozeßkosten bei — II 1296f
Anerkenntnisurkunde II 1332
Anerkennung
— der Zeugnisse nach dem Schiffssicherheitsvertrag I 605
— des Flaggenrechts der Staaten ohne Meeresküste I 64, 139
— von dinglichen Rechten an Seeschiffen I 26
— von Forderungen durch den Kapitän II 219
— des Ladungsverlustes durch den Verfrachter II 487
— der Schiffsingenieurschulen III 312
— der Seemaschinistenschulen III 312
— der Seefahrt III 312
Anfechtbarkeit von Verträgen über Bergung und Hilfsleistung II 1219
Anfechtung
s. bei betr. Rechtsgeschäft
Anforderungssignal für Seelotsen III 506f
Angaben über das Frachtgut
s. „Frachtgut"
— für die Anmeldung eines Seeschiffs zum Schiffsregister I 249
— für die Anmeldung eines Binnenschiffs zum Schiffsregister I 252
— im Geschäftsbericht der Schiffspfandbriefbanken I *437*, III 1272
Angebot der Leistung, wörtliches II 424
Angelegenheiten, eigene
s. „Sorgfalt"
— der Partersreederei II 88
Angestellten-Gewerkschaft, Deutsche III 220, 258
Angestelltenversicherung II 1284
Angestelltenversicherungsgesetz III 213
Angestellter auf einem Schiff II **17ff**, 155, 213, III 17f
— nur im Hafen an Bord vorübergehend tätiger — III 19
— sonstiger — s. „Sonstige Angestellte"
Anglo-amerikanisches Recht
— Chartervertrag II 268, 288, 323, 350, 360, 364ff, 376, 379
— Deviation II 537, 539f
— Frachthaftung II 312ff, 319f, 434, 439f, 446ff, 451ff, 454ff, 469f, 485, 487, 634, 647ff, 683, 687
— Frachtvertrag II 346f, 350, 360, 364ff, 376, 379, 525
— Geltendmachung der Schiffshypothek I 523
— Gruppe im Seerecht I 30
— Haftung der Verfrachtergehilfen II 463
— internationales Privatrecht II 278ff, 283
— Konnossement II 687
— Mithaftung der Kaskoversicherung für mortgage I 502
— mortgage I 391f, 396ff
— Reederhaftung II 434
— Schiffsmakler II 816f
— Seerechte I 30
— Sicherheit der mortgagee I 513ff, 518f
— Übernahme der Haager Reegeln II 707f
— Zubehörhaftung für mortgage I 492f
— s.a. „Großbritannien", „Vereinigte Staaten von Amerika"
Angriffskrieg II 795, 799
Anhängen an die Seiten des Schiffes II 343f, 645
Anhaltung von Ladung II 235, 522, 524, 925, 1343
Anhangschiffer II 1064, 1065
Anheuerung
s. „Heuervertrag"
Anker I *906ff*, 960, II 10, 898, 915, 926, 930, 1013, 1038, 1094, 1124, 1213, 1364, III 411, 413ff, 1332
Ankerkette II 915, 930, 976f, 1092, 1213, 1364
Ankerlicht II 1032, III 606
Ankermanöver II 1095
Ankermanöverbuch II 1035
Ankern I 60, II 276, 326, 1024f, 1072, 1101, 1215, III 693, 790, 879
— von Fahrzeugen mit feuergefährlicher Ladung III 696
Ankerplatz
— für Schiffe mit Sprengstoff III 558, 565
— unsorgfältige Auswahl II 1025
— Wahl des — durch den Zwangslotsen II 1084

Ankersicherung III 1332
Ankertau II 915, 1364
Ankerwinde III 1333
Anknüpfungspunkt
s. „Internationales Privatrecht“
Ankunft
— des Frachtguts II 286, 352, 437, 476, 508, 606ff
— im Löschungshafen II 604f
— des Schiffes II 347ff, 351, 405, 423, 630f, 639, 879
Ankunftshafen II 340
Ankunftszeit des Schiffes II [illegible]
Anlandbringen der Passagiere II 814f
Anlaufen
— eines Hafens I 48, II 389, 417, 512
— eines Nothafens s. „Nothafen“
Anlegen des Schiffes II 326, 814, III 695
Anleger II 325
Anlegestelle II 323, 326
Anleitung zur Gesundheitspflege auf Kauffahrteischiffen III 120, 121
Anlieferung
— des Frachtguts s. „Frachtgut“
— des Schiffes II 270, 294ff
Anmeldung
— gefährlicher Ladung I *985*
— des grenzüberschreitenden Warenverkehrs I 1342
— zum Kartellregister II 756
— zum Schiffsbauregister I 276f
— der Schiffshypothek beim Versicherer I 504
— zum Schiffsregister I 249ff, 255f, 268
Anmusterung II 19, 211f, III 24f, 38, 41ff, **79f**, 81
Annahme
— einer Anweisung II 588
— beschädigter Güter an Zahlungsstatt II 500ff
— durch den Empfänger II 338, 417f, 422, 436, 462, 488f, 493, 497, 514f, 517, 519, 529, 588, 610
— zur Erfüllung II 318f
— mehrerer Stücke II 436
— der Schiffsmannschaft s. dort unter „Anmusterung“
— teilweise II 418
— verbodmeter Güter II 886
— durch den Verfrachter II 310, 326, 328f, 386, 398, 428f, 431, 435, **436ff**, 503, 646, 689, 823
— vor Vertragsabschluß II 429
Annahmeschluß II 386f
Annahmeverweigerung des Empfängers II 281, 417, 502, 514, 517, 521f
— teilweise — II 494, 521
Annahmeverzug
— des Abladers II 556
— des Befrachters II 353, 387, 390
— des Empfängers II 421ff
— der Ladungsbeteiligten II 510
— des Verfrachters II 493
Anordnung
— des Bundespräsidenten
— — über die deutschen Flaggen I 335, **351f**
— — über die Dienstflagge der Seestreitkräfte der Bundeswehr I 335, **[illegible]**
— über Lotsenpflicht und Lotsengebühren (DDR) I 29
— zur Regelung des Verkehrs auf den deutschen Seewasserstraßen (Seewasserstraßenordnung — SWO) (DDR) III 646
Anordnungen
— behördliche II 324, 396, 414, 503
— der Gesundheitsbehörden II 349, 405
— polizeiliche II 349, 405
— des Schlepperkapitäns II 276
— vorübergehender Art im Bereich der SSchStrO III 659f
Anpreisungen II 291
Anreisekosten III 100
Anrennen eines Schiffes II 1074
s.a. „Schiffszusammenstoß“
Anschaffung
— von Ausrüstung durch Kapitän II 215f
— außergewöhnliche durch Kapitän II 232f
Anscheinsbeweis
— im Frachtrecht II 274, 276, 318, 341, 438, 442, 468, 615, 667
— bei Fernschädigung II 1096
— bei Schiffszusammenstoß II 1035ff, 1044
Anscheinsvollmacht II 582
Anschlagen der Kollis II 326, 647
Anschlußkonnossement II 622f
Anschlußverjährung II 1384f
Anschlußzone
s. „Außenzone“
Anschüttungen I 211
Anschwemmungen I 211
Ansegelung II 1145f
s.a. „Schiffszusammenstoß“
Anspruch
— auf Einräumung oder Aufhebung eines Rechts an Schiff oder Schiffshypothek I 469ff
— auf Berichtigung des Schiffsregisters I 478
— aus eingetragenen Rechten in Schiffsregister und Verjährung I 479

Anstalt, öffentliche, als Eigentümerin des Ladungsplatzes II 325
Ansteckende Krankheit I 21, III 1501
Ansteckung von Tieren II 506
Anstellung
s. bei der betr. Person
Anstellungsbedingungen für Kapitäne in der deutschen Seeschiffahrt III 223, **258ff**
— Arten des Anstellungsverhältnisses III 260
— Aufhebungsvertrag III 265
— Baubeaufsichtigung III 260
— Bezüge während der Kündigungsfrist III 265
— Dienstreisen III 261
— Dienstuniformen III 262
— Effektenversicherung III 262
— Fahrtgebiet III 259
— Form der Kündigung III 264
— Freizeitansprüche III 262ff
— Geltungsbereich III 259
— Inkrafttreten III 266
— Krankenfürsorge III 262
— Kündigungsfristen III 265
— Laufzeit III 266
— Nichtgeltung für Fährschiffe III 259
— Sonnabendausgleich III 263
— Sonn- und Feiertagsausgleich III 262
— Spanien-Portugal-Zulage III 261
— Sterbegeld III 266
— Tankerzulage III 261
— Tarifschiedsgericht III 266
— Umfang und Höhe der Bezüge III 260
— Umschaufrist III 265
— Umschaugeld III 265
— Urlaubsabgeltung III 264
— Urlaubsanspruch III 262, 264
— Vereinbarung über die Bezüge III 266
— Verpflegungsgeld III 261
Anstellungstheorie (Amtshaftung) II 1089
Anstellungsvertrag
— des Korrespondentreeders II 93
— des Schiffers II 141f, III 13
Ansteuerung III 551, 563
Anstreicher III 18
Anstrengung bei Berge- und Hilfsleistung II 1208f
Anstrich I 961
— von Motor- und Ölkesselräumen I 959
Anstrichmittel I *891*, *898f*, 959, 961, 963, III 1312, 1321
Anteile
— des Kapitäns an einer GmbH als Schiffseigentümerin II 255
— am Rettungslohn II 1241ff
— an Partenschiff II 78
Antisklaverei-Konferenz I 368
Antrag
— auf Ausstellung eines Flaggenzeugnisses I 342
— auf Beförderung mit einem Schiff fremder Flagge in der Küstenschiffahrt I 111
— auf Gewährung eines Wiederaufbaudarlehens I 455
— auf Verleihung der Befugnis zur Führung der Bundesflagge I 344f
— auf Zwangsversteigerung I 557
Antragsrecht nach Außenwirtschaftsgesetz II 780
Antriebswelle II 1210
Antritt der Reise
s. „Reiseantritt"
Antwerpen II 328, 402
Anwärmlampe III 1305
Anwärter für Seelotsen
s. „Seelotsenanwärter"
Anwartschaftsrecht bei Traditionspapier II 597
Anweisung
— für die Hafen-Polizei-Beamten, betr. die Bergung stromtriftiger Gegenstände (Hamburg) III 397, 442
— des Ladungsplatzes II 348f
— des Löschplatzes II 404f, 475
— für die Ermittlung des Schiffswerts bei Darlehen durch Schiffspfandbriefbanken I *433*, III 1272
Anweisungen
s. bei dem Anweisenden oder bei dem Angewiesenen
Anwendbarkeit deutschen Rechts bei ADS II 1382
Anwendungsbereich
— der Internationalen Überfischungskonferenz I *157*
— der Konvention über die Regelung der Maschen der Fischnetze und der Größenbegrenzungen der Fische III 1236
Anwendungsgebiet
— örtliches, des 4. Buchs des HGB II 5
Anwesenheit der Schiffer im Heimathafen (Kapitänsvollmacht) II 211ff
Anzahl
— der Davits I 814
— der Rettungsboote I 705, 821
Anzeige
s. bei dem anzuzeigenden Umstand
Anzeigepflicht
— bezüglich geborgener Gegenstände II 1238f, 1258, siehe auch III 399, 410
— des Versicherungsnehmers II 1332f, 1335, 1345, 1348f, 1354f, 1360
— nach der StrandO III 399, 410

Anzuwendendes Recht
— bei See- und Binnenreise I 231ff, II 264
— s.a. „Internationales Privatrecht“
Apparate unter Druck I 958
approximation II 293
appurtenance I 492f
aptitude II 308
Arabien I 57
Arbeitgeberische Freizeichnung für Arbeitnehmer II 460, 464f
Arbeitnehmer, Freizeichnung für II 460, 464f
Arbeitsamt
s. „Internationales [illegible]“
Arbeitsbehinderung und Verfrachterhaftung II 466, 471
Arbeitsbereitschaft III 170
— für das Verpflegungs- und Bedienungspersonal III 232
Arbeitsgericht III 86, 140, 253
Arbeitskräftemangel und Verfrachterhaftung II 472
Arbeitslosenversicherung
— Bundesanstalt für Arbeitsvermittlung und — III 89, 90
— Gesetz über die Arbeitsvermittlung und — III 88, 91, 94, 95
— Schiffsgläubigerrecht zugunsten des Trägers der — II 1284
Arbeitslosigkeit infolge Schiffbruchs I 25, III 8, 151, 359, **377ff**
Arbeitsniederlegung und Verfrachterhaftung II 472, 697, 700, s.a. „Streik“
Arbeitsrecht
s. „Seearbeitsrecht“
Arbeitsrechtliche Kampfmaßnahmen und Verfrachterhaftung II 471
Arbeitsrechtlicher Freistellungsanspruch
s. „Freistellungsanspruch“
Arbeitsschutz II 156, III 163ff
— Ermächtigung des SeemG zum Erlaß von Rechtsvorschriften III 212
— Ordnungswidrigkeiten des Kapitäns hinsichtlich des — III 201
— für die in § 7 Abs. 1 SeemG genannten Personen III 184
— Sondervorschriften für Schiffsoffiziere und sonstige Angestellte III 184
— Verhältnis zur Schiffssicherheit III 164
Arbeitsschutzbehörden III 164, 174, 175f, **181f**
Arbeitsschutznachweis III 212
Arbeitsschutzvorschriften III 85
— Arbeitsunfähigkeit III 125, 126
— Arbeitsunfall III 125
— Durchführung der — des SeemG III 180ff
— strafbare Verletzung
— — durch den Kapitän III 199
— — durch den Reeder III 200
Arbeitsstunde bei Lade- und Löschzeit II 364f, 413
Arbeitstag bei Lade- und Löschzeit II 366, 369, 414ff
Arbeitsunfähigkeit III 125, 126
Arbeitsunfall
— im französischen Recht II 1082
— Krankenfürsorge des Reeders III 124f
Arbeitsverhältnis
— Auflösung durch Urteil des Arbeitsgerichts III 141
— s. a. bei dem betr. Arbeitnehmer
Arbeitsvermittlung
— Bundesanstalt für — und Arbeitslosenversicherung III 89, 90
— Gesetz über die — und Arbeitslosenversicherung III 88, 91, 94, 95
Arbeitszeit (SeemG) I 29, III 167ff
— des Bedienungspersonals III 170, 228f
— des Deckspersonals III 229
— an Ein- und Auslauftagen III 230, 273
— Ermächtigung des SeemG zum Erlaß von Rechtsvorschriften III 212
— der Jugendlichen III 19, 177
— des Krankenpersonals III 170
— nach dem Manteltarif
— — für die deutsche Seeschiffahrt III 227ff
— — für die Fahrzeuge der deutschen Hochseefischerei III 272ff
— — für die Heringsfischerei III 288
— des Maschinenpersonals III 229
— in Notfällen III 170f
— bei Rollen- und Segelmanövern III 170f
— Sonderbestimmungen
— — für Bergungsfahrzeuge III 251
— — für Fahrgastschiffe III 229
— der Tagelöhner auf See III 228
— des Verpflegungspersonals III 170, 228f
— der Wachgänger auf See III 227f
— s. a. „Freizeit“
Arbeitszeitnachweis II 184, III 180f
Arbeitszeitverlängerung in dringenden Fällen III 171f
arbitration II 283
Argentinien II 283, III 1210
— continental shelf I 64
— Flaggenrecht I 322
— Küstenmeer I 57, 58
— Küstenschiffahrt I 107
— als Mitglied internationaler Abkommen I 28, 127, 584, 977, 982, 1294, II 1099, 1109, 1112, 1253
— Partenreederei II 124
— Schiffshypothekenrecht I 388f, 391, 403
— seerechtliches Schrifttum I 38

— Seerechtsquellen I 31
Arglistige Täuschung
s. „Täuschung“
Armateur III 1553
armateur gérant I 382
s. a. „Korrespondentreeder“
Arrest I 27, 74, 75, II 469, 471, 503, 513, 543, 556, 767, 879, III 1282
— Abwendung durch Kreditgeschäft des Kapitäns II 219
— nach ausländischem Recht I 567ff
— in ausländisches Schiff I 565
— Begriff I 570
— in im Deckungsregister eingetragene Forderungen und Wertpapiere *I 440*, III 1277
— Haftung des Versicherers bei — II 1335, 1359
— nach internationalem Privatrecht I 239, 320
— nach internationalem Recht I 567ff
— Kosten eines — II 1058, 1214
— in Ladung II 241
— Passivlegitimation des Kapitäns II 218
— als Reisehindernis II 250
— in ein Schiff I 27, 62, 421, **563ff**, II 24ff, 1109
— wegen Schiffsgläubigerrecht II 1290, 1299
— in ein segelfertiges Schiff I 565, II 6, **24ff**, 957
— beim Verlassen des Dispachehafens II 957
— Vollziehung I 475f, 563f
Arrestabkommen von 1952 I 27, 87, **568ff**
Arresthypothek I 426, 542, 566f
Arrestlösungssumme I 565
Arrestpfandrecht I 289, 291, 295, 357, II 1278
arrived ship II 347
Art der Güter II 330
Articles concerning the Law of the Sea I 70
Arzneimittel I 973f, 1222, 1227ff, II 164, 185ff, III 121, 212
Aschehievvorrichtung I *883*, 955, III 1302
Asowsches Meer II 26
as presented II 559
Assekuradeur (kein Beteiligter am Dispacheverfahren) II 950 f
Assekuranzprämie II 1055
Assel III 739f
Assistent
— Anteil am Fangerlös III 270
— Ausbildung III 230
— auf Heringslogger III 285
Assistenz durch Schlepper (siehe auch Allgemeine Schleppbedingungen) II 274, 276, 445, 1064ff
Astronomisches Besteck II 185ff
Asylrecht auf Schiffen I 50
Atemschutzgerät I 669, 794, *900*, *903*, III 1325
Atlantischer Ozean I 726, 829, II 470
— Übereinkommen
— — über die finanziellen Beiträge zum Eiswachdienst im Nordatlantik I 1392ff, III 1543
— — über die Fischerei im Nordostatlantik III 1243ff
— — über die Fischerei im Nordwestatlantik I 26, **163ff**, 170, 172, 1390, III 1242
— Vereinbarung über Ozean-Wetterstationen im Nordatlantik I 179
Atlantische Zone (Ölverschmutzung) I 125f
Atomgesetz II 337, 435, III 1476ff
Atomgetriebenes Schiff III 1200, 1201ff
Atommüll I 87
s. a. „Verschmutzung der See“
Atomwaffen II 807
Atomwaffenversuche auf See I 87
atto di nazionalità I 274
Auch für Kriegsgefahr II 1381
Aufbauten und Schiffsvermesser I 1160ff
Aufbewahrung
— von Belegen II 105
— des Frachtguts im Schiff II 264, 449, 475
— der Kleidung des Besatzungsmitglieds III 117ff
— von Korrespondenz II 105
Aufbringung II 235, 471, 522, 524, 526f, 530, 592, 820, 918, 1343, 1358
Aufenthalt
— in fremden Binnengewässern I 47, 49, 63
— Gerichtsstand des gewöhnlichen — II 1109
— im Hafen II 448, 534f, 547f
— im Küstenmeer I 60
— im Nothafen II 902, 922ff
— des Schiffes II 173, 379ff, 542ff, 546ff
Aufenthaltsort und Schiffshypothek I 411ff
Aufenthaltsräume der Besatzung III 212, 272
Aufenthaltsstaat
— Gewalt über fremde Schiffe I 49
— Recht des — I 408f, 423,
Aufgabe
— des Schiffs II 147, 176
— des Schiffsgläubigerrechts II 1290
— der versicherten Reise II 1337
Aufgaben des Bundes auf dem Gebiete der Seeschiffahrt I 12ff
— des Deutschen Hydrographischen Instituts I 12
Aufgaberecht
s. „Abandon“
Aufgebotsverfahren II 583, 606
— in Bergungssachen III 417ff
— gegen Schiffseigner I 375

— gegen unbekannte Schiffshypothekare I 532, 535, **537f**, 542,
— — Schiffsgläubiger II 1307ff, 1315f
— gegen vormerkungsbegünstigten Gläubiger I 471
Aufgrundgeraten II 348
Aufgrundliegen II 470, 917
Aufhaltung des Schiffes und Überfahrtsvertrag II 820
Aufhebung der Schiffshypothek I 530
Aufhebungsklage und Heuervertrag III 257, 283
Aufklärung
s. unter dem aufzuklärenden Umstand
Auflaufen II 275, 511, 896f
Auflieger III 232, 330f
Auflösung
s. bei dem Gegenstand der —
Aufmachung der Dispache II 947ff
Aufnahmefähigkeit
— des Konnossements II 622, 625
— der Schiffsräume II 292, 359
Aufopferung von Ladung II 249ff, 894ff, 931ff, 938
— Havereivergütung für — II 56, 245, **931ff**, 1320f
— dem Versicherer zur Last fallende — II 1338, 1356, 1357
Aufrechnung
— bei Forderungen aus Schiffszusammenstoß II 1075
— Gutglaubensschutz I 477
— durch den Korrespondentreeder II 94
— des Mitreeders II 121
— gegen den Mitreeder II 112
— bei Partveräußerung II 117
— mit und gegen Reedereiforderungen II 85
— mit Schiffsgläubigerforderungen II 1276f
— bei Schiffshypothek I 519, 521
— verjährter Forderungen II 1383
— zwischen Versicherer und Versicherungsnehmer II 1348, 1353, 1363
— seitens durch Zwangsvollstreckung gefährdeter Dritter I 525f
Aufrechterhaltung aktienrechtlicher Vorschriften über Jahresabschluß und Schiffspfandbriefbanken I *438*
Aufruhr II 471, 697
Aufschrift
— der Schiffsregister I 287, 290
— des Schiffsbauregisters I 293
Aufsicht
— über Lotsenbrüderschaften III 494
— über Nordseefischer (Brandweinhandel) I 152
— des Schiffers über Tagebuchführung II 179
— über Schiffshypothekenbanken I *429*, III 1268
— über Schiffspfandbriefbanken I *429*, III 1268
— über die Seeberufsgenossenschaft III 183
— über das Seelotswesen III 482, 504
— über seemännische Heuerstellen III 96f
— über Strandämter III 398f
Aufsichtspflicht nach Ges. über die Kontrolle von Kriegswaffen II 795
Aufsichtsbeamte der Seeberufsgenossenschaft und Haftung für anfängliche Seetüchtigkeit II 911
Aufsichtsbehörde nach § 24d GewO III 293
Aufsichtsmaßregeln bei ansteckender Krankheit III 21
Aufstellung der Rettungsboote I 701, 817
Aufstieg des Tauchers I 940
Aufstrandsetzen II 898, 966f
Auftreiben auf ein Schiff II 1038
Aufwartedienst auf Seeschiffen I 28
Aufwendungen
— Abgeltung durch Berge- oder Hilfslohn II 1149f, 1255
— außerordentliche — als Havariegrossemaßregel II 962
— und besonderer Haverei II 892, 912
— bei erfolglosen Rettungsversuchen II 1134
— ersparte II 377
— Haftung des Pfandes für — II 1295, 1327
— dem Versicherer zur Last fallende — II 1357, 1359, 1368
Aufzüge I 659, 787, *892*, *930ff*
Augenschein II 439
Aurich III 316
Ausbaggerung II 396
Ausbesserung
s. „Reparatur"
Ausbesserungsunfähigkeit
— Eintragung zum Schiffsregister I 259, 533
— und Schiffshypothek I 533
Ausbeutung
— des Meeres I 59, 1380
— durch den Retter II 1151, 1221f
Ausbildung
— von Assistenten III 230
— zum Erwerb des Seefunkzeugnisses III 324
— der Junggrade des Decksdienstes III 230
— der Kapitäne III 211
— zum Matrosen s. „Richtlinien für die —"
— auf Schiffen, die die Bundesflagge führen III 309
— der Schiffsleute III 211
— der Schiffsoffiziere III 211
— in der Seefischerei III 307

— der Seelotsenanwärter III 485f, 496ff
— der Seemaschinisten III 308f
— der Seeschiffer außerhalb der Fischerei III 306f
— der Seesteuerleute III 306f
— zum Taucher I 933
— s.a. „Richtlinien der Küstenländer für Ausnahmen vom regelmäßigen Ausbildungsgang ..."
Ausbildungszeugnisse
s. „Bekanntmachung über —"
Ausbooten III 705
Aus dem Ruder laufen II 1039
Auseinanderbrechen des Schiffes II 523
Auseinandersetzung
— zwischen Berge- oder Hilfslohnschuldnern II 1129
— der Mitreeder II 120
Auseisungskosten II 509ff, 902
Ausfertigung des Meßbriefs I *1192*, III 1490
Ausführer i.S. des Außenwirtschaftsrechts II 785
Ausführung von Dienstverrichtungen des Besatzungsmitglieds und Reederhaftung II 37
Ausführung eines Manövers und Schiffskollision II 1095
Ausführungsgesetz zu Art. 26 Abs. 2 GG (Gesetz über die Kontrolle von Kriegswaffen) II 795
Ausführungsordnung des Bundesministers für Verkehr zu § 2 Abs. 2 Gesetz über die Küstenschiffahrt I 111
Ausführungsvorschriften zur StrandO, landesrechtlich I 22f, III 437ff
Ausfuhrbeschränkungen II 774, 779, 781f
Ausfuhrbestimmungen II 330, 332, 334f, 349, 774, 779, 781f, III 1564f
Ausfuhrbewilligung II 390
Ausfuhrerklärung II 785
Ausfuhrgenehmigung
— nach Außenwirtschaftsrecht II 781ff, III 1564
— für Kriegswaffen II 797, 802f
Ausfuhrhafen II 390
Ausfuhrlisten II 781ff, III 1564
Ausfuhrschein II 785, III 1564
Ausfuhrsendung II 785
Ausfuhrverbot II 526f, 536
Ausgänge I 678, 800, *879*, *902*, III 1297
Ausgangszollstelle II 785, 788, 801
Ausgasung I *891f*, 962, III 1313
Ausgehender Verkehr
— Allonge II 310, 436
— HR II 279, 707f
Ausgeliefertes Gewicht II 508f
Ausgleich
— zwischen mehreren Empfängern II 498
— für nicht gewährten Landgang III 241
Ausgleichsanspruch
— bei Doppelversicherung I 1352
— bei Schiffszusammenstoß II 1078f, 1080
Ausguck I *876*, 950, II 1026, 1072, III 639ff, 679, 817, 1293, 1567
Aushang der Zeugnisse nach der SSV I 751
Ausklarierung II 767, 771
Auskunftspflicht
— im Fischereiwesen I 204
— bezüglich Gewinn und Verlust einer Reise II 8
— des Korrespondentreeders II 105
— des Versicherungsnehmers II 1360
Ausladung II 341, 354, 398ff, 413ff, 428, 430f, 437, 439, 442, 449, 483, 486, 533f, 546, 549, 623f, 641, 644, 646f, **648f**, 655ff, 689, **690f**, 706
— versehentliche II 432
— zeitweilige II 655
Ausland, im — begangene Straftat I 17
Ausländer
— Fischereirecht im fremden Küstenmeer I 58
— Schiffsveräußerung an — I 258, II 114
— Straftaten eines — I 18
Ausländische Durchfuhrgüter I *985*
Ausländische Klauseln II 278, 289f, 764
Ausländische Währung und Schiffshypothek I *463*, *464*, *466*, III 1281
Ausländischer Patentinhaber und seeamtliches Verfahren III 466, 1573
Ausländisches Recht
— Anwendung II 282, 332, 562
— Auflösung des Frachtvertrags II 525
— Ausrüster II 133, 138f
— Beachtung durch den Schiffer II 171f
— Beschlagnahmefreiheit II 26
— Bodmerei II 869
— Chartervertrag II 268, 288, 322f, 350, 359, 364f, 393f, 400, 402, 404, 406
— Deviation II 537, 539f, 542
— Deliktstatut II 49, 63f
— Eigentumsübertragung an Schiffen I 368f
— frachtvertragliche Haftung II 314, 319f, 434, 446ff, 451ff, 454ff, 468ff, 487, 632, 634ff, 647ff, 652f, 660f, 670f, 675ff, 682ff, III 1558
— Frachtvertrag II 346f, 350, 359, 364f, 368f, 384, 393f, 400, 402, 404, 406, 525f
— Geltendmachung der Schiffshypothek I 523
— Haftungsbeschränkung II 64ff
— Haftungssystem II 64

— internationales Privatrecht II 278ff, 282f, 562, 564
— Kaianstalt II 397f
— Kapitänsvollmacht II 212ff, 218
— Konnossement II 562, 564, 566, 569, 578f, 583, 588, 599ff, 611, 616, 625, 652f, III 1559f
— Miteigentum II 123ff
— Mithaftung der Kaskoversicherung für Schiffshypothek I 502
— Partenreederei II 123ff
— Passagiervertrag II 816, III 1566
— Reeder[illegible] II [illegible]0
— Reederhaftung II 45, 64ff, 434, III 1547ff
— Schiffsgläubigerrechte I 414ff, II 225, 1288, 1322ff
— Schiffshypothek I 386ff, 491ff, 502, 512, 517, 523, 527
— Schiffsmakler II 764, 772
— Seeuntüchtigkeit II 15, 319f, 690
— Sicherheit des Schiffshypothekars I 512ff, 517f
— Traditionswirkung II 599
— Übernahme der Haager Regeln II 707f
— Übertragung der Schiffshypothek I 527
— Verklarung II 202
— Zubehörhaftung für Schiffshypothek I 491ff
— s.a. unter den einzelnen Ländernamen und den einzelnen Sachstichwörtern
Ausländisches Seerecht
— Quellen I 30ff, 34ff, III 1209f
— Schrifttum I 38ff, 1356, III 1210f
Ausländische Währung II 639
— Eintragung von Hypotheken und Schiffspfandrechten in — I *464ff*, III 1281
— in — zu zahlende Forderungen I 466f
Auslagen
— des Bundesoberseeamts III 478f
— bei erfolglosem Rettungsversuch II 1134
— des Kapitäns II 229f, 236, 241, 248f
— des Seeamts III 474
— des Verfrachters II 423, 488, 494, 496, 512
Auslandsfahrt I 597, 746, 976, II 163
Auslandsrecht
s. „Ausländisches Recht", „Ausländisches Seerecht"
Auslandssiedlung II 836f
Auslandsverkehr II 754f
Auslandszulage III 236, 260
Auslaufen
— aus Einfahrten und Nebengewässern III 680
— von Flüssigkeiten II 500ff
— des Schiffes II 290, 309, 322, 352, 380, 472, 526f, 534f
Auslauftag III 230, 273
Auslaufverbot III 230, 273
Auslegung
— der Chartepartie II 296
— von Vertragsklauseln II 88, 379, 448, 471, 485, 503, 570, 654f, 660
— des vierten Buches des HGB II 4
Auslegungsvorschriften II 364, 371, 508f
Auslieferung
— des Frachtguts II 265, 333, 417, 420f, 423, 432, **436f**, 475, 479, 481ff, 484ff, 488f, 491ff, 499f, 518ff, 529, 550f, 553, [illegible], [illegible], 602ff, 606ff, 62?f, 668, [illegible], 885f, III 1558
— — ohne Befriedigung oder Sicherstellung des Bodmereigläubigers II 881
— — ohne Frachtzahlung II 518f
— — an die Kaianstalt II 518
— — ohne Konnossement II 584, 593, 606f
— — bei Kraftloserklärung des Konnossements II 606
— — an Nichtberechtigte II 398, 485, 489, 491, 586, 595, 605, 607, III 1557
— — gegen Rückgabe des Konnossements II 606ff
— — sukzessive II 493
— — teilweise II 518, 589
— — vertragsgemäßer Zeitpunkt II 484f
— — an die Zollbehörde II 518
— geborgener Gegenstände nach der StrandO III 408f
— der Ladungspapiere II 475
Auslieferungsanspruch, konnossementsrechtlicher
s. „Konnossement"
Auslieferungsanweisung II 491, 587
Auslieferungsfähigkeit des Schiffes II 411
Auslieferungsort II 584
Auslieferungsschein II 587, 593
Auslieferungsversprechen
s. „Konnossement, Auslieferungsversprechen"
Auslieferungsverweigerung II 421, 535, 603
Ausnahmen vom Verbot fremder Nationalflaggen I 335
Ausnahmezeugnis I 603, 750
— von Ausrüstungs-Sicherheitszeugnis I 827
— von Telegraphiefunk-Sicherheitszeugnis I 737, 836, 1848, II 136
Auspuffrohrleitung I *885*, III 1305
Ausreise II 335, 432
Ausrüster
— Anweisungen an den Schiffer II 134, 150f, 231

— ausländisches Recht II 133, 138f
— durch bare-boat-charter II 812
— Begriff II 133ff
— und Bergung oder Hilfeleistung II 1128f, 1143, 1242f
— Beschränkung der Schiffervollmacht II 229
— Bestellung einer Schiffshypothek I 383
— Forderungen der Schiffsbesatzung gegen den — II 74
— Gerichtsstand bei Klage gegen den — II 75ff
— Haftung II 40, 53, 63, **137**, 311f, 500, 532, 812, 817, 823f, II 1317, 1318
— Korrespondentreeder als — II 88
— Ladungspfandrecht des — II 1325ff
— mehrere — II 137
— als Mieter II 136, 271
— beim Passagiervertrag II 812, 817, 823ff
— Passivlegitimation des — II 137, 1299
— persönliche Ansprüche gegen den — II 137
— Rechte des — II 136f
— Reedereigenschaft II 136f
— und Schiffsgläubigerrechte II 1299
— und Schiffskollision II 1046f
— Schrifttum II 132, III 1553
— tatsächliche Gewalt des — II 133f
— unpersönliche Ansprüche gegen den — II 137
— als Verfrachter II 260f
— Verhältnis
— — zu Dritten II 136f
— — zum Eigner II 136
— — zum Reeder II 27ff, 78, 132f
— Verpflichtung durch Geschäft des Kapitäns II 231f
— Vertretung durch den Kapitän II 231
— Voraussetzungen II 132f
— s.a. „Quasi-Ausrüster"

Ausrüsterverfrachter II 312, 316, 431, 500, 557, 615

Ausrüstung
— Aufwendung von — als Havariegrossemaßnahme II 973ff
— mit Arzneimitteln I 1227ff
— Auslagen des Kapitäns II 230
— Ausrangieren von — II 215
— Begriff II 98, 159
— zum Behufe der Reise II 25, 146
— Beispiele II 159
— als Beitrag zur großen Haverei II 980ff
— Forderungen für — I 408
— mit Funkanlagen I 834
— Korrespondentreeder-Vollmacht II 98
— Kreditgeschäft zur — II 219
— ordnungsgemäße II 4, 275f, 308, 313, 690, 833
— Papiere II 164
— Pflicht des Kapitäns II 151f, 159
— der Rettungsboote I 689, 808
— mit Rettungsbooten I 965
— mit Rettungsgeräten I 965
— mit Rettungsringen I 705, 821, 823
— Schiffsgläubigerrecht wegen — eines Schiffes II 1278
— und Schiffswert II 14
— des Seefahrzeugs und seeamtliche Untersuchung III 461
— Versicherung für mangelhafte — II 1335, 1364
— Vollmacht des Kapitäns II 215f

Ausrüstungsbeihilfe III 287

Ausrüstungsgegenstände I *918ff*, 969ff, II 215, 272

Ausrüstungskosten II 98, 1331

Ausrüstungssicherheitszeugnis I 548, 734f, 750, 826, II 162f

Ausrüstungsversicherung
s. „Effektenversicherung"

Ausruhen I 927

Aussatz I 1282, 1288, II 187

Ausschiffung von Kranken, Krankheits- und Ansteckungsverdächtigen und Gestorbenen I 1289f

Ausschließliche Gesetzgebung des Bundes I 10

Ausschließung
— bei Baureederei II 123
— von Mitreedern II 86, 118f
— unbekannter Schiffsgläubiger II 1290, 1307f
— s.a. „Ausschlußurteil"

Ausschluß vom Geschäftsbetrieb einer Schiffshypothekenbank I *429*, III 1267

Ausschlußfrist
— bei Haftungsansprüchen gegen den Verfrachter II 484ff, 615, 669, 693, 823, 1385
— nach dem Manteltarif für die Hochseefischerei III 278
— nach § 31 StrandO III 419

Ausschlußurteil
— gegen Schiffseigentümer I 375
— gegen unbekannten Schiffshypothekengläubiger I 532, 535, 537f
— bei verlorenem Konnossement II 586, 606
— gegen vormerkungsbegünstigten Gläubiger I 471

Ausschau
— des Internationalen Übereinkommens über die Fischerei im Nordwestatlantik I 165ff
— der Konvention über die Regelung der

Maschen der Fischnetze und der Größenbegrenzung der Fische III 1236
Außenhandelsstatistik I 1341ff, 1345ff, s.a. „VO zur Durchführung des Gesetzes über die Statistik des grenzüberschreitenden Warenverkehrs“
Außenhandelsstelle für Erzeugnisse der Ernährung und Landwirtschaft II 794
Außenhaut I 634ff, 770ff, II 153
Außenseiter II 321, 507, 510
Außenweser I 23, III 397, 399, **447**
Außenwirtschaftsgesetz II 772ff, III 1561
— Durchführungsverordnung zum II 780ff
Außenwirtschaftsverordnung III 1562ff
Außenwirtschafts-ZuständigkeitsVO II 794f
Außenzone I 45ff, **63**, 83f, 86, 1361ff, 1366f
Außerdienststellung eines Schiffes I 257
Außerhalb des Fahrwassers vor Anker fischende Fahrzeuge III 665
Außerkraftsetzung
— des Schiffssicherheitsvertrages im Kriegsfall I 593
— von Bergungs- und Hilfeleistungsverträgen II 1219
Außerordentliche Kündigung s. „Kündigung“ sowie beim Gegenstand der Kündigung und dem Kündigenden
Außerordentliches Mißverhältnis der Leistung bei Berge- und Hilfsleistung II 1221ff, 1226, 1257
Aussetzungsvorrichtung I 706, 822
— von Bergungs- und Hilfsleistungsverträgen II 1219
Aussonderungsrecht II 581, 602, 870, 874
Aussperrung II 466, 471ff, 697, 700
Ausstellung
— des Konossements II 536ff
— von Zeugnissen
— — nach dem Schiffssicherheitsvertrag I 603
— — nach der SSV I 750
— von Freibordzeugnissen I 980
Ausstrahlungswinkel der Teilkreislaternen I 1122
Austernfischerei I 59, 67
Australien II 319, 446, 454, 564, 684, 719
— Flaggenrecht I 323
— als Mitglied internationaler Abkommen I 88, 105, 117, 127, 139, 977, 982 II 67, 1099, 1253
— Seerechtsquellen I 35
Australische Zone (Ölverschmutzung) I 126
Auswärtiges Amt II 207ff, 210ff, III 51ff
Auswahlverschulden II 59, 348, 404, 419, 459
Auswanderer II 819f, 822, **826ff**
— Aufsicht über — I 26
— Begriff II 826f
— Pflicht zur Verpflegung II 822
— Reisegut II 822, 841
— Rücktrittsrecht II 832, 840f
— Schutzvorschriften für — II 830ff, 840ff
— Tagebucheintrag II 187
— Tod II 832, 841
— Unterkunftsgewährung an — II 832, 840ff
— Verpflegung II 831f, 840ff
— Verzögerung der Beförderung II 832, 840ff
— Weiterbeförderung II 832, 840ff
Auswandererberatung II 836
Auswandererdeck II 827
Auswandererpassagenantrag II 812
Auswandererschiff I 16, **855ff**, II 813f, *833*
Auswanderervertrag II 840ff
Auswanderung jugendlicher Mädchen II 837f
Auswanderungsagent II **829ff**, **849ff**, III 291
Auswanderungsbehörde I 862f, 866, II 314, 833ff, 839, 850
Auswanderungsrecht, Strafbestimmungen II 834f, 838
Auswanderungsunternehmer II **827ff**, **839ff**, III 291
Auswanderungswesen II 812f, 819f, 822, 834, 840, s.a. „Gesetz über das —“
Auswechslung einer durch Schiffshypothek gesicherten Forderung I 529
Ausweichen, fehlerhaftes II 1025, 1027, 1039, 1071f, 1107
Ausweichhafen II 392
Ausweichpflicht II 1235, III **682**
Ausweitung der Hoheitsrechte I 65
Ausweis
— über das Recht zur Führung der Bundesflagge I 333
— für Schiff II 151, 160
Auszahlung der Darlehen der Schiffspfandbriefbanken I *433*, III 1272
Auszug aus dem Schiffszertifikat I 292, 299
Automatenmißbrauch I 19
Auxiliarsegler II 1245
Aval II 221
Aversonalbetrag II 1150
Azetylenanlage I 964

B

back letter II 296
Backschaft III 239
Backzulage III 237
Badeanstalt, schwimmende II 1011
Baderäume auf Schiffen I 15, III 118, 213, 297, 354, 952ff.
Bäcker III 20, 224
Bagger II 1056, III 671, 800, 807
Baggerkahn I 228
Baggerprahm II 1011

Baggerschüttstelle III 558, 565
Baggerschute I 228
Bahamas I 65
Bahrein I 65
Bake III 550, 561
Bakentonne III 549, 560
bale capacity II 292
Ballast I *923f*, *927*, 1172, II 146, 156, 166, 170, 235, 348, 376ff, 1051, 1054, 1326, III 1358ff
Ballastreise II 284, 381ff, 512f, 543, 546ff, 962, 1293, 1317, 1365
Ballasttank II 310, 320, 448, 450, 452f
Ballon II 501
Baltic and International Maritime Conference I 7, 29, 366
Baltic and White Sea Conference II 29, 288, 301
Baltic-Charter II 272
Baltime-Charter II 135, 272, 301ff, 322, 764
Bananen II 473
Barcelona-Statut über die Freiheit des Durchgangsverkehrs I 48, 59
bare-boat-Charter I 372, 525, II 7, 91, 134, 267f, 557, 773, 788, 793, 812, 1048
Bareinschuß für Havereibeiträge II 985
Barentsee I 56
Barometer I *921*, 972, II 164, 191, III 1352
Barraterie II 671
Barre II 326, 339, 452
Barrel II 501
Basislinie bei Küstengewässern I 46, 55, 71, 86
Baubeaufsichtiger III 223, 232, 260
Baugeldforderung II 1278
Baumwolle II 648
Baureederei I 549, II 77, 79, 122f
Baurisikoversicherung I 498
Bauteile als Haftungsobjekt einer Schiffshypothek I 548, 549f
Bauvertrag über ein Schiff I 364f
Bedienstete des Bundes als Seelotsen III 482f
Bediensteter der Eisenbahn II 444
Bedienung des Schiffes
s. „Nautisches Verschulden"
Bedienungspersonal III 170, 173
— Arbeitsbereitschaft III 232
— Arbeitszeit III 170, 228f
— Bezüge in Sonderfällen III 231
Bedingungen
— für den Einsatz von Schleppern der Kanalverwaltung des Nord-Ostsee-Kanals III 859
— des Frachtanspruchs bei Nichtlieferung von Stückgütern II 388
— eines Rettungsvertrages II 1219, 1224f, 1257
— bei einer durch Schiffshypothek gesicherten Forderung I 380, 531
— bei Schiffsübereignung I 374
Bedürfnis
— bei Kreditgeschäften des Kapitäns II 218f, 252
— zur Verbodmung der Ladung durch den Kapitän II 249ff
Befähigungsnachweis
— nach der SchiffsbesetzungsO III 305ff
— vorläufiger — zum Matrosen in der Seeschiffahrt III 341
Befähigungszeugnis I 61, 69, II 141, 176, 1112
— Abnahme bei Patententziehung III 474
— Ausfertigung III 313
— Ausstellungsbedingungen III 305f
— für ehemalige Angehörige der Kriegsmarine und der Luftwaffe III 311
— Entschließung, betr. die Zuständigkeit für den zeitweiligen Entzug oder die Ungültigkeitserklärung des — der Schiffsoffiziere III 9
— Ermächtigung des SeemG zum Erlaß von Rechtsverordnungen III 211
— Ersatz verlorener — III 314f
— für Funkoffiziere III 322f
— Gültigkeit höherer — III 300
— nach § 31 GewO III 293
— für Prüfungen des gehobenen Dienstes III 8
— für Rettungsbootmann III 1369
— nach der SchiffsbesetzungsO III 299f
— der Seefunker III 211
— Übereinkommen betr. Befähigungszeugnisse für Prüfung des gehobenen Dienstes I 28
— Umtausch älterer — III 315
— Zurücknahme III 314
— s.a. „Matrosenbrief", „Patententziehung", „Zeugnis"
Befehlsübermittlung III 1293
Befestigung
— von Ballast II 170
— der Güter an Deck II 344
— eines Schiffes II 1025
— s.a. „Stauung"
Befeuerung
— von Fahrwassern III 570f, 580
— von Untiefen außerhalb des Fahrwassers III 571, 581
— von Wracks und anderen Schiffahrtshindernissen III 572, 581
Beförderung
— durch ein bestimmtes Schiff II 266f, 285f, 387
— gefährlicher Güter s. dort

— von Gütern i. S. der Haager Regeln II 682, 689
— nach Maßgabe des Manteltarifs für die deutsche Seeschiffahrt III 226
— von Passagieren III 1201, s.a. „Überfahrtsvertrag"
— durch die Post II 671f
— Überwachung der — II 237
— unentgeltliche II 506
— versicherter Güter II 1374
Beförderungsabschnitte II 310f
Beförderungsbedingungen II 624, 751ff, s.a. „Verfrachtungsbedingungen"
Beförderungserfolg II 266ff
Beförderungsleistung II 285, 751ff
Beförderungsmittel II 285
Beförderungsnebenleistungen II 755
Beförderungsunternehmer II 264, 267, 429, **811ff**
Beförderungsverbot II 263
Beförderungsverpflichtung II 286, 294
Beförderungsvertrag II 266
Beförderungsziel II 264
Befrachter
— Abfertigung des Schiffers II 374, 376f
— Abschluß von Unterfrachtverträgen s. „Unterfrachtvertrag"
— Anspruch
— — auf Konnossementsaustellung II 556
— — auf Übernahme der Ladung II 387f
— — auf Wiederausladung II 380, 385, 389, 528, 542ff, 546, 549
— Anspruchsberechtigung II 430
— Ansprüche
— — wegen Nichtladung II 280, 384
— — gegen den Reeder II 576
— — gegen die Schiffsbesatzung II 457f
— — wegen vertragswidriger Zuladung II 373
— Anweisungen
— — hinsichtlich der Häfen II 320ff, 391
— — hinsichtlich des Wartens des Schiffes II 371f
— Begriff II 235, **261**
— Einwilligung zur Verfrachtung der Kajüte II 307
— als Empfänger II 266, 651, 886
— Erlaubnis zur Umladung II 285, **339ff**
— Ersatzpflicht bei Wiederausladung s. „Wiederausladung"
— falsche Angaben im Konnossement II 428
— als Frachtschuldner II 264
— Freizeichnung II 375
— Haftung
— — für Angaben über das Frachtgut II 329ff, 474, 704
— — für gefährliche Güter II 337f
— — für Schäden am Schiff II 327
— — für Überschreitung der Löschzeit II 422
— — bei uneigentlicher Haverei II 536
— Kenntnis ausländischen Rechts II 172
— als Konnossementsinhaber II 620
— Kostentragung bei Erklärungen betr. die Wartezeit II 362f
— Kündigung des Frachtvertrags s. „Befrachter, Rücktrittsrecht"
— als Ladungsbeteiligter II 235, 246
— Mitverschulden II 545, 697, 700
— Order für den Hafen II 264, 294f
— Pflicht
— — zur Abladung II 325ff, 386f, 522, 525
— — zum Beladen in bestimmter Reihenfolge II 350
— — zum Laden, Stauen und Löschen II 430
— — zur Lieferung der Begleitpapiere II 390f
— — zur Zahlung von Liegegeld s. „Liegegeld"
— als Reiseinteressent II 150
— Rücktritt
— — nach Abladung II 389
— — bei Deviation II 243
— — beim Stückgutvertrag II 386, 388f, 549
— — Verpflichtungen beim Rücktritt II 380f
— Rücktrittsrecht II 292, 295f, 318, 374, **375ff**, 379f, 381ff, 384f, 392, 527, 533ff, 539, 543ff, 549, III 1558
— Schadenersatz bei Wiederausladung II 380f, 385, 389
— bei Schiffsverkauf II 227
— als Schuldner des Liegegeldes II 353, s. a. „Liegegeld"
— Spediteur als — II 285
— Stellung von Stauern II 168
— Substitutionsrecht hinsichtlich des Frachtguts II 328f
— Tragung der Abladekosten II 325ff
— unrichtige Konnossementsangaben II 473f
— Untätigbleiben des — II 377
— Verfügungen II 265
— Vergütungen an Kapitän II 252ff
— Vertretung
— — durch den Ablader II 262, 321, 323, 340
— — durch den Empfänger II 330

— — durch den Kapitän II 380
— Verzicht auf Ansprüche II 373
— Vorbehalt wegen Seetüchtigkeit des Schiffes II 318f
— Widerruf von Verfügungen II 265
— Zahlungspflicht bei Nichtzahlen seitens des Empfängers II 518ff
— Zustimmung
— — zur Deckverladung II 344
— — zur Wiederausladung mitverfrachteter Güter II 385, 389
Befrachters Makler II 767
Befrachtungscourtage II 768
Befreiung von Verbindlichkeiten
— des Kapitäns II 230
— des Schiffszusammenstoß II 1079
— des Versicherers II 1339, 1359
Befriedigungsrecht
— gegen Ladungsbeteiligte II 246
— des Schiffseigentümers gegenüber dem Hypothekengläubiger I 521, 534
— der durch die Zwangsvollstreckung in ein Schiff beeinträchtigen Dritten I 525f
Befristung
— bei einer durch Schiffshypothek gesicherten Forderung I 380, 531
— bei Schiffsübereignung I 374
Befugnis
s. bei der betr. Person
Begebung des Konnossements II 287, 290, 316, 554, 570, 581, 592, 594, 605, 618
Beginn
s. „Ladebeginn", „Ladezeit", „Löschzeit", „Reisebeginn"
Begleitpapiere II 390f
Begleitschein II 297
Begräbniskosten II 925
Begünstigung bei Bergung und Hilfeleistung II 1239
Behältnisse II 500ff, 577f, 691
Behinderung
— des Kapitäns II 172f, III 11, 14
— durch öffentliche Gewalt II 697, 699
Behörde
— i.S. der hamburgischen Dienstanweisung zur Ausführung des § 25 StrandO III 439
— i.S. der Richtlinien für die Handhabung des § 25 StrandO III 434f
Behördliche Erlaubnis
s. „Erlaubnis"
Behördliche Genehmigung
s. „Genehmigung"
Behördliche Vorschriften
s. „Vorschriften, behördliche"
Beiboot I 18
Beiladung II 440, 509
Beirat für Stützungsmaßnahmen I 201
Beisitzer
— des Bundesoberseeamts III 464
— beim Seeamt III 461, 462, 468
— beim Tarifschiedsgericht
— — für die deutsche Seeschiffahrt III 254
— — für die Hochseefischerei III 280
Beistand beim seeamtlichen Verfahren III 465, 470
Beistandsleistung II 243, 1135f
Beistandspflicht
— zur Rettung von Menschenleben I 829, II 1247, 1259f
— nach einem Schiffszusammenstoß II 1104f, 1107
— und seeamtliche Untersuchung III 461
— bei Seenot II 41, 243
Bekanntmachung
— über das Abkommen vom 3. 6. 1955 zu dem am 6. 5. 1883 im Haag unterzeichneten Internationalen Vertrag, betr. die polizeiliche Regelung der Fischerei in der Nordsee I 150
— über die Anerkennung des Flaggenrechts der Staaten ohne Meeresküste I 139, 320
— über Ausbildungszeugnisse für Schiffsjungen, Jungmänner und Leichtmatrosen auf Kauffahrteischiffen vom 9. 7. 1957 III 333
— über die Berichtigung des französischen Textes des Internationalen Schiffssicherheitsvertrages London 1948 I 1397
— betr. Bestimmungen über den Geschäftsbetrieb der Auswanderungsunternehmer und Agenten II 812f, 822, 826, 830, **839ff**
— betr. die Dreiteilung des Wachdienstes auf Kauffahrteischiffen vom 16. 6. 1903 (Außerkrafttreten) III 216
— betr. die Einrichtung des Seefahrtsbuchs und der auf deutschen Schiffen zu führenden Musterrolle I 15
— von Eintragungen im Schiffsregister I 285f
— betr. Flaggenordnung für den Bundesgrenzschutz III 1261
— über die Grundsätze für die Bezeichnung der deutschen Küstengewässer vom 12. 2. 1954 I 14, II 1015, III 548ff, 657, s.a. „Grundsätze für die Leuchtfeuer der deutschen Küstengewässer", „Grundsätze für die Nebelschallzeichen der deutschen Küstengewässer", „Grundsätze für die Tagesbezeichnung von Fahrwassern..."
— über das Inkrafttreten
— — des deutsch-isländischen Fischereiabkommens vom 14. 8. 1961 III 1254

— — der Konvention der Internationalen Überfischungskonferenz vom 12. 3. 1959 III 1232
— — des Protokolls zu dem Internationalen Übereinkommen über die Fischerei im Nordwestatlantik I 1390
— — der Regeln zur Verhütung von Zusammenstößen auf See (SeestraßenO) vom 10. 10. 1958 III 587f
— über den Internationalen Vertrag zum Schutze der unterseeischen Telegraphenkabel und das Gesetz zur Ausführung des Internationalen Vertrags zum Schutze der unterseeischen Telegraphenkabel III 1228
— betr. die künftige Einrichtung des Strandwesens in der Provinz Schleswig-Holstein III 397
— der Landdrostei Stade betr. StrandO vom 24. 1. 1875 III 450
— betr. Logis-, Wasch- und Baderäume sowie die Aborte für die Schiffsmannschaft auf Kauffahrteischiffen vom 22. 7. 1905 I 15, 867, III 118, 213, 297, 952ff
— betr. die Meßbriefe für die Fahrt durch den Suezkanal I 16
— betr. die Nichtanwendung von Bestimmungen der SeemO auf kleinere Fahrzeuge vom 16. 6. 1903 (Außerkrafttreten) III 216
— öffentliche II 350, 371, 386f, 390, 403, 406, 418, 422ff
— der Partumschreibung II 116
— des Reg. Präsidenten in Schleswig, betr. die Einrichtung des Strandwesens vom 10. 12. 1874 III 450
— des Reichsverkehrsministers über die Einführung von Sportseeschiffer- und Sporthochseeschifferprüfungen an den Seefahrtschulen III 865
— betreffend die Schiffstelegraphie I 1319ff
— über das Schlußprotokoll und über die acht Entschließungen zu dem Internationalen Übereinkommen zur Verhütung der Verschmutzung der See durch Öl I 1384f
— über die Seemannsämter der Bundesrepublik Deutschland außerhalb des Geltungsbereiches des GG III 47ff, 1571
— des Statistischen Bundesamtes über die Anmeldung des Seeumschlagverkehrs zur Außenhandelsstatistik I 1345ff
— zu dem Übereinkommen über die finanziellen Beiträge zum Eiswachdienst im Nordatlantik I 1392
— über die Untersuchung der Schiffsleute auf Tauglichkeit zum Schiffsdienst vom 1. 7. 1905 I 15, 867, III 165, 213, 332, **345ff**
— über die Untersuchung der Seeleute auf Hör-, Seh- und Farbunterscheidungsvermögen I 15
— über Verbindlichkeiten aus den vom Deutschen Reich ratifizierten Übereinkommen der Internationalen Arbeitsorganisation vom 5. 6. 1952 III 359f
— zu der Vereinbarung
— — über Ozeanstützpunkte im Nordatlantik I 178
— — zwischen der Regierung der Bundesrepublik Deutschland und der Regierung des Königreichs der Niederlande über den Austausch von Informationen betreffend die Einrichtung und Änderung von Küstenleuchtfeuern I 188
— — zwischen der Regierung der Bundesrepublik Deutschland und der Regierung des Königreichs der Niederlande über die Zusammenarbeit bei der Rettung von Menschenleben in der Nordsee I 1390
— betr. die Vermessung der Schiffe für die Fahrt durch den Panamakanal I 16, 1217f

Beköstigung
— im Nothafen II 535
— der Passagiere II 813f, 819, 821f, 923

Beladung I *874*, 949, *985f*, II 276, 280, 292, 309, 319, 543, 755
— Beginn II 309
— Behinderung II 363ff
— Erschwerung II 366
— fehlerhafte II 1364
— gehörige II 276
— außerhalb des Hafens II 322f
— Kapitänssorgfalt II 146
— als Schiffsdienst II 22
— und seeamtliche Untersuchung III 461

Belastung
s. „Pfandrecht", „Verbodmung", „Verpfändung" sowie beim belasteten Gegenstand

Beleihung von Schiffen und Schiffsbauwerken durch Schiffspfandbriefbanken I 427f, *428ff*, *432*, III 1267ff

Beleuchtung beim Laden und Löschen II 327

Beleuchtungsanlage III 1304

Belgien III 1210
— Behandlung fremder Schiffe I 62
— Beschlagnahmeverbot II 26
— Chartervertrag II 268, 350, 360, 364f, 379, 402, 406

— Flaggenrecht I 323
— Frachthaftung II 320, 483, 487, 687
— Frachtvertrag II 346, 350, 360, 364f, 376, 402, 406, 525
— Gesetz zu den Haager Regeln II 708, **727**
— Haverei II 988ff
— internationales Privatrecht II 279, 283
— Konnossement II 579, 625, 687
— Küstenmeer I 56, 58
— Küstenschiffahrt I 107
— als Mitglied internationaler Abkommen I 26, 28, 88, 100, 105, 117, 127, 139, 150, 153, 179, 415, 575, 584, 977, 982, 1294, 1316, II 66f, 1099, 1109, 1112, 1253
— Partenreederei II 123
— Reederhaftung II 47, 65
— Reparaturunfähigkeit II 223
— Schiffervollmacht II 214, 218
— Schiffsgläubigerrecht II 1286f, 1324
— Schiffshypothekenrecht I 385, 386, 388f, 390f, **402**, 423, 491f, 497, 502, 512, 518, 547
— Schiffsmakler II 772
— Schiffsregisterrecht I 242
— seerechtliches Schrifttum I 38
— Seerechtsquellen I 30, 31
— Seeversicherungsrecht I 502
— Untersuchung von Seeunfällen III 456
— Verklarung II 199, 202
Belgrader Akte I 191
Belt, Großer und Kleiner — I 51
Belüftung II 441, 512
Bemannung
— gehörige II 275f, 308, 690, 696
— durch den Kapitän II 146, 151, 160, 215f
— Korrespondentreeder-Vollmacht II 98
— Kreditgeschäft zur — II 219
— ungenügende II 421, 1335
Bemannungsrichtlinien der See-Berufsgenossenschaft I 15, III 175, **325ff**
— Allgemeines III 330
— Auflieger III 330f
— Bergungsfahrzeuge III 329
— Dampfschiffe III 326ff
— Deckspersonal III 326ff, 329
— Fischereifahrzeuge III 329
— Leichter III 329
— Maschinenpersonal III 328
— Motorschiffe III 326ff
— Schlepper III 329
— Segelschiffe III 329
— Spezialfahrzeuge III 329
— Tankschiffe III 329
— s.a. „Besetzung", „Schiffsbesetzung", „Schiffsbesetzungsordnung"
Benachrichtigungspflicht s. bei der betr. Person
beneficial interest I 385
beneficial owner I 385, 398
benefit of insurance II 642, 694
Benennung
— der Leuchtfeuer III 566
— des Seefahrzeugs II 285f, 291ff, 294, III 461
Benutzungszwang für Kaianstalten II 397
Benzin I *899*, 964, III 1322
Benzin- und Benzol-Motoranlagen III 1375
Benzinvorräte II 10
Beplattung II 313
Beratungslotse II 21, III 480, 489, 658
Beratungszwangslotse II 1083 III 480
Beraubung II 347
Bereederung I 338, 344ff
Bereederungsvertrag II 92
Bereinigungsgesetz, handelsrechtliches II 198
Bergelohn
— Anmeldung beim Strandamt III 421ff
— Anspruch auf — II 307, 1121ff, 1128ff, 1255
— Anteile der Besatzung am — II 1241f 1245
— von ausländischem Gericht zugesprochener — II 1246
— Ausschluß des — II 1135, 1139
— außerordentliches Mißverhältnis zu den Bergungsarbeiten II 1219, 1221ff, 1226f, 1257
— Beispiele aus der Hanseatischen Praxis II 1154ff
— Bemessung II 1145, 1149, 1153f, 1208ff, 1254, 1256, 1257f
— Begrenzung der Höhe nach II 1134f, 1255
— Berechtigter II 200
— Einspruch gegen den Verteilungsplan II 1242, 1246
— Empfangnahme durch Korrespondentreeder II 99
— Erhöhung durch Gerichtsurteil II 1219ff
— Ersatz des entgangenen — II 1056
— Ersatz des — bei Schiffszusammenstoß II 1054
— Erstreckung des Schiffsgläubigerrechts auf — II 1291
— Festsetzung in Geld II 1145, 1153
— gerichtliche Abänderung eines vereinbarten — II 1219ff, 1232ff
— gerichtliche Festsetzung II 1219ff, 1231ff
— in großer Haverei II 918, 943
— Haftung für — II 246, 491f
— hanseatische Praxis II 1154, 1159ff, 1232ff
— Herabsetzung oder Versagung wegen rechtswidrigen und schuldhaften Verhaltens der Retter II 1235ff, 1258

— bei mangelndem Erfolg II 1132f
— nach dem Manteltarif für die deutsche Seeschiffahrt III 251
— bei mehreren Rettern II 1128, 1145, 1151f, 1256
— mehrere Schiffe eines Reeders II 1143f
— bei öffentlichrechtlicher Verpflichtung zur Bergung II 1122
— als Schiffsvermögen II 55
— des Schleppers II 275, 1135, 1139ff
— nach der StrandO III 410ff, 421ff
— bei verbotenem Beistand II 1135f
nach verbotener Eigenmacht des Retters II 1138
— Vereinbarung II 1116
— Vererbung des Anspruchs auf — II 1244
— Verjährung der Ansprüche auf — II 1383f, 1386
— Verteilung unter Reeder, Kapitän und Schiffsbesatzung II 1241f, 1256
— Vertrag über — II 1219ff, 1252, 1256f
— Verzugszinsen für — II 1150, 1231
— s.a. „Bergung“, „Hilfslohn“

Bergelohnforderungen im Schiffshypothekenrecht I 400, 405, 407f, 416, 576ff

Bergelohnvertrag
s. „Bergelohn, Vertrag über —“

Berger
— Anzeigepflicht über geborgene Gegenstände II 1238f
— Begriff II 1121, 1236
— Entlassung des — noch vor dem als sicher zu erwartenden Erfolg II 1134
— Mehrheit von — II 1218
— Sorgfaltspflicht II 1127
— Verschulden der — an der Herbeiführung der Notwendigkeit einer Rettung II 1235ff

Bergung
— Abgrenzung zur Hilfsleistung II 1126ff
— anzuwendendes Recht I 232f, 236
— Ausschluß wegen mittelbaren Besitzes der Schiffsbesatzung II 1125
— Begriff II 1127, 1254
— Berücksichtigung der Ansprüche aus — bei Verteilung von Haveriegrosseschäden II 942
— Erfolg bei — II 132f, 1134, 1136, 1208f, 1257f
— von Fischereigerät I 145, III 145, 409, 412
— Forderungen wegen — I 400, 405, 407, 408, 416, s.a. „Bergelohn“
— gesunkener und geworfener Güter II 432, 475, 528f, 537
— internationales Privatrecht II 51, 277, 1131f
— Korrespondentreeder-Vollmacht II 98
— Kosten der — I 358
— durch Kriegs- oder Staatsschiffe II 1261
— Mitwirkung der Konsulate I 1219
— Ladungspfandrecht wegen — II 247, 432, 494, 499
— von oder durch Luftfahrzeuge I 27
— durch Nichterwerbsschiffe I 236
— Objekte einer — II 1121
— Rechte des Ausrüsters II 137
— Rechtsnatur II 1127
— Schrifttum II 1116f
in Seenot II 1116ff, 1252ff
— zwischen See- und Binnenschiffen I 232
— Streitigkeiten im Zusammenhang mit einer — II 1145ff
— stromtriftiger Gegenstände III 397, 442
— Taucherarbeiten I 939
— gegen Verbot des Kapitäns II 1135, 1136f, 1255f
— Verschulden der Retter II 1235ff
— Voraussetzung der — II 1123f
— Zurückbehaltungsrecht an der Ladung wegen — II 499f, 532
— Nachtrag III 1570
— s.a. „Bergelohn“, „Bergungskosten“, „Bergungsvertrag“, „Hilfsleistung“, „Internationale Verträge, Übereinkommen zur einheitlichen Feststellung von Regeln über die Hilfsleistung und — in Seenot“

Bergungsdampfer II 1242, s.a. „Bergungsfahrzeug“

Bergungsdienst, öffentlicher II 1260f

Bergungsfähigkeit II 13

Bergungsfahrzeug
— Arbeitszeit auf — III 251
— Ausnahmen des SeemG für — III 208f
— Bemannungsrichtlinien III 329
— Berücksichtigung einer Spezialeinrichtung eines — bei Festsetzung von Berge- oder Hilfslohn II 1213, 1215
— freie Tage bei — III 251
— Geltung des Manteltarifs für die deutsche Seeschiffahrt III 222f
— Sonderbestimmungen des Manteltarifs für die deutsche Seeschiffahrt III 251
— Sondervorschriften des SeemG III 208f
— s.a. „Bergungsdampfer“, „Bergungsschlepper“

Bergungsgesellschaft II 1151, 1214

Bergungsgewerbe II 4

Bergungskosten
— beschränkt persönliche Haftung des Empfängers für — II 1251ff
— gesetzliches Pfandrecht wegen — II 1249ff
— als Haverei II 905

— Ladungspfandrecht wegen — II 1325ff
— Schiffsgläubigerrecht wegen — II 1277ff, 1311
— bei Schiffszusammenstoß II 1059
— nach der StrandO III 405
— unpersönliche Haftung für — II 1251ff
— Verhältnis zu Reparaturkosten II 14
— Verjährung II 1387f
— Zurückbehaltungsrecht wegen — II 1249ff
— Zuständigkeit II 76
— s.a. „Hilfskosten"
Bergungsschlepper III 208f, 222f, 251, s.a. „Bergungsfahrzeug"
Bergungsverfahren nach der StrandO III 399, 417ff
Bergungsvertrag II 97, 215f, 218, 1116
— Abänderung II, 1219ff
— Änderung von Nebenabreden durch Gerichtsurteil II 1231
— Anfechtung II 1219ff, 1257
— anzuwendendes Recht II 1131
— Außerkraftsetzen II 1219, 1221ff
— Belastung der Ladung durch — II 241
— Kündigung II 1136, 1138, 1220f
— Parteien II 1219
— Rechtsnatur II 1127f
— Rechtswirkungen II 1220
— Unbilligkeit eines — II 1219ff, 1226, 1257
— ohne Vorliegen einer Notlage II 1117
Berieselungsanlagen I 664, 668f, 790, 793f
Beringsee I 56, 59
Bernsteinfischerei I 59
Berlin I 205f, 341
berth-Klausel II 324, 405, 408
Berührungsschutz III 1308
Berufsbild des Matrosen in der Seeschiffahrt III 339f
Berufsgenossenschaft s. „Binnenschiffahrts-Berufsgenossenschaft", „See-Berufsgenossenschaft"
Berufskleidung auf Fahrgastschiffen III 239
Besatzung s. „Schiffsbesatzung"
Besatzungsmitglied II **17ff**, 309, 444f, 459ff, III 15
— ärztliche Untersuchung III 165ff
— ambulante Behandlung des — III 122
— Anbordbringen von Personen und Gegenständen III 190
— Anstellung und Kündigung nach dem Manteltarif für Heringsfischerei III 284
— Anteil des — an Fracht, Gewinn und Erlös III 105f, 109
— Anwendbarkeit der GewerbeO III 291
— Arbeitsbedingungen nach dem Manteltarif
— — für Heringsfischerei III 284
— — für Hochseefischerei III 264ff
— Aufbewahrung der Kleidung des — an Bord III 117ff
— auftragslose Geschäftsführung des — II 230
— ausländisches III 207
— Berufskleidung auf Fahrgastschiffen III 239
— Beschwerden III 192f
— Bordanwesenheitspflicht III 102
— Dienstleistungspflicht III 103
— Dienstreisen III 239
— Dienstuniformen III 239
— Effektenversicherung III 240
— Ehrverletzung des — III 152
— Einstellung nach dem Manteltarif für die deutsche Seeschiffahrt III 225
— Entweichen an einem Ort außerhalb des Geltungsbereiches des GG III 193ff
— Erkrankung während des Urlaubs III 135
— Ersatzunterbringung III 118
— als Geschädigter II 38
— Haftung des — II 444f, 457, **459ff**, 668f, 1046, 1076, 1097f
— Heimaturlaub III 134f
— Heueranspruch nach dem Manteltarif für die deutsche Seeschiffahrt III 231
— Krankenfürsorge III 119ff, 240
— Krankheit oder Verletzung durch eigene strafbare Handlung III 130
— Landgang III 136f
— i.S. des Manteltarifs für die deutsche Seeschiffahrt III 224
— Nichtbefolgung dienstlicher Anordnungen III 196
— Ordnungswidrigkeiten III 200
— Pflichten im Rahmen der Ordnung an Bord III 190
— Rückbeförderung im Krankheitsfall III 130
— Schiff der Dienstleistung III 101, 226
— auf Schiffen des Seebäderdienstes III 223
— i.S. des SeemG III 15
— Selbstbeköstigung III 116
— Sonderurlaub III 132
— Sondervorschriften für ausländische — III 207
— Sorge für Sachen und Heuerguthaben
— — eines erkrankten oder verletzten — III 131
— — eines verstorbenen oder vermißten — III 158
— Tod III 158
— Treuepflicht III 85, 105
— Tropendiensttauglichkeit III 87
— Unterbringung III 117ff, 239

— Urlaub III 132ff, 242ff
— Vermißtenanzeige III 190
— vermißtes III 45, 120
— Verpflegung III 115ff, 238
— Verpflichtung zur pfleglichen Behandlung der Wohnräume III 118f
— Versorgung mit Arznei- und Heilmitteln III 121
— weibliches III 174f, 212
— Widerstand III 196
— Zollstrafe III 87, 105
— Zurücklassung an einem Ort außerhalb des Geltungsbereiches des GG III 199
— s.a. „Schiffsbesatzung", „Schiffsmann", „Schiffsmannschaft" sowie bei den Manteltarifverträgen

Besatzungsschädenabgeltungsgesetz III 1543

Beschädigung
— des Frachtguts II 271, 316, 331, 340, 345, 380, 427, 428ff, **432**, 433, 439ff, 457ff, 476, 479ff, 484ff, 487f, 500f, 534, 557, 581, 620, 627, **632f**, 660, 666, 693, 908, 1277, 1311, 1372, 1385f, s.a. „Verfrachter, Haftung"
— bei Haverei II 56, 245, 892, *912*
— durch Kriegsschiffe II 1341
— des Reiseguts II 823, 1385f
— des Schiffsvermögens II 1320
— von Uferanlagen und Strombauwerken III 693
— Verklarung II 198ff
— Versicherungsleistungen bei — von Gütern II 1373
— s.a. „Schaden", „Verlust" sowie beim Gegenstand der —

Bescheinigung über das Ergebnis der amtsärztlichen Untersuchung (Muster) I 1292f

Beschlag II 9

Beschlagnahme
— von Fernmeldeanlagen I 1323f
— des Frachtguts II 239, 241, 331, 333, 367, 431, 466, 471, 503, 527, 607, 660, 697
— Freigabe aus — I 28
— gerichtliche II 367, 503
— von wegen großer Haverei beitragspflichtigen Gütern durch den Kapitän II 957
— des Schiffs I 368, II 24ff, 471, 524, 527, 534f, 543, 660, 697, 821, 1103f, 1112, III 1544
— von Schwimmdocks III 1544
— von Telegrammen I 1322
— Versicherung gegen Schäden durch — im Kriegsfall II 1358
— s.a. „Einziehung", „Sicherungsbeschlagnahme"

Beschlagnahmefreiheit II 24ff

Beschlagnahmeverbot II 25

Beschleunigungsgebühr II 353f, 495

Beschlußeinholung
— Pflicht des Korrespondentreeders II 102f
— wegen Reise II 103, 232f

Beschränkung
s. beim Gegenstand der —

Beschränkungen im Außenwirtschaftsverkehr II 772ff

Beschwerde
— von Besatzungsmitgliedern III 192f
— gegen Entscheidungen und Anordnungen des Seeamts III 171f
— nach dem Manteltarif
— — für die deutsche Seeschiffahrt III 248
— — für die Hochseefischerei III 279
— eines Schiffsmanns II 191ff
— in (Schiffs-) Registersachen I 278, 279ff
— bei Schiffsverkauf II 223

Besetzung
— der Schiffe s. „Bemannungsrichtlinien", „Schiffsbesetzung", „Schiffsbesetzungsordnung"
— der Seefunkstellen III 211

Besichtigung
s. „Güterbesichtigung", „Schiffsbesichtigung"

Besitz
— am eingelagerten Gut II 420
— am Frachtgut II 436f, 514, 516, 551, 588, 591ff, 594f, 597, 604, 1123f
— am Konnossement II 581, 585, 590
— mittelbarer II 420, 551, 591ff
— am Schiff II 133, 267f, 1123f
— unmittelbarer II 420, 436, 551, 591ff

Besitzaufgabe II 436, 481, 516

Besitzdiener II 237, 267, 591, 1125

Besitzer
— als Ersatzberechtigter II 458
— Recht des — eines Schiffes zur Befriedigung des Schiffshypothekengläubigers I 525f
— Verfolgbarkeit des Schiffsgläubigerrechts gegen jeden dritten — des Schiffs II 1288ff, 1301
— Verhältnis zum Reeder II 27

Besitzergreifung II 436, 475

Besitzerlangung an verbodmeter Ladung II 884

Besitznahme von Schiff oder Ladung bei einer Bergung durch Retter II 1125

Besitzstörung
— Ansprüche wegen — bei Schiffszusammenstoß II 1048
— durch vom Kapitän ausdrückliche verbotene Beistandsleistungen II 1136, 1137f

Besitzübergang II 475

Besitzverletzung II 457
Besondere Haverei II **904f**, 920, 927
— im Anschluß an große Haverei II 891, **911f**, 933
— anwendbares Recht II 563
— Begriff II 889, 904f
— und Bodmerei II 879
— Ersatz der — bei der Seeversicherung II 1340
— als Reisehindernis II 250
Bestätigungsschreiben II 288, 296
Bestallung
s. bei der betr. Person
Bestandteil
— eines Schiffes I 402, 490ff, II **8ff**
— des Schiffsvermögens II 54
— von Wasserstraßen I 207
Bestattungskosten II 1061
Besteck II 185ff
Besteuerung II 30ff
— bei ausländischen Einkünften I 462f
— von Schiffen I 239, 463, 1396
Bestimmbarkeit der Beförderungsleistung II 285
Bestimmt bezeichneter Raum des Schiffes II 284, 287, 385, 422, 425, 502, 504, 548f
Bestimmte Stelle des Hafens II 348
Bestimmte Stunde II 387, 424
Bestimmtes Schiff II 285f, 339f, 387, 560
Bestimmungen
— über den Betrieb von Telegrafenanlagen auf fremden Schiffen in deutschen Hoheitsgewässern I 1321
— über den Erwerb von Seefunkzeugnissen I 15, 1319, III 211, **323ff**
— über Fernmeldeanlagen auf fremden Schiffen in deutschen Gewässern I 1324ff
— über die Gruppeneinteilung und die Besetzung der deutschen Seefunkstellen I 1326ff, III 211
Bestimmungshafen
— Änderung II 426
— Ankunft der Güter im — II 265, 286, 340, 602, 606ff
— Ankunft des Schiffes im — II 340, 604f
— Anlaufen eines anderen als des im Versicherungsvertrag angegebenen — II 1334
— Annahme anderer Güter nach demselben — II 328f
— Aufgabe des — gemäß Option II 290, 391ff, s.a. „Orderhafen"
— Ausladung im — II 648, 657
— Auslieferung des Frachtguts im — II 584, 586, 620f
— Blockade des — II 526f, 533
— der Bodmereireise II 870, 874, 876, 879, 886f
— Entlöschung im — II 656
— Frachtschäden im — II 483
— Hindernisse für die Entlöschung im — II 539ff
— Hindernisse für die Erreichung des — II 339, 342, 392ff, 409, 526f, 533, 543f
— Leichterung vor Erreichen des — II 409
— Maßgeblichkeit für die Anwendung der Haager Regeln II 641
— Maßgeblichkeit für die Reiseroute II 537
— Recht des — I 238, 411, II 278, 281ff, 562f, 903
— Rechte des Empfängers bei Ankunft im — II 265, 602, 606ff
— selbsttätige Verlängerung eines Versicherungsvertrages bis zum Einlaufen im — II 1337
— Umladung vor Erreichen des — II 621, 709
— unsafe II 392
— Verklarungsort II 200, 202
— Weisungen betr. den — II 391, 565, 567
— Weiterbeförderung zum — II 342, 709
— Zollbehandlung im — II 390
— bei zusammengesetzter Reise II 381
— s.a. „Löschungshafen", „Orderhafen"
Bestimmungsort II 266, 279, 281, 331, 381, 393f, 483, 526, 617, 630f, 633, 635, 639, 813, 931ff, 946f, 964
Bestimmungsland II 279
Bestmann III 118, 270, 327
Betäubungsmittelbuch I 1269ff, II 182
Beteiligter
— an Bergung oder Hilfeleistung II 1145, 1154
— an großer Haverei II 906f
— im seeamtlichen Verfahren III 465f, 470
— s.a. „Ladungsbeteiligter"
Betreten der Fahrzeuge III 874, 883
Betreuung der Ladung II 690f
Betriebsangehörige des Reeders II 1082
Betriebsfremdes Ereignis II 699
Betriebsgefahren III 163f
Betriebsgeheimnis II 804
Betriebskosten
— Abzug der — vor Verteilung von Berge- oder Hilfslohn II 1245
— Ersatz der dem Reeder bei einer Rettung entstandenen — II 1241
— für Rettungsdampfer II 1213, 1216
Betriebsordnung
— für die Benutzung des Erz- und Eisenkais am neuen Binnenhafen zu Emden III 1145
— — I. Nachtrag III 1149
— — II. Nachtrag III 1150

— der Bremer Lagerhausgesellschaft III 1104ff
— — Annahme der Güter III 1108
— — Anordnungen der Angestellten III 1105
— — Anträge im Geschäftsbetrieb III 1106
— — anzuwendendes Recht III 1110
— — Arbeitszeit III 1105
— — Auskunftserteilung III 1109
— — Auslieferung der Güter III 1108
— — Benutzung der Anstalten III 1106
— — Beschädigung III 1114
— — Beschaffenheit der Güter III 1108
— — Beschwerde III 1105
— — Bestimmung der Anstalten III 1106
— — Durchgangsgut III 1108
— — Durchgangsverkehr III 1110
— — Eisenbahnverkehr III 1110
— — Erfüllungsort III 1110
— — Gebührenberechnung III 1109
— — Gerichtsstand III 1110
— — Geschäftsbetrieb der Gesellschaft III 1104
— — Gewichtsermittlung III 1117
— — Güterbearbeitung III 1114
— — Güterempfang III 1113
— — Haftung des Antragstellers III 1107
— — Haftung der Gesellschaft III 1109
— — Haftungsausschluß III 1109
— — Haftungsbeschränkung III 1114
— — Lagergut III 1108
— — Landfuhrwerk III 1112
— — Nachnahme III 1118
— — Pfandrecht III 1118
— — Pflichten der Angestellten III 1105
— — Rauchverbot III 1105
— — Rechtsgrundlage III 1104
— — Schadenersatz III 1114
— — Schiffsverkehr III 1110
— — Schiffsvertreter III 1118
— — Stückgüter III 1112
— — Überweisung III 1118
— — unanbringliche Güter III 1113
— — Verfügungsrecht III 1107
— — Verjährung III 1109
— — Verkehrsanträge III 1115
— — Verlust III 1114
— — Wagenladungsgüter III 1111
— — Zollvorschriften III 1107
— — zulässige Erklärungen III 1118
— — Zurückbehaltungsrecht III 1118
— des Kaiser-Wilhelm-Kanals I 52, s.a. „Betriebsordnung für den Nord-Ostsee-Kanal …"
— für den Nord-Ostsee-Kanal mit Gieselaukanal und Achterwehrer Schiffahrtskanal III 792ff
— — Ablegen in den Weichen III 828
— — Achterwehrer Schiffahrtskanal III 830
— — Achtungssignal III 811
— — ÄnderungsVO (25.) Zur — III 855
— — Anlegen III 827
— — Anmeldung für die Kanalfahrt III 812
— — Ausguck III 817
— — Auslaufen aus den Schleusen in den Kanal III 817
— — Auslaufen in die Vorhäfen III 828
— — Ausweichen III 821
— — Bedienung des Ruders III 817
— — Befugnisse der Strom- und Schiffahrtspolizeibehörden III 796
— — Begegnen III 821
— — Begriffsbestimmungen III 796
— — Benutzung der Kanalreeden III 814
— — Bergung gesunkener Fahrzeuge und Geräte III 801
— — Beschädigung der Kanalanlagen III 801
— — Beschränkungen für Fahrzeuge, Schleppzüge und schwimmende Geräte in der Benutzung des Kanals III 799
— — Beschwerdeführung über die Kanalbeamten, die Kanallotsen, Kanalsteurer oder Einrichtungen des Kanals III 802
— — Bezeichnung von Strecken, denen Wellenschlag schädlich ist III 809
— — brennbare Flüssigkeiten III 797, 808
— — Brunsbüttelkoog III 803
— — Einlaufen in die Kanalreeden oder den Nord-Ostsee-Kanal III 813
— — Einlaufen aus Nebengewässern III 826
— — Einschleusen III 816
— — Einteilung der Kanalreeden III 814
— — enge Stellen III 821
— — Fähren III 810, 820
— — Fahrabstand III 820
— — Fahrgeschwindigkeit III 819
— — Festkommen III 825
— — Festliegen III 828
— — Festmachen III 827
— — festsitzendes Fahrzeug III 809
— — feuergefährliche Ladungen III 797, 808

— — Fortsetzung der unterbrochenen Kanalfahrt III 826
— — Führung des Fahrzeugs durch den Fahrzeugführer III 801
— — Gefahrsignal III 811
— — Geltungsbereich III 795
— — Gieselau-Kanal III 829f
— — Haftung des Staates III 793
— — Havarie III 825
— — Hecklicht III 806
— — Hilfeleistung durch Kanalschlepper beim Ein- und Auslaufen III 814
— — Kanalreeden III 813f
— — Kanalsteurer III 804f
— — Kanalstrecken, denen Wellenschlag schädlich ist III 809, 825
— — Kiel-Holtenau III 803
— — Klarhalten der Anker III 818
— — Kriegsschiffe III 797
— — Lichter III 805f
— — Lichterführung in den Häfen III 806
— — Lotsenannahmepflicht III 804
— — Lotswesen III 792
— — manövrierunfähiges Fahrzeug III 809
— — Nebelsignale III 812
— — Polizeiverordnung über die Ausübung der Tätigkeit als Kanalsteurer auf dem Nord-Ostsee-Kanal III 804f
— — Schallsignale III 812
— — Schiffahrtshindernisse III 807
— — Schiffslichter III 805f
— — Schlepperhilfe III 799
— — Schleppzüge III 819
— — Schleusenliegezeiten III 817
— — Setzen der Nationalflagge III 801
— — Signale III 810ff
— — Signaltafel III 832ff
— — Signalvorschriften III 806
— — Sportfahrzeuge III 800
— — Steuerlicht am Bug III 806
— — Steuerannahmepflicht III 804
— — Überholen III 823
— — Übernahme von Schiffsausrüstungen in den Schleusen III 817
— — Unfälle III 801, 825
— — Unterkunft der Kanalbeamten auf einem Fahrzeug III 802
— — Verbote III 802
— — Verhältnis zur SSchStrO III 796
— — Verhalten in den Weichen III 823
— — Verkehr und Verhalten auf dem Schleusengelände in Brunsbüttelkoog und Kiel-Holtenau III 803
— — Vermeidung unnötigen Aufenthalts bei Fahrt durch den Kanal III 817
— — Vorbeifahren an besonders bezeichneten Gegenständen oder Fahrzeugen III 820, 825
— — Vorbeifahren an Fähren III 820
— — Vorbereitungen am Fahrzeug für die Kanalfahrt III 812
— — Vorhäfen III 815
— — Warnsignal III 811
— — Weichenfahrzeuge III 808, 818
— — Weichengebiete III 822
— — Weichenschleppzüge III 808, 818
— — Zeichen für besondere Fahrzeuge, besondere Ladung oder besondere Manöver III 807ff
— — Zollzeichen III 806
— — Zulassung zur Benutzung des Kanals III 797
— — s.a. „Gesetz, betr. die Gebühren für die Benutzung des Nord-Ostsee-Kanals", „Nord-Ostsee-Kanal", „Polizeiverordnung, betr. die —", „Verordnung über die Befahrungsabgaben auf dem Nord-Ostsee-Kanal"
Betriebsstoffe II 786
Betriebsunfall II 38
Betrug II 232, 671, 1239
Betonnung I 26, 59, s.a. „Seezeichen"
Betonnungswesen I 26
Beurkundung II 287f, 297, 362f, 480
— im Ausland II 362
— bei Partaufgabe II 110
— eines Rettungsvertrages II 1231
Beuterecht an versenkten Schiffen I 376
Bevorratung des Schiffes II 308
Bewachung
— im Fahrwasser vor Anker liegender Fahrzeuge und Flöße III 695
— des Schiffes II 441, 558, 561, 566
— verbodmeter Gegenstände II 879f
Bewachungskosten I 358, 415, II 923, 924, 1054, 1277f, 1309
Beweislast
— bei Ansprüchen aus Schiffszusammenstoß II 1033f, **1035ff**, 1081, 1084ff
— bei Bergung und Hilfeleistung II 1137ff, 1211, 1235, 1240, 1257
— bei Fernschädigungen zwischen Schiffen II 1092f, 1096
— beim Konnossement II 330, 432, 438f, 472, 501, 552f, 577ff, **609ff**, 626, 639f, 643, 657, 667, **692**
— im Recht der großen Haverei II 964
— bei Schiffsgläubigerrechten II 1282, 1317, 1319

— Verfrachterhaftung II 428, **438f**, **453ff**, 457, 479ff, 609ff, 657, 659ff, 663, 666ff, 697ff
— bei Verjährung II 1386
— zwingende Regelung der — II 439, 454, 484
— s.a. bei den betr. Sachstichworten
Beweislastumkehr II 660, 670, 694f
Beweismittel II 178, 201, 206, 224, 288, 319, 667
Beweisrecht
s. unter den betr. Sachstichworten
Beweissicherung II 199, 476, 479
Beweisurkunde II 287f, 436, 439
Beweisvereitelung II 442
Beweiswürdigung, freie II 479
Bezeichnung
s. beim Gegenstand der —
Bilgen I 118, 120f, 960, II 452
Bilgewasser II 470, 508
Binnenfracht II 326, 940
Binnengewässer III 646
— Alkoholverfrachtung auf — II 334
— Anwendung einer Seeversicherung auf Reisen auf — II 1381
— Anwendung des ÜstrafZ auf Schiffszusammenstöße im Bereich der — II 1112
— Begriffsbestimmung I 194f
— gemeinschaftliche I 46
— Rechtslage der — I 45ff
— Rechtslage von Schiffen in — I 49ff
— Rettungsdienste auf — II 1117, 1254
— Schiffszusammenstoß auf deutschem — II 1100
— Seefrachtgeschäft auf — II 264, 689
— Vorbehalt der SStrO für — III 643
Binnenhäfen II 752, 755f
Binnenkonnossement
s. „Ladeschein"
Binnenreise II 264, 1381
Binnenschiff I 231ff III 663
— Anmeldung zum Register I 252
— anzuwendendes Recht I 232f
— in der Auslandsfahrt I 746
— Begriff I 231f, II 689
— Bugsieren eines — II 20
— zur Eintragung ungeeignetes — I 546f
— Flaggenführung I 338f
— Flaggenrecht I 321, 339
— Freibord I 1129ff
— Gesamthypothek für — und Seeschiff I 488
— und Gesetz über die Untersuchung von Seeunfällen III 458
— Haftung beim Zusammenstoß mit einem — II 1097f
— öffentlicher Eigentumserwerb I 374
— Rettungsdienste eines Seeschiffes gegenüber einem — II 1117, 1130, 1254
— Schleppen eines — II 20, 275
— als Schlepper II 273
— auf Seereise I 232f, 236, II 264
— Übertragung des Eigentums an einem — I 370, 373f
— unrichtige Eintragung im Schiffs- oder Schiffsbauregister I 247, 472, 474
— Zusammenstoß zwischen zwei — II 1100
— Zusammenstoß mit Seeschiff II 1014, 1097f, 1100
Binnenschiffahrt I 20, 114, 195, II 98, 751, 755f, 1097f, 1100
— Gesetzgebung des Bundes über I 11
Binnenschiffahrts-Berufsgenossenschaft I 223, s.a. „See-Berufsgenossenschaft"
Binnenschiffahrtsfracht
s. „Binnenfracht"
Binnenschiffahrtsgesetz I 30, s.a. „Binnenschiffahrtsrecht"
Binnenschiffahrtsrecht
— Abgrenzung zum Seerecht I 4, 29, 46, II 264, 378
— alkoholische Waren II 334
— Deckladung II 343, 345f
— Distanzfracht II 528
— Durchfrachtvertrag II 622, 625
— Frachtvertrag II 262, 264, 287, 326, 329, 331, 339, 351, 356, 360f, 364, 374, 386, 390f, 395, 399, 403f, 409, 412, 416f, 422f, 429, 444, 463, 474, 480, 489, 508f, 517, 523, 526, 546f
— gerichtliches Verfahren I 30
— Haftung II 34, 429, 444, 463
— Ladeschein II 551, 579, 590, 603, 610, 625
— Personenbeförderung II 812, 814
— Quellen I 29
— Schleppen II 20f, 273, 275
— Schrifttum I 38
— völkerrechtliche Abgrenzung I 46
Binnenschiffahrtsstraßen-Ordnung I 14, *1015*, *1048*, III 646
Binnenschiffahrtsweg II 264
Binnenschifferpatent III 473
Binnenschiffsregister I 240, 246f, 290ff, 309ff, s.a. „Schiffsregister"
Binnenschiffs-Untersuchungsordnung
s. „Verordnung über die Schiffssicherheit in der Binnenschiffahrt"
Binnenschiffsverkehr, gewerblicher I 29
Binnenwasserstraße III 646
— s.a. „Wasserstraße"
— Gesetzgebung des Bundes über — I 11
Birma III 1214
— Flaggenrecht I 323

— als Mitglied internationaler Abkommen I 105, 982, 1112
— Seerechtsquellen I 32
Bisulfat II 338
Blankoindossament II 489f, 580, 585, 592, 596, 598f, 603
Blexen-Reede III 722
Blinder Passagier I 19, II 811, 858ff, 1047
Blink III 567
Blinkfeuer III 568, 569, 576, 579
Blitz III 567
Blitzableiter I *889*, III 1310
Blitzfeuer III 568, 569, 576, 579
Blitzschlag II 902, 1335, 1356
Blockade II 146
Blockadebruch I 65, II 171
Blumenladen III 19
Bodenbeschädigung II 969, III 1554
Bodenschätze im Küstenmeer I 59
Bodensee I 192
Bodmerei
— Abschluß
— — durch den Kapitän II 218ff, 868ff, 876
— — durch den Reeder II 868f
— — durch Vertreter des Kapitäns II 869
— im alleinigen Interesse der Ladung II 872
— Anweisungen der Beteiligten an den Kapitän II 887
— Arrestierungsanspruch II 874, 879
— Attest über die Notwendigkeit der — II 875
— Aufgabe der Unternehmung vor Reiseantritt II 886f
— zwecks Ausführung der Reise II 871f
— im Auslandsrecht II 869
— Auslieferung verbodmeter Ladung II 881
— Befriedigung des Gläubigers II 880f, **882ff**
— Befugnisse des Kapitäns II 218
— Begriff II 869
— und besondere Haverei II 897
— Beweislastfragen II 875f, 880f
— Deviation II 880
— eigentliche II 868f
— Einwendungen gegen den Rückzahlungsanspruch II 876
— zwecks Erhaltung und Weiterbeförderung der Ladung II 872
— Form II 873f
— Gefahränderung II 879f, 886f
— Gegenstände der — II 871f, 874, 879
— Geschichte der — II 868
— und große Haverei II 879, 942f
— gutgläubiger Erwerb verbodmeter Ladung II 882, 884f
— Haftung des Kapitäns II 879ff
— Haftungsobjekt II 246, 870, 879
— Handelsgeschäft II 4
— Instruktion
— — des Ladungsvertreters II 872, 887
— — des Reeders II 871, 887
— im Interesse von Schiff und Ladung II 871f
— internationales Privatrecht II 277, 871
— Kapitän als Reeder oder Ladungsbeteiligter II 887
— Kosten der — II 902
— Ladungsgläubigerrecht II 870, 886, 1325ff
— Maßnahmen des Kapitäns II 233f
— mehrere Legitimierte II 877f
— neue Seegefährdung II 880
— Notwendigkeit II 871f, 875
— Passivlegitimation II 882ff
— Pflicht des Verfrachters zur Befreiung der Güter von der Bodmereischuld II 499f
— Recht zur Verbodmung der Ladung II 530, 532
— Reederhaftung II 882
— Reiseveränderung II 880
— Schiffsgläubigerrecht wegen — II 870, 874, 1277ff, 1281, 1295, 1310f
— Schrifttum II 868, III 1566
— Sicherheitsleistung bei Auslieferung verbodmeter Ladung II 881
— Umdeutung II 873
— uneigentliche II 868
— Verjährung II 885, 887, 1387f
— vertragsmäßiges Pfandrecht bei der — II 1288ff, 1295
— Vollmacht des Kapitäns II 218ff
— Wucher II 870, 873
— Zahlungsfrist II 876, 886f
— Zeitprämie II 876f
— Zinsen II 870, 873, **876f**
— Zurückbehaltungsrecht an der Ladung II 499f, 532, 878, 881
— s.a. die folgenden Stichworte sowie „Verbodmung“
Bodmereibrief II 220, 499, **873ff**, 1274
— Empfangsberechtigter als Inhaber des — II 877f, 884
— Inhaber II 877f, 882f
— Inhalt II 874f
— Legitimationswirkung II 876ff, 882
— mehrere Exemplare II 875ff
— Rechtsnatur II 873f, 876
— Reeder als Inhaber des — II 877, 884
— Rückgabe II 877
Bodmereidarlehen II 218ff, 868, 1274
Bodmereigeber
s. „Bodmereigläubiger“

Bodmereigelder
— als Gegenstand der Seeversicherung II 1329, 1332, 1337, 1346, 1350, **1378**
— Hinterlegung II 876, 878
— Zurückbehaltungsrecht wegen — II 499, 878
Bodmereigläubiger II 491f, **874ff**
— Anspruch auf Briefausstellung II 873ff
— Empfangsberechtigter als — II 877, 884
— Namensangabe im Bodmereibrief II 874
— Pfandrecht an Ladung II 247, 870
— Rechte bei Schiffsverkauf II 227
Reeder als II 877, 884
Bodmereikapital II 876f
Bodmereipfandrecht II 1295
— bei Erwerb der Bodmereiforderung durch den Schuldner II 877, 884
— an der Ladung II 247, 432, 494, 869, 1325ff
— Rang II 1325ff
— Rechte aus dem — II 870
— am Schiff II 1288ff
— Umfang II 54
Bodmereiprämie II 14, 870, 873f, 876f, 886f, 1332
Bodmerereireise II 870, 874, 876, 879f, 886f, 1310
Bodmereischuld
— Fälligkeit II 876, 887
— Nichtbezahlung II 882ff
— Verjährung II 1387f
— Zahlung II 876ff, 882, 886f
— Zahlungsort II 874, 876, 886f
— Zahlungszeit II 874, 876f, 882f, 886f
Bodmereivertrag II 1295
Börsenpreis II 517
Börtliste III 505
Börtordnung III 505
Bösgläubigkeit
— bei Geschäft mit Kapitän II 234
— bei Geschäft mit Ladung II 240
— bei Korrespondentreeder-Vollmacht II 102
— des Kreditgebers II 218, 220, 251f
— des Schiffsgläubigers II 137
— bei Vollmachtsbeschränkung II 229
Bohrturm I 68
Boje I 143, II 1124
Bolivien I 139, 1294
Bollwerk II 1235
Boot II 8ff, 11, 191, 343
Bootsaussetzungsvorrichtung III 1338
Bootsmann II 19, III 18, 245
Bootmannsstuhl I *889*, III 1310
Bootsübung III 1367, 1369
Bordanwesenheitspflicht
— des Besatzungsmitglieds III 102
— des Kapitäns II 175f, III 102
Borddienst I *876*, 950, III 1292
Bordezeichen III 1189, 1192
Bordkonnossement II 556, 559, 567, 614, 693f
Bordphotograph III 19
Bordzeugnisse und Schiffshypothek I 422ff
Borg
s. „Kauf auf Borg",
„Reparatur auf Borg"
Bornholm I 59
Bosporus I 51
Both to blame Collision Clause II 448
bottom fish I 66
Brake III 1124
Brake-Reede III 722
Brandgefahr II 1211
Brandstiftung I 20
Branntwein II 473
s. a. „Alkoholische Waren", „Alkoholschmuggel", „Internationale Verträge, Vertrag zur Unterdrückung des Branntweinhandels ..."
Brasilien II 283
— Außenzone I 63
— continental shelf I 65
— Flaggenrecht I 323
— Küstenmeer I 56
— Küstenschiffahrt I 107
— als Mitglied internationaler Abkommen I 26, 105, 117, 127, 415, 575, 584, 977, 1294, II 66f, 1099, 1253
— Schiffshypothekenrecht I 387, 388, **403**, 518
— Schiffsregisterrecht I 242
— seerechtliches Schrifttum I 38
— Seerechtsquellen I 32
breach of contract II 376
breakage II 666
breakdown-Klausel II 513
Bremen I 22, II 16, 198, 395, 478, 518
— Allgemeine Stauereibedingungen III 1120
— Gesetz
— — betr. die Anwendung des § 9 des Hafengesetzes für Bremerhaven auf die übrigen bremischen Häfen III 1099
— — betr. die Ausführung der StrandO vom 15. 3. 1892 III 397, **444**
— — betr. die Benutzung der bremischen Häfen III 1062
— — betr. die Haftung der Schiffe für die Verursachung von Schäden in den Häfen der Stadt — und Vegesack III 1069
— — über die Schiffsbesichtiger in — und Bremerhaven II 475 III 1069
— — über die Verwendung der nach dem

SeemG verhängten Geldbußen vom 15. 4. 1959 III 217
— — betr. die Verwendung von nach § 94 der SeemO verwirkten Heuern vom 16. 10. 1903 (Außerkrafttreten) III 216
— — betr. die Verwendung von Strafgeldern gemäß § 132 SeemO (Außerkrafttreten) III 216
— Hafenlotsendienst III 546
— Hafenpolizei III 1061
— hafenrechtliche Bestimmungen III 1050f, s.a. „Hafenordnung für die stadtbremischen Häfen"
— Lagerhausgesellschaft II 475, III **1104ff**
— Löschgesetz II 395f, 410
— Schiffsbesichtiger III 1096
— Straßenordnung für die Stadt III 1064ff
— Überladebedingungen für Greifergut III 1119
— Verordnung
— — vom 22. 3. 1903, betr. die Ausführung von Bestimmungen der SeemO (Außerkrafttreten) III 216
— — über die Beförderung gefährlicher Güter mit Seeschiffen III 1098
— — betr. den Verkehr mit explosionsgefährlichen Gütern in den stadtbremischen Häfen III 1099ff
— — über die Verwaltung der Hafenpolizei III 1061
— — betr. die Verwendung elektrischen oder anderen hellen Lichts auf Schiffen und am Lande III 783
— — über die zuständige Verwaltungsbehörde zur Durchführung der VO über die Beförderung gefährlicher Güter mit Seeschiffen III 1098
— s.a. „Zusatzvertrag mit — zum Staatsvertrag, betr. den Übergang der Wasserstraßen ..."
Bremerhaven
— Dienstanweisung für die Strandvögte des Strandamts — vom 17. 12. 1936 III 397, **445**
— Fahrtherabsetzung bei — III 719
— Gesetz über die Schiffsbesichtiger in Bremen und — III 1069
— Hafengesetz III 1071, s.a. „Hafenordnung für die Häfen in Bremerhaven"
— Lotsenordnung III 543
— PolizeiVO über die Signale zur Anforderung eines Hafenlotsen auf der Reede von — III 1098
— Schiffsbesichtiger III 1069
Bremerhaven-Reede III 722
Brennbare Stoffe
s. „Entzündliche Güter", „Gefährliche Güter", „Verordnung über die Untersuchung der Rheinschiffe und -flöße und über die Beförderung brennbarer Flüssigkeiten ..."
Brennöl II 455
Brennstoff
s. „Treibstoff"
Brennstoffbehälter I *884*, III 1303
Brennstoffbunker III 1303
Briefe gesundheitliche Behandlung I 1283
British Commonwealth I 30, 63, II 319
British Maritime Law Association II 67, 279
broken stowage II 373
brokerage II 763
Bruch
— beim Frachtgut
s. „Frachtgut"
— der Schleppverbindung II 274
Bruchteilhypothek I 483
Bruchteilseigentum I 393f, 553f
Bruchteilsvermögen II 81
Brücken
— Durchfahren von — III 688
— an Wasserstraßen I 207
— Zusammenstöße mit — II 1011
Brüsseler Abkommen ...
s. „Internationale Verträge, Abkommen..."
Brüsseler Konnossementsabkommen
s. „Haager Regeln"
Brunsbüttelkoog III 884f
Brunsbüttelkoog-Reede III 734
Brunshausen-Reede III 735
Bruttofracht I 359f, II 6, **54f**, 978, 1249, 1291f, 1331
Bruttoraumgehalt I 1144ff, *1188ff*, 1214, II 161, III 1194
Bruttoregistertonne II 292
Buchersitzungen von Schiffen I 374, 479
Buchhandlung an Bord II 19, III 19
Buchstabenregeln II 904, 961, 962ff, s.a. „York-Antwerp-Rules"
Bucht
— als Binnengewässer I 46
— als Eigengewässer I 86
— und Küstenmeer I 55, 71
Buchungskontor II 754
Buchung von Passagen II 4
Bürge
s. „Bürgschaft"
Bürgerkrieg II 471
Bürgerliches Gesetzbuch I 9
Bürgerliche Unruhen II 697
Bürgschaft II 230, 767, 1228, 1385, s.a. „Richtlinien des Bundesministers für Verkehr für die Übernahme von Bürgschaf-

ten und die Gewährung von Zinsbeihilfen für Darlehen zum Bau und Erwerb von Handelsschiffen"

Bürogehilfe III 17, 224

Büsum III 912ff

Bützfleth III 739f

Bugsierdienste II 274, 276, 445

Bugsieren I 109, II 1064ff, 1139f, s.a. „Schleppen"

Bugsierlohn II 1056, 1291, s.a. „Schlepplohn"

Bugsierschleppvertrag II [illegible], [illegible], s.a. „Schleppvertrag"

Bugsierunternehmen II 445, 755

Bulgarien
— Flaggenrecht I 323
— Küstenmeer I 57
— Küstenschiffahrt I 107
— als Mitglied internationaler Abkommen I 28, 51, 100, 139, 584, 977, 982
— Schiffshypothekenrecht I 408
— Schiffsregisterrecht I 242
— Schiffsübereignung I 369
— Seerechtsquellen I 31, 32

Bulkladung II 292, 354, 578, 601, 635, 637

Bullauge II 156f

Bulletins des Comité Maritime International I 23

Bundesamt
— für Auswanderung II 826ff, 831
— für gewerbliche Wirtschaft II 785, 794
— für Schiffsvermessung I 1134, II 161, 164, III 1488

Bundesanstalt für Arbeitsvermittlung und Arbeitslosenversicherung III 89, 90

Bundesbahn, Deutsche — als Reeder II 29

Bundesbeauftragter beim Seeamt und Bundesoberseeamt III 463, 467, 468, 470, 476ff

Bundesdienstflagge I 335, 351, 352ff, s.a. „Bundesflagge"

Bundeseigene Verwaltung in der Schiffahrt I 11f

Bundesflagge
— befristeter Austausch gegen ausländische Flagge I 336
— Führung I 336f, 338f, 341, II 773, 788, 797f
— Führung anderer als der — I 335
— Grundsatz der Ausschließlichkeit I 3 35
— Nachweis des Rechts zur Führung der — I 265, 333f, 338
— Pflicht zur Führung der — I **330 ff**, 351f, 970
— Recht zur Führung der — I 241, 251, 253, 255, 273f, 330ff, II 114, 161
— Verleihung der Befugnis zur Führung der — I 337, 344ff
— Verlust des Rechtes zur Führung der — I 256f, 258, 260, 333, II 114
— Zeigen der — I 336
— s.a. „Bundesdienstflagge", „Flaggenrecht"

Bundesgesetz
— betr. die Nationalität der Kauffahrteischiffe I 319
— über die Seeschiffahrt unter der Schweizerflagge I 30

Bundesgrenzschutz, Flaggenordnung I 335, 352ff, III 1261

Bundeskasse II 1321f

Bundeskonsul
s. „Konsul"

Bundeskonsulate III 124, 131, s.a. „Konsulat"

Bundeslotsenkammer II 36, III 481, 483, **492ff, 536ff**

Bundesminister
— für Post- und Fernmeldewesen III 211
— für Verkehr I 13, 52, 794, 801, III 494ff

Bundesoberseeamt I 38, III 461ff
— Aufsicht III 464
— Auslagen des — III 478f
— Beisitzer III 464
— als Berufungsinstanz III 476ff
— Beweisaufnahme vor dem — III 477f
— Bundesbeauftragter III 464
— Geschäftsordnung III 479
— Hauptverhandlung III 477f
— Sitz III 464
— Spruch des — III 478
— Verwaltungsanordnung über die Einrichtung des — III 464
— Vorsitzender III 464, 467f
— Zusammensetzung III 464
— s.a. „Seeamt"

Bundespost
s. „Post"

Bundespostflagge I 335, 349, **352**, II 672

Bundespräsident I 24, s.a. „Standarte des —"

Bundesrat
— Mitwirkung bei den Aufgaben des Bundes auf dem Gebiet der Seeschiffahrt I 13

Bundesrepublik Deutschland
— Bundeswasserstraßenverwaltung I 11, 221
— Freundschafts-, Handels- und Schifffahrtsvertrag zwischen der — und den Vereinigten Staaten von Amerika I 114
— Gesetz über die Aufgaben des Bundes auf dem Gebiete der Seeschiffahrt I 12ff, III 1199

— Handels- und Schiffahrtsverträge der — I 113f
— Küstenmeer I 56, 58
— als Mitglied internationaler Verträge I 24ff, s.a. „Internationale Verträge"
— Schiffahrtsverwaltung I 11, 12
— Schiffe der — II 161
— Schrifttum III 1210
— Verwaltung der Bundeswasserstraßen I 12
— Zwangsmaßnahmen gegen Schiffe I 62
Bundes-Seuchengesetz
s. „Gesetz zur Änderung des —"
Bundesurlaubsgesetz III 132f
Bundesversicherungsanstalt II 1285
Bundeswasserstraßen
s. „Wasserstraßen"
— Verwaltung durch Bund I 12
Bundeswasserstraßenverwaltung I 11
Bundeswehr II 802f
Bunker I *882*, 951
Bunkerklausel II 291
Bunkerkohlen II 10, 156ff, 219, 235, 272, 786, 966, 1051, 1281, 1326
Bunkern II 272, 540
Bureau de la conservation des hypothèques d'Anvers I 390
Burgstaaken III 897
Bußgeldbescheid nach dem SeemG III 204ff
Buttelerhörne III 725
Buxtehuder Fleth III 746

C

Caféteriasystem I 859
Cancelling-Datum II 295, 350f, 378
Cancelling-Klausel II 295, 378, 544
capture II 661
caricatore II 261, s.a. „Ablader", „Befrachter"
Carriage of Goods by Sea Act
— Australien I 31, II 319
— Großbritannien I 33, II 319, 634, 652, 680f, **714ff**
— Vereinigte Staaten von Amerika I 31, 36, II 278f, 317, 319f, 455, **720ff**, 816
carrier II 260, 683, s.a. „Verfrachter"
carta partita II 287
„Casablanca"-Fall I 238, II 50, 1017
cash II 495
causa proxima II 439
Certepartie II 287
certificat de jauge II 294
certificate
— of mortgage I 392
— of registration I 392
— of registry I 274
Cesser-Klausel II 289, 519, **520f**
Ceylon I 32, 105, 117, 323, 1294, II 319, 1099, 1253
Chamber of Shipping II 288
chargeur II 261, s.a. „Ablader", „Befrachter"
„Charles Racine"-Fall I 109
Charterpartie II 263, 278, 284, **287ff**, 350, 426f, 458, 506, 509, 551, 553f, **651ff**, 686
— Abfassung in fremder Sprache II 289f
— Abweichungen vom Chartervertrag II 296f
— all other conditions as per charterparty I 495
— anzuwendendes Recht s. „Internationales Privatrecht"
— ausländische Rechte II 288ff, 297
— Auslegung II 296
— zu befördernde Güter II 295f
— Bereitstellung des Schiffes II 294ff, 350
— Bescheinigung der Erklärungen über Lade- und Überliegezeit II 362
— Bescheinigung der verbrauchten Ladezeit II 357
— Bezugnahme auf die — s. „Konnossement, Bezugnahme"
— Exemplare II 296
— Form II 288f, 296
— freight and all other conditions as per charterparty II 495
— gemeinsame II 386
— Haftungsausschluß II 459ff
— Inhalt II 290ff, 296f
— Klauseln (allgemein) s. „Charterklauseln"
— Klauseln über Lade-, Lösch- und Wartezeit s. unter diesen Stichworten
— Mitteilung an den Dispacheur II 948f
— an Order II 297
— Positionsangabe des Schiffes II 295
— Übersendung der — II 288
— Übertragung der Rechte aus der — II 297
— Vermutung der Vollständigkeit und Richtigkeit II 296
— Zeichnung II 459
— Zusicherungen betr. das Schiff II 291ff, 342, s.a. „Charterschiff"
— zwingendes Recht II 640, **643**, **651ff**, 675, 686, 704
— s.a. „Charterer", „Charterschiff", „Chartervertrag", „Ganzcharter", „Raumfrachtvertrag", „Seefrachtvertrag"
Charterbruch II 1384
Charterer
— Abschluß von Stückgutverträgen II 652
— Ansprüche wegen Bergung oder Hilfeleistung II 1128, 1243f
— Ansprüche wegen Schiffszusammenstoß II 1047, 1048
— Anweisungen II 267, 320ff

— als Ausrüster II 134
— Befugnisse II 267
— Beschränkung der Schiffervollmacht II 229
— und „Demise"-Klausel II 557f
— Ersatzansprüche II 293f, 295, 297
— vom — gestellte Stauer II 23
— Haftung II 272, 327, 513
— Ladungspfandrecht des — II **1325ff**
— Liegegeldpflicht II 321, 390
— Passivlegitimation II 558
— Recht zum Betreten des Schiffes II 319
Recht zur Deckverladung II 346
— Recht zur Weitervercharterung II 297, 426, s.a. „Unterfrachtvertrag"
— Rücktrittsrecht II 292, 295
— Verhältnis zum Reeder II 27ff
— Verhältnis zum Verfrachter II 261
— Vorbehalt hinsichtlich der Seetüchtigkeit II 318ff
— Wahlrechte II 286, 294f, 321, 323, 392, 395
charterer (engl.) II 261, s.a. „Befrachter", „Charterer"
charterer by demise II 138, 557
charterer's agent II 265, 289, 761f, 766
Charterer-Verfrachter II 459
Charterformulare II 270, 288, 296f, **298ff**, 378, 406, 569f
Charterfracht II 55, 426f, 495, 510, 619, 872, 934, 940, 1292
Chartergeld II 270
Charterklauseln
— allgemein 289ff, 316f, 553
— einzelne II 285f, **289ff**, 311, 315ff, 321ff, 327, 346, 348ff, 351ff, 356ff, 364ff, 368f, 370, 373, 378, 405f, 410ff, 418, 420, 459ff, 466, 501f, 506f, 509, 511, 513, 538, 544, 553
Chartern
— ausländischer Schiffe II 778, 789, 793
— eines ganzen Schiffes II 266
— gemeinschaftliches II 386
— konsekutives II 1056
— s.a. „Chartepartie", „Chartervertrag"
charterparty II 278, 287, 289, s.a. „Chartepartie"
— under seal II 289
Charterschiff
— Bereitstellung II 294f, 352
— Größe II 292ff
— Ladefähigkeit II 285, 292, 295f
— Position bei Vertragsabschluß II 295
— Raumgehalt II 292ff
— Tragfähigkeit II 292ff, 296
— Veräußerung II 297
— zugesicherte und garantierte Eigenschaften II 291ff
Charterung
s. „Chartern"
Charterverkehr II 285f, 315
Chartervertrag II 261, 266ff, 279f, 287ff, 329, 347, 372, 376, 403, 422, 437, 497, 542, 557f, 640, 642, 825
— Abänderung
— — außerhalb der Chartepartie II 297
— — durch Chartepartie II 296f
— — durch Konnossement II 297, 509, 557, 620, 628
— Anvertrauen beim — II 135
— Auflösung II 294f, 392, 522ff
— und Ausrüster II 134
— bare-boat-charter II 267f, 557
— zu befördernde Güter II 295f
— Benennung des Schiffs II 285f
— Bereitstellung des Schiffes II 294ff
— und Bergung und Hilfeleistung II 1212, 1216
— Form II 287
— Genehmigung nach Außenwirtschaftsrecht II 773, 778, 788f, 793, III 1566
— Geschäftsbedingungen des — II 3
— Meldepflicht nach Außenwirtschaftsrecht II 793f
— Nebenpflicht beim — II 288
— Rechtsnatur II 266ff
— Rücktrittsrecht der Vercharterers II 544, 611
— Schaffung durch Reederverbände II 29
— und Schiffsgläubigerrechte II 135
— Schrifttum II 287 III 1555
— nach schweizerischem Recht II 268ff
— Seetüchtigkeit II 315
— Verlängerung II 764
— zwingende Haftung II 640, 642
— s.a. „Chartepartie", „Raumfrachtvertrag", „Teilcharter", „Vollcharter", „Zeitcharter"
Chefsteward III 18
Chemikalien II 309, 454
Chesapeak-Bay I 47
Chicagoer Abkommen
s. „Internationale Verträge, Abkommen über die internationale Zivilluftfahrt"
Chile II 283, III 1214
— continental shelf I 65
— Flaggenrecht I 323
— Küstenmeer I 57, 58
— Küstenschiffahrt I 108
— als Mitglied internationaler Abkommen I 100, 105, 117, 139, 575, 584, 977, 982
— Partenreederei II 124

— Schiffshypotheken I 403, 496
— Schiffsregisterrecht I 242
— seerechtliches Schrifttum I 39
— Seerechtsquellen I 32
China
— Flaggenrecht I 323
— Küstenschiffahrt I 108
— als Mitglied internationaler Abkommen I 53, 139, 977, 982, 1294
— Schiffsgläubigerrecht II 1324
— Schiffshypothekenrecht I 388, **406**
— Schiffsregisterrecht I 242
— Schiffsübereignung I 369
— seerechtliches Schrifttum I 39
— Seerechtsquellen I 32
— s. a. „Nationalchina"
China-Clay-Charter II 368
Cholera I *1279ff*, *1286f*, *1290*, 1304ff, II 187
Chronometer I *921*, 972, II 159, 164
circa II 293, 296, 373, III 1556
Claimant I 570
clause de voie parée I 402
clausula rebus sic stantibus in Schiffsbauverträgen I 364
Coal Charter (welsh form) II 764
Code de Commerce I 30, 31, 402
Codice della Navigazione I 31, 34
collector of customs I 400
colliery working days II 366
comitas gentium II 564
Comité Maritime International I 7, 23, 27f 415, II 67, III 1200
common-benefit-System II 901
common carrier II 263, 625
common-safety-System II 901
Commonwealth
s. „British — "
Companies Act I 391
compensatio lucri cum damno
s. „Vorteilsausgleichung"
compulsory pilot II 1082ff
conclusive evidence II 667
conhecimento em transito II 621
Conlinebill II 570
Conline thrubill II 622
connaissement direct II 621
conocimiento directo II 621
consignataire II 265
s. a. „Empfänger"
consignee II 265
s. a. „Empfänger"
Consolat de mar I 6, III 1198
constructive possession I 513
continental shelf I 57f, 65ff, 84. 88, 1379ff
contract of passage II 811
contrat d'affrétement II 260
s. a. „Seefrachtvertrag"
contrat de transport de marchandises par mer II 260
s. a. „Seefrachtvertrag"
contratto di noleggio II 260, 287
s. a. „Seefrachtvertrag"
contratto di trasporto di cose determinate II 260, s.a. „Seefrachtvertrag"
convenient port II 392
Costa Rica
— continental shelf I 65
— Flaggenrecht I 325
— Küstenmeer I 57, 58
— als Mitglied internationaler Abkommen I 127, 977, 1294, II 1109, 1112
— Schiffshypotheken I 403
— Schiffsregisterrecht I 243
— seerechtliches Schrifttum I 39
— Seerechtsquellen I 32
Courtage II 943
courtier maritime II 772
C/P II 287
Crédit fonçier de France I 428
Crosstrade II 795f
culpa in contrahendo II 101, 263, 323, 368f, 614f
culpa in eligendo II 313, 531
culpa sine effectu II 1032, 1070, 1072
Curaçao II 320
current exchange II 495
customary despatch II 356, 358, 410f
custom of the port II 356, 358, 370, 409ff, 416
custom's house bill of lading II 561
Cuxhaven
— Lotsenordnung vom 20. 12. 1938 III 521
— PolizeiVO für den Hafen — III 1162ff
— Reede III 734
— Signale zum Herbeirufen des Reededampfers auf Cuxhaven-Reede III 730
— Staatsvertrag zwischen Hamburg und Niedersachsen III 1159ff
— Zollabfertigung bei — III 731

D

Dänemark II 450
— Flaggenrecht I 323
— Haverei II 990ff
— Hoheitsgewalt in der Ostsee I 51
— Küstenmeer I 56, 58
— Küstenschiffahrt I 108
— als Mitglied internationaler Abkommen I 26, 53, 59, 88, 100, 105, 117, 127, 139, 150, 152, 163, 173, 179, 415, 575, 584, 977, 982, 1132, 1294, II 66, 1099, 1253
— Partenreederei II 125
— Reederhaftung II 65
— Schiffsgläubigerrecht II 1287, 1324

— Schiffshypothekenrecht I 386, 388, **403**, 423, 493f, 503, 513, 518, 551
— Schiffsregisterrecht I 243
— seerechtliches Schrifttum I 39
— Seerechtsquellen I 31f
— Verkehrssicherungspflicht in Häfen II 1115
— Verklarung II 202
— s.a. „Skandinavien“
Dagebüll III 920
Dalben III 550, 561
damnum emergens II 1049
Dampfer
s. „Dampfschiff“
Dampferlicht III 595, 661
Dampfheizung III 1303
Dampfkessel I 976, III 1299
Dampfkesselanlage III 291
Dampfkochanlage III 1303
Dampframme II 1011
Dampfrohr II 455, III 1301
Dampfschiff II 1241, 1245, III 326ff
Danzig I 48, 173
Dardanellen I 51
Darlehen I 427f, 428ff, 445, **452ff**, 480, II 85, 99, **218ff**, 504, 508, 868f, 925
— 7-d-Darlehen III 1280
Dauerfrachtvertrag II 285, 373, 388
Dauerrechtsverhältnisse an Schiffen I 320, 363
Dauerschulden III 1544
Davit I 697ff, 706f, 814ff, 822, II 1013
days for discharging II 407
days of demurrage II 411
DDR
s. „Deutsche Demokratische Republik“
dead-freight II 374, 376
dead weight II 292
dead weight cargo capacity II 292
Death on the High Seas Act (USA) II 817
decay II 663
Deck III 665, 800
— wasserdichtes I 638, 657, 772f, 786, 819, 1144
Deckladeklausel II 344ff
Deckladung II 167, 169, 373, 455, 473, 640, 645, 682, 688
— Aufopferung von — II 1365
— Bergung geworfener — II 1121
— Befestigung II 440
— Schäden an — II 927f, 965, 1365, 1372
— tatsächliche Beförderung als — II 643, 645f, 682, 688
— s.a. „Deckverladung“
Decksdienst
— Erster Offizier des — III 11, 185ff
— Trennung vom Maschinendienst III 300
Decksinspektor II 19
Decksjunge
s. „Schiffsjunge“
Deckslast I *874*, III 1291
Decksoffizier
s. „Schiffsoffizier, Erster Offizier“
Deckspersonal
— Arbeitszeit III 227ff
— Bemannungsrichtlinien III 326ff, 329
— s.a. „VO über die Eignung und Befähigung der Schiffsleute des Decksdienstes auf Kauffahrteischiffen“
Deckung wertbeständiger Schuldverschreibungen und Inlandsversicherungen I 468
Deckungsregister I *435*
Deckverladung
— Abgrenzung II 343, 645f, 688
— ausländisches Recht II 346, 539, 688
— Haftung für — II 345f, 640, 643, 645f, 688
— Konnossementsvermerk II 643, 644f, 682, 688
— bei der Leichterung II 394
— Schädigung von Reiseinteressenten II 346
— unbefugte II 671
— Zulässigkeit II 342, **343ff**, 426, 645, 688
— Zustimmung zur — II 262, 307, 342ff, 645
— zwingende Haftung II 640, 643, 645f, 688
— s.a. „Deckladung“
Deduktionsrecht II 1303f
Delaware-Bay I 47
Delikt
s. „Internationales Privatrecht, Deliktsstatut“, „Unerlaubte Handlung“
deliveryorder II 587ff, 593, 685
demi-fret II 376
Demijohn II 501
Demise-Charter II 138, 557, III 1553
Demise-Klausel II 261, 268, 557, 576
demurrage II 352, 411, III 1556, 1557
Denguefieber I 25, 1315ff
Depeschenboot II 1106
Deputation für Handel und Schiffahrt II 328, 358
Dereliktion I 375ff, II 432, 504
deroutement II 537
Desertion von Schiffsleuten I 50, 1219
Desinfektion I *1288*, *1289*, II 187, 511
Desinfektionsmittel I 1236, 1255
despatch-money II 353f
Destinatär II 489, 492ff
destinataire II 265,
s.a. „Empfänger“
destinatario II 265,
s.a. „Empfänger“

deterioration II 663
Deutgencon-Charter II 298
Deutholzneu-Charter II 295, 395
Deutküst-Charter II 402, 756
Deutsche Angestellten-Gewerkschaft III 220, 258
Deutsche Bundespost
s. „Post“
Deutsche Demokratische Republik I **29**, 38, 57, II 5, 641, 779, III 1209
Deutsche Handelsflotte I 11, 12, II 778
Deutsche Revisions- und Treuhand AG I 461
Deutscher Hafen II 641
— i.S. des Manteltarifs für die deutsche Seeschiffahrt III 225
Deutscher Verein für Internationales Seerecht I 7, 23
Deutsche Schleppbedingungen für das Assistieren von Seeschiffen II 1065, III 938, 1047, 1144
Deutsches Einheitskonnossement II 330, 454, 481, 562, **569ff**, 656ff
Deutsches Hydrographisches Institut I 12, 1115
Deutsches Seeschiedsgericht
s. „Seeschiedsgericht“
Deutsche wissenschaftliche Kommission für Meeresforschung I 160
Deutsch-französisches Abkommen über die gegenseitige Anerkennung von Seefahrtbüchern als Paßersatz III 73
Deutsch-Isländisches Fischereiabkommen III 1254
Deutschland
s. „Bundesrepublik Deutschland“, „Deutsche Demokratische Republik“
Deutzeit-Charter II 136, 272, **301ff**
Deutzeit-Klausel 22 II 1244
Deviation I **506ff**, 747, 877, II 172, **242ff**, **537ff**, 1028
— anglo-amerikanischer Begriff II 347, 537, 539f, 542
— bei Bergung oder Hilfeleistung II 1235f, 1238, 1257
— Beweisvermutung II 244
— und Bodmerei II 880
— Einfluß auf Versicherungsvertrag II 1334
— gerechtfertigte II 242ff, 537ff, 701
— Haftung des Verfrachters II 537, 539, 541f, 671, 701
— aus Menschlichkeit II 1334
— unerlaubte II 242, 432, 446, 455, **537ff**, 701
— unter Zeitcharter II 272
— s.a. die folgenden Stichworte
Deviationsklausel II 244, 538f, 541
Deviationskosten II 922
Deviationstagebuch II 184ff
Deviationstonne III 559, 565
Devisengenehmigung II 527
Devisenlage II 527
Diebstahl II 133, 235, 308, 431, 448f, 468, 592, 596, 598, 604, 661, 671
— Versicherung gegen — II 1335, 1356
Diebstahlsklausel II 661
Diemel-Talsperre I 213
Dienstantritt beim Heuerverhältnis III 99f
Dienstanweisung
— zur Ausführung des § 25 der StrandO vom 3. 12. 1930 (Hamburg) III 397, 416, **439**
— der Länder für die Seemannsämter III **38ff**, 213
— für die Strandämter in der Provinz Schleswig-Holstein III 397, **452**
— für die Strandvögte des Strandamts Bremerhaven III 397, **445**
— s.a. „Anweisung“
Dienste
— außergewöhnliche II 275f, 1135, 1141f, 1256
— entgangene II 1061
— des Schleppers s. „Schleppdienste“
Dienstflaggen I 335, 351, 355
Dienstleistung des Verfrachters beim Seefrachtvertrag II 266
Dienstliche Anordnung Nichtbefolgen III 196
Dienstreisen
— der Besatzungsmitglieder III 239
— des Kapitäns III 261
Dienststelle zur Behandlung von Geschlechtskrankheiten III 391
Dienstuniformen III 239, 262
Dienstuntauglichkeit III 148f
Dienstverpflichtung von Schiffen II 779f
Dienstverrichtungen II 37, 145ff, 444
Dienstverschaffungsvertrag II 134, 266f, 270ff, 683
Dienstvertrag
— Forderung aus — II 73f, 1277ff, 1294f, 1304, 1310f, 1321
— Haftung aus — II 59
— Kaivertrag II 397
— für mehrere Reisen II 1294
— Nebenpflichten II 213
— Schiffsgläubigerrechte aus — II 1277ff, 1294f, 1304, 1310f, 1321
— Schleppvertrag als — II 273ff
— Verjährung von Ansprüchen aus — II 1385f
— siehe „Heuerverhältnis“
Dieselöl, schweres I 119
difference in freight II 426
Dingliches Recht
— an Schiffen und Schiffsbauwerken I 356ff

— Schiffsgläubigerrecht als — II 1269
— an Seeschiffen I 28, 320
Diplomatische Seerechtskonferenz I 27f, 85, 1357, III 1201
Dippen der Flagge I 68
diritto della bandiera I 319ff
disbursement II 504
Diskriminierung
— fremder Flaggen I 48
— im Sinne des Kartellrechts II 756f
Dispache II 892f, 935ff, 946ff
— Abänderung der — II 949, 951
Anfechtung durch den Versicherer II 1330
— Aufmachung der — I 1219, II **946ff**, 961ff, 1356
— Einfluß der — auf die Verjährung von Ansprüchen aus großer Haverei II 1386
— Einwendungen bei — II 953
— als Grundlage für die Leistungen der Seeversicherung II 1356
— Kosten der — II 1055, 1338
— versicherungsrechtliche — II 1055
— s.a. „Hamburg, Gesetz über das Dispachewesen" sowie die folgenden Stichworte
Dispachebestätigung II 951ff
Dispachehafen II 893, 956f
Dispacheur II 893, **948f**, 953f, 955f
Dispacheverfahren II 944f, 949ff
Dispachierung II 535
Dispachierungsort II 946f
Disponibilität von Reedereigeldern II 112
Dispositivbefugnis im Seehandelsrecht II 3
Distanzfracht II 55, 218, 281, 333, 494, 504, **528ff**, 532ff, 545ff, 821, 941, 978, 1056, 1291
Distanzfrachtentschädigung II 546ff
Distanzschlepplohn II 276
Distanzüberfahrtsgeld II 814, 819, **821**
Disziplinargerichtsbarkeit für Kapitäne und Offiziere der Handelsmarine
s. „VO über die Einführung einer —"
Disziplinarische Verfolgung I 61, 69
Disziplinarstrafe II 818
— siehe „Arbeitsschutz"
Disziplinarstrafordnung für Schiffe der Handelsmarine (Außerkrafttreten) III 216
Dock II 404, 449
Dockarbeiter II 24
Docken I 426, II 273, 276, 351, 404
Dockgesellschaft II 656
Dockkosten II 931, 976, 1054, 1214
Dockreceipt II 561
doctrine of stages II 310f
document of title II 588
documents du navire I 423
Dokumentenakkreditiv II 343, 555, 561, 622, 626, 784
dolus eventualis II 474
Dominikanische Republik III 1214
— Flaggenrecht I 324
— Küstenschiffahrt I 107
— als Mitglied internationaler Abkommen I 105, 127, 584, 977, 1294 II 1099, 1253
— seerechtliches Schrifttum I 39
— Seerechtsquellen I 31, 32
dominion II 711
Donauschiffahrt I 191, III 1257
Donauschiffahrtsakte I 191, 1395
doorloopend cognoscement II 621
Doppelbesteuerung II 30ff, III 1543
Doppelboden I 626f, 765f, 1155
Doppeleintragung von Schiffen in Schiffsregistern I 254
Doppellegitimation II 490f
Doppelversicherung I 505f, II 1330, 1352f
draft II 427
Drehen II 276, 309, III 687, 809
Dreiecksflagge I 335, 1396
Dreiseemeilengrenze I 56, 58, 1355
Dreiwachenplan III 169, 228
Drittes Gesetz
— über die Eintragung von Hypotheken und Schiffspfandrechten in ausländischer Währung (Aufhebung) III 1281
— über die Eintragung von Schiffspfandrechten in ausländischer Währung (Aufhebung) III 1281
Drittschaden II 439
Drittwirkung eines Urteils II 1230
Drohung
— beim Abschluß eines Rettungsvertrages II 1221, 1222, 1239
— bei Einwilligung des Kapitäns zur Rettung seines Schiffes II 1137
droit de pavillon I 319ff
droit de préférence I 389, 401
droit de suite I 389, 401
Drucker III 18
Druckgas III 1322
Druckluftbehälter I *885*, 956, III 1306
Druckwasserkessel III 1306
dual-rate-system II 754f
Dückdalben II 1011, 1235
due diligence II 317, 319f
Dünung II 1013
Duhner Watt III 776
Dungstoffe II 1364
Durchbrechen eines Schiffes II 1119
Durchfahrt
— freie I 48, 51ff, 59f, 73, 86, 1363ff
— friedliche I 59f, 86
— internationale I 51
— durch Kanäle I 52ff
Durchfracht II 494

Durchfrachtvertrag II 216, 388, 621ff, 649, 709
Durchführungsverordnung
s. bei dem betr. Gesetz
Durchfuhr I 106f, 115
Durchfuhrberechtigungsschein II 787f
Durchfuhrbestimmungen II 330, 332, 779, 786ff, 797, 802f
Durchfuhrbewilligung II 390
Durchfuhrgüter, ausländische I *985*
Durchfuhrverbot II 527
Durchgangstransport I 102
Durchgangsverkehr I 24, 48, 101ff, 107
Durchkonnossement II 216, 339, 553, 556, 562, 593, **621ff**, 658, 685, 709, 940, 1218, III 1560
Durchrosten II 320
Durchsuchungsrecht I 65, 79, 86, 1323
Durchwanderer II 827
d.w.
s. „dead weight"

E

Echolot II 976
Eckernförde III 891
Eckernförder Bucht und Stollergrundrinne III 761f
Ecuador
— continental shelf I 65
— Flaggenrecht I 324
— Küstenmeer I 57, 58
— als Mitglied internationaler Abkommen I 977, 1294
— seerechtliches Schrifttum I 39
— Seerechtsquellen I 32
Edelmetalle II 308
Eder-Talsperre I 213
effects of climate II 662
Effektenversicherung
— der Besatzungsmitglieder III 240
— des Kapitäns III 262, 271, 287
Ehefrauen der Besatzungsmitglieder III 225
Ehegatten als Reeder II 78
Ehrverletzung des Besatzungsmitglieds III 152
Eichschein I 253, 255, 290, 293
Eider III 753ff
Eigelb
s. „Trockenei"
Eigengewässer
s. „Binnengewässer"
Eigenschaften
s. „Zusicherung"
Eigentliche Zeitcharter
s. „Zeitcharter"
Eigentümer
— an Bord befindlicher Sachen als Schuldner von Berge- oder Hilfslohn II 1130
— Eintragung im Register II 28
— eines Nichterwerbsschiffes II 28
— eines Schiffes s. „Schiffseigentümer"
— im Schiffsregisterrecht I 249, 251, 253, 287, 291, 294, 472, 524
Eigentümergrundschuld im Schiffsrecht I 534
Eigentum
— am Konnossement II 581, 583
— an der Ladung 587f, s.a. „Ladungseigentümer"
— am Schiff
— — Aufgabe I 375f
— — Erwerb I **362f**, 368, 370f, 379, 472ff
— — Flaggenrecht und Bedeutung des — I 321f, 330ff
— — Inhalt I 368
— — Prisenrecht und — I 368
— — Übertragung I 363ff
— — Verlust I 259, 368, 375ff
— — s.a. „Schiffseigentümer"
— am Schiffsbauwerk I 365, 549
— am Zubehör II 10f
Eigentumsakte
s. „Partenbrief"
Eigentumsübertragung
— Binnenschiff I 373f
— Konnossement II 581, 583,
— Ladungsgut II 458, 587f, 590ff
— Schiffsbauwerk I 365, 549
— Schiffszubehör II 11
— Seeschiff I 362ff
Eigentumsverletzung II 457f
Eignung
s. „Persönliche Qualifikation"
Eignungsverordnung III 46, 64
Eilgeld II 352
Einbringung eines Schiffes II 1279
Einbruchdiebstahl II 398
Einfahrten III 680
Einfrieren des Schiffes I 60, II 348, 415, 421
Einführer i.S. des Außenwirtschaftsrechts II 785f
Einführungsgesetz
— **zum BGB** II 50
— **zum HGB** I 8, II 5, 34, 61f, 1268, 1389
Einfuhr
s. beim Gegenstand der —
Einfuhrbestimmungen, Verstoß gegen — II 263, 330f
Einfuhrbewilligung II 390
Einfuhrgenehmigung
— nach Außenwirtschaftsrecht II 774, 780ff, 787, III 1562f, 1565
— für Kriegswaffen II 797, 802f

Einfuhrliste II 774ff
Einfuhrsendung II 786
Einfuhr- und Vorratsstellen II 263
Einfuhrverbot II 526f, 536, 564
Einfuhrvertrag II 785
Eingangszollstelle II 801
Eingeliefertes Gewicht II 509
Einheit II 431, 464, **633ff**, 667
Einheitliche Handelsflotte I 10
Einheitliche Richtlinien und Gebräuche für Dokumentenakkreditive II 343, 556, 560, 626
Einheitsfracht II 941
Einigung I 363, 366, 370, 373, 382, II 113, 458
Einkaufskommission II 262, 601ff
Einklarierung II 767, 771
Einkommender Verkehr II 437, 708
Einkommensteuer I 462f, III 1544
Einkommensteuergesetz I 462f
Einkünfte
— ausländische — I 462
— aus dem Betrieb von Handelsschiffen im internationalen Verkehr III 1543, 1544
Einladung II 310, 325ff, 366ff, 379f, 387, 398, 428, 430, 436f, 439, 442, 449, 469, 472, 483, 486, 522, 524, 567, 576ff, 624, 633, 638, 641, 643, 646, **647f**, 655ff, 689, **690f**, 693, 706
Einlagerung II 341, 417ff, 530f, 589f
Einlagerungsvertrag
s. „Lagervertrag"
Einlaufen II 322, 511, 527, 534f, 1054
Einlauftag, Arbeitszeit III 230, 273
Einlösungspapier II 606
Einmündung von Fahrwassern III 554
Einnahme
s. beim Gegenstand der —
Einnahmen
— der Reederei II 81
— des Reeders II 55
— der Reise II 6
Einrede
— der beschränkten Erbenhaftung I 520
— gegen Schiffshypothek I 519f, 527f, 536
— gegen durch Schiffshypothek gesicherte Forderungen I 381, 519
— der Unzulässigkeit des Rechtswegs II 1145
— der Verjährung I 520
— des Verzichts I 519
— der Vorausklage I 373
— gegen durch Vormerkung gesicherte Ansprüche I 471
— des Zwangsvergleichs im Konkurs I 520
Einreise II 334
Einrichtung, gehörige
— des Schiffes II 146, 159, 308f, 833
— des Schleppers II 276
— und seeamtliche Untersuchung III 461
— s. a. „Ausrüstung"
Einrichtungsgegenstände, Instandhaltung III 272
Einschiffungshafen II 828
Einschleicherunwesen I 28, II 811, **858ff**
Einschraubenschiff II 342
Einschußpflicht
— bei Baureederei II 123
— des Mitreeders II 106ff
— bei neuer Reise II 109
— des Parterwerbers II 117
Einseitige Erklärung II 350, 360f, 481
Einsenkungsmarken I 1130
Einsichtgewährung in Reedereibücher II 105
Einsichtnahme
— in das Schiffsbauregister I 275
— in das Schiffsregister I 248
Einstweilige Anordnung in Registersachen I 279
Einstweilige Verfügung
— auf Besichtigung der Güter durch Empfänger I 477
— auf Eintragung einer Vormerkung I 470, 479
— auf Eintragung eines Widerspruchs I 479
— auf Festsetzung der Ladezeit I 358
— auf Festsetzung der Löschzeit I 410
— gegen gesetzeswidrigen Reedereibeschluß II 109
— gegen Seeschiffe I 27
— auf Sicherstellung des Schiffsgläubigerpfandrechts II 1290, 1299
Einteilung der See I 45ff
Eintragung
— in die Bücher der Lagerhausgesellschaft II 475
— ins Schiffsbauregister I 276f
— einer Schiffshypothek I 387, 389f, 480ff, 489
— ins Schiffsregister
— — Bewilligung I 264, 267, 470, 479
— — Doppel — von Schiffen I 254
— — eintragungsfähige Rechte und Tatsachen I 241
— — auf Ersuchen von Behörden I 270
— — trotz Fehlens der Eintragungsvoraussetzungen I 261
— — des Korrespondentreeders II 93, 96
— — der Partbelastung II 115ff
— — der Partübertragung II 113
— — der Pfändung II 87
— — von privaten Rechtsverhältnissen I 263ff
— — der Reederei II 80, 28
— — von Schiffen I 248ff, 267f

— — einer Schiffshypothek I 386ff
— — unzulässige I 272
— — s. a. „Schiffsregister“
— ins Verzeichnis für gecharterte Schiffe I 344ff
Einwanderung, Gesetzgebung über I 10
Einwendungen
— bei Dispache II 953
— bei Klagen des Schiffsgläubigers II 1302
— bei mitwirkendem Verschulden II 1075
— des nicht eingetragenen Schiffseigentümers I 524f
— gegen die Schiffshypothek I 519f
— des Schiffshypothekenschuldners I 521, 525f
— bei Zwangsmaßnahmen II 25
Einzelpolice II 1375
Einzelstundenvergütung III 235
Einzelüberstundenvergütung III 233
Einziehung
— von Fanggeräten I 19
— von Fischen I 19
— der Fracht II 1312ff
— von Funkanlagen I 1323
— des Kaufpreises II 1315ff
— von Kriegswaffen II 806
— von Ladung II 241
— prisenrechtliche s. „Prisenrechtliche Einziehung“
— von Schiffen I 368, 533, II 335, 524
Eis
— als Deviationsgrund II 242, 537
— bei Fahrt zum Ladehafen II 322f
— bei Fahrt zum Löschhafen II 392
— beim Laden II 370
— bei Löschung II 414ff, 419
— Reiseaufenthalt wegen — II 543
— Substitutionsbefugnis und — II 342
— Versicherung gegen Schäden durch — II 1335, 1356, 1365
— Zusammenstoß mit einem im — festsitzenden Schiff II 1041
Eisberg II 469
Eisbrecher I 59, II 510f, III 702, 772
Eisenbahnfähre II 29, 815
Eisenbahnrecht I 93, 98, II 435, 444, 593, 622, 625
Eisenbahnschienen II 1364
Eisenbahnverkehrsordnung II 435
Eisenbeförderung II 1364
Eisgang II 414f, 510
Eisgefahr I 829, II 922 s. a. „Gefahrmeldungen“
Eishilfsdienst I 59
Eisklausel II 294f, 300, 392, 394f, 544
Eisladung II 419
Eismeer, Überfischung I 157
Eispressung II 1119, 1121
Eisrisiko II 294f, 395
Eisüberwachungsschiff I 577
Eiswachdienst I 577, 724ff, 1393ff, III 1543
Elbe
— Anforderungssignal für Seelotsen III 506
— Ankerverbote III 732
— Einlaufen in den Tonnenhafen bei Wedel III 736
— Fahrregeln III 731
— Fahrtgeschwindigkeit III 730
— Fahrzeuge mit Sprengstoff oder Munition III 735
— Fischerei III 732
— Grenzen des Geltungsbereichs der SSchStrO III 729
— Lotswesen III 518
— Reeden III 734
— Schiffahrtsfreiheit I 191
— Schiffahrtspolizei I 215, 217, 218
— Schleppzüge III 731
— Schubschiffahrt III 779
— Signale zum Herbeirufen des Reededampfers auf Cuxhaven-Reede III 730
— Signalstellen für Warnsignale III 730
— Tankfahrzeuge III 736
— Umschlag explosionsgefährlicher Güter III 773
— Verwaltung und Unterhaltung I 214, 217, 218
— Wegerechtschiffe III 729
— s. a. „Nebenelben“, „Verordnung über die Verwaltung der Elbe . . .“
Elbe-Trave-Kanal I 216
Elbhäfen II 16
Elbschiffahrtsakte I 191
Elektriker III 17, 224
Elektrische Anlagen auf Schiffen I 645ff, 777ff, 819, *884*, 959, *987*, II 455, 1120, III 1307f
Elektrische Energie bei Bergung oder Hilfeleistung II 1238
Elementarereignisse II 661
Elevatoren II 1011, 1215
Elfenbeinküste III 1214
Elmshorn III 906
El Salvador
— continental shelf I 65
— als Mitglied internationaler Abkommen I 127, 1294
Elsfleth III 725f, 1124
Emballagen II 636
Embargo II 526, 528, 1343
Emden
— Allgemeine Schleppbedingungen III 1144

— Betriebsordnung für die Benutzung des Erz- und Eisenkais am neuen Binnenhafen zu — III 1145ff, 1149, 1150
— Fahrregeln und Signale beim Einlaufen in den Hafen III 710
— Hafenlotsendienst III 542
— s. a. „PolizeiVO für den Hafen zu —"

Empfänger II 262, 474, 563ff, 596, 766
— Ablader als — II 266, 619, 642, 651
— Ablieferung der Ladung II 236
— Abnahme des Frachtguts s. „Abnahme"
— Anbieten der Gegenleistung II 421
— Angabe des Namens in Konnossement II 565f
— Annahme des Frachtguts s. „Annahme"
— Annahmeverweigerung s. „Annahmeverweigerung"
— Ansprüche
— — gegen fingierten Reederverfrachter II 575f
— — wegen Ladungsschäden II 496
— — gegen die Schiffsbesatzung II 457f
— — Zug um Zug II 492f
— als Antragsteller bei Güterbesichtigung II 487
— Anweisung des Löschplatzes II 391f, 395f, 414
— Anweisungen des — II 239, 437, 531
— Auslieferungsanspruch II 488, **492f**, 517f
— Befrachter als — II 266, 651, 886
— Begriff II **236**, 265f, 391, **489ff**
— Benachrichtigung von der Ankunft des Frachtguts II 437
— Benennung durch den Ablader oder Befrachter II 265
— Bereiterklärung zur Abnahme II 417
— beschränkt persönliche Haftung — für Bergungs- oder Hilfskosten II 1251ff
— — gegenüber Ladungsgläubigern II 500
— Besitz am Frachtgut II 514ff
— eigene Rechte II 265, 330, 394, 430, 488ff
— Einverständnis zum Löschen in Leichter II 648
— Entgegennahme des Frachtguts II 475f, 493f
— Ersatzansprüche gegen Mitempfänger II 498f
— als Frachtschuldner II 264, 529, 531, 617
— Geltendmachung der Ersatzansprüche II 438, 480, 496
— Haftung
— — bei Annahme verbodmeter Ladung II 885, 887
— — für Bergungs- oder Hilfskosten II 1251ff
— — wegen gefährlicher Güter II 331
— — gegenüber Ladungsgläubigern II 500
— — im Rahmen der großen Haverei II 945f
— — für Schäden an Schiff und Ladung II 338, 496
— — für Überschreitung der Löschzeit II 422
— — bei uneigentlicher Haverei II 536
— — wegen unrichtiger Angaben II 331
— — für unsorgfältige Auswahl des Löschplatzes II 395
— Haftungsanspruch gegen den Reeder II 40
— Importeur als — II 675
— Istempfänger II 401, 885
— konnossementsmäßiger II 262, 265, 330, 338, 344, 506, 515, 550, 609ff, 614, 770
— als Ladungsbeteiligter II 235, 246
— legitimierter II 430, 477, **489ff**, 760, 769
— mehrere II 391, 395f, 401, 403, 407f, 422, 424f, 432, **496ff**, 584f, 588f, 664f
— Mitwirkung II 420
— Nichtabnahme der Güter II 422, 424, 521f
— Nichterklären auf Löschbereitschaftsanzeige II 417f, 521
— Nichtzahlung von Fracht und Nebenkosten II 518ff
— Pflicht
— — zur Annahme der Güter II 493
— — zur Auslagenerstattung II 488f, 494, 496, 531
— — zur Erstattung verauslagter Zölle II 488f. 494, **496**
— — zur Frachtzahlung II 488f, 491, **493ff**, 519, 617, 825
— — zur Zahlung von Liegegeld II 353, 488f, 493, **495ff**
— Pflichten
— — Allgemeines II 265, 330, 421, 430, 475, 488ff, 515, 519, 554, 588, 610, 617
— — aus dem Konnossement II 610, 617f
— — bei der Löschung II 400, 424
— Recht auf Ladungsbesichtigung durch Sachverständige II 475, 477
— Recht auf Löschung in einem anderen Hafen II 394f
— Rechte
— — Allgemeines II 475, **488ff**, 608
— — bei der Löschung II 424
— — gegen den Verfrachter II 492f
— Rechtsstellung bei fehlender Konnossementsausstellung II 265
— als Reiseinteressent II 150

— Revers des — II 606f
— Säumnis bei der Abnahme II 421ff
— bei Schiffsverkauf II 227
— als Schuldner von Bergungs- oder Hilfslohn II 1129, 1130
— Stückgutempfänger II 424, 437
— Teilempfänger II 496ff, 515
— Tragung der Kosten für das Laden und Löschen II 327, 399, 401ff
— Übernahme des Frachtguts s. „Übernahme"
— Übernahme der Löschung II 402
— unbekannter II 403, 406, 417f, 422f, 514, 517, 521
— verbodmeter Ladung II 883, 885
— Vergütungen an Kapitän II 252ff
— Versicherung der vom — verursachten Schäden II 1336
— als Vertreter
— — des Abladers II 265, 330f
— — des Befrachters II 330
— Vertretung des — s. „Vertretung"
— Verweigerung der Erteilung einer Empfangsbescheinigung für Anzeige des Verfrachters II 362, 406, 412
— Verweigerung der Frachtzahlung II 418
— Vorleistungspflicht bei Ladungsgläubigerrechten II 500
— Wahlrecht hinsichtlich des Löschplatzes II 391, 395f
— Zahlung von Liegegeld II 359, 415, s.a. „Liegegeld"
— s.a. „Konnossementsinhaber", „receiver", „receptionaire"
Empfang
— von Geldern II 99, 213, 217, 218, 228
— der Ladung II 281, 583ff, 590, 596, 604f
— — im eigenen Namen II 489f, 492, 587f, 618
— — in fremdem Namen II 489, 491, 586, 588
— — für fremde Rechnung II 489, 492, 620
— — teilweiser II 494, 587ff
— — s.a. „Legitimation zum —"
Empfangnahme
s. „Empfang"
Empfangsbedürftige Erklärung II 350, 360f, 412
Empfangsbekenntnis II 429, 433, **550ff**, 566, 616, 651, 687
Empfangsbescheinigung II 362, 406, 412, 433, 705f
Empfangsbevollmächtigter II 481, 489f, 492
Empfangsrecht II 266
Empfangsschein
— des Auswanderungsagenten II 849f
— betr. die Ladung II 551f, 556, 559ff, 566
Empfangsspediteur II 266, 476, 479, 489f, 606
Empfangsvertreter II 436
Empfangsvollmacht II 583
Empfehlung
— betr. die Anheuerung der Schiffsleute auf im Ausland eingetragenen Schiffen III 9
— betr. den Inhalt der Schiffsapotheken und die funkärztliche Beratung der Schiffe auf See III 9
— betr. die sozialen Bedingungen und die Sicherheit der Schiffsleute im Zusammenhang mit der Eintragung der Schiffe III 9
Empfehlungen
— im Sinne des Kartellrechts II 751f, 755f
— der Tagung der Schiffsvermessungssachverständigen I 1133f
employment-Klausel II 135, 267, 427, 557
Ems
— Anforderungssignal für Seelotsen III 506
— Ankern und Anlegen III 712
— Fahrregeln und Signale beim Einlaufen in den Emder Hafen III 710
— Fahrzeuge mit Sprengstoff oder Munition und leicht entzündlichen Flüssigkeiten III 713
— Fischerei III 713
— Flöße III 709
— Grenzen des Geltungsbereichs der SSchStrO III 707
— Höchstgeschwindigkeit III 709
— Lotsenwesen III 513
— Nebeneinanderkoppeln von Fahrzeugen III 708
— offene Kähne III 708
— Schleppzüge III 708
— Signalstellen für Warnsignale III 707
— Sonderbestimmungen der SSchStrO für — und Leda III 707ff
— Verkehr durch die Eisenbahnbrücke bei Weener III 711
— Verkehr in scharfen Krümmungen und engen Fahrwasserstrecken III 709
— Verkehr durch die Straßenbrücke bei Leerort III 710
— Wegerechtschiffe III 708
Emshäfen II 16
Endempfänger II 624
Endhafen II 622ff
Engagementnote II 288
Enges Fahrwasser II 273, III 630, 657, 796
England
s. „Großbritannien"
en rouge II 284
Entdeckungsreise II 90
Enteignung
— Entschädigung für — als Gegenstand einer Schiffshypothek I 411, 494f, 1307

— Erlöschen des Schiffsgläubigerrechts bei — des Schiffes II 1290
— Erlöschen der Schiffshypothek bei — des Schiffes I 532
— des Schiffes II 524
— für Wasserstraßen I 208
Entgangener Gewinn
— Berücksichtigung bei Festsetzung von Berge- oder Hilfslohn II 1213f
— Ersatz bei Schiffszusammenstoß II 1049, 1055ff, 1059, 1102
— Höhe des zu ersetzenden — II 1057, 1060
Entgangener Verdienst II 001, 100
Enthaftungsvertrag II 459f
Entladung II 22, 278, 482, 755, s.a. „Ausladung", „Löschung"
Entlassung
— von Arbeitskräften II 472, III 144
— des Kapitäns II 99, 142f, 212, 255f, III 160
— des Korrespondentreeders II 93
— des Lotsen II 213
— des Schiffermitreeders II 255f
— der Schiffsmannschaft II 213, III 137ff
Entlastung
s. bei dem zu Entlastenden
Entlastungsbeweis
— des Befrachters oder Abladers II 332
— bei Beweisvereitelung s. dort
— für Hilfspersonen II 44
— des Kapitäns II 149, 166
— für Korrespondentreeder II 101
— des Reeders II 35
— bei Schleppvertrag II 276
— des Verfrachters bei Ladungsschäden II 312f, 315f, 342, 429, **440ff**, 657, 667
— für Verrichtungsgehilfen II 434, 459
— bei Werkvertrag II 273
Entlöschung
s. „Löschung"
Entrattungsbescheinigung I 1312
Entschädigung
— für Arbeitslosigkeit infolge Schiffbruchs III 8, 151, 259, **377ff**
— für Frachtverlust II 56, 234ff
— als Ladungsvermögen II 245f
— für Schiffsverlust II 56, 115, 256
— s.a. „Haftung", „Primage"
Entschädigungsanspruch
— Fälligkeit des versicherungsrechtlichen — II 1360
— Ladungsgläubigerpfandrecht an — II 1327
— Schiffsgläubigerpfandrecht an — II 1320f
— Verpfändung des versicherungsrechtlichen — II 1362
Entschließung, betr. die Zuständigkeit für den zeitweiligen Entzug oder die Ungültigkeitserklärung des Befähigungszeugnisses der Schiffsoffiziere III 9
Entweichen von Besatzungsmitgliedern III 193ff
Entwertung des Schiffsvermögens II 1320
Entwicklung des Schiffsverkehrs als Auslegungsgrundsatz II 4
Entwurf des HGB
s. „Handelsgesetzbuch, Geschichte"
Entwurf der UN-Völkerrechtskommission über die Rechtsordnung des Küstenmeers und der hohen See I 70
Entzündliche Güter I *1054ff*, *1059ff*, II 167, 331, 333, 337, s.a. „Gefährliche Güter"
environ II 293, 296
Epidemiologische Auskünfte I 1295f, 1310
equitable assignment I 515
Erbengemeinschaft
— und Flaggenrecht I 333
— als Reeder II 78f
— bez. einer Schiffspart II 118
Erbfolgenachweis I 268f
Erbschaftsgut II 774
Erdbeben II 1335, 1356
Erde, Beförderung von — II 1364
Erdöl im Küstenmeer I 59
Erfolgshaftung II 312, 330, 435
Erfolgsort II 281
Erfüllungsbereitschaft II 318, 387, 424
Erfüllungsgehilfe II 260, 313ff, 327, 332, 342, 398, 420, 427, 437, 444ff, 458, 503, 622, 669, 815
— Haftung des Kapitäns für — II 148
— Haftung des Korrespondentreeders für — II 101
— Haftung des Reeders für — II 42f, 59, 136
Erfüllungsort I 62, II 272, 280ff, 289, 1131
Erfüllungsverweigerung II 362
Erhaltung
— der natürlichen Schätze des Meeres I 80, 87, 153, 163, 1374ff
— des Schiffes I 415, II 98, 215f, 218f
— versicherter Sachen II 1339
Erkennbarkeit des Schadens II 479, 482, 667
Erkennungsflagge „C" I 319, 331
Erklärung über die Anerkennung des Flaggenrechts der Staaten ohne Meeresküste I 25, 64
Erklärungstreue
— Grundsatz der — beim Ausrüster II 136
— im Schiffsregisterrecht I 247, 474f
Erkundigungspflicht
— bei Vertrag mit Kapitän II 212, 215, 229
— bei Vertrag mit Korrespondentreeder II 96, 102

— s.a. „Informationspflicht“
Erlaß über die Ausübung des Gnadenrechts in der Disziplinargerichtsbarkeit für Kapitäne und Offiziere der Handelsmarine vom 5. 7. 1943 (Außerkrafttreten) III 216
Erlaßvertrag II 459, 461
Erlaubnis
— zur Ausübung der deutschen Küstenschiffahrt I 112
— zur Auswandererberatung II 836
— für Auswanderungsunternehmer und -agenten II 826ff
— behördliche II 323, 349, 405, 414, 1112
— zur Umladung der Güter II 339ff
— zur Unterverfrachtung s. „Unterfrachtvertrag“
— zur Verladung in ein anderes Schiff II 285, 339ff
Erlaubnisschein III 315, 317
Erlös
— Anrechnung des — für gerettete Gegenstände auf die Versicherungssumme II 1342
— über den Versicherungswert hinausgehender — II 1343
— der Versteigerung geborgener Gegenstände II 1251
Erlöschen
— der Ersatzansprüche s. „Ausschlußfrist“
— der Schiffshypothek I 530ff
— der Zwangsschiffshypothek I 532
— des Ladungsgläubigerrechts II 1328
— des Schiffsgläubigerpfandrechts II 1290f, 1305ff, 1320
Ermächtung zur Prozeßführung in eigenem Namen II 486
Ermächtigungsindossament II 581, III 1560
Ermittlungspflicht des Schiffsregistergerichts I 265
Erpressung bei Bergung oder Hilfeleistung II 1239
ERP — Sondervermögen I 460
Errichtungs-Vereinbarung des deutschen Seeschiedsgerichts II 1145f
error in judgment II 1028
Ersatzanspruch
s. „Haftung“ und bei den betr. Personen
Ersatzhafen II 394f, 539
Ersatzladung II 374, 388f, 522, 525
Ersatzlampe I *916*, 969, III 1348
Ersatzmann III 153
Ersatzschiff II 340ff, 1055, 1057
Ersatzteile I *885ff*, 960, III 1309
Ersatzunterbringung des Besatzungsmitglieds III 118
Erschleichen freien Eintritts I 19
Erste Hilfe
— bei Taucharbeiten I 942
— Verbandskasten für — I 1267
Erste Strahlenschutzverordnung III 1477
Erstfrachtvertrag
s. „Hauptfrachtvertrag“
Erstverfrachter II 622ff
Erst-Verladung II 286, 342
Erwerb durch Seefahrt I 235, II 27, 79, 91, 123, 132f, 1389
Erwerbsarbeit während des Urlaubs III 134
Erwerbsfähigkeit, Ersatz wegen Minderung der — II 1060
Erwerbsverbot, relatives I 473
Erzbeförderung II 1364
Este III 744ff
Estebrügge III 746
Estland I 139, 173
ETA-Meldung II 351
Ewerführer II 436, 476, 489f, 669
Ewerführer-Lohn II 421
excepted perils II 698f
exceptio doli II 1047
exceptio doli generalis II 582
exception clause II 453, 467f, 659
Exemptionsprivileg I 575
Expedient II 57, 558, 591
Expedition
— des Schiffes II 543, 767
— wissenschaftliche II 90, 98
Expeditionsabteilung des Reeders II 212
Explosion
— der Ladung I *992ff*, II 441
— auf dem Schiff II 664
— Versicherung gegen — II 1335, 1356
— s.a. „Gefährliche Güter“
Explosionsgefährliche Güter II 167, 331, 333, 337, 441, III 975, 991f
— Bremische VO, betr. den Verkehr mit — in den stadtbremischen Häfen III 1099ff
— Umschlag auf der Elbe III 773
— s.a. „Gefährliche Güter“
Explosionsgefahr III 674
Exterritorialität
— von Personen I 18
— von Schiffen I 18, 49, 61, 76, 236, 574ff
Extraausgabe als große Haverei II 964
extra loading time II 358
Extraschleppkosten II 902, 972, 1141
Extravergütungen II 509ff

F

Fachausschuß
— für das Schiffsingenieur- und Seemaschinistenwesen III 313
— **für das Seefahrtschulwesen** III 313
Fachgruppe Reeder II 298

fac-Klausel II 356, 360, 406, 409f
Fähre I 207, III 291, 558, 565, 810f, 820f, s.a. „Kettenfähre", „Seilfähre"
Fährenpolizeiverordnung für den Nord-Ostsee-Kanal III 860
Fährregal I 207
Fährschiff
— Ausnahmen des SeemG für — III 210f
— Geltung des Manteltarifs für die deutsche Seeschiffahrt III 223, 252
— Nichtgeltung der Anstellungsbedingungen für Kapitäne III 259
Fährschiffahrt III 702ff
Fälligkeit
s. bei betr. Anspruch
Fässer II 441, 478, 500f, 548, 636
Fäulnisschäden II 224, 1336, 1364
Fahrgast
s. „Passagier"
Fahrgastschiff III 299, 301ff, 702
— Arbeitszeit auf — III 229f
— Bauart I 607ff, 739, 748, 753ff, 783
— Begriff I 598, 747, 833
— Berufskleidung auf — III 239
— Besichtigung und Überprüfung I 600ff, II 155, 163
— Feuerschutz I 670ff, 779ff, 794ff, *901f*, 1123ff, III 1329ff
— Geltung des Manteltarifs für die deutsche Seeschiffahrt III 222
— i.S. des Manteltarifs für die deutsche Seeschiffahrt III 224
— Ordnung an Bord III 706
— Schleppverbot für — III 706
— Stabilitätsprüfungen I 643, 776
— s.a. „Verordnung über Sicherheitseinrichtungen für — und Frachtschiffe"
Fahrgastschiffahrt III 702ff, 720
Fahrgastzuschlag III 237
Fahrgeräusche I 30
Fahrlässigkeit
— grobe II 229, 430, 474, 630, 633
— bei Korrespondentreeder-Vollmacht II 102
— beim Schiffszusammenstoß II 1022
— im Seerecht II 36
Fahrpläne II 387, 819, III 703
Fahrregeln III 618ff, 679ff, 720, 948
— Achtungssignal III 636
— Annäherung in entgegengesetzter Richtung III 622
— Ausguck III 639ff, 679
— Ausweichen III 682
— Drehen III 687
— Durchfahren von Brücken III 688
— enge Fahrwasser III 630
— Fahrtanweisung durch besondere Fahrzeuge III 687
— Fahrtgeschwindigkeit III 679
— Fahrtminderung III 628
— Fahrwasser Queren III 686
— Flöße III 692
— Gefahr des Zusammenstoßes III 619
— Ketten- und Seilfähren III 688
— kreuzende Fahrzeuge III 623
— Kurssignal III 635
— Manöver des letzten Augenblicks III 625
— Passiersignal III 635f
— Schleppzüge III 688, 690
— Segelfahrzeuge III 621
— Signale bei ansichtigen Fahrzeugen III 634
— Stoppen III 628
— Überholen III 629, 684
— Verhütung von Schäden an Strombauwerken und Uferanlagen III 693
— Vermeidung des Kreuzens des Bugs des wegeberechtigten Schiffes III 627
— Verpflichtung zum Kurshalten für das wegeberechtigte Fahrzeug III 625
— Verpflichtung zur Rücksichtnahme III 633
— Vorrang des Segelfahrzeugs III 624
— Vorsichtsmaßnahmen gemäß seemännischer Praxis oder wegen besonderer Umstände III 637ff
— Wegeberechtigung für fischende Fahrzeuge III 633
— Zusammenkoppeln von Fahrzeugen mit Maschinenantrieb III 691
Fahrschein II 812f
Fahrstörungslichter III 599
Fahrstuhl
s. „Aufzug"
Fahrtanweisung durch besondere Fahrzeuge III 687
Fahrtbeschränkungen III 681
Fahrterlaubnisschein I 342, 867, *873*, 948, 973, II 154, 162, 319, III 1290
Fahrtgebiete i.S. des Manteltarifs für die deutsche Seeschiffahrt III 224
Fahrtgeschwindigkeit III 679
Fahrtgrenzen III 300, 1289
Fahrtmanöver II 1095
Fahrtminderung III 628
Fahrwasser I 207, II 273, 275, 325, 1048, 1092, 1322, III 656
— Befeuerung des — III 571, 580
— i.S. der Bekanntmachung über die Grundsätze für die Bezeichnung der deutschen Küstengewässer III 551
— Benutzung des — III 681
— Bewachung im — vor Anker liegender Fahrzeuge oder Flöße III 695

— Bezeichnung der — s. „Grundsätze eines einheitlichen Systems zur —", „Fahrwasserbezeichnung"
— zwischen Eider und Elbe und die Gewässer um Helgoland III 752f
— zwischen Ems und Jade III 713ff
— enge III 630, 657
— Fahrtbeschränkungen III 681
— i.S. der hamburgischen Dienstanweisung zur Ausführung des § 25 StrandO III 439
— Hauptfahrwasser III 656f
— Mängel des — und seeamtliche Untersuchung III 461
— Nebenfahrwasser III 657
— Queren III 687, 1568
— Rechtsfahren III 681
— i.S. der Richtlinien des Reichsverkehrsministers für die Handhabung des § 25 StrandO III 434
— an der Schleswigschen Westküste von der Hever bis zum Lister Tief III 756ff
— i.S. der SSchStrO III 655f, 657
— Sperrung eines — III 673
— Tagesbezeichnung von — s.a. „Grundsätze für die — "
— Verhalten bei Festkommen im — III 699
— s.a. „VO zur Regelung des Verkehrs auf den Wattenfahrwassern zwischen der Ems und westlich des betonnten Fahrwassers der Weser und Außenweser"

Fahrwasserbezeichnung III 551, 563
— Abzweigungen und Einmündungen III 554, 563
— Ansteuerung III 551, 563
— besondere Punkte und Linien III 555
— Mittelfahrwasserbezeichnung III 552, 563
— Mittelgründe III 553, 563
— Riffe und Untiefen geringerer Ausdehnung im Fahrwasser III 553
— Seitenbezeichnung III 551, 563
— Untiefenbezeichnung außerhalb des Fahrwassers III 556, 564
— Wrackbezeichnung III 557, 558, 564

Fahrwassermitte, Abweichen von der — II 1027 s. „Wegerechtsschiff"

Fahrwasserqueren III 686f, 1568

Fahrwasserseite, falsche II 1039, 1045

Fahrzeug
— Abschleppen festsitzender — III 665
— Ankerlicht III 606ff
— vor Anker liegendes — III 591, 594
— Ankern und Festmachen von — mit feuergefährlicher Ladung III 696, 875
— An- und Abmeldung III 875
— Bemannung und Bewachung III 878
— Bestimmungen und Signale für —, die von Eisbrechern geführt oder geschleppt werden III 702
— Betreten des — III 874
— Bewachung im Fahrwasser vor Anker liegender — III 695
— „in Fahrt" III 591, 593f
— außerhalb des Fahrwassers vor Anker fischende — III 665
— festgemachte — III 669
— mit feuergefährlicher Ladung III 667
— auf dem Grund festsitzendes — III 591, 594
— Hecklicht für in Fahrt befindliches — III 605
— Kennzeichnung III 874
— kompensierende — III 669
— an Land festgemachtes III 591, 594
— Lichterführung
— — für Fischereifahrzeuge III 603ff
— — für geschleppte — III 600
— — für Kabel oder Seezeichen legende — III 599
— — für kleine — III 601, 663
— — für manövrierunfähige — III 598
— — für maschinengetriebene Lotsenfahrzeuge III 603
— — für schleppende oder schiebende — III 597
— — für Segelfahrzeuge III 600
— — für Segellotsenfahrzeuge III 602
— mit Maschinenantrieb
— — und Schlepperhilfe III 664
— — i.S. der SStrO III 591, 593
— schräg oder quer im Fahrwasser vor Anker liegende — III 669
— i.S. der SStrO III 591f
— Vorschriften über Lichter und Signalkörper für in Fahrt befindliche — mit Maschinenantrieb III 595ff
— Vorsichtsmaßnahmen auf — III 875
— s.a. „Binnenschiff", „Schiff", „Seefahrzeug"

Faktische Reederei II 79

Fakturenwert II 633, 667

Fallreep II 1013

Falschauslieferung
s. „Auslieferung des Frachtguts an Nichtberechtigte"

Falschdeklaration II 419, 473f, 702

falsus procurator II 96, 221, 232

Fangerlös III 269

Fanggerät I 19, II 10

Fangperioden I 167

Farbenunterscheidungsvermögen III 306, 351f,

s.a. „VO über die Untersuchung der Seeleute auf Hör-, Seh- und Farbenunterscheidungsvermögen“
fas-Geschäft II 560
Faß
s. „Fässer“
Faßtonne III 549, 560
Fautfracht II 55, 372ff, 375ff, 381ff, 388f, 494, 519, 536, 819, III 1557
— Abzüge II 378, 382, 385
— Anrechnung von Kostenersparnis und anderweitigem Verdienst II 376f, 382, 384, 389
— ausländisches Recht II 378, 384
— Begriff II 377f, 384
— Beitragspflicht bei Verteilung von Haveriegrosseschäden II 941
— Einziehung durch den Schiffsmakler II 768f
— Erstreckung des Schiffsgläubigerrechts auf — II 1291
— Fälligkeit II 378
— Höhe II 376, 378, 381f, 385ff, 389
— und Liegegeldanspruch II 384
— Stundung II 378
— bei Teilcharter II 385, 389
— Verzicht II 378
— bei Zeitcharter II 512
faux fret II 376
Faxabucht I 58
Federal Maritime Board II 755
Fegsel II 508
Fehlfracht II 376
Fehmarnsund III 764f, 778
Feiertage II 363ff, III 167f, s.a. „Sonnabend ...“, „Sonntag ...“
Feiertagsregelung der Bundesländer III 168
Feinde II 466, 471, 660, 697, 699, 918, 924f, 1125, 1259
Feindstaaten I 24
Fenster, wasserdichte I 637f, 660, 772f, 776, 788
Fernmeldedienst I 187
Fernmeldewesen I 1319ff, s.a. „Bestimmungen über Fernmeldeanlagen ...“, „Funk-“, „Seefunk-“, „Sprechfunk“, „Telegraphie“
Fernschaden II 49, 1090ff, 1107, 1109f, 1383f
Fernschreiben II 480
Fernsprechgeheimnis I 1321
Fester Liegeplatz II 423, s.a. „Liegeplatz“
Feste Seezeichen
s. „Seezeichen, feste“
Festfahren II 275
Festfeuer III 568, 576
Festhaltung, zollrechtliche II 527
Festkommen im Fahrwasser III 699
Festlandsockel
s. „continental shelf“
Festliegen II 534
Festmachen II 276, III 695f
Festmachetonne III 559, 565
Festnahme I 86, II 26, 145, 831
Festsetzen des Schiffes II 917
Festsitzende Fahrzeuge III 665
Feuer als Ursache einer Seenot II 1120
Feuerarbeiten III 1323
Feuerbekämpfung II 455, 899, 926, 966
Feuergefährliche Güter III 667, 696, 797, 882, 1221, s.a. „Gefährliche Güter“
Feuergefahr I 648ff, 779ff, *898ff*, 963ff, *986*, 1123ff
Feuergesetze II 454, 456
Feuerhöhe III 573, 582
Feuerklausel II 454, 664
Feuerlöschanlage III 1331, 1390
Feuerlöschgeräte I 665ff, 791ff, *900f*, *903*, *905f*, 1123ff, III 1326, 1331, s.a. „Zulassungsbedingungen für Kohlensäurefeuerlöschanlagen ...“
Feuermeldeanlagen I 664, 790, *902f*, 1123ff, III 1390, s.a. „Zulassungsbedingungen für Kohlensäurefeuerlöschanlagen ...“
Feuermeldung III 1330
Feuerrohrleitung III 1326, 1331
Feuersbrunst II 273, 349, 405
Feuerschaden II 398, 428, 434, 443, 446, **453ff**, 464f, 467, 483, 541f, 664, 668, **697**
— Beweislast II 453ff, 457, 697f
— als Havariegrosseopfer II 899, 900, 966
— mittelbarer II 455
— Versicherung gegen — II 1335, 1356
Feuerschiff I 26, 228, 235, II 785, 1106
Feuerschott III 1330
Feuerschutz I 649ff, 740, 779ff, *898ff*, 963ff, *986*, 1123ff, III 1321ff
Feuerschutzmann I *906*, III 1331, 1369, 1371
Feuerschutzmittel III 1328f
Feuerschutztür III 1401
Feuerschutzübung III 1329, 1369
Feuerwerkskörper I *1020ff*, III 1349, s.a. „Gefährliche Güter“
feuilles de pointage II 553
fifty-fifty-Klausel I 48
Filmabfälle II 441, 473
Filmvorführungsanlage I 663f, 790, III 1313, 1385
Finnischer Golf I 178
Finnland II 288
— Außenzone I 63
— Behandlung fremder Schiffe I 62
— Flaggenrecht I 324
— Küstenmeer I 56, 58
— Küstenschiffahrt I 108

— als Mitglied internationaler Abkommen I 26, 100, 105, 117, 139, 173, 415, 584, 977, 982, 1132, 1294, II 66, 1099, 1253
— Schiffsgläubigerrecht II 1324
— Schiffshypothekenrecht I 385, 388, 404, 423, 493f, 518, 551
— Schiffsregisterrecht I 243
— seerechtliches Schrifttum I 39
— Seerechtsquellen I 31, 32
— Verklarung II 202
— s.a. „Skandinavien"
Fio-Klausel II 327f, 402, 430, 437, 568, 647, III 1557
Firma
— der Reederei II 83, 222
— im Seerecht II 4
Firmenfortführung II 261
Fisch
— Begriff I 200
— Einziehung von — I 19
— Größenbegrenzung I *154ff*, *158f*, *162*, 167, III 1232ff, 1236ff, 1242
— Mindestanforderungen an Güte der — I 203
— Mindestgröße I *155*, *162*, III 1238, 1242
— Mindestmaße für verkaufsgeeignete — I *155*, *162*, 167, III 1236ff, 1242
— s.a. „Gesetz über den Verkehr mit Fischen und Fischwaren"
Fischbestände I 64, s.a. „Erhaltung der natürlichen Schätze des Meeres"
Fischdampfer II 272
Fischdampfercharter II 272, s.a. „Fischereifahrzeug"
Fischdeputat III 287
Fischer
— als Ausschußmitglieder in Fischereifragen I 166
— Gerichtsstand bei Tätlichkeiten von I 147
Fischerboot
s. „Fischereifahrzeug"
Fischerei I 157, III 291, 701, 790, 1228, 1232, 1243, 1251
— im Ärmelkanal I 59
— in der Außenzone I 63
— continental shelf I 66f
— im eigenen Küstenmeer I 85f
— Ersatz entgangenen Fangs II 1056
— in fremdem Küstenmeer I 58
— auf Hoher See I 64, 80ff, 87, 1367, 1374ff
— außerhalb der Küstengewässer I 26
— innerhalb der Küstengewässer I 58
— Landesgesetze betr. die — I 197
— im Nordatlantik I 26, 46
— im Nordostatlantik III 1243ff
— in der Flensburger Innenförde III 1251
— in der Nordsee I 26, 46
— im Nordwestatlantik I 163ff, 1390, III 1242
— als Reedereizweck II 91
— Schrifttum III 1258
— Überwachung der — I 145, 149f
— unbefugte — durch Ausländer I 172
— verbotene I 19
— in Wasserstraßen I 208
— s.a. „Gesetz über die Aufhebung von Gesetzen auf dem Gebiete der — in der Ostsee", „Gesetz zum Schutze der Nordsee-Schollenfischerei", „Internationale Verträge, Vertrag betr. die polizeiliche Regelung der — in der Nordsee ...", „Küstenfischerei", „Seefischerei" sowie die folgenden Stichworte
Fischereiabkommen, deutsch-isländisches III 1254
Fischereianlagen I 83
Fischereibeförderungsfahrzeug III 305
Fischereieinrichtungen I 962f, 974
Fischereifahrzeug I 95, 115, 598, 739, 747, 833, 977, II 155, 162, 163, III 1228
— Ausnahmen des SeemG für — III 209f
— Begriff I 947
— Bemannungsrichtlinien III 329
— außerhalb des Fahrwassers vor Anker fischendes — III 665
— Kennzeichnung III 1228
— Lichterführung III 603ff, 663f
— in der Nordsee I 141
— Registereintragung I 335
— Registrierung III 1228
— i.S. des Übereinkommens über das Mindestalter für die Zulassung zur Arbeit in der Fischerei III 393
— Unfallverhütungsvorschriften I 944ff, 973ff, III 1366, 1367
— Wegeberechtigung III 633
— s.a. „Manteltarif für die Besatzungen der deutschen Hochseefischereifahrzeuge", „Mantel- und Heuertarifvertrag für die Besatzungen der großen deutschen Heringsfischerei (Loggerfischerei)"
Fischereiforschungsschiff I 150
Fischereigebiete I 46, 58
Fischereigerät I 144f, 148, 167, III 145, 409, 412, 421
— Bergung II 1260f, III 145, 409, 412
— Ersatzforderungen für Schäden an — (Abkommen mit Norwegen) III 1255
Fischereigrenzen I 58, 65, 85f, 948, III 304
Fischereigründe III 559, 565
Fischereikarten I 58
Fischereikreuzer II 1106
Fischereipolizei I 146, 152
Fischereischein I 198

Fischereischutz I 12
Fischereischutzboot I 150, 577
Fischereistatistik III 1538
Fischereistreit I 58
Fischgesetz
s. „Gesetz über den Verkehr mit Fischen und Fischwaren“
Fischmarktstützung I 201f
Fischmehl I 200, II 473
Fischnetze I 144, 154, *157ff*, *162*, 963, III **1236ff**
Fischnetzmaschen III 1236ff
Fiskus
— Freizeichnung für Reederhaftung II 42
— Haftung
— — persönliche II 60
— — wegen Schiffsgläubigerrechten II 1269, 1279
— — bei Zusammenstoß mit aufgebrachten feindlichen Schiffen II 1046
— Inanspruchnahme des englischen — II 1098
— als Reeder II 28
— Rettung durch dem — gehörende Schiffe II 1242
fitness II 308
Fixe Ladungsfrist II 356, 360
Fixe Löschungsfrist II 409, 412
Fixer Ladungstermin II 356, 360, 370
Fixer Löschungstermin II 409, 412, 416f
fixing letter II 288
fixtures I 492f
Flackerfeuer III 608
Flagge
— Begünstigung der eignen — I 48
— billige I 68, 321
— deutsche — I 351ff
— Recht der —
— — bei großer Haverei II 903
— — beim Schiffsgläubigerrecht II 1285
— — beim Schiffszusammenstoß II 1017, 1112
— Recht zur Führung der — I 68
— s.a. „Bundesflagge“, „Flaggenrecht“
Flagge-„C„
s. „Erkennungsflagge“
Flaggenanordnung für den Bundesgrenzschutz
s. „Flaggenordnung“
Flaggenbescheinigung I 273, 334, **350f**, III 1261, s.a. „Verwaltungsanordnung über die —“
Flaggendiskriminierung I 48
Flaggenführung II 148, 342, 672
— der Binnenschiffe I 7, 14
Flaggengruß I 354
Flaggenordnung für den Bundesgrenzschutz I 335, 352ff, III 1261
Flaggenrecht I 7, 14, 68, 76, 238, **319ff**, **330ff**, 408, II 291, 334, 773, 778, 788f, 793, 795, 797f
— ausländisches I 322ff
— als Deliktsstatut II 49f
— Durchbrechungen des — I 69
— bei Partveräußerung II 114
— rechtsvergleichende Darstellung des — I 321ff
— von Schiffen mit weniger als 50 cbm Bruttoraumgehalt I 334
— bei Schiffervollmacht II 212
— bei Schiffsverkauf II 226
— Schrifttum III 1259f
— der Seeschiffe I 87
— von Staaten ohne Meeresküste I 25, 68
— bei Staatsschiff II 161
— Umfang der Reederhaftung II 63
— Unanwendbarkeit II 51
— Verlust des — I 256f, 258, 260, 332, 517, 533, II 214
— s.a. „Anordnung des Bundespräsidenten über die deutschen Flaggen“, „Bekanntmachung über die Anerkennung des —“, „Bundesflagge“, „Internationales Privatrecht, Recht des Flaggenstaates“
Flaggenrechtsgesetz
s. „Gesetz über das Flaggenrecht der Seeschiffe ...“
Flaggenschein I 338, **344ff**, II 161
Flaggenschmuck I 354
Flaggenstaat I 61, 320, 409, II 334, s.a. „Internationales Privatrecht, Recht des Flaggenstaats“
Flaggentrauer I 354
Flaggenwechsel I 68, 76, 345, 414, III 152f
Flaggenzeugnis I 273, 333f, **341ff**, 1219, II 161
Flagge-„Q“ I 1276, 1287
flags of convenience
s. „Flagge, billige“
Fleckfieber I *1281f*, *1286f*, 1308f, II 187
Flensburg III 547, 888
Flensburger Förde I 172, III 758f, 1251
Flensburger Innenförde III 1250f
Fliesenbeförderung II 1365
Floß I 227, II 1011, III 668, 692, 695
Fluchtweg III 1328
Flüchtling, Rechtsstellung III 386
Flüchtlingsseemann III 386ff, s.a. „Gesetz zu der Vereinbarung über — “
Flüssiggas III 1322, 1423
Flüssigkeiten II 440, 478, 500ff, 647, 650
Fluginsel I 229
Flugsicherungsschiff I 180, 186f

Flundern I 67, 206
Fluß
— Schiffszusammenstoß auf einem — II 1015
— im Völkerrecht I 190
Flußbett I 211
Flußmündung I 46, 55, 72
Flußschiffahrt
s. „Binnenschiffahrt“
Flutbare Länge I 610, 755
Flutbarkeit I 611ff, 755f
Fluten II 450f
fob-Geschäft II 560
foenus nauticum I 5, II 868, 926
Förderung der Handelsflotte I 12
Fördeschiff III 210f, 223, 252, 259
Fonseca-Bucht I 46
Force majeure II 296, 375
Forderung
— in ausländischer Währung zu zahlende I 466f
— als Gegenstand der Seeversicherung II 1329, 1350
— als Ladungsvermögen II 245
— aus einer Reise II 6f
— durch Schiffshypothek gesicherte I 380f, 466, 526f, s.a. „Schiffshypothek“
— gegenüber der Schiffshypothek privelegierte I 416f
— s.a. beim Gläubiger, beim Gegenstand und beim Grund der —
Form
— des Anstellungsvertrags beim Kapitän II 142, III 13
— des Baureedereivertrags II 122
— der Eintragungsbewilligung im Schiffsregisterrecht I 267
— bei Gewährleistungsvertrag II 231f
— bei Partbelastung II 115
— der Partenaufgabe II 110
— bei Partveräußerung II 113, 116
— der Reedereiauflösung II 119
— bei Reedereibeschluß II 91
— bei Reedereivertrag II 80
— des Schiffstagebuchs II 178f
— des Schiffsverkaufs bei Reedereiauflösung II 120
— des Seefrachtvertrages **II 263**, 271, 287ff
— der Zurücknahme einer Eintragungsbewilligung I 268
— s.a. bei den einzelnen Rechtsgeschäften
Formalitäten bei Schiffsankunft II 348
Formblätter für den Jahresabschluß der Schiffspfandbriefbanken *I 447* III 1279
forms of approved documents II 288
Formulare im Seehandelsrecht II 3, s.a. bei den betr. Sachstichworten
Formvorschriften
s. „Form“
Fortschaffung gelandeter Güter II 668
Fortsetzung der Reise
s. „Reise“
fortune de mer
s. „Ladungsvermögen“, „Schiffsvermögen“
fortune de terre
s. „Landvermögen“
Fracht
— bei Abreise ohne volle Ladung s. „Leerfracht“
— Abzüge II 502f, 519
— Angabe im Konnossement II 565, 568, 617
— angemessene II 336, 494
— bei Anlandsetzen gefährdeter Güter II 333
— Annahme beschädigter Güter an Zahlungsstatt II 500ff
— Anrechnung der Ersparnis oder des anderweitigen Verdienstes II 384, 386, 388
— Arten II 55, 264, 494f,
— bei Außerkrafttreten des Frachtvertrags II 532f
— in Bausch und Bogen bedungene s. „Lumpsum-Fracht“
— bedungene II 375, 378, 382, 506f
— Begriff II 55, 264
— Berechnung II 264f, 270, 284, 293f, 321, 352, 386ff, 401, 426, 494, 506ff, 550, 577, 611, 627ff
— — nach ausgeliefertem Gewicht II 508f, 629
— — nach eingeliefertem Gewicht II 509, 629
— — nach Maße, Gewicht, Menge des Frachtguts II 506f, 508f, 627ff
— — nach Maßgabe des Konnossements II 627ff
— — beim Raumfrachtvertrag II 507
— — durch den Schiffsmakler II 760, 768f
— — beim Stückgütervertrag II 507f
— — mangels Vereinbarung II 506f
— — nach Zeit s. „Zeitfracht“
— Berücksichtigung bei Berge- oder Hilfslohn II 1217f
— Bestimmung in der Chartepartie II 506f, 629
— Bruttofracht s. „Bruttofracht“
— bei Deviation II 539
— Durchfracht II 494
— bei Eigengeschäften des Kapitäns II 254
— Einfluß der großen Haverei s. dort
— Einklagen II 439

— Einziehung III 1559
— — durch den Kapitän II 213, 217, 228, 880
— — durch Schiffsmakler II 767ff, 771
— — durch Unterverfrachter II 623
— Empfangnahme durch Korrespondentreeder II 99
— Ersatz entgangener — II 1056
— für Ersatzschiff II 342
— ersparte II 506, 630f, 633, 931f
— Erstattung II 217, 502, 504f
— Fautfracht s. „Fautfracht“
— Ganzfracht II 55, 101
— als Gegenstand der Bergung oder Hilfeleistung II 1121
— als Gegenstand einer Rettung nach dem IÜS II 1254
— in großer Haverei II 916, 934f, 939ff, 978, 980ff
— als Haftungsobjekt II 230ff, s.a. „Reederhaftung“
— als Haftungsobjekt bei der Schiffshypothek I 402, 406, 411, 412f, 496f
— Herabsetzung II 293f
— Hinterlegung s. dort
— Klauseln II 503ff, 506f, 513, 519, 534, 628f, 1372
— Leerfrach s. „Leerfracht“
— bei Löschung in anderem als dem Bestimmungshafen II 536
— bei Maßnahmen gegenüber gefährlichen Gütern II 338
— Nebenkosten II 495, 509ff, 515, 518
— Nichtzahlung durch den Empfänger II 518ff
— persönliche Haftung des Reeders gegenüber Schiffsgläubigern nach Einziehung der — II 1312f
— Pfändung der — II 1291
— Pfandrechte an der — II 1312ff
— Privileg an der — I 417f
— Quantitätsfracht II 506, 628
— Rechte des mortgagor und des mortgagee an der — I 514f
— bei Reisegut II 822, 824
— bei Reparatur des Schiffes II 545f
— bei Rücktritt des Befrachters s. „Fautfracht“
— als Schiffsvermögen II 54
— Schiffsgläubigerrecht an der — II 1291, 1298ff, 1305, 1312ff, 1315
— Schuldner II 264, 488f, 491, 493ff
— Sicherheitsleistung II 418, 491, 493
— übliche II 506
— Verbodmung der — II 218ff, 250ff, 870ff, s.a. „Bodmerei“, „Verbodmung“
— Vereinbarung II 506ff
— bei Verfügung von hoher Hand II 543
— Verjährung II 265
— bei Verlust des Frachtguts durch Unfall II 502ff
— Versicherung der — s. „Frachtversicherung“
— Vorausbezahlung II 264, 270, 421, 426, 491, 502, 504, 508, 619, s.a. „Frachtvorschuß“
— bei Weiterbeförderung heimlich verladener Güter II 336
— bei Wiederausladung II 543, 545
— Zahlung II 270, 475
— — durch den Ablader II 617
— — durch den Empfänger II 265, 475, 493ff, 617
— — durch den Konnossementsinhaber II 491
— Zahlungsverweigerung II 331, 333
— Zahlungszeitpunkt II 508
— Zeitfracht s. dort
— Zeitpunkt der Entstehung II 420
— Zessionar der — als Schuldner von Bergungs- oder Hilfskosten II 1129
— Zinsanspruch II 515
— Zurückerstattung II 217, 502, 504f
— Zwangsvollstreckung I 554
— s.a. „Charterfracht“, „Distanzfracht“, „Konnossementsfracht“ sowie die folgenden Stichworte

Frachtabrechnung II 508
Frachtabschläge II 495
Frachtabzüge II 502f, 519
Frachtbrief II 297, 551
Frachtcharter II 135, 271, 284f, 426f, s.a. „Chartervertrag“, „Zeitcharter“
Frachtdifferenz II 426
Frachteinheit II 636f
Frachtenausschüsse in der Binnenschiffahrt I 30
Frachtenbildung in der Binnenschiffahrt I 30
Frachtenmarkt II 285
Frachtermäßigung II 353
Frachtersparnis s. „Fracht, ersparte“
Frachtführer II 45, 260, 444f, 622, 785f, s.a. „Landfrachtführer“, „Luftfrachtführer“, „Seefrachtführer“
Frachtgeschäft
s. „Frachtvertrag“, „Seefrachtvertrag“, „Überfahrtsvertrag“
Frachtgut
— Ablieferung s. „Ablieferung“
— Abnahme s. „Abnahme“
— äußerlich erkennbare Beschaffenheit II 439, 565, 567f, 576f, 612f, 691
— äußerlich nicht erkennbarer Schaden II 479, 482, 669

— Anbordbringen II 522, 524, 559
— Angaben über Art und Beschaffenheit II 330ff, 338, 473f, 496, 565, 567f, 577ff, 612, 614, 617, 633, 638f
— Angaben über Maße, Zahl, Gewicht, Menge, Merkzeichen II 329f, 565ff, 576, 578f, 612, 615
— Ankunft s. „Ankunft"
— Anlandbringen II 413, 415
— Anlandsetzen bei Gefahr II 331ff, 336ff, 703
— Anlieferung II 358, 366f
— Annahme s. „Annahme"
— Aufnahme s. „Ladungstüchtigkeit"
— Aushändigung an Dritte II 431
— Ausladung s. „Ausladung"
— Auslieferung s. „Auslieferung"
— Austrocknen II 508
— Beförderung entgegen gesetzlichem Verbot II 330, 332
— Belastung mit Ladungspfandrechten II 432
— Beschädigung s. dort
— Beschaffenheit II 429, 431f, 439, 467, 472, 503, 508, 565, 567f, 576ff, 612ff, 626, 641, 650, 662, 691, 1372
— Beschlagnahme s. dort
— Bezeichnung II 330f, 338, 443, 577
— Bruch II 317, 472, 666
— Deckverladung s. dort
— Deklaration II 659
— Diebstahl s. „Diebstahl"
— Eigenart II 641, 650, 662, 697, 700
— Eigenbesitz am — II 594
— Einladung s. „Einladung"
— Einlagerung II 341, 530f, 551
— empfindliches II 415
— Entgegennahme durch den Empfänger II 475f, 489ff, s.a. „Abnahme", „Annahme", „Empfang"
— Entwertung II 431, 503f
— entzündliches II 331, 333, 337, 472, 703, s.a. „Gefährliche Güter"
— Erhaltung II 308
— Erhitzung II 663
— explosives II 331, 333, 337, 703, s.a. „Gefährliche Güter"
— falsch deklariertes II 419, 702, 824
— Feststellung von Maß, Zahl, Gewicht II 475ff, 577ff
— feuergefährliches II 454, s.a. „Gefährliche Güter"
— Fremdbesitz am — II 594f, 597
— gefährliches s. „Gefährliche Güter"
— Gefahr des Verderbs II 418f
— Geruchsschaden II 432
— Gewahrsam II 309f
— Gewicht II 475, 478f, 482, 506f, 508f, 576ff, 612, 615, 627ff, 691f, 704
— Gewichtsverlust II 340, 467, 472, 475, 478, 697
— heimliches Anbordbringen II 336ff
— Herausgabeklage hinsichtlich des — II 632
— Hinaushieven II 402
— Hinterlegung s. „Hinterlegung"
— Identität II 438, 521, 664
— Irrelaufen II 666
— Lagerung II 398
— Landschäden s. dort
— Lieferung s. „Ladung"
— Markierung II 659
— Maß II 475ff, 479, 482, 505, 565, 567f, 576ff, 612, 615, 627ff, 691f, 704
— Menge und Art II 295, 328f, 372, 438, 474, 506f, 508f, 565, 567f, 576, 578f, 612, 614f, 627ff, 659, 691
— Merkzeichen II 329ff, 438, 472, 474, 565, 567f, 577ff, 612f, 659, 665, 691f, 697, 700, 704
— Messen und Wiegen II 401ff, 475ff, 479ff, 579, 628
— Nässeschäden s. „Frachtgut, Wasserschaden"
— Nichtablieferung II 316, 427, 439, 505f, 557
— Nichtauslieferung II 519f
— Notverkauf II 281
— beim Passagiervertrag II 822f
— physische Veränderung II 431
— Rinnverlust s. „Leckage"
— Rost II 472, 663
— Rückgabe II 607ff
— Schaden durch Einwirkung mitverladener Güter II 309, 316, 336ff
— schweres I 16, 25, 982f
— Schwund II 467, 472, 505, 508, 663, 666, 697, 700, 1336, 1372
— Selbstentzündung II 331, 337f, 505
— speziell bezeichnetes II 328f
— Stückzahl II 482, 576ff, 612
— Substitutionsrecht II 328
— teilweise Lieferung II 372ff
— Überbordwerfen II 240f, 331, 333, 336ff, 503, 537
— Übereignung II 554
— Übergabe II 554, 590, 593
— Übergabe an der Schiffseite II 401
— Übernahme s. „Übernahme"
— Umladung **II 339ff**, 621ff, s.a. „Umladung"
— Unschädlichmachen II 337f, 703
— Unterbringung II 266
— Ursprungsort II 368

— verborgener Mangel II 439, 467, 472, 482, 697, 700
— Verbringung an den Bestimmungsort II 266
— Verderb II 418f, 441, 471f, 500f, 505, 517, 521, 608
— Verfassung bei Übernahme durch den Verfrachter II 439, 472, 565, 567f, 576ff, 691
— Verfügungsbefugnis über — II 262
— Verkauf II 240, 249ff, 418, 432, 504, 530, 532, 584, 631, 671
Verladung
— — in ein anderes Schiff II 285, **339ff**, 389
— — auf falsches Konnossement II 432
— — in die Kajüte II 307
— — nach Wahl des Befrachters II 264
— Verlust s. „Verlust“
— Vermischung II 584f
— Vernichtung durch den Kapitän II 337f, 503, 703
— Verpackungsmangel II **429**, **440f**, **443**, 472, 626, 659, 663, 697, 700
— Verpfändung II 554, 595f, 598ff
— vertragsmäßiges II 328
— Verwechslung II 432
— Wasserschaden II 310, 415, **441f**, 449, 451, 508
— Weiterbeförderung mit anderem Schiff II 388
— Weiterveräußerung nach Schadenseintritt II 458
— Wertangaben II 473f
— Wertverlust II 432
— Wiedereinladung II 341
— wissentlich unrichtige Angaben über das — II 473f, 702
— Zahl II 475, 479, 482, 565, 567f, 576ff, 612, 615, 704
— Zusammenladen II 454
— Zustand bei Ablieferung II 476, 479, 482
— Zustand bei Annahme II 439, 577ff
— s.a. „Güter“, „Ladung“
Frachtklauseln
s. „Fracht, Klauseln“
Frachtpfandgläubiger II 1321
Frachtrabatt II **507f**, 510, **754f**
Frachtrate II 29, 272, 297, 426, 506, 754f, 767
Frachtrechnung II 493
Frachtreise II 215, 310f, 314, 381f
Frachtsatz II 285, 372, 381f
Frachtschiff
— Bauart I 607ff, 753ff, 783
— Begriff I 598, 747, 833
— unter 500 BRT I 598, 739, 747
— von mehr als 1000 BRT I 674f
— Feuerschutz I 674, 797, 1128
— Schiffsbesichtigung II 155
— Schiffspapiere II 162f
— Stabilitätsprüfung I 643, 776
— Zeugnisse I 603f, 750ff
— s.a. „Verordnung über Sicherheitseinrichtungen für Fahrgast- und —“
Frachttarife II 265, 506ff
Frachtüberschuß II 426f
Frachtversicherung II 56, 98, 216, 505, 1328, 1331, 1336f, 1346, 1350, 1377f
Frachtvertrag
Allgemeines II 257ff, 426
— Abänderung II 216, 620, 628
— Abgrenzung zur Schiffsmiete II 267f, 270ff
— Abschluß II 429, 767ff
— Anfechtung II 318, 322, 526, 554
— Arten II 262ff, 284ff
— Aufhebung II 216, 262, 554
— Auflösung II 236, 242, 294f, 340, 343, 609, s.a. „Seefrachtvertrag, Außerkrafttreten“
— Ausführung durch einen anderen Verfrachter II 426
— Außerkrafttreten
— — bei zufälligem Verlust der Ladungsgüter II 522, 524f, 532f, 546f, 549
— — bei zufälligem Verlust des Schiffes II 522, 524f, 528f, 531, 546f, 549
— Beförderung ohne — II 235f
— Bezugnahme auf das Konnossement II 620
— Bindung des Reeders II 238
— bei Deviation s. „Deviation“
— Empfangsberechtigter II 479, 481
— Erfüllungsanspruch II 439
— Ersatzansprüche aus dem — II 431, 484f, 668, s.a. „Verfrachter, Haftung“
Form II **263**, 277, 287f, 553
— und große Haverei II 908
— Gültigkeit II 277
— i.S. der Haager Regeln II 682, 685
— Haftung aus — s. „Verfrachter, Haftung“
— und Hilfslohnvertrag II 1227
— internationales Privatrecht II **277ff**
— intertemporales Recht II 277
— Kapitäns-Vollmacht II 216, 228
— Korrespondentreeder-Vollmacht II 98
— Maßgeblichkeit bei Konnossementsausstellung II 609, 620
— Meldepflicht nach Außenwirtschaftsrecht II 793f
— und neue Reise II 1292f
— Nichtigkeit II 263, 377, 554
— Rechtsnatur II 260ff, 266ff, 492
— bei Schiffsverkauf II 8, 228

— und Schiffszusammenstoß II 1102, 1105
— Schleppvertrag als — II 273, 275
— Sorgfalt des Kapitäns II 145
— Schrifttum II **257ff**, 266, 284, III 1554
— Streitigkeiten aus — II 216f
— Übertragung der Ansprüche aus dem — II 431
— Vertragszweck II 266, 371, 542ff
— Vollmachtsbeschränkung des Kapitäns II 228
— Wiederinkrafttreten II 525
— zusammengesetzter II 281
— s.a. „Dauerfrachtvertrag", „Durchfrachtvertrag"
Frachtvorschuß II 55, 493, 495, 505, 508, 522, 610, 619, 631, 872, 940, s.a. „Fracht, Vorausbezahlung"
Frachtzeitcharter II 270
Frachtzuschlag II 494, 505, 509ff. 638f
Fragebogen für die gesundheitliche Überwachung der Seeschiffe I *1285*
Franchisen I 507
Frankofracht II 519
Frankreich III 1209, 1211
— Abandon II 65
— Ausrüster II 139
— Außenzone I 63
— Behandlung fremder Schiffe I 50, 62
— Chartervertrag II 268, 288, 322, 350, 359f, 365, 376, 379f, 402, 686
— Einfluß des französischen Seerechts I 31
— Flaggenrecht I 324
— Frachthaftung II 320, 437, 441, 446, 449, 453, 487, 635, 649, 670f, 684, 686
— Frachtvertrag II 346f, 350, 359f, 365, 376, 379f, 402, 525
— Gesetz zu den Haager Regeln II 708f, 725ff
— Haverei in II 1004ff
— internationales Privatrecht II 278f, 282, 562, 564, 708f
— Kaianstalt II 397
— Konnossement II 564, 566, 569, 579, 583, 599ff, 616, 686
— Küstenmeer I 56, 58
— Küstenschiffahrt I 108
— als Mitglied internationaler Abkommen I 26, 28, 48, 51, 53, 59, 88, 100, 105, 117. 127, 139, 153, 163, 179, 415, 575, 584, 977. 982, 1132, 1294, 1316, II 66f, 1099, 1109, 1112, 1253
— Mitreederhaftung III 1553
— Partenreederei II 123f
— Rechtsquellen I 30, 31, **32**
— Reederbegriff II 29
— Reederhaftung II 45, 437
— Reederhaftung für Arbeitsunfall II 1082
— Reparaturunfähigkeit II 223
— Schiffervollmacht II 212, 214
— Schiffsgläubigerrecht II 1286f, 1324
— Schiffshypothekenrecht I 384f, 386, 388ff, **401f**, 422, 424, 491f, 502, 512, 518, 523, 527, 546, 551
— Schiffsmakler II 772
— Schiffsregisterrecht I 243
— Schiffsübereignung I 369
— seerechtliches Schrifttum I 39, 1356
— Seeversicherungsrecht I 501, 502
— Untersuchung von Seeunfällen III 456
— Verklarung II 199, 202
— Zwangsvollstreckung in Schiffe II 26
Frau als Besatzungsmitglied III 174f, 212
Frauenhandel II 826, 835
free in and out
s. „fio-Klausel"
free of turn II 324, 349f, 405
free time II 351
Freibezirke II 334
Freibord I 16, 25, *874*, *929*, 949, **976ff**, II 163, 169, III 1291, **1428ff**, **1463ff**, s.a. „Internationale Verträge, Übereinkommen über den — der Kauffahrteischiffe", „Verordnung über den — der Kauffahrteischiffe", „Verordnung über den — der Binnenschiffe auf Seeschiffahrtsstraßen", „Vorschriften über die Bestimmung der Freiborde der Kauffahrteischiffe"
Freiborddeck III 1429
Freibordmarke I 978, 980, 1130, II 163, 169, III 1430f
Freibordstrich III 1430, 1453, 1456
Freibordtafel III 1451, 1455. 1462
Freibordzeichen III 1431
Freibordzeugnis I 978, 980f, III 1468f
Freiburger Hafenpriel III 739
Freigebigkeiten II 97
freighter II 261, s.a. „Befrachter"
freight prepaid at destination II 495
Freigut III 1173, 1182
Freihafen I 174, II 334, 774, 779, 786, 801, III **1175ff**, 1179, 1187f, 1192
— Bauten III 1177
— Grenze III 1189
— Grundstücke III 1177
— persönliche Beschränkungen III 1177
— Überwachung III 1178
— Warenbearbeitung III 1176, 1188
— Warenbeförderung III 1176, 1187
— Warenhandel III 1176
— Warenlagerung III 1176
— Warenumwandlung III 1176
— Warenverbrauch III 1177, 1188
— Warenvernichtung III 1176
— Zweck III 1175, 1179

— s. a. „Allgemeine Zollordnung", „Zollgesetz"
Freiheit
— des Durchgangsverkehrs I 24, 51, **73ff**, 190, 1363ff
— des Luftverkehrs I 30, **193**, 1367
— der Meere I 178
— der Schiffahrt auf Binnenwasserstraßen I **189ff**
— der See I 51, 57, **64**, 67, **76**, 88, 1367f
Freistellungsanspruch II 463ff, 1098
Frei von Beschädigung II 1379
Frei von Beschädigung außer im Strandungsfall II 1341, 1379
Frei von Bruch II 1379
Frei von Bruch außer im Strandungsfall II 1342
Frei von gewissen ersten Prozenten II 1380
Frei von gewissen Prozenten II 1379
Frei von Kriegsmolest II 1340, 1380
Frei von Leckage II 501f
Freiwillige Gerichtsbarkeit im Küstenmeer I 63
Freizeichnung II **653ff**
— für äußere Gefahren II 661f
— allgemeine II 659f
— Auslegung der Klauseln s. „Auslegung von Vertragsklauseln"
— des Befrachters II 375, 437, 448
— Beschränkung
— — des sachlichen Haftungsumfangs II 659ff
— — der zeitlichen Haftungsgrenzen II 655
— — s.a. „Haager Regeln", „Mindesthaftung, zwingende"
— besondere II 659ff
— Beweislast II 657, 666f, 670, 694f, s.a. „Verfrachter, Haftung"
— in der Chartepartie II 290f
— für Deckverladung II 344f
— bei Deviation II 244
— zugunsten Dritter II 459ff, 655
— für Einflüsse anderer Ladung II 663
— für Gefahren der See II 660f
— bei gesamtschuldnerischer Haftung wegen Schiffszusammenstoßes II 1078, 1080f, 1102
— für Gewichtsverluste II 615
— bei großer Haverei II 891, 909
— für Hilfspersonen II 664, 668ff
— und internationales Privatrecht II 278f
— des Kapitäns II 149
— für Landschäden II 398, 439, 454, 483, 607, 624, 646ff, 650, **655ff**
— von Leichterkosten II 511
— für Leichterschäden II 624, 649f, 656f, **658**
— Mitverschulden der Besatzung II 661f
— Negligence-Klauseln s. „Negligence-Klauseln"
— für Nichtablieferung identischer Ladung II 664f
— von der Pflicht zur Beförderung mit einem bestimmten Schiff s. „Substitutionsrecht"
— bei Reederhaftung II 41
— zugunsten der Schiffsbesatzung II 459ff, 655
— für Schiffseinflüsse II 662
— beim Schleppvertrag II 275
— für Seeuntüchtigkeit II 316ff, 654, 662, 675f
— von der Skripturhaftung II 430
— beim Überfahrtsvertrag II 812
— übermäßige II 273, 344
— für unrichtige Konnossementsausstellung II 615f, 643
— bei Unterverfrachtung II 426
— unzulässige 660
— des Verfrachters II 344f, 398, 407, 454, 483, 506, 569f, **640ff**, **653ff**, **694f**, 909
— für versicherbare Risiken s. „Insurance-Klauseln"
— für Verspätungsschaden II 643, 666
— von Vorsatz II 654, 664, 667, 670
Freizeichnungsklauseln I 365, II 448, 457, 459ff, 485, 562, 582f, 618, 646ff, **653ff**, s.a. „Charterklauseln", „Freizeichnung", „Konnossementsklauseln", „Vertragsklauseln"
Freizeichnungsverbot
s. „Mindesthaftung"
Freizeit
— der Jugendlichen III 180
— des Kapitäns III 262ff
— nach dem Manteltarif für die Fahrzeuge in der deutschen Hochseefischerei III 274
— Tagebuch II 184
— weiblicher Besatzungsmitglieder III 175
— s.a. „Arbeitszeit"
Fremde Schiffe in deutschen Gewässern I 18, 49f
Fremdversicherung I 503ff
fremkyndelespenge II 353
fremskyndingspenger II 353
Frequenzen I 741
frèteur II 260, s.a. „Verfrachter"
fret sur le vide II 374
Freundschafts-, Handels- und Schiffahrtsvertrag zwischen der Bundesrepublik Deutschland und den Vereinigten Staaten von Amerika I 48, 114ff

Friedrichskoog III 910
Friedrichstadt III 754
Friseur an Bord II 19, III 19
Fristen I 509ff, II 110, 291, 358, s.a. „Ausschlußfrist", „Fristsetzung", „Schadensanzeige", „Verjährung"
Fristlose Kündigung
s. „Kündigung"
Fristsetzung
— bei Nichtlieferung der Ladung II 374
— bei verspäteter Anlieferung des Schiffes II 295
from the ship's tackle II 402
Frost II 375
Frostschaden II 658
Fruchtladung II 419, 1365
Führer eines Schiffes
s. „Kapitän", „Schiffsführung"
Führungslotse II 900, III 480
Führungszwangslotse II 21, 147, 1038, 1046, 1073, 1082ff, 1087f, 1090, 1103, 1237, III 480
Fünf Freiheiten der Luft von Chicago I 194
Für behaltene Ankunft II 1341, 1380
Für behaltene Fahrt II 1380
Fürsorge für den Seemann III 59f, 85
Fürsorgepflicht
s. bei der betr. Person oder beim Gegenstand der —
Fulda I 213
full and complete cargo II 307
full and convenient cargo II 295, 373
full set II 561, 595f
Funk
s. die folgenden Stichworte sowie „Fernmeldewesen", „Seefunk", „Sprechfunk", „Telegraphie"
Funkärztliche Beratung auf See III 9, 120
Funkalarmgerät I 716, 740, 843
Funkanlage III 1349
Funkausrüstung I 16, 602, 709, 713ff, 739, 749f, 833ff, 838ff, 917, 970, 1320ff, s.a. „Verordnung über die — und den Sicherheitswachdienst der Schiffe"
Funkdienst III 323
Funkelfeuer III 568, 570, 577, 579
Funker mit Seefunksonderzeugnis III 17, 224, 267
Funkerzulage III 237
Funkfeuer I 743
Funkgerät
— Beitragspflicht zur großen Haverei II 981
— für Rettungsboote I 691, 700, 718f, 810, 817, 844f
— s.a. „Peilfunkgerät"
Funknavigationshilfe für Luftfahrzeuge I 187
Funkoffizier III 188f, 322f
Funkortung II 164, 185
Funkpeiler II 976
Funkpeilung
s. „Funkortung", „Peilung"
Funkrufzeichen I 250
Funksicherheitsverordnung I **833ff**, II 163f, 182, III 211, s.a. „Verordnung über die Funkausrüstung und den Sicherheitsfunkwachdienst der Schiffe"
Funksicherheitszeugnis I 836f
Funktagebuch I 720f, 837, 849ff, *877*, II 182, s.a. „Peilfunkbuch"
Funktionstheorie bei der Amtshaftung für Zwangslotsen II 1089
Funktionsübernahme II 142
Funkverkehrsbuch I 837
Futtergarnelen I 200

G

Gabun III 1214
Gage des Schifferreeders II 535
Ganzcharter II 266, 284, 287, 307, 347, 376, 385f, 395, 403, 422, 425, 497, 502, 523, 548f, 825
Ganzfracht II 55, 494
Garantie II 292f, 312, 315, 317ff, 330, 359, 431, 446, 543, 626, 670, 767, 1284
— für Erfüllung II 230f
— Haftung bei — II 59f, 248, 610
Garantiefunktion II 555
Garantievertrag II 97, 231f
Garnierung II 170, 449, 663f, 1051
Garnierungsattest II 441
Garnierungsmaterial II 10, 146, 170
Gas
— Beförderung, Verpackung, Verladung I 1035ff, 1046ff, II 167
— feuererstickendes I 667f, 792f
— s. a. „Gefährliche Güter"
Gasöl I 191, III 1541, s. a. „Verordnung über die Verbilligung von —"
Gasöl-Preishilfe-Richtlinien-Fischerei III 1541
Gastrecht der Handelsschiffe I 49
Gastrollengeber III 232
Gaststättenschiff I 228
GATT
s. „Internationale Verträge, Allgemeines Zoll- und Handelsabkommen"
Gattung
— der Ladungsgüter II 285, 328f
— eines Schiffes I 249, 250, 252f, 287, 290, 293
Gattungskauf II 600f

Gattungssache II 285
Gattungsschuld II 286, 342, 553
gear I 492f
Gebietsansässige nach dem AWG II 778, 786, 788ff, 793
Gebietsfremde nach dem AWG II 778f, 788f, 793
Gebinde II 478, 496, 501
Geborgene Gegenstände
— Anzeige bei der Polizei II 1238
— Auslieferung nach der StrandO III 408f
— Inverwahrungnahme (StrandO) III 409
Recht auf [illegible] III 409f
Gebrauchsüberlassung am Schiff II 266
Gebühren
— bei Bergung und Hilfeleistung II 1218f
— für Eintragung der Währungsumwandlung von Schiffspfandrechten I 466
— Gesundheits- — I 1310
— für Überprüfung von Bürgschafts- und Zinsbeihilfsanträgen I 461
— für die Schiffsvermessung I *1196f*, III 1491
— s. a. „Kosten“
Gebührenordnung für das Verfahren vor den hamburgischen Strandämtern III 441
Geburt auf Schiffen I 1349, II 185, 187, 192
Geeignetheit
— der Laderäume
s. „Ladungstüchtigkeit“
— des Löschplatzes
s. „Löschplatz“
Geeste
s. „Polizeiverordnung über den Verkehr auf der —“
Geesthacht III 903
Gefährdung
— der Ladung II 336ff, 440, 503, 703
— des Schiffes II 392f, 396
— — durch die Ladung II 331, 333, 336ff, 503, 703
— — durch Reisegut II 822, 824
— — Strafrecht I 18
Gefährdungshaftung im Verkehrsrecht II 34, 39
Gefährliche Arbeiten III 1310
Gefährliche Güter I 16, 730ff, 744f, *923ff*, *983ff*, *1020ff*, *1096ff*, 1131f, II 147, 165, 167f, 239, 329, 331ff, 336ff, 345, 347, 440f, 443, 496, 703, 822, 824, 1364, III 1354ff, 1467 s. a. „Entzündliche Güter“, „Explosionsgefährliche Güter“, „Feuergefährliche Güter“, „Verordnung über gefährliche Seefrachtgüter“, „Verordnung über die Untersuchung der Rheinschiffe und -flöße . . .“
Gefährliche Räume III 1313
Gefäße II 609
Gefahr
— Begriff II 894, **1119f**
— der Beschädigung eines Schiffes II 1119
— Bordanwesenheitspflicht bei — II 175
— falsche Entscheidungen bei drohender — II 1028
— gegenwärtige II 333
— bei großer Haverei II 889f, **894ff**, 921, 962
— und Hilfs- oder Bergelohn II 1210f, 1257f
— durch Retter schuldhaft verursachte — II 1235
— für Schiff und Ladung II 394
— Sorgfaltspflicht bei — II 36
— Umfang der versicherten — II 1335ff
— unmittelbar drohende — für Schiff oder Ladung II 333
— Veränderung
— — einer versicherten Gefahr II 1355
— — durch den Versicherungsnehmer II 1334, 1355
— — Wirkung auf Rettungsverträge II 1223f, 1257
Gefahrenabwendung II 276
Gefahren der See
s. „Seegefahr“
Gefahrengemeinschaft bei der großen Haverei II 889f, 892, **896f**, 933f, 962
Gefahrenstelle II 325, 1115
Gefahrmeldungen I 721ff, 828, 831f
Gefahrsignal III 676
Gefahrübergang II 597
Gefrierräume II 308, 690, 696
Gegenpartei, Zuziehung II 475, 479
Gegenseitigkeit internationaler Abkommen II 1110
Gegenwind II 471
Gehißtes Besteck II 185
Gehalt
s. bei der betr. Person
Gehilfe
— im strafrechtlichen Sinne II 263
— einer unredlichen Handlung bei Rettung eines notleidenden Schiffes II 1239
Geländer III 1297
Gelbfieber I *1281*, *1286f*, 1306f, II 187
Ge d II 638, 823
Geldablösung der Naturalverpflegung III 116
Geldbeschaffung II 233f, 927
Geldbezüge nach dem Manteltarif für die deutschen Hochseefischereifahrzeuge III 269
Geldkurs II 495, 639
Geldschuld II 639
Gelegenheitsgesellschaft II 497

Gemeiner Wert
s. „Handelswert", „Wert"
Gemeines deutsches Seerecht II 429
Gemeingebrauch an der Hohen See I 64
Gemeinsame Dienstanweisung der Länder für die Seemannsämter III 38ff
Gemeinsame Gefahr
s. „Große Haverei"
Gemeinsames Verschulden
s. „Mitverschulden"
Gemeinsame Verfügung, über die Zuziehung ausländischer konsularischer Vertretungen zu Amtshandlungen an Bord ausländischer Seehandelsschiffe und zu Vernehmungen von Angehörigen ihrer Besatzung III 1499
Gemeinschaft, seerechtliche II 235, 264
Gemeinschaftliche Rechnung II 79
Gemeinschaftliches Konnossement II 623f
Gemeinschuldner II 602
Gencon-Charter II **298**, 327, 395, 515, 611
Genehmigung
— nach Außenwirtschaftsrecht II 773ff
— der Beförderung von Kriegswaffen II 795, 797ff, 802f
— behördliche II 325, 334f, 338, 772ff
— eines Rechtsgeschäfts II 460
— durch den Reeder II 57, 222
— des Schiffsverkaufs II 225f
— nach Vollmachtsüberschreitung II 229
— bei Wechselgeschäften des Kapitäns II 222
— s. a. „Erlaubnis"
Genehmigungsurkunden
s. „Schiffspapiere"
Generalakte der Brüsseler Antisklaverei-Konferenz I 368
general merchandise II 264, 296, 329
Generalmusterung III 25, 44, **821**
Generische Transportverpflichtung II 285f
Genfer Abkommen, betr. die internationale Anerkennung von Rechten an Luftfahrzeugen
s. „Internationale Verträge, Abkommen, betr. die internationale Anerkennung . . ."
Genfer Übereinkommen über die Eintragung von Binnenschiffen und dingliche Rechte an solchen
s. „Internationale Verträge, Übereinkommen über die Eintragung . . ."
Genossenschaft I 220, *429,* II 4
Gepäck
s. „Reisegut"
Gepäckmeister III 17, 224
Gepäckräume I 660, 788
Gericht
— bei Reederhaftung II 76
— bei Schiffsverkauf II 222f
— unvorschriftmäßig besetztes I 279
— unzuständiges II 485
— bei Verklarung II 200f
— Vollstreckungs— I 556, 563f
— und Vorbereitung der seeamtlichen Untersuchung III 467
— Zuständigkeiten I 279, 577, II 76, 200ff, s. a. „Zuständigkeit"
Gerichtliche Beschlagnahme II 367, 503
Gerichtliche Beurkundung II 362
Gerichtliche Vertretung
— durch Kapitän II 147, 213, 217, 228
— durch Korrespondentreeder II 97
Gerichtlicher Zwangsverkauf II 225
Gerichtsgebühren
s. „Kosten" sowie beim betr. Streitgegenstand
Gerichtsort II 278ff, 871, s. a. „Internationales Privatrecht, Recht des —"
Gerichtspraxis als Auslegungshilfe II 4
Gerichtsstand I 27, 62, 151, 470, II 75f, 122f, 1062, 1108f, 1130f, 1382, s. a. „Internationale Verträge, Übereinkommen zur Vereinheitlichung von Regeln über die zivilrechtliche Zuständigkeit bei Schiffszusammenstößen", „Zuständigkeit"
Gerichtsstandsklausel II 290f, 553, 562, 564, 569, 695, 964
Gerichtsverfassungsgesetz I 9
Gerichtsvollzieher II 362
Germanischer Lloyd I 251, 867, II 161, 292, 314, 319
Geruchsempfindlichkeit II 309
Geruchsschaden II 432, 438f, 442, 471, 482, 662f, III 1558
Gesamtbeförderung II 285
Gesamtfracht II 381f, 548, 940f, 1218
Gesamtfrist II 285
Gesamtgewicht II 476
Gesamthafenbetrieb III 1170
Gesamthaftung, dingliche II 496f, 500, 588
Gesamthandsvermögen I 394f, II 81
Gesamtladung II 396, 584f
Gesamtmaße II 476
Gesamtraumfrachtvertrag II 267
Gesamtsrechtnachfolge und Schiffsvermögen II 54
Gesamtschiffshypothek I 394, 404, 487ff, 521, 522f, **538ff**, s. a. „Schiffshypothek"
Gesamtschuld II 330, 425, 448, 496ff, 500, 588, 631
Gesamtschuldnerschaft
— für Bergungs- und Hilfslohn II 1129
— mehrerer Schleppzugteile II 1066f
— Mitreeder II 85f, 121
— Reeder und Besatzungsmitglied II 41
— Reeder und Kapitän II 149

— beim Schiffszusammenstoß II 1076f, 1101f
— in der Seeversicherung zwischen Veräußerer und Erwerber II 1362
— zwischen Versicherern bei Doppelversicherung II 1330, 1352
Geschäftsanweisung für die Reichskommissare bei den Seeämtern III 479
Geschäftsbedingungen
s. „Allgemeine —“
Geschäftsbesorgung II 397, 765
Geschäftsfähigkeit II 141, 277, s. a. „Dispositionsverlust“
Geschäftsführer II 386, 441
Geschäftsführung ohne Auftrag II 57, 174, 213, 237, 340, 343, 420, 576, 765, 770, 1249, 1259
— des Besatzungsmitglieds II 230
— des Kapitäns II 145, 213, 229f
— des Konsuls II 230
Geschäftsführungsbefugnis
s. bei der betr. Person
Geschäftsgang, gewöhnlicher II 358, 410
Geschäftsgeheimnis II 804
Geschäftsgrundlage II 272, 811
Geschäftsherr II 434
Geschäftsordnung für Seeamt und Bundesoberseeamt III 479
Geschäftsstunden II 351, 407
Geschäftsusancen II 29
Geschäftsverbindung, laufende II 220
Geschlechtskrankheiten III 390ff
Geschwindigkeit des Schiffes
— und Chartervertrag II 221
— und Ersatzschiff II 342
— bei Nebel III 611ff
— nach der SSchStrO III 679
— überhöhte II 1206f, 1308f, 1072, 1094
Geschwindigkeitsbegrenzung II 447
Gesellschaft
— des bürgerlichen Rechts II 81, 284, 386
— mit beschränkter Haftung I 429, II 5, 88
— s. a. „Juristische Personen“, „Offene Handelsgesellschaft“
Gesellschafter als Reeder II 78
Gesellschaftsanteil II 112, 123
Gesellschaftsvermögen
s. „Reedereivermögen“
Gesetz
— zur Abänderung des Gesetzes, betreffend das Flaggenrecht der Kauffahrteischiffe I 340
— zum Abkommen vom 21. 5. 1954 über die Arbeitsbedingungen der Rheinschiffer I 30
— über das Abkommen vom 3. 6. 1955 zu dem am 6. 5. 1882 im Haag unterzeichneten Internationalen Vertrag, betreffend die polizeiliche Regelung der Fischerei in der Nordsee I 149
— zu dem Abkommen vom 29. 5. 1958 zwischen der Bundesrepublik Deutschland und dem Königreich Dänemark über die gemeinsame Fischerei in der Flensburger Innenförde v. 29. 10. 1959 III 1251
— zu dem Abkommen zwischen der Bundesrepublik Deutschland und der Südafrikanischen Union zur Vermeidung der Doppelbesteuerung bei den Einkünften aus dem Betrieb der Seefahrt und der Luftfahrt II 30
— zur Änderung und Ausführung des Gesetzes über den Beitritt der Bundesrepublik Deutschland zur Konvention vom 5. 4. 1946 der Internationalen Überfischungskonferenz vom 22. 12. 1959 III 1233
— zur Änderung des Bundes-Seuchengesetzes III 166
— zur Änderung und Ergänzung des Schiffsbankgesetzes vom 8. 5. 1963 III 1265ff
— zur Änderung des Gesetzes über das Internationale Übereinkommen zur Verhütung der Verschmutzung der See durch Öl III 1215
— zur Änderung von Vorschriften des HGB über das Seefrachtrecht I 6
— zur Änderung von Vorschriften über das Schiffsregister I 242, 275, **282**
— betr. die Anwendung des § 9 des Hafengesetzes für Bremerhafen auf die übrigen bremischen Häfen III 1099
— über die Arbeitsvermittlung und Arbeitslosenversicherung III 88, 91, 94, 95
— über die Aufgaben des Bundes auf dem Gebiet der Seeschiffahrt I 12, 22, 1135, III 1199
— — Deutsches Hydrographisches Institut I 12
— — Fischereischutz I 12
— — Förderung der Handelsflotte I 12
— — Leistungsfähigkeit der Seehäfen I 12
— — Mitwirkung des Bundesrates I 13
— — seemännische Fachschulen I 13
— — See-Berufsgenossenschaft I 13
— — Schiffsraummangel in Krisenzeiten III 1199
— — Schiffschartervorschriften I 13
— über die Aufhebung von Gesetzen auf dem Gebiete der Fischerei in der Ostsee I 196, 206
— zur Ausführung der internationalen Konvention vom 6. 5. 1882, betreffend die

polizeiliche Regelung der Fischerei in der Nordsee außerhalb der Küstengewässer I 148
— betreffend die Ausführung des internationalen Vertrages vom 16. 11. 1887 und 14. 2. 1893 zur Unterdrückung des Branntweinhandels unter den Nordseefischern auf hoher See I 153
— betr. die Ausführung der StrandO (Bremen) III 397, **444**
— über das Auswanderungswesen II 812f, 819f, 822, **826ff**, III 1283
— über die Beaufsichtigung der privaten Versicherungsunternehmen und Bausparkassen
s. „Versicherungsaufsichtsgesetz"
— über den Beitritt der Bundesrepublik Deutschland
— — zum Internationalen Schiffssicherheitsvertrag London 1948 I 18, 584ff, 1319
— — zum Internationalen Übereinkommen über die Fischerei im Nordwestatlantik I 163, 196
— — zu dem Übereinkommen über ein einheitliches System der Schiffsvermessung I 16, 26, **1133ff**
— — zur Konvention vom 5. 4. 1946 der Internationalen Überfischungskonferenz I 16, 26, **153ff**, 196, III **1233ff**
— betr. die Benutzung der bremischen Häfen III 1062
— über Darlehen zum Bau und Erwerb von Handelsschiffen I 395, 452ff, 517, 523, 553
— — Erste DVO zum — I 455ff
— — Zweite DVO zum — I 458
— — Dritte DVO zum — I 458f
— — s. a. „Richtlinien des Bundesministers für Verkehr für die Übernahme von Bürgschaften ..."
— über die Eintragung von Hypotheken und Schiffspfandrechten in ausländischer Währung (Aufhebung) III 1281
— über die Eintragung von Schiffspfandrechten in ausländischer Währung *I 9, 464ff, 466ff*, III 1281
— über die Ermächtigung des Reichsarbeitsministers zum Erlaß sozialer Schutzvorschriften für die Besatzung von Seeschiffen und Hochseefischereifahrzeugen vom 15. 12. 1934 III 118
— — Erste VO zum — III 118, 213, **296ff**
— über die Errichtung eines Bundesamtes für Auswanderung II 826, 852f
— über die Erwerbung und den Verlust der Bundes- und Staatsangehörigkeit II 831
— über Fernmeldeanlagen I 1320ff
— über eine Fischereistatistik vom 21. 7. 1960 III 1538
— betr. das Flaggenrecht der Kauffahrteischiffe (1899) I 319, 340
— über das Flaggenrecht der Seeschiffe und die Flaggenführung der Binnenschiffe (1951) I 7, 14, 319ff, **330ff**, II 104, 672
— — Durchführungsverordnungen zum — I 341ff
— über die friedliche Verwendung der Kernenergie und den Schutz gegen ihre Gefahren II 337, 435, III 1476ff
— über die Fristen für die Kündigung von Angestellten III 146f, 151, 161
— betr. die Gebühren für die Benutzung des Nord-Ostsee-Kanals III 861
— über gerichtliche Verfahren in Binnen- und Rheinschiffahrtssachen I 30, II 1118
— betr. den Gewerbebetrieb der Maschinisten auf Seedampfschiffen vom 11. 6. 1878 III 479
— über den gewerblichen Binnenschiffsverkehr I 29, II 752
— über die Gewichtsbezeichnung an schweren, auf Schiffen beförderten Frachtstücken I 16, 25, **982f**
— betr. die Haftung der Schiffe für die Verursachung von Schäden in den Häfen der Stadt Bremen und Vegesack III 1069
— über das Internationale Abkommen zur einheitlichen Feststellung von Regeln über die Immunitäten der Staatsschiffe I 574ff
— betr. das Internationale Übereinkommen
— — über die Gewährung einer Entschädigung für Arbeitslosigkeit infolge von Schiffbruch III 377
— — über die Heimschaffung der Schiffsleute I 747, III 380
— — über den Heuervertrag der Schiffsleute I 15, 25, III 372ff
— — über das Mindestalter für die Zulassung von Kindern zur Arbeit auf See, über das Mindestalter für die Zulassung von Jugendlichen zur Beschäftigung als Kohlenzieher (Trimmer) oder Heizer und über die pflichtgemäße ärztliche Untersuchung der in der Seeschiffahrt beschäftigten Kinder und Jugendlichen I 15, III 360
— — über die Stellenvermittlung für Seeleute I 15, 25, III 382
— — zur Verhütung der Verschmutzung der See durch Öl I 17, 25

— über die Kinderarbeit und über die Arbeitszeit der Jugendlichen (Jugendschutzgesetz) III 19
— über das auf der Konferenz in Helsingfors geschlossene Abkommen zur Bekämpfung des Alkoholschmuggels I 173, 177
— über die Kontrolle von Kriegswaffen II 332, **795ff**
— über die Küstenschiffahrt I 15, 107ff, II 262f, 641
— über Maßnahmen auf dem Gebiete des Realkredits I *444ff*, III 1279
— über Ordnungswidrigkeiten III 193, 204
— betreffend die Organisation der Bundeskonsulate sowie die Amtsrechte und Pflichten der Bundeskonsuln I 1218ff, II 207, 224, 362, III 124, 131
— über das Paßwesen III 74f
— über die Kinderarbeit und über die Arbeitszeit der Jugendlichen (Jugendschutzgesetz) vom 30. 4. 1938 III 19
— über die Preisstatistik I 1346f
— betr. die privatrechtlichen Verhältnisse der Binnenschiffahrt I 29
— über Rechte an eingetragenen Schiffen und Schiffsbauwerken I 6, 8, 356ff, **362ff**
— — Erste DVO zum — I 8, *463f*, III 1281
— über die Schaffung eines besonderen Arbeitgebers für Hafenarbeiter (Gesamthafenbetrieb) III 1170
— über die Schiffsbesichtiger in Bremen und Bremerhaven III 1069
— betreffend die Schiffsmeldungen bei den Konsulaten des Deutschen Reiches I 1220f
— über Schiffspfandbriefbanken I *428ff*, *444ff*, III 1265ff, **1267ff**
— zum Schutz der Nordsee-Schollenfischerei I 16, 197, 206
— zum Schutze der arbeitenden Jugend (Jugendarbeitsschutzgesetz) vom 9. 8. 1960 III 20
— über das Seelotswesen I 7, 15, II 4f, 1082, III 480ff
— — allgemeine Bestimmungen III 481ff
— — Allgemeine Revierordnung III 483f
— — Aufsichtsmaßnahmen III 494
— — Bestallung der Seelotsen III 485ff
— — Bundeslotsenkammer III 492ff
— — Lotsenbrüderschaften III 490
— — Lotswesen der Reviere III 483ff
— — Lotswesen außerhalb der Reviere III 494
— — Rechtsstellung und Pflichten der Seelotsen III 488
— — Übergangs- und Schlußbestimmungen III 495
— — Zuwiderhandlungen III 495
— über den Staatsvertrag, betr. den Übergang der Wasserstraßen von den Ländern auf das Reich I 17, **207ff**
— — Nachträge zum — I 212ff, 217ff
— — Zusatzverträge s. „Zusatzvertrag"
— über die Statistik des grenzüberschreitenden Warenverkehrs I 1341ff
— über die Statistik der Seeschiffahrt I 17, 1333ff, III 77
zu dem Übereinkommen vom 24. 1. 1959 über die Fischerei im Nordostatlantik vom 19. 3. 1963 III 1243
— zum Übereinkommen Nr. 56 der Internationalen Arbeitsorganisation vom 24. 10. 1936 über die Krankenversicherung der Schiffsleute III 367
— zum Übereinkommen Nr. 112 der Internationalen Arbeitsorganisation vom 19. 6. 1959 über das Mindestalter für die Zulassung zur Arbeit in der Fischerei III 392
— betr. das Übereinkommen und Statut über die internationale Rechtsordnung der Seehäfen I 17, 24, 89
— betr. die Untersuchung von Seeunfällen vom 27. 7. 1877 III 479
— über die Untersuchung von Seeunfällen vom 28. 9. 1935 I 607, 752, III 66, 455ff
— — Allgemeine Bestimmungen III 479
— — Allgemeines III 455f
— — Amtshilfe III 475
— — Berufungen III 475ff
— — Beteiligte III 465ff
— — Beweissicherung durch die Konsulate III 475
— — Gegenstand der Untersuchung III 456ff
— — Hauptverhandlung und Spruch III 468ff
— — Seeämter und Bundesoberseeamt III 461ff
— — Vollzug, Zustellungen, Beschwerden, Kosten III 474
— — Vorbereitung der Untersuchung III 467f
— — s. a. „Bundesoberseeamt", „Seeamt",
— zur Verbesserung der wirtschaftlichen Sicherung der Arbeiter im Krankheitsfalle III 123, 125, **127ff**
— über die Vereinbarung zwischen der Bundesregierung und dem Senat der Freien und Hansestadt Hamburg über die Ausübung der schiffahrtspolizeilichen Vollzugsaufgaben I 22, 221

— zu der Vereinbarung über Flüchtlingsseeleute III 385f
— über die Verfrachtung alkoholischer Waren I 17, 173, 1331ff, II 263, 332, **334f**
— über den Verkehr mit Fischen und Fischwaren (Fischgesetz) vom 31. 8. 1955 I 17, 197, 199
— über die vermögensrechtlichen Verhältnisse der Bundeswasserstraßen I 17, **219ff**
— betr. die Verpflichtung der Kauffahrteischiffe zur Mitnahme heimzuschaffender Seeleute I 15, 747, II 813, III 46, 67, 85, 186, 197, **356ff**
— über die Verschollenheit, die Todeserklärung und die Feststellung der Todeszeit I 1347f
— über eine vorübergehende Erweiterung der Geschäfte der Hypotheken- und Schiffspfandbriefbanken I 441f, 445f
— über weitere Maßnahmen auf dem Gebiete des Hypotheken- und Schiffsbankrechts sowie über Ausnahmen von § 247 Abs. 1 BGB I 442ff, 445f
— gegen Wettbewerbsbeschränkungen I 17, II 263, 507f, **751ff**
— zu dem Zollabkommen über die vorübergehende Einfuhr von Wasserfahrzeugen und Luftfahrzeugen zum eigenen Gebrauch, über die vorübergehende Einfuhr gewerblicher Straßenfahrzeuge und über Behälter III 1196
— über die Zwangsversteigerung und Zwangsverwaltung I 9, 556ff, III 1281f
— s.a. bei den einzelnen Ländern
Gesetzesumgehung II 466
Gesetzeswidrigkeit II 337
Gesetzgebung des Bundes
— ausschließliche I 10
— konkurrierende I 11, 22
Gesetzliche Feiertage
s. „Feiertage“
Gesetzliches Schuldverhältnis II 458, 464
Gestaltungsurteil II 1230
Gesundheitsdokumente I 1309, s.a. die folgenden Stichworte
Gesundheitsbehörden I 59, II 187, 349, 405, III 1504
Gesundheitserklärung für die Seeschiffahrt I 1313
Gesundheitsgebühren I 1310
Gesundheitskarte III 165
Gesundheitsorganisation I 1296f
Gesundheitspaß I 25, 1294, 1309, 1311, II 165
Gesundheitspolizei
s. „Gesundheitsbehörden“
Gesundheitstagebuch I 1225, 1273, II 182
Gesundheitsvorschriften I 16
— in Häfen I *1274ff*, III 1500ff
— internationale I 1294ff, III 1500ff
— auf Kauffahrteischiffen III 120, 121, 1293
— für den Nord-Ostsee-Kanal I 52, 1286, III 860, 1503f
Gesundheitszeugnis II 390
Gesundwert II 1373
Getreideheber I 228, II 400
Getreideladung I 730ff, *923ff*, II 348, 400f, 408, 450, 455, 482, 508, 512, 665f, III 1354ff
Gewährleistung
s. „Garantie“
Gewährleistungsvertrag
s. „Garantievertrag“
Gewährung von Schiffsraum II 266
Gewässer
— Rechtslage der — I 45ff
— schiffbare II 466, 469
— der See gleichzustellende III 412f
Gewahrsam
— an der Ladung II 560, 647, 649, 693
— am Schiff II 273
— Verlust des — als Voraussetzung einer Bergung II 1123f
Gewerbebefugnis
— Entziehung III 472ff, 476, 478
— Wiedereinräumung III 479
Gewerbebetrieb II 4, 44, III 479
Gewerbeordnung III 291ff
Gewerbetreibende an Bord II 18, III 19
Gewerbeverbot bei Seedienstuntauglichkeit II 141, III 165
Gewerkschaft I 220, II 23, 408
Gewerkschaft Öffentliche Dienste, Transport und Verkehr III 220, 258, 267, 279, 284, 288
Gewichtsangabe III 1560, s.a. „Frachtgut“, „Konnossement“
Gewichtsbezeichnung I 16, 25, 982f, III 8, 360, s.a. „Frachtgut“, „Gesetz über die —“, „Internationale Verträge, Übereinkommen über die —“, „Konnossement“
Gewichtstonne II 292
Gewichtsverlust II 340, 482, 615, 631, s.a. „Manko“
Gewicht unbekannt II 375
Gewinn
— Begriff I 453
— entgangener s. „Entgangener—“
— imaginärer II 1330, 1332, 1336, 1346, 1350, 1376f
— Versicherung des — II 1329, 1332, 1336. 1346, 1350, 1376f
— s.a. „Gewinn und Verlust“

Gewinn und Verlust
— einer Reise II 6ff, 123
— Verteilung von — II 111ff
Gewohnheitsrecht I 9, 22, 29, 48f, II 20, 243, 328, 358, 386, 410, 654, 760
Gezeitenhafen
s. „Tidehafen"
Ghana I 584
Gieselaukanal
s. „Betriebsordnung für den Nord-Ostsee-Kanal mit —"
Giftige Stoffe
Beförderung, Verpackung und Verladung I *1069ff*
— als Bestandteil der Bordapotheke 1222
— s.a. „Gefährliche Güter"
giorni correnti II 365
gjennemgaaend cognoscement II 621
Glasgefäße II 432
Glaubhaftmachung
— im Schiffsbauregisterrecht I 277
— im Schiffsregisterrecht I 251, 253, 256, 257
Gleichheitsgrundsatz I 89, II 464
Gleichlautende Verordnungen der Küstenländer I 22, II 186ff, III 294
Gleichtaktfeuer III 568, 569, 576, 578
Glocke III 584, 609
Glockentonne III 560
Glücksburg III 888
Glückstadt III 907
GmbH
s. „Gesellschaft mit beschränkter Haftung"
Gösch I 352
Golf
— als Binnengewässer I 46
— und Küstenmeer I 55
Gold-Clause-Agreement II 279
Goldklausel II 634, 702
Goldpfund II 634, 702f, 707
Gondel I 228
Gottesdienst I 861
grain capacity II 292
Granville, Bucht von — I 47
Gratiale
s. „Primage"
Gratifikation II 253
Greifer II 272, 400, 415
Greiferbetrieb II 755, III 1044, 1046, 1119
Greifergut III 1119 siehe „Greiferbetrieb"
Grenzen
— der Fahrt bei der Zeitcharter II 270
— des Küstenmeeres I 71ff, 85 1361ff
— der Seefahrt I 348
Grenzüberschreitender Verkehr I 1341ff, II 754f
Griechenland II 283, III 1211, 1214
— Ausrüster II 139
— Bestimmungen zu den Haager Regeln II 734ff
— Flaggenrecht I 324
— Küstenmeer I 56, 58
— Küstenschiffahrt I 108
— als Mitglied internationaler Abkommen I 51, 53, 88, 100, 105, 117, 127, 139, 575, 584, 977, 982, 1294, II 1099, 1253
— Partenreederei II 126
— Reederbegriff II 29
— Reederhaftung II 47, 65
— Schiffsgläubigerrecht II 1322
— Schiffshypothekenrecht I 386, 403
— Schiffsübereignung I 369
— seerechtliches Schrifttum I 39, 1356
— Seerechtsquellen I 33
— Untersuchung von Seeunfällen III 456
— Verklarung II 202
Grimmershörner Bucht III 776
Grobe Fahrlässigkeit
s. „Fahrlässigkeit"
Grobes Verschulden
s. „Verschulden"
Grönland I 57, 59
Großablader II 327
Großbritannien III 1211
— Ausrüster II 138
— Außenzone I 63
— Behandlung fremder Schiffe I 49
— Chartervertrag II 322, 347, 364ff, 372ff, 394, 400, 402, 404, 406, 520
— Deliktsstatut II 49
— Deviation II 542
— Einfluß des englischen Seerechts I 23
— Flaggenrecht I 324
— Forderungen der Schiffsbesatzung II 75
— Frachthaftung II 314, 319, 434, 440, 451ff, 454f, 470, 652f, 660f, 671, 683ff
— Frachtvertrag II 346f, 359, 364ff, 372ff, 394, 400, 402, 404, 406, 510, 520
— Gesetz zu den Haager Regeln II 707, 714ff
— Haverei II 986f
— internationales Privatrecht II 562
— Konnossement II 562, 578f, 588, 599ff, 652f
— Küstengewässer I 47, 56, 58
— Küstenschiffahrt I 108
— als Mitglied internationaler Abkommen I 28, 48, 51, 53, 59, 88, 100, 105, 117, 127, 139, 150, 153, 163, 179, 584, 977, 1294, II 67, 73, 1099, 1109, 1112, 1253
— Partenreederei II 123f
— Rechtskreis des englischen Seerechts I 30
— Reederbegriff II 29

— Reederhaftung II 47, 64, 434
— Schiffervollmacht II 212ff
— Schiffsgläubigerrecht II 1286, 1288, 1322
— Schiffshypothekenrecht I 385, **398f**, 423, 492f, 496, 502, 513ff, 518, 523f, 527, 548
— Schiffsmakler II 764
— Schiffspart II 86
— Schiffsregisterrecht I 243
— Schiffsübereignung I 369
— Seearbeitsrecht III 87
— seerechtliches Schrifttum I 39, 1356
— Seerechtsquellen I 30, 33
— Seestraßenrecht III 651
— Seeversicherungsrecht I 502
— Untersuchung von Seeunfällen III 456
— Verklarung II 199, 202
— Vermessungssystem I 1138
— Zwangsversteigerung von Schiffen II 26

Große Fahrt
— i.S. des Manteltarifs für die deutsche Seeschiffahrt III 224
— i.S. der SchiffsbesetzungsO III 300

Große Haverei
— Allgemeines II 336ff, 529, **889ff**, 892, **894ff**, 961ff
— Abzüge von der Vergütung II 912, 930ff, 975f, 980ff
— anzuwendendes Recht I 232, 233, 236, II 51, 903
— Aufopferung
— — freiwillige II 535
— — auf Geheiß des Kapitäns II 890, **900f**, 962
— — von Ladungsgütern II 503, 505f
— Ausschluß des Schadensausgleichs II 645
— Befugnisse des Kapitäns II 144, 218
— Begriff des Opfers II 890, 897ff
— Beiträge
— — Allgemeines II 99, 137, 228
— — anzuwendendes Recht II 1338
— — Berechnung II 935ff
— — Erhöhung durch Unvollständigkeit der Ladung oder vorzeitige Wiederausladung II 374, 381, 385
— — von nicht verladenen Gütern II 374
— — des Schiffs I 358, II 1277ff, 1311
— — als dem Versicherer zur Last fallende Kosten II 1338, 1356
— Beitragspflicht
— — Fortfall II 892
— — gemieteter Gegenstände II 981
— — nicht oder falsch deklarierter Ladung II 983
— — Umfang II 893, 935ff, 980ff
— Beitragswert II 938ff, 980ff
— belgisches Recht II 988ff
— und Bodmerei II 879, 942f
— dänisches Recht II 990ff
— dingliche Belastung eines beitragspflichtigen Gegenstandes II 943f
— englisches Recht II 986f
— Ersatzberechtigter II 247
— und Ersatzfracht II 978
— Fautfracht II 384
— Folgehandlungen bei der — II 901
— Forderungen aus — I 400, 405, 407f, 416, 577
— Frachtzahlung für aufgeopferte Güter II 503, 505f
— französisches Recht II 1004ff
— Freizeichnungsklauseln II 660
— Gegenwärtigkeit der Gefahr II 895
— Geldbeschaffung durch Kapitän II 218
— Geldverluste II 892, 927f, 942f
— Geltendmachung durch Kapitän II 241
— gemeinsame Gefahr II 338f, 535
— Haager Regeln II 644, 703ff
— Haftung für Beiträge II 536
— Haftung des Versicherers für Schäden aus — II 1338, 1356
— Haftungsobjekt II 246
— Havereigelder s. dort
— Havereigläubiger II 491f, 1325ff
— Hilfslohnanteil II 316
— internationales Privatrecht s. „Große Haverei, anzuwendendes Recht"
— Klage aus — II 217
— Mitwirkung des Schiffsmaklers II 760, 767
— nachfolgende besondere Haverei II 911ff
— niederländisches Recht II 998ff
— Nothafenkosten II 608
— Pfandrecht II 247, 432, 494, 500, 1325ff
— Reisegut II 824
— Revers II 946
— Rückgriff bei Verschulden II 339
— Schadensberechnung II 343
— Schiffsgläubigerpfandrecht an der Vergütung für — II 1320f
— Schiffsgläubigerrecht wegen der Beiträge des Schiffes II 1277ff, 1311
— Schrifttum II 888, 986, 1006, III 1567
— schweizer Recht II 1009
— Seewurf II 339, 431, 503
— Tagebucheintrag II 185
— uneigentliche II 534f, 893, 958f
— Unterfrachtvertrag II 427
— u.s.-amerikanisches Recht II 644, 1006ff
— Verfügung über Ladung II 250
— Vergütung als fortune de mer II 245
— Verhältnis zur kleinen Haverei II 509, 512
— Verjährung von Beitragsforderungen II 1385f, 1387
— Verschulden der Beteiligten II 339

— Verteilung II 251, 891, 905ff, 910, **935ff**, 962f
— vertraglicher Ausschluß II 904
— und Vertragshaftung II 908f
— Zurückbehaltungsrecht an der Ladung wegen der Beiträge II 499f, 531
— zwingendes Seefrachtrecht II 640, 643f
— s.a. „Besondere Haverei", „Havarie-große", „Havereigelder", „Kleine Haverei", „York-Antwerp-Rules"
Große Hochseefischerei
s. „Hochseefischerei, große"
Große Küstenfahrt
s. „Küstenfahrt"
Großenbrode III 780
Großensiel III 1124
Groß-Reparatur I 1397
Grotius, Hugo I 64
Grundberührung I 185ff, 200, 1041
Grundgesetz für die Bundesrepublik Deutschland I 10, II 795
Grundheuer III 105, 108, 109
Grundrechte, Einschränkung I 118
Grundsätze
— eines einheitlichen Systems zur Bezeichnung der Fahrwasser und Untiefen in den deutschen Küstengewässern vom 31. 7. 1887 III 548
— für die Einrichtung und den Betrieb von Seegrenzschlachthäusern für ausländisches Schlachtvieh III 1506
— für die Leuchtfeuer der deutschen Küstengewässer III 566ff
— — Allgemeines III 573
— — Anwendung der Kennungen für die Befeuerung III 570
— — Arten der Kennung III 567, 576f
— — Befeuerungen III 570ff, 580f
— — Benennung nach besonderen Zwecken III 566f
— — Feuerhöhe und Sichtweite III 573
— — Kennzeichnung III 567
— — Leuchtfeuerträger III 575
— — Lichterscheinungen III 567
— — Lichtstärke und Tragweite III 574
— — Zeitmaße der Taktkennungen III 569, 578f
— für die Leuchtfeuer und Nebelsignale der deutschen Küste vom 1. 3. 1904 III 548, 566
— für den nautischen Waren- und Nachrichtendienst vom 10. 3. 1949 III 548
— für die Nebelschallzeichen der deutschen Küstengewässer III 584ff
— der See-Berufsgenossenschaft
— — für Benzin- und Benzol-Motoranlagen III 1375
— — für Seeschiffe auf Probefahrt III 1378
— — für die Sicherheit auf Seeschiffen vor der Probefahrt III 1377
— des seemännischen Verwaltungsrats für die Verfassung, Verwaltung und Geschäftsführung der seemännischen Heuerstellen III 90, **91ff**
— für die Tagesbezeichnung von Fahrwassern, Untiefen und Wracken (Schiffahrtshindernissen) in den deutschen Küstengewässern III 548ff
— — Abzweigungen und Einmündungen III 554
— — Ansteuerung III 551
— — besondere Punkte und Linien III 555
— — Bezeichnung für besondere Zwecke III 558
— — Bezeichnung von Wracken und anderen Schiffahrtshindernissen III 557
— — Ersatz für Bakentonnen (Winterseezeichen) III 555
— — Fahrwasserbezeichnung III 551
— — feste Seezeichen III 549
— — Formen von Seezeichen III 560
— — außer Kraft gesetzte Fassungen und Ergänzungen III 549
— — Mittelfahrwasserbezeichnung III 552
— — Mittelgründe III 553
— — Riffe und Untiefen geringerer Ausdehnung im Fahrwasser III 553
— — schwimmende Seezeichen III 549
— — Seitenbezeichnung der Fahrwasser III 551
— — Tagesseezeichen III 549
— — Toppzeichen für Fahrwasserbezeichnung III 552
— — Toppzeichen und Aufschriften III 550
— — Untiefenbezeichnung außerhalb der Fahrwasser III 556
— — Wrackschiffe III 557
— — Wracktonnen III 557
Grundschleppnetzfischer I 144, III 329
Grundschuld I 467
Grundstoß II 917, 1213
Grundstücke der Länder für Wasserstraßen I 209, 220
Guatemala
— continental shelf I 65
— Flaggenrecht I 324
— Küstenmeer I 57
— als Mitglied internationaler Abkommen I 127, 1294
— Seerechtsquellen I 33
Güter
— von der Beförderung ausgeschlossene II 270, 337
— zur Beförderung erlaubte II 270, 337

— Begriff II 263f, 931
— Behandlung II 428, 430, 440, 442, 449, 453, 691
— als Decksladung II 927
— gefährliche s. „Gefährliche Güter“
— als Gegenstand der Seeversicherung II 1328ff, 1334f, 1350
— gepackte II 399
— in großer Haverei aufgeopferte II 931ff, 938
— i. S. der Haager Regeln II 682, 687
— auf einem Leichterfahrzeug zugrunde gegangene II 931
— lose II 399, 401, 408
— Plazierung der — II 344
— bei Reiseantritt beschädigte II 1372
— zur Seebeförderung s. „Ladung“
— sperrige II 265
— Versicherungswert II 1331
— s. a. „Frachtgut“
Güterbesichtiger II 478
Güterbesichtigung II 420, 432, 440, **475ff**, **479f**, **482**, 487f, 492
Güterrechtliche Verhältnisse I 268
Güterversicherung II 1370ff, s. a. „Versicherung“
Guinea III 1214
Gutachten
— des Schiffsrats II 177
— bei Schiffsverkauf II 222f
Guter Glaube
— in ausländischen Rechten I 476
— an das Eigentum am Schiff I 371, 473ff.
— an die Schiffseigenschaft I 229
— im Schiffshypothekenrecht I 381, 385, 490f, 555
— im Schiffsregisterrecht I 241, 473ff
— s. a. „Gutgläubiger Erwerb“
Gute Sitten II 564, s. a. „Sittenwidrigkeit“
Gutgläubiger Erwerb
— Erlöschen des Ladungsgläubigerrechts durch — II 1328
— des Frachtguts II 593, 597f, 623
— des Konnossements II 597f
— eines Pfandrechts durch den Verfrachter II 1325
— bei Schiffsbestandteilen II 9
— bei Schiffsgläubigerrechten II 1288ff, 1321
— verbodmeter Ladung II 882, 884f

H

Haager Kodifikationskonferenz I 56ff
Haager Protokoll II 853
Haager Regeln I 25, 31, II 264, 277ff, 287, 290, 308ff, 319ff, 428, 430, 433f, 444, 446, 454, 456, 459, 462, 467, 469, 471, 480ff, 484f, 487f, 537f, 542, 552f, 564, 567, 570, 577, 612, 622, 625, 630, 634f, 638f, 640ff, 643ff, 651, **673ff**, III 1561
— Abdruck (kommentiert) II 682ff
— Anwendung auf die Haftung der Schiffsbesatzung und anderer Gehilfen II 463f, 466, 684
— und arbeitsrechtliche Freistellungspflicht II 465f
— Auslegung II 676
— Ausschluß durch Vereinbarungen II 685f
— und außervertragliche Haftung II 683f
— Beitritt zum Abkommen II 710f
— Chartervertrag II 651, 686f, 704
— Einführung in den Mitgliedstaaten II 676, 678, 680, 713f
— Eingliederung in das deutsche Recht II 4, 469, 630, 634
— Entstehungsgeschichte I 31, II 675f
— Freizeichnung I 25, 41
— Geltungsbereich II 290, 434, 552f, 612, **707ff**
— geplante Neufassung III 1200
— Haftungsausschlüsse II 697ff
— Haftungsbeschränkung II 634f, 638f
— Haftungszeitraum II 706
— Inkrafttreten II 678ff, 710ff
— und internationales Privatrecht II 277ff, 564, 681
— Konnossementsausstellung als Anwendbarkeitsvoraussetzung II 683, 685f
— Kündigung des Abkommens II 712
— Küstenschiffahrt II 713f
— Mitgliedsländer II 677ff
— nationale Fassungen II 462, 634, 714ff
— — Australien II 719
— — Belgien II 727
— — Frankreich II 678f, 725ff
— — Griechenland II 734ff
— — Großbritannien II 714ff
— — Indonesien II 731ff
— — Italien II 679, 733
— — Japan II 736ff
— — Niederlande II 727ff
— — Portugal II 748
— — Schweiz II 743f
— — skandinavische Länder II 745ff
— — Sowjetunion II 749f
— — Spanien II 740ff
— — USA II 720ff
— Ratifikation II 678, 710f
— Reederhaftung II 40
— Schrifttum II 673ff, III 1561
— See- und Ladungstüchtigkeit II 308ff, 319f, 675f
— Übernahme mit Änderungen II 681, 713
— Übernahme ohne Ratifikation II 680

— Übernahme im Wortlaut II 680, 689, 694, 707, 713
— Umgehung II 538, 695
— Verbesserung des Abkommens II 712
— Wiederanwendung nach dem 2. Weltkrieg II 677f
— Zeichnungsprotokoll II 680, 707, 713f
— Zeichnungsstaaten II 676f
— zwingendes Recht II 639ff, 654, 675f, **694f**
Habe der Schiffsbesatzung II 942f, 965, 981, 1047, 1060, 1101, III 131
[illegible] II 470
Hafen
— Anlaufen eines im Versicherungsvertrag nicht vorgesehenen — II 1334, 1338
— Arbeitszeit III 167ff, 227, 273, 288
— ausländischer II 212, 214ff
— Auslaufen aus — I 336
— außereuropäischer II 6, 26, 533
— Begriff I 46, 1295
— Einlaufen in — I 336
— eisfreier II 294
— europäischer II 6, 26, 533
— freier Zugang zum — I 48, 92
— gesundheitliche Behandlung von Seeschiffen im — I 1274ff
— kommunaler I 224
— Landgang III 136
— örtliche Einrichtungen des — II 321, 324, 358, 391, 396, 410
— Schiffszusammenstoß im — II 1112
— Seegefahr im — II 469
— sicherer II 294, 321f, 392
— völkerrechtliche Stellung I 46, 72
— s.a. „Bestimmungshafen“, „Heimathafen“, „Ladehafen“, „Löschhafen“, „Orderhafen“, „Umladehafen“
Hafenabgaben I **223f**, 358, II 161, 270, 291, 1277ff, 1310f, s.a. „Hafengebühr“
Hafenarbeiter II 23
Hafenarbeitszeit III 167f, 169f
— nach dem Manteltarif
— — für die deutsche Seeschiffahrt III 227
— — für die Fahrzeuge der deutschen Hochseefischerei III 273
— — für die Heringsfischerei III 288
Hafenarzt II 164, 510
Hafenbeamter II 273, 325
Hafenbehörde II 334f, 349, 1094, III 467
Hafenbenutzer II 325
Hafenbenutzungsrecht I 48, 92
Hafenbrauch II 323, 328, 403, 649, s.a. „Ortsgebrauch“
Hafendamm, Anrennen eines Schiffes gegen — II 1100
Hafendeck II 343
Hafeneinfahrt als Binnengewässer I 46
Hafeneinrichtungen II 321, 358
Hafengebühr I 224, II 943, 973f, s.a. „Hafenabgaben“, „Hafengelder“, „Hafenkosten“
Hafengelder I 415, 578, 1132, II 755, 916, 923, 1277ff, s.a. „Hafenabgaben“, „Hafengebühr“
Hafengesetz
— für Bremerhaven III 1071
— hamburgisches I 22, II 752, III 657, [illegible]ff, s.a. „Hamburg, VO zur Durchführung des —“
Hafengewässer, Vorbehalt der SStrO für — III 643
Hafenkonvention
s. „Seehafen, internat. Rechtsordnung“
Hafenkosten II 291, 323, 381, 509ff, 546, s.a. „Hafengebühr“
Hafenkran II 326f, 647
Hafenlotse II 21, 1082
Hafenlotsendienst
— Bremen III 546
— Emden III 542
— Flensburg III 547
Hafenlotsengesellschaft in Bremerhaven III 545
Hafenmeister II 324, 348f, 359, 396, 404f
Hafenordnung
— für die Häfen in Bremerhaven III 1073ff
— — Abmeldung der Schiffe III 1073
— — Anmeldung der Schiffe III 1073
— — feuerpolizeiliche Bestimmungen III 1079
— — Geltungsbereich III 1073
— — gesundheitspolizeiliche Bestimmungen III 1081
— — Hafenbeamte III 1073
— — Hafenverkehr III 1082
— — Ladeplätze III 1076
— — Liegeplätze III 1076
— — Löschplätze III 1076
— — Ordnung III 1078
— — Reinlichkeit III 1078
— — Ruhe III 1078
— — Schiffsverkehr III 1074
— — Strafvorschriften III 1083
— für die Häfen in Schleswig-Holstein (Polizeiverordnung) III 646, 656, 859, **871ff**, 923ff
— — Ablegen von Gegenständen III 884
— — Abmeldung der Fahrzeuge III 875
— — Änderungsverordnung zur — III 927
— — Ankern III 879
— — Anmeldung der Fahrzeuge III 875

— — Anordnungen vorübergehender Art III 874
— — Anweisung der Liegeplätze III 876
— — Ausbringen von Leinen pp. III 877
— — Befahren von Badegebieten III 881
— — Bekämpfung von Ratten und anderem Ungeziefer III 883
— — Bemannung der Fahrzeuge III 878
— — Benutzung von Anlegebrücken III 878
— — Benutzung der Hafengewässer III 883
— — Benutzung von Kaianlagen III 877
— — Benutzung der Rettungsgeräte III 884
— — Bergen von Gegenständen III 884
— — Beseitigung störender Gegenstände III 878
— — Betreten der Fahrzeuge III 883
— — Betreten der Fahrzeuge durch Personen im dienstlichen Auftrag III 874
— — Bewachung der Fahrzeuge III 878
— — Durchfahren von Schleusen und Brücken III 880
— — Entnahme von Eis Sand und Kies III 884
— — Erlaubnis zum Einlaufen III 875
— — Fahrregeln für kleine Fahrzeuge III 881
— — Festmachen III 876
— — feuergefährliche Ladung III 882
— — Gebrauch von Feuer auf Fahrzeugen III 881
— — Geltungsbereich III 873
— — Gültigkeit anderer Vorschriften III 873
— — Kennzeichnung der Fahrzeuge III 874
— — Landgänge III 877
— — Lichterführung III 879
— — Loswerfen bei Gefahr III 877
— — Maschinenprobe III 877
— — Schallsignal III 879
— — Schleppverkehr III 879
— — Schutz der Pegelanlagen III 880
— — Sicherheitsvorschriften III 881
— — Sicherung von Dampf- und Abflußleitungen III 881
— — Tankschiffe III 882
— — Veranstaltungen im Hafen III 884
— — Verantwortung der Fahrzeugführer III 874
— — Verhalten bei Gefahr III 883
— — Verhalten im Hafengebiet III 874
— — Verhalten von Landfahrzeugen im Hafen III 878
— — Verholen III 876
— — verkehrsstörende Einrichtungen III 884
— — Versenken von Gegenständen III 884
— — Vornahme besonderer Arbeiten III 884
— — Vorsichtsmaßnahmen auf Fahrzeugen III 875
— — s.a. bei den einzelnen Häfen und unter „Nord-Ostsee-Kanal“
— für Leer III 1150ff
— — Anlegen III 1153
— — Aufeisen III 1156
— — Aufenthalt III 1155
— — Ausweichen III 1155
— — Baden III 1158
— — Beschädigung der Hafenwerke III 1155
— — Dampfauslassen III 1154
— — Fahrzeugbesetzung III 1155
— — Fahrzeugbewegung III 1153
— — Festlegen III 1153
— — Feuergefahr III 1156f
— — Geltungsbereich III 1150
— — Gesundheitspolizei III 1158
— — Hafenabgaben III 1158
— — Hafenbehörde III 1150
— — Laden III 1158
— — Löschen III 1158
— — Meldepflicht III 1151
— — Reinhaltung III 1156
— — Schiffsausbesserung III 1157
— — Schiffsleute III 1158
— — Seeschleuse III 1151f
— — Strafbestimmungen III 1159
— — Verholen III 1153
— — Versinken III 1156
— — Vom-Bruch-Brücke III 1153
— für die stadtbremischen Häfen III 1050ff
— — Abgangsort III 1052
— — Abmeldung III 1051
— — Ankern III 1053
— — Anmeldung III 1051
— — Aufhebung von Verordnungen III 1060
— — aufliegende Schiffe III 1059
— — Befestigung der Schiffe III 1055
— — Benutzung von Personenanlegern III 1052
— — Beschwerde III 1059
— — Bestimmungshafen III 1052
— — Drehen der Schiffe III 1054
— — Feuer III 1058
— — Feuerausbruch III 1058
— — Feuerstellen III 1057
— — Freihalten der Durchfahrt III 1055

— — Frostwetter III 1059
— — Funkenfänger III 1057
— — Geltungsbereich III 1050
— — Grenzen der Hafenbecken III 1051
— — Hafenbeamte III 1050
— — Holz III 1056
— — Holzflöße III 1056
— — Industrie- und Handelshafen III 1053
— — Klüverbaum III 1052
— — Ladeplätze III 1052
— — Leck III 1059
— — Licht III 1050
— — Löschplätze III 1052
— — Namen des Schiffs III 1052
— — Pontonbrücke III 1056
— — Ponton III 1056
— — Rattenschutzbleche III 1058
— — Rattenvertilgung III 1058
— — Schießen III 1059
— — schiffahrtsgefährliche Sachen III 1059
— — schiffahrtspolizeiliche Vorschriften III 1051
— — schonende Benutzung der Anlagen III 1056
— — Schraubenbewegung III 1053
— — Signale III 1053
— — Strafvorschrift III 1060
— — Tabakrauchen III 1057
— — Treppen III 1056
— — Trinken von Hafenwasser III 1059
— — Verbindungen zwischen Schiff und Land III 1055
— — Verholen III 1054
— — versunkene Fahrzeuge III 1059
— — Verunreinigung des Hafens III 1055
— — Vorsicht beim Manövrieren III 1052
— — Waffentragen III 1059
— — Zollabfertigung III 1053
— — Zuständigkeit der Hafenbeamten III 1050
Hafenordnungen I 22, 234, II 1048, III 646, 655f, 871ff
Hafenschiffahrt II 752
HafensicherheitsVO s. „Hamburg, VO über die Sicherheit im Hamburger Hafen"
Hafensperre II 526f
Hafentarife II 29
Hafenüberfüllung II 349, 405
Hafenüblichkeit II 421, s.a. „Hafenbrauch"
Hafenumschlagsordnung für den Hafen Hamburg III 1048
Hafenverwaltung II 325, 481
Haftpflichtversicherung II 778, 790
Haftung
— beschränkte II 53
— beschränkt-persönliche II 53, 137, 261, 500, 528, 536, 548, 870, 882, 885ff
— dingliche II 52ff, 83, 85, 312, 422, 426, 431, 496, 500, 529, 536, 615, 870, 887
— dinglich-persönliche II 53, 60, 73, 82, 221f
— aus gesetzlichen Schuldverhältnissen im IPR II 51
— in Höhe des Wertes des Schiffsvermögens II [illegible]
— im Luftrecht I 30
— nichtpersönliche s. „—, dingliche"
— persönliche II 261, 312, 316, 333, 422, 426, 431, 445f, 465, 496, 500, 532, 880ff
— mit Schiffsvermögen II 53ff
— im Seerecht im Vergleich zu anderen Rechtsgebieten II 34
— unbeschränkte s. „Reederhaftung"
— unpersönliche s. „—, dingliche"
— im Verkehrsrecht II 34
— ohne Verschulden II 330, 338, 435
— wechselmäßige II 222
— zwingende 264, 271, 278f, 290f, 315, 340, 345, 437, 467, 541f, 551ff, 623ff, 632, 634f, 637, 639ff, 643ff
— s.a. „Mindesthaftung" sowie beim Grund der Haftung und der Person des Haftenden
Haftungsausschluß
— bei ausschließlichem Verschulden des Führungszwangslotsen II 1082ff
— für besondere Transportgefahren II 467ff
— beim Chartervertrag II 291, 640, 642
— bei Deckverladung II 345
— für Landschäden II 398, 641, 644, 655ff
— für nautisches Verschulden s. „Nautisches Verschulden"
— für Schiffszusammenstoß II 1018ff
— für Seeuntüchtigkeit II 316ff, 639f, 642, 654, 675f
— zugunsten der Schiffsbesatzung II 459ff, 655, III 1545
— beim Schleppvertrag II 273f
— für Vorsatz II 462, 654
— s.a. „Freizeichnung", „Mindesthaftung"
Haftungsbeschränkung
— im ausländischen Recht II 64ff
— im deutschen IPR II 50, 64
— auf den eigenen Transportabschnitt II 624
— der Eisenbahn II 435
— auf den gemeinen Wert II 464, 584, **629ff**, 635, 639, 667
— beim Kapitän II 145

— im Luftrecht II 434, 638f
— der Post II 672
— des Reeders s. „Reederhaftung“
— bei Schiffszusammenstoß II 1078
— des Schleppers II 274
— im Seerecht II 35
— für Seeuntüchtigkeit II 316ff, 640, 642
— summenmäßige II 40, 261, 316, 398, 431ff, 435, 464ff, 541, 569, 615, **633ff**, 640, 643, 667, 683f, 690, 702f, 823
— zugunsten der Verfrachtergehilfen II 684
— des Verfrachters II 35, 261, 316ff, 340, 347, 398, 429, 434f, 437, 446, 464ff, 532, 541, 569, 584, 640ff, 667, 683, 823
— Verzicht auf — II 60
Haftungsdauer II 229f
Haftungserweiterung II 41, 316, 633f, 638f, 640, 643, 702f
Haftungsgrundlagen im Verkehrsrecht II 34
Haftungshöchstbetrag II 633ff, 702f, s.a. „Haftungsbeschränkung, summenmäßige“, „Haftungssumme“
Haftungssumme II **633f**, 640, 643, 667, 683f, 695, **702f**, s. a. „Haftungsbeschränkung, summenmäßige“
Haftungssystem des Seerechts II 34, 64
Haftungsumfang II 41, 52ff, 63f, 229, 316ff, 345, 457, 615, 629ff, 633ff, 667, 683f, 702f, 1356ff
Haftungsverzicht
— nachträglicher II 642
— vorheriger s. „Haftungsausschluß“
Haftungszeitraum II 435ff, 454, 503, 641, 643, 646ff, 655ff, 686f, 689, 706
Hahn II 450
Haiti
— Flaggenrecht I 324
— als Mitglied internationaler Abkommen I 105, 569, 584, 1294, II 1099, 1112, 1253
— seerechtliches Schrifttum I 40
— Seerechtsquellen I 31, 33
Hakentauroller I 963
Halter und Ausrüster II 133
Haltezeichen III 1189
Hamburg
— Abladebestimmungen II 328
— Allgemeine Bedingungen des Vereins Hamburger Stauer III 1044
— Allgemeine Überladebedingungen der im Verein Hamburger Seehafenbetriebe e. V. zusammengeschlossenen Greiferbetriebe III 1046
— Anordnung zur Durchführung der Verordnung über gefährliche Seefrachtgüter III 1471
— Anordnung zur Durchführung der VO über das Löschen, Lagern und Befördern von Fischöl- und Fischmehlrohware III 1032
— Anweisung für die Hafen-Polizei-Beamten, betr. die Bergung stromtriftiger Gegenstände vom 31. 1. 1898 III 397, **442**
— Anzeige der Ladebereitschaft II 351
— AusführungsVO zur StrandO vom 3. 11. 1930 III 397, 413, **437**
— Bekanntmachung zur Ausführung des Gesetzes über das Dispachewesen II 955f
— Betriebsordnung für die öffentlichen Kaianlagen in Hamburg II 436, III 1036ff
— — Abliefern III 1039
— — Absetzen III 1039
— — Anhalten der Güter III 1041
— — Anlegen III 1038
— — Anliefern III 1039f
— — Annahme von Ladegut III 1041
— — Anschluß an die Hafenbahn III 1043
— — Anwendbarkeit der Hafenumschlagsordnung III 1044
— — Aufhebung bisheriger Bestimmungen III 1044
— — Aufnehmen III 1039
— — Auslieferung III 1040
— — Außenbordsarbeit III 1038
— — Begriffsbestimmung der Fahrzeuge III 1037
— — Beladen III 1039
— — Beschränkungen im Güterumschlag III 1039
— — Entladen III 1039
— — Freiladeumschlag III 1039
— — Gewichtskontrolle III 1042
— — Güterumschlag III 1038
— — Haftung III 1043
— — Haftungsbeschränkungen III 1043
— — Kailagerung III 1039
— — Kontrolle der Warenbezeichnung III 1042
— — Laden III 1038
— — Ladungsverzeichnis III 1040
— — Löschen III 1038, 1048
— — Nebenarbeiten III 1039
— — Pflichten der Benutzer III 1037
— — Schiffszettel III 1041
— — Übergabe der Güter III 1041
— — Übernahme III 1040
— — Verholen III 1038
— — Verladebeschränkung III 1043
— — Wiederabnahme der Güter III 1041
— — Wiegen III 1038
— — Zwangseinlagerung III 1042
— — Zwangsumlagerung III 1042

— — Zwangsverkauf III 1042
— — Zweckbestimmung der öffentlichen Kaianlagen III 1036
— Dienstanweisung vom 3. 12. 1930 zur Ausführung des § 25 StrandO III 397, 416, 439
— Gebührenordnung für das Verfahren vor den Strandämtern vom 26. 3. 1931 III 441
— Gesetz über das Dispachewesen II 953, s. a. „—, Bekanntmachung zur Ausführung des Gesetzes . . .“
— Häfen I 214
Hafengesetz I [illegible], III 957, [illegible] ff
— — Abbäumen III 947
— — Abmeldung III 942, 965
— — Ankern III 945, 968
— — Anmeldung III 942, 965
— — Anstrandsetzen von Fahrzeugen III 954
— — anwendbare Rechtsvorschriften III 940
— — Aufliegen III 945
— — Aufsichtsbefugnisse der Hafenlotsen III 942
— — Aufsichtsbestimmungen III 956ff
— — Außerkrafttreten von Vorschriften III 962
— — Befahren enger Hafenteile III 953, 969
— — Begriffsbestimmungen III 941
— — Benutzung des Fahrwassers III 948
— — Beschädigung von Hafenanlagen III 955
— — Bewachung III 947
— — Brückendurchfahrten III 953
— — Bußgeldbestimmungen III 956ff
— — Drehen der Schraube III 947
— — Durchführungsverordnung zum — III 964ff
— — Fahrregeln III 948f
— — Fischanlandungen III 955
— — Fischen im Hafen III 955, 971
— — Geltungsbereich III 940
— — Gestellung von Hafenlotsen III 941
— — gesunkene Gegenstände III 954
— — Hafenlotsen III 941
— — Hecklicht III 951
— — herausragende Gegenstände III 946, 968
— — Hoheitsfahrzeuge III 941
— — Inkrafttreten III 962
— — Jollenführersignal III 951
— — Kennzeichnung der Hafenfahrzeuge III 954
— — Köhlbrand III 952
— — Kuhwerder Vorhafen III 953
— — Landgang III 943
— — Lichterführung III 942, 945, 951
— — Liegen von Binnenschiffen und Hafenfahrzeugen III 945, 968
— — Liegeplätze III 944, 967
— — Liege- und Ankerplätze für Sport- und Kleinfahrzeuge III 948, 968
— — nautische Beratung der Schiffsführung durch Hafenlotsen III 942
— — Nebelsignale III 949, 969
— — Passieren beweglicher Brücken III 953, 970
— — Platzveränderungen III 944
— — polizeiliche Auskunftsüberprüfung III 943f, 965
— — Rundumlicht auf Schuten III 951
— — Schallsignale III 951
— — Schlepperlichter III 951
— — Schleppzüge III 952, 969
— — Schleusenbenutzung III 954, 970
— — Schluß- und Übergangsvorschriften III 958ff
— — Schwojen III 945, 968
— — Seehäfen i. S. des — III 963
— — Sperrgebietsgrenzen III 964
— — Sperrsignale III 955
— — Verbote III 956
— — Verhalten im Hafen III 941
— — Vertäuen III 946
— — Verunreinigung des Hafens III 955
— — Verwendung von schwimmenden Geräten III 946, 968
— — Vorschriften, die auf Grund der §§ 63 und 65 HafG als erlassen gelten III 960f
— — Warnsignale III 955
— — Zollfahrzeuge im Fahrwasser III 952
— — Zugang zu den Schiffen III 946, 968
— — Zurücklassen von Ausländern III 943
— — zuständige Behörden III 940
— — Zwangsbestimmungen III 956ff
— — s. a. „—, Verordnung über die Sicherheit im Hamburger Hafen“
— Hafenumschlagsordnung für den Hafen — III 1048
— Hafen- und Lagerhaus-AG II 328
— als Heimathafen II 17
— Kaibetriebsordnung s. „—, Betriebsordnung für die öffentlichen Kaianlagen“
— Kaiverwaltungsgesellschaft II 397
— landesrechtliches Seerecht I 22, 478, 752, II 378
— Maschinenjournal II 180f

— Ordnung für die Prüfung zum Matrosen in der Seeschiffahrt vom 16. 12. 1959 III 343ff
— Polizeiverordnung betr. schiffahrtstörender Lichter am Lande III 783
— schiffahrtspolizeiliche Vollzugsaufgaben I 221
— Schleppbedingungen der Arbeitsgemeinschaft der Schleppschiffsreedereien für den Hafen Hamburg III 1047
— Schleusenordnung für die Hafenschleuse Harburg III 1034
— Schrifttum I 37
— Tagebuchführung II 198
— Verklarung II 199
— Verordnung zur Ausführung der Schiffsbesetzungsordnung III 315
— Verordnung über das Befahren der Gewässer III 1035
— Verordnung zur Durchführung des Hafengesetzes III 964ff
— Verordnung über das Löschen, Lagern und Befördern von Fischöl- und Fischmehlrohware III 1029, s. a. „—, Anordnung zur Durchführung der Verordnung über das Löschen . . .", „—, Verwaltungsrichtlinien für die Erteilung der Erlaubnis zum Löschen . . ."
— Verordnung über d'e Löschzeit II 407f
— Verordnung über die Sicherheit im Hamburger Hafen (Hafensicherheitsverordnung) III 972ff
— — Ablassen von Dampf III 996
— — ätzende Güter III 994
— — Anlage 1 (betr. Tank-Reinigungsschiffe) III 997
— — Anlage 2 (betr. den Verkehr mit feuergefährlichen Gütern am Kai) III 999
— — Anlage 3 (betr. Feuerarbeiten) III 1028
— — Anmeldung von Fahrzeugen mit gefährlicher Ladung III 983, 991, 994
— — Anzeigepflicht III 972, 994
— — Aufenthaltsdauer für Fahrzeuge mit gefährlicher Ladung III 981
— — Ausbesserungsarbeiten III 989
— — Auskunftspflicht der Schiffsführung III 973
— — Auspuffleitungen III 986
— — Außerkrafttreten von Vorschriften III 996
— — Baden III 974
— — Befestigung von K-Seeschiffen III 987
— — Beförderung anderer Güter neben gefährlicher Ladung III 985
— — Beförderung gefährlicher Güter III 979, 982, 984f, 992
— — Beförderung leerer K-Behälter III 985
— — Begriffsbestimmungen III 975ff
— — Benutzung von Hafenwasser III 974
— — Bewachung von Fahrzeugen mit gefährlicher Ladung III 978, 987, 994
— — Brandbekämpfung III 988
— — brandfördernd wirkende Güter III 976, 979ff
— — Bunkerstation III 977
— — Bußgeldvorschriften III 996
— — Desinfektion III 974
— — Docken III 989
— — elektrische Anlagen auf Schiffen III 987
— — Entgasen III 990
— — explosionsgefährliche Güter III 975, 991ff
— — Fahrtweg für K-Binnenschiffe III 981
— — Fettrückstände III 982
— — Feuerarbeiten III 977, 1028f
— — feuergefährliche Güter III 976, 979ff
— — Feuersicherheitsvorschriften III 975ff
— — Gasfreiheitszeugnis III 990
— — Gas-Tankschiffe III 976, 991
— — Gebrauch von Feuer III 977f, 986
— — Geltungsgebiet III 972
— — gesundheitliche Überwachung III 973
— — Gesundheitsvorschriften III 973ff
— — Gewichtsbezeichnungen III 972
— — Gewitter III 988
— — giftige Güter III 994
— — Hafentankfahrzeuge III 977, 980f, 983, 989
— — hochgefährliche Güter III 977
— — Inkrafttreten III 996
— — K-Behälter III 985
— — K-Binnenschiffe III 979ff
— — K-Flüssigkeiten III 976, 979, 981, 984
— — Klassenbezeichnungen III 972
— — K-Schiffe III 976, 979ff, 986ff
— — K-Seeschiffe III 979, 981, 987
— — leichtentzündbare Güter III 976, 979ff, 985
— — Liegen an K-Schiffen III 986

— — Liegeplätze für Fahrzeuge mit gefährlicher Ladung III 980, 984, 992
— — Mitwirkungspflicht der Schiffsführung III 973
— — Ölrückstände III 982
— — polizeiliche Aufsicht III 978
— — radioaktive Güter III 994
— — Rauchen III 977f, 986
— — Schädlingsbekämpfung III 974
— — Schiffe mit eingebauten Atomreaktoren III 995
Schiffsabfälle III 971
— — Schornsteine III 986
— — selbstentzündliche Güter III 976, 979ff
— — Sicherheitsabstand III 978
— — Sicherheitsvorschriften für Land- und Landungsanlagen im Hafengebiet III 994
— — Sprengstoffhafen III 993f
— — Tankreinigung III 990
— — Tankreinigungsschiffe III 991, 997ff
— — Tankschiffhäfen III 977, 986f
— — Todesfall III 974
— — Transport mit Klappschuten III 996
— — übertragbare Krankheiten III 974
— — Umschlag gefährlicher Güter III 981, 983, 984, 985, 987ff, 992
— — Umschlagsverbote III 987
— — Untersuchungskommission III 978
— — Verantwortlichkeit für Hafenfahrzeuge III 996
— — verflüssigte brennbare Gase III 975
— — Verkehr mit gefährlichen Gütern am Kai III 995, 999ff
— — Verkehrsbeschränkungen für ankommende Schiffe III 973
— — zusätzliche Ladung III 983
— — Zutritt zu K-Schiffen III 987
— — Zwangsweg für durchfahrende Schiffe mit explosionsgefährlicher Ladung III 992
— Verwaltungsrichtlinien für die Erteilung der Erlaubnis zum Löschen, Abnehmen und Ausladen von Fischöl- und Fischmehlrohware III 1033
— s. a. „Zusatzvertrag mit — zum Staatsvertrag, betr. den Übergang der Wasserstraßen . . .“
Handelsbrauch I 9, II 293, 402, 478, 491, 537, 637
Handelsbücher II 5
Handelschemiker II 309
Handelsflagge I *916*
Handelsflotte, deutsche I 12, 331, 452ff, II 778
— einheitliche I 10
— Förderung der — I 12
Handelsfreiheit I 192
Handelsgeschäft im Seeverkehr II 5
Handelsgesellschaft
— als Eigentümerin von Schiffen I 322
— als Korrespondentreeder II 92
— als Reeder II 87
— im Seehandelsrecht II 4
— s. a. „Gesellschaft“
Handelsgesetzbuch
Änderung durch das SeemG III 914f
— Anwendungsbereich II 5
— Geschichte des — II 3f
Handelskammer II 478
Handelsmakler II 4, 760ff
Handelspolitik und Verkehrsfreiheit I 48
Handelsregister II 4, 80
Handelsschiff
— Anwendbarkeit des Brüsseler Übereinkommens auf staatlich betriebene — II 1106
— anzuwendendes Recht I 234ff
— Einschreiten gegen eigene — I 69
— Einschreiten gegen fremde — I 69, 74, 1371
— in fremdem Küstenmeer I 58ff, 1364f
— in fremden Eigengewässern I 49, 1356
— Gesetz über Darlehen zum Bau und Erwerb von — I 395
— auf hoher See I 64ff
Handels- und Schiffahrtsverträge der Bundesrepublik Deutschland I 11, 113, 1384, III 1214f
Handelsunternehmen s. „Gewerbebetrieb“
Handelsvertreter II 4, 760
Handelsverbot II 526f
Handelswert II 316
— gemeiner II 340, 429, 431, 433, 541, 629ff, 1134f
Handfeuerlöscher III 1324, 1330
Handgeld III 110
Handgepäck II 822ff, s. a. „Reisegut“
Handlungsbevollmächtigter II 489, 492
Handwerker, im Hafen angenommene — III 18
Hannover
— Ausführungsvorschriften zur StrandO vom 26. 12. 1874 III 397, 449
— Seerecht I 23
Hansa I 38
Hanseatische Praxis hinsichtlich Berge- und Hilfslohn II 1154, 1159ff, 1232ff
Hanseatisches Oberlandesgericht I 6
harbour II 921

Harter Act I 25, 31, 36, II 278f, 317, 319, 446, 611, 675, 708, 816
Haseldorf III 905
Hauptfahrwasser III 656f
Hauptfrachtvertrag II 425ff
Hauptverfrachter II 260, 271, 425ff, 445, 623, 683
Hausfriedensbruch II 1136, 1137, 1138, III 402
Hausrecht des Kapitäns II 144, 1135
Haus-zu-Haus-Versicherung II 622
Haverei
s. „Besondere Haverei", „Große Haverei", „Kleine Haverei"
Havereigelder
— Aufnahme von — II 250
— Begriff II 218
— Beschaffung von — als Fall der großen Haverei II 913ff, **925f**, 984
— Versicherung von — II 98, 216, 1329, 1337, 1346, 1350, 1378
Havereigläubiger
s. „Große Haverei, Havereigläubiger"
Havereipfandrecht
s. „Große Haverei, Pfandrecht"
Haverei-Revers II 946
Havarie
s. „Haverei", „Schiffszusammenstoß"
Havarieagent II 947
Havariebond II 985
Havariegrossebeiträge
s. „Große Haverei, Beiträge"
Havariegrossefolgen II 901f, 965f
Havariegrossemaßregel II 962
Havariegrosseprozentsatz II 935
Havariegrosse-Verpflichtungsschein II 946
Havariegrosseverteilung
s. „Große Haverei, Verteilung"
Havariekommissar II 947, 948, 1368
Havariezertifikat II 440
Hawai I 584
head-charter II 425
heat II 663f
Hebeprahm I 227
Hebeschiff II 1215
Hebezeuge III 1298
Hebung des Schiffes II 525, 1053, 1219, 1284
Hebungskosten II 1053, 1219
Hechthausen III 738
Hecklicht III 605, 951
Hehlerei II 1239
Heilgehilfe III 17, 224
Heiligenhafen III 896
Heiligenstedten III 748
Heilungskosten II 925, 1060, 1280
Heimathafen
— Abschluß von Rettungsverträgen im — II 1219, 1223
— Befugnisse des Kapitäns außerhalb des — II 214ff, 261, 311
— Befugnisse des Kapitäns im — II 211ff
— Begriff II 15ff
— Behörden des — II 334
— Bodmerei außerhalb des — II 871f
— Eintragung im Schiffsregister I 287, 290, II 16
— Gerichtsstand II 75ff, 122, 882, 1062, 1130
— Glaubhaftmachung I 253
— Klage der Schiffsgläubiger gegen den Kapitän im — II 1298ff
— Kreditgeschäfte des Kapitäns außerhalb des — II 1277ff
— Lagerkosten im — II 563
— Pflicht des Kapitäns zur Angabe des — II 1104
— Recht des — I 238, II 227f, 281ff
— Verlegung I 284, 517
Heimatrecht I 49, 238, 409, 410ff, II 49, 281, 1131f, 1256f
Heimaturlaub III 134f, 278
Heimliches Anbordbringen von Gütern II 336
— von Personen oder Gegenständen durch Besatzungsangehörige III 190f
Heimschaffung der Schiffsleute I 15, 25, *1055*, *1079*, II 73, 143ff, III 8, 360, **380ff**, 1572, s. a. „Gesetz, betr. das Internationale Übereinkommen über die —", „Gesetz, betr. die Verpflichtung der Kauffahrteischiffe zur Mitnahme heimzuschaffender Seeleute"
Heimschaffungsgesetz
s. „Gesetz, betr. die Verpflichtung der Kauffahrteischiffe zur Mitnahme heimzuschaffender Seeleute"
Heizer III 18, 225, 270, 328f, 360ff, 393
Heizöl II 786
Heizraum, Bemannungsrichtlinien III 328
Heizungsanlage III 1323
Helgoland III 752, **922f**
Heringsfischerei I 59, s. a. „Mantel- und Heuertarifvertrag für die Besatzungen der Fahrzeuge der großen deutschen — "
Herrenlosigkeit von Schiffen I 375ff
Herrenwyk III 768
Heubeförderung II 1365
Heuer II 73, 919, 923, III 85, **105ff**, 1572
— Abrechnung über die — III 111f
— Abschlagszahlung auf die — III 110, 111
— Abzug vom Schadensersatz wegen ersparter — II 1057
— bei außerordentlicher Kündigung durch das Besatzungsmitglied III 154
— Auszahlung III 109
— Barauszahlung III 109

— Beendigung III 108
— Beitragspflicht der — bei Verteilung von Havariegrosseschäden II 942
— Bemessung III 107
— Berechnung III 107
— Bezahlung durch den Kapitän II 228ff
— Entstehung III 108
— Fälligkeit III 109
— Fortzahlung für den erkrankten oder verletzten arbeitsunfähigen Kapitän III 161, 286
— Kosten für die — im Nothafen II 973f
nach dem Manteltarif
— — für die deutsche Seeschiffahrt III 231ff
— — für die Heringsfischerei III 284
— während der Rückbeförderung III 157
— Schiffsgläubigerrecht wegen Forderungen auf — II 1280
— Vergütung für verauslagte — bei Festsetzung von Berge- oder Hilfslohn II 1214
— Verjährung III 108
— Versicherung der — II 1329, 1331
— Verteilung bei nicht ausreichender Schiffsbesatzung III 112f
— Weiterzahlung im Krankheitsfall III 125f, 286
— Zulagen nach dem Manteltarif für die deutsche Seeschiffahrt III 236ff
— s. a. „Heuertarif", „Heuerverhältnis", „Heuervertrag"

Heuerbaas III 88

Heuerbüro II 228, III 88

Heuerforderung
s. „Heuer"

Heuergelder II 374, 381, 530

Heuerschein II 142, III 98f

Heuerstellen, seemännische
s. „Seemännische Heuerstellen"

Heuertarif für die deutsche Seeschiffahrt III 222

Heuerverhältnis II 18, 95, 142, III **84ff**
— Anfechtung III 137
— Anreisekosten III 100
— Aufhebungsvertrag III 246, 265
— außerordentliche Kündigung III 138, 142, **147ff**, **150ff**, 246, 268
— — durch das Besatzungsmitglied III 152ff
— — des oder durch den Kapitän III 160f
— — vorläufige Entscheidung des Seemannsamts über die Berechtigung der — III 154
— Beendigung III 137ff, 159, 244ff, 267
— Dauer III 97f, 226
— Dienstantritt III 99f
— Geltung des Manteltarifs für die deutsche Seeschiffahrt III 222f
— Kosten der persönlichen Vorstellung III 101
— nach dem Manteltarif
— — für die Besatzungen der deutschen Hochseefischereifahrzeuge III 267
— — für die Heringsfischerei III 284ff
— ordentliche Kündigung III 137f, 245, 267
— auf Probe III 98, 137
— Rechtsstreitigkeiten aus dem — III 86
— Schiff der Dienstleistung III 101, 226
Umschaufrist III 247
— Umschaugeld III 247
— Umsetzungsbefugnis III 101, 226
— und Vercharterung III 86
— Verjährung der Ansprüche aus dem — III 108, 241
— Vorschriften des Manteltarifs für die deutsche Seeschiffahrt über das — III 225f
— Zeugniserteilung III 246
— s. a. „Heuer", „Heuervertrag"

Heuervertrag I 15, 25, II 134, 145, 1243, III 8, 84f, 97ff, 360, **372ff**
— Abschluß durch den Kapitän II 213, III 98
— mehrere unter denselben — fallende Reisen II 1294, III 98
— persönliche Haftung des Reeders aus dem — II 59, 73f
— Schiffsgläubigerrecht wegen Forderungen der Schiffsbesatzung aus — II 1277ff, 1294, 1304, 1310
— Verhältnis zur Havariegrossehaftung II 908
— Verjährung von Ansprüchen der Schiffsbesatzung aus dem — II 1383f, 1385f
— s. a. „Gesetz, betr. das Internationale Übereinkommen über den — der Schiffsleute", „Heuer", „Heuerverhältnis"

Heultonne III 560, 585

Hieven II 402, 442, 647, 656

Hilfeleistung
— Abgrenzung zur Bergung II 1126ff
— durch Ablader II 272
— Ansprüche aus — bei Verteilung von Havariegrosseschäden II 942
— Begriff II 1126, 1254
— Berücksichtigung der Schnelligkeit einer — bei Festsetzung des Hilfslohnes II 1210
— Erfolg bei — II 132f, 1134, 1136, 1208f, 1257f
— Haftung des Kapitäns II 145
— internationales Privatrecht I 232f, 236, II 51, 277, 1131
— Jurisdiktion I 69

— Korrespondentreeder-Vollmacht II 98
— durch Kriegs- oder Staatsschiffe II 1261
— Ladungspfandrecht wegen — II 247, 432, 494, 499
— von oder durch Luftfahrzeuge auf See I 27
— durch Nichterwerbsschiffe I 236
— in der Nordsee I 1391 f
— Objekte einer — II 1121
— Pflicht zur — I 77, 727, 829, II 1122
— Rechte des Ausrüsters II 137
— Rechtsnatur II 1127
— die — gegenüber Schiffen ausschließende Verträge II 1122
— nach Schiffszusammenstoß II 1104 f
— durch Schleppen II 273
— Schrifttum II 1116 f
— in Seenot II 1116 ff, 1253 ff
— zwischen See- und Binnenschiffen I 232
— strafbare Unterlassung der — I 21
— Streitigkeiten im Zusammenhang mit — II 1145 ff
— unbeabsichtigte II 1126
— unterlassene I 21
— gegen Verbot des Kapitäns II 1135 f, 1255 f
— durch Verschulden der Retter herbeigeführte Notwendigkeit einer — II 1235 ff
— Vertrag über — s. „Hilfeleistungsvertrag"
— Zurückbehaltungsrecht an der Ladung wegen — II 499 f, 532
— Nachtrag III 1570
— s. a. „Bergung", „Hilfskosten", „Hilfslohn", „Internationale Verträge, Übereinkommen zur einheitlichen Feststellung von Regeln über die — und Bergung in Seenot"

Hilfeleistungsdienst, öffentlicher II 1260 f

Hilfeleistungsvertrag II 97, 215 f, 218, 241, 1116, 1127 f, 1136, 1138, 1144, 1219 ff, 1231, 1262, s. a. „Hilfslohnvertrag"

Hilfsbesegelung II 9

Hilfskosten
— beschränkt persönliche Haftung des Empfängers für — II 1251 ff
— Gerichtsstand bei Streitigkeiten wegen — II 76
— gesetzliches Pfandrecht wegen — II 1249 ff
— Ladungspfandrecht wegen — II 1325 ff
— Schiffsgläubigerrecht wegen — II 1277 ff, 1311
— i. S. der StrandO III 405
— unpersönliche Haftung für — II 1251 ff
— Verjährung der Ansprüche wegen — II 1387 f
— Zurückbehaltungsrecht wegen — II 1249 ff
— s. a. „Hilfeleistung", „Hilfslohn"

Hilfsleistungsverfahren nach der StrandO III 399

Hilfslohn
— Abtretung des Anspruchs des Reeders auf — II 1144
— Anmeldung beim Strandamt III 421 ff
— Anrechnung auf Versicherungsleistungen II 1365
— Anspruch auf — II 307, 1121 ff, 1128 ff, 1255
— Anspruch auf Ersatz von — nach Schiffskollision II 1054, 1059
— Anteile der Besatzung am — II 1241 f
— von ausländischem Gericht zugesprochener II 1246
— Ausschluß des — II 1135, 1139
— außerordentliches Mißverhältnis zur Hilfeleistung II 1219, 1221 ff, 1226 f, 1257
— Begrenzung der Höhe nach II 1134, 1255
— Beispiele aus der hanseatischen Praxis II 1159 ff, 1232 ff
— Bemessung II 1145, 1149, 1153, 1208 ff, 1254, 1256, 1257 f
— Einspruch gegen den Verteilungsplan II 1242, 1246
— Ersatz entgangenen — II 1056
— Erstreckung des Schiffsgläubigerrechts auf — II 1291
— Festsetzung in Geld II 1145, 1153
— bei der Festsetzung zu berücksichtigende Umstände II 1208 ff
— gerichtliche Geltendmachung der Anteile der Besatzung am — II 1245
— Gläubiger II 200, 491 f
— in der großen Haverei II 316, 943
— Haftung für — II 246, 491 f
— Herabsetzung wegen rechtswidrigen und schuldhaften Verhaltens der Retter II 1235 ff, 1258
— bei Hilfeleistung unter mehreren demselben Reeder gehörenden Schiffen II 1143 f
— bei mangelndem Erfolg II 1132
— nach dem Manteltarif für die deutsche Seeschiffahrt III 251
— bei mehreren Rettern II 1128, 1145, 1151, 1256
— bei öffentlichrechtlicher Verpflichtung zur Hilfeleistung II 1122
— richterliche Festsetzung II 1219 ff, 1231
— Schadensersatz wegen Vereitelung eines — II 1134

— und Schiffshypothekenrecht I 400, 405, 407f, 416, 576ff
— als Schiffsvermögen II 55
— für Schlepper bei Schleppverhältnis II 275, 1135, 1139ff
— Schuldner II 1128
— nach der StrandO III 410ff, 421ff
— bei verbotenem Beistand II 1135f
— nach verbotener Eigenmacht des Retters II 1138
— Vereinbarung nur über die Höhe II 1134
— Vererbung des Anspruchs auf — II 1244
— Verjährung der Ansprüche auf II 1383f, 1386
— Versagung wegen schuldhaften Verhaltens des Retters II 1235ff, 1258
— Verteilung unter Reeder, Kapitän und Schiffsbesatzung II 1241ff, 1256
— Vertrag über die Höhe s. „Hilfslohnvertrag"
— Verzugszinsen für — II 1150, 1231
— für weiteres hinzugezogenes Schiff II 1128
— s. a. „Bergelohn", „Hilfeleistung", „Hilfslohnprozeß", „Hilfslohnvertrag"
Hilfslohnprozeß II 1129, 1236, 1250
Hilfslohnvertrag II 767, 1144f, 1219ff, 1227f, 1252, 1256, s. a. „Hilfeleistungsvertrag"
Hilfsmotor II 9
Hilfspersonen
— des Reeders II 17f, 43f
— des Verfrachters II 315, 332, 398, 427, 428, 430, 434, 440ff, **443ff**, 449, 453, 459, 467, 469, 483, 503, 506, 545, 614, 616, 657, 667, 697, 823
— s. a. „Besatzungsmitglied", „Erfüllungsgehilfe", „Schiffsbesatzung"
Hilfsschiff I 575, 577
Hilfsverweigerung nach Schiffskollision II 1104f
Hindernis
— für die Erreichung des Hafens oder Liegeplatzes II 294, 322, 324f, 348f, 392ff, 396, 401, 404f
— für die Reise II 526ff, 533ff
— für die Übernahme der Ladung II 387
— s. a. „Schiffahrtshindernis"
Hinkende Speziesschuld II 285
Hinterbliebene von Besatzungsmitgliedern II 1061, 1082
Hinterlegung
— Androhung der — II 417f
— Auswahlverschulden II 419f
— der Fracht II 475, 493, 517f
— des Frachtguts II 417ff, 421ff, 437, 475, 493, 503, 514f, 518, 521, 589f, 602, 604, 658, 883
— Herausgabeansprüche II 419
— Kosten der — II 417ff, 589f
— Pfandklage gegen Konnossementsinhaber im Falle der — II 1250
— bei einem Spediteur II 419
— für streitige Verfrachterforderungen II 517
— Verhältnis zur Ablieferung II 420
Hinterlegungsrecht
— des Schiffeigentümers zugunsten des Schiffshypothekengläubigers I 521
— durch die Zwangsvollstreckung in ein Schiff beeinträchtigter Dritter I 525f
Hinterlegungsverfahren II 421, 423
Hin- und Rückladung II 284
hire II 268
Historische Buchten I 47
Hitzeschaden II 450, 455
Hochseefischerei I 87, 198, 235, II 4, 98
— Gesetzgebung des Bundes über — I 11
— große — III 304, 330
— Manteltarif für die deutsche — III 272ff
Hochseekabel s. „Kabel"
Hochseeschiffahrt, Gesetzgebung des Bundes über — I 11
Höchstbetragsschiffshypothek I 529, **542ff**, 567, s. a. „Schiffshypothek"
Höhe über dem Schiffskörper i. S. der SStrO III 591
Höhere Gewalt
— Ausschluß der Verfrachterhaftung wegen — II 429, 630, 660, 672, 698f
— Begriff der — beim Schiffszusammenstoß II 1018f, 1101
— Fristenhemmung durch — II 485
— bei Lade- und Löschzeit II 408
— im Schiffssicherheitsrecht I 592, 746, 978
— Verschulden des Führungszwangslotsen als — II 1085
Hörnum III 921
Hörvermögen III 306, 349, s. a. „VO über die Untersuchung der Seeleute auf Hör-, Seh- und Farbenunterscheidungsvermögen"
Hoheitsgebiet I 160, II 599, 795, s. a. „continental shelf", „Küstenmeer"
Hoheitsgewässer s. „Küstenmeer"
Hohe See
— anzuwendendes Recht II 49f, 599
— Begriff I 76, 1367
— Entstehung einer Schiffshypothek an einem auf — befindlichen Schiff I 409
— Konventionsentwurf betr. — I 87, 1367ff
— Rechtslage der — I 45ff, 64ff
— Rechtsordnung der — I 70, **76**, 87, 1367f
— Schiffszusammenstoß auf — II 1017

— Schrifttum I 45, 63f, 1357
Hohwacht-Bucht III 787
Holiday Calendar II 366
holidays II 365f
Holland
s. „Niederlande"
Holtenau
s. „Kiel-Holtenau"
Holtenauer Kanalreede III 861
Holzcharter II 293
Holzladung II 292, 610, 636
Honduras
— continental shelf I 65
— Flaggenrecht I 324
— Küstenmeer I 57, 58
— als Mitglied internationaler Abkommen I 977, 1294
— seerechtliches Schrifttum I 40
— Seerechtsquellen I 33
Hongkong I 584, 977
Hopfen II 432
Hospitalschiff I 575, 577
Hove III 746
Hütten auf Deck II 343
Hulk I 262, II 916, 1011
Hummernfischerei I 59, 67
Hunte III 723ff
Huntebrück III 726
Hurrikan II 470
Husum III 916ff
Hypothek
s. „mortgage", „Schiffshypothek"
hypothèque maritime I 390, 401f, 408
Hypothetischer Parteiwille
s. „Internationales Privatrecht"
Hypothetischer Schaden beim Schiffszusammenstoß II 1051

I

IATA
s. „International Air Transport Association"
ICAO „International Civil Aviation Organisation"
ICO-Klausel
s. „Identity of Carrier-Klausel"
Idenditätsmaße I 1183, *1209*, *1212*
Identitätszeichen II 237, 665, s. a. „Frachtgut, Merkzeichen"
Identity of carrier-Klausel II 261, 557, 576
ILO
s. „Internationale Arbeitsorganisation"
IMCO
s. „Intergovernmental Maritime Consultative Organisation"
Immunität der Staatsschiffe I 24, 50, 76, 87, 236, 237, **574ff**, III 1282f, s. a. „Internationale Verträge, Abkommen zur einheitlichen Feststellung von Regeln über die —"
Impfstoff I 1255
in apparent good order and condition II 568 III 1559
Indemnity-Klausel II 378f
Indien II 319
— Flaggenrecht I 324
— Küstenmeer I 56
— als Mitglied internationaler Abkommen I 88, 100, 105, 117, 139, 584, 977, 982, 1294, II 1099, 1253
— Schiffshypothek I 396
— seerechtliches Schrifttum I 40
— Seerechtsquellen I 33
Indirekter Kollisionsschaden II 1055
Indonesien II 320
— Bestimmungen zu den Haager Regeln II 731ff
— Fischerei I 65
— Flaggenrecht I 324
— Küstenmeer I 56
— als Mitglied internationaler Abkommen I 88, 105, 1294
— seerechtliches Schrifttum I 40
— Seerechtsquellen I 33
Indossament II 221f, 297, **580ff**, **583ff**
— Echtheitsprüfung II 585
— zur Entlöschung II 492, 582
— Garantiefunktion II 581
— Legitimationswirkung II 555, 580ff
— zur Spedition II 492, 582
— Transportwirkung II 554f, 580
— s. a. „Blankoindossament", „Ermächtigungsindossament", „Inhaberkonnossement", „Namenskonnossement", „Orderkonnossement", „Prokuraindossament", „Teilindossament", „Vollindossament", „Vollmachtsindossament"
Indossatar II 297, 580ff, 585, 596f
Indossierung II 431
In Ermangelung einer gütlichen Einigung (§ 36 StrandO) III 421, 422f
Infahrtsein i.S. der SStrO III 591
Informationspflicht II 104, **105**, 219f, 233f, s. a. „Erkundigungspflicht", „Mitteilungspflicht"
Inhaberbillet II 817
Inhaberkonnossement II 579, 584, 603, 606ff, 618
Inhaberpapier I 542, II 554, 561
Inhalt unbekannt II 438, 567, 609, 612, 617
inherent vice II 472
Inkassobank II 266
Inlandsversicherung I 468
Innenverhältnis

— zwischen Befrachter und Empfänger II 265
— zwischen Gesamtschuldnern beim Schiffszusammenstoß II 1078, 1081
Innerer Verderb
s. „Frachtgut, Verderb"
Insekten
s. „Ungeziefer"
Inselgewässer I 46, 55, 72
Instandhaltung
— von Aufenthaltsräumen und Einrichtungsgegenständen III 272
— des Schiffes II 1024
Instandsetzungsarbeiten III 1309
Instruktion
— zur Schiffsvermessung I *1197 ff*
— zur StrandO III 397, 399, **433 ff**
Instruktionen
s. „Anweisungen"
Instrumente
— ärztliche I 1236 ff, 1257 ff, II 10
— nautische II 10
Insurance-Klausel II 345, 642, 659 f
Interesse
— versicherbares II 107, 1328 f, 1350
— versichertes II 1349 f
Interessenabwägung bei Pflichtenkollission des Kapitäns II 238
Interessenkollision des Kapitäns II 147, 238
Intergovernmental Maritime Consultative Organisation I 7, 1355, III 1198
Interimsflaggenzertifikat (UdSSR) I 387, 405, 424
International Air Transport Association I 8
International Chamber of Shipping I 7, II 29
International Civil Aviation Organisation I 8
International Conference for Safety of Life at Sea I 7, 583 ff, **587 ff**
International Convention relating to the Arrest of seagoing Ships I 569 ff
International Shipping Federation I 7
International Tanker Owners Association I 8
International Union of Marine Insurance I 8
Internationale Arbeitsorganisation (ILO) I 8, 23, III 7, 359 f
Internationale Fahrzeitregelung für die Rheinschiffahrt I 191
Internationale Gesundheitsvorschriften I 16, 1294 ff, II 165, III 1500 ff
Internationale Handelskammer II 626
Internationale Kommission für die Nordwestatlantische Fischerei I 164 ff
— für die Fischerei im Nordostatlantik III 1244 ff
Internationale Konferenz gegen die Verschmutzung der See durch Öl I 1385 ff
Internationale Konferenz zum Schutz des menschlichen Lebens auf See von 1948 I 7, 583 ff, **587 ff**
Internationale Rechtskommission I 45
Internationale Rechtsvereinheitlichung im Seearbeitsrecht III 7 ff
Internationale Reederorganisationen II 270
Internationale Sanitätsabkommen I 1294, 1311
Internationale Schiffahrts- und Hafenordnung für den Bodensee I 192
Internationale Schiffssicherheitskonferenz London 1960 III 1283
Internationale Seerechtskonferenz (Genf 1954 und 1958) I 1357 ff
Internationaler Fernmeldevertrag
s. „Internationale Verträge, Fernmeldevertrag"
Internationaler Gerichtshof I 60, 122, 1383 f, s. a. „Ständiger —"
Internationaler Rat für Meeresforschung I 159 f, 168
Internationaler Schiffsmeßbrief I 1136 ff, II 161, III 1494 ff
Internationaler Schiffssicherheitsvertrag London 1948
s. „Internationale Verträge, Schiffssicherheitsvertrag"
Internationaler Vertrag
s. „Internationale Verträge, Vertrag"
Internationales Abkommen
s. „Internationale Verträge, Abkommen"
Internationales Arbeitsamt I 28
Internationales Freibordzeugnis II 163, III 1468
Internationales Privatrecht
— anglo-amerikanisches II 278 ff, 283, 562 f
— ausländisches II 277 ff, **282 ff**, 562 f, 707 ff, 871
— bei Bergung und Hilfeleistung II 51, 277, 1131 f
— Beweislast II 49
— Bodmerei II 277, 871
— Chartervertrag II 279 f, 289 f
— continental shelf I 68
— Deliktsstatut II 48 ff, 63 f, 226
— Ersatzpflicht des Kapitäns II 51
— Forderungen der Schiffsbesatzung II 74
— Frachtvertrag II 277 ff
— französisches II 278 ff, 282, 562 f
— Führungszwangslotse II 1090
— Haager Regeln II 707 ff, s. a. „—, Paramount-Klausel"
— Haftung aus Gesetz II 51
— Haverei II 51, 903 ff
— Hilfeleistung II 51, 277, 1131 f

— hypothetischer Parteiwille II 641, 772, 815
— Kapitänsbefugnisse II 63, 212
— Kapitänshaftung II 51
— Klauseln II 278, 282, 289, 562ff, 641, 681, 815
— konkursrechtliches Verfolgungsrecht II 603
— Konnossement II 277ff, 282, **562ff**, 599ff, 626, 641
— Küstenmeer I 61
— lex rei sitae I 49, 237, 320, 363, 412, II 599, 871, 1285
— Löschung II 562
— Miteigentum II 127
— ordre public I 410, II 50, 278f, 283, 562
— Paramount-Klausel II **278f**, 296, 641, **681**
— Parteivereinbarung II 277ff, 289f, 562ff, 611, 641, 709, 772, 815, 827
— Partenreederei II 127
— Recht
— — des Abladungsplatzes II 280, 564
— — des Abschlußortes I 23, 320, II 223f, 232, 277ff, 281ff, 289, 424, 563ff, 816, 870ff
— — des Bestimmungshafens II 278, 280ff, 562ff, 600, 641, 816
— — des Einschiffungshafens II 815
— — des Erfüllungsortes II 280f, 772
— — des Flaggenstaates II 280ff, 562f, 815f, 871
— — des Gerichtsortes I 320, 412f, II 49f, 212, 278ff, 871, 1017, 1101, 1131f, 1287, 1382
— — des Hauptverwaltungssitzes II 562, 600, 772
— — des Heimathafens II 281ff, 565, 709
— — des Löschungshafens II 416
— — des Orderhafens II 281f
— — des Tatortes II 48, 50, 226, 1016
— — des Zahlungsortes II 871
— Reederhaftung II 48ff, 63f, 74
— Schiffsbesatzung II 49
— Schiffsgläubigerrecht II 1285
— Schiffshypothek I 408ff
— Schiffsmakler II 764, 772
— Schiffszusammenstoß II 49, 1015ff, 1106f
— Schrifttum I 42, II 277, 282
— im Seearbeitsrecht III 87
— Überfahrtsvertrag II 815f
— Verschulden II 49
— Vertragshaftung II 48
— zwingende Normen II 562ff

Internationales Signalbuch I 26, 250, 1276, 1396

Internationales Übereinkommen
s. „Internationale Verträge, Übereinkommen“

Internationale Überfischungskonferenz I 153ff, III 1232ff

Internationale Vereinbarung
s. „Internationale Verträge, Vereinbarung“

Internationale Verträge I **23ff**, **49ff**
— Abkommen
— — über die Abschaffung der Gesundheitspässe I 25, 1294, 1311
— — über die Abschaffung der Konsulatssichtvermerke auf den Gesundheitspässen I 25, 1294, 1311
— — über die Arbeitsbedingungen der Rheinschiffer I 191
— — über die Behandlung der feindlichen Kauffahrteischiffe beim Ausbruche der Feindseligkeiten (Den Haag 1907) II 527
— — zur Bekämpfung des Alkoholschmuggels II 334
— — zwischen der Bundesrepublik Deutschland und dem Königreich Dänemark über die gemeinsame Fischerei in der Flensburger Innenförde III 1251
— — zur einheitlichen Feststellung von Regeln über die Immunitäten der Staatsschiffe I 24, 50, 60, 574ff, s.a. „Zusatzprotokoll zum —“
— — zur einheitlichen Feststellung von Regeln über Konnossemente s. „Haager Regeln“
— — über den gegenseitigen Schutz gegen das Denguefieber I 25, 1315ff
— — zu dem am 6. 5. 1882 im Haag unterzeichneten Internationalen Vertrag betreffend die polizeiliche Regelung der Fischerei in der Nordsee I 149
— — betr. die internationale Anerkennung von Rechten an Luftfahrzeugen I 415
— — über die internationale Zivilluftfahrt I 30, 193
— — über die Leichenbeförderung I 1316ff
— — von Montreux über die Meerengen I 51
— — mit Norwegen über die Behandlung von Ersatzforderungen für Schäden an Fischereigeräten III 1256
— — über die Rechtsstellung der Flüchtlinge vom 28.7.1951 III 386

— — zur Regelung des Walfangs I 17, 26
— — über die soziale Sicherheit der Rheinschiffer I 191
— — sozialpolitische I 28
— — zur Vereinheitlichung von Regeln über die Beförderung im internationalen Luftverkehr (Warschauer Abkommen) I 30, II 434, 444, 466, 551, 638f, 811, 853
— — zur Vereinheitlichung von Regeln über die Hilfeleistung und Bergung von Luftfahrzeugen oder durch Luftfahrzeuge auf See I 27, II 1118
— — zur Vermeidung der Doppelbesteuerung II 30ff
— — über die zoll- und abgabenrechtliche Behandlung des Gasöls, das als Schiffsbedarf in der Rheinschiffahrt verwendet wird I 191
— Allgemeines Zoll- und Handelsabkommen (GATT) I 48, **105ff**, III 1213
— Fernmeldevertrag I 1329ff
— Konvention
— — über den Festlandsockel I 1379ff
— — über Fischerei und Erhaltung von Naturschätzen in der Hohen See I 1374ff
— — betr. die Haftung des Reeders für Passagiergepäck III 1200
— — der Internationalen Überfischungskonferenz I 16, 26
— — von Konstantinopel I 53
— — über Küstenmeer und Anschlußzone I 1361ff
— — über die Regelung der Maschen der Fischnetze und der Größenbegrenzungen der Fische III 1236ff
— — über das Regime der Hohen See I 1367ff
— — betr. die Registrierung von Schiffsbauwerken III 1201
— Konventionsentwürfe s. dort
— Protokoll über die obligatorische Zuständigkeit des Internationalen Gerichtshofs I 1383f
— Schiffssicherheitsvertrag London 1948 I 18, 25, 29, 49, 87, 145, 160ff, **583ff**, 1397, III 211, 1283
— Statut über die Ordnung der schiffbaren Wasserstraßen von internationaler Bedeutung I 190
— Übereinkommen
— — betr. die Altersversorgung der Seeleute I 28, III 8
— — betr. Befähigungszeugnisse für Prüfungen des gehobenen Dienstes I 28, III 8
— — über die beschränkte Reederhaftung, 1924 II 64ff
— — über die Beschränkung der Haftung der Eigentümer von Seeschiffen, 1957 I 26, 28, II 64, 67ff, 463, 466, III 1547
— — über bewachte Feuerschiffe, die sich außerhalb ihrer Position befinden I 26
betr. den bezahlten Urlaub der Seeleute I 28, III 8
— — betr. die Bezahlung und die Arbeitszeit an Bord I 29 III 8
— — betr. das Diplom der Schiffsköche I 28, III 8
— — zur einheitlichen Feststellung von Regeln über die Hilfsleistung und Bergung in Seenot, vom 23. 9. 1910 (IÜS) I 25, 27, 29, II 1117, **1253ff**, 1261, III 1200
— — zur einheitlichen Feststellung von Regeln über den Zusammenstoß von Schiffen, vom 23. 9. 1910 (IÜZ) I 25, 29, 50, 68, II 448, 1015f, **1098ff**, III 1567, 1569
— — über einheitliche Regeln über die Beförderung von Passagieren auf dem Seeweg I 28, II 463, 466, **833ff**, III 1201
— — über ein einheitliches System des Betonnungswesens I 26
— — über ein einheitliches System der Schiffsvermessung I 16, 26, 1132f, **1135ff**, III 1488
— — über die Eintragung von Binnenschiffen und dingliche Rechte an solchen I 411, 415
— — über finanzielle Beiträge zum Eiswachdienst im Nordatlantik I 1392ff, III 1543
— — über die Fischerei im Nordostatlantik III 1243ff
— — über die Fischerei im Nordwestatlantik I 26, 163ff, 170, 172, 1390, III 1242
— — über den Freibord der Kauffahrteischiffe I 25, 48, 87, 976f, III 1429, 1463, 1468, s.a. „Freibord"
— — über die Gewährung einer Entschädigung für Arbeitslosigkeit infolge von Schiffbruch I 25, III 8, 151, 359, **378ff**
— — über die Gewichtsbezeichnung an schweren, auf Schiffen beförderten

Frachtstücken I 25, 982, III 8, 360
— — zur Haftung des Reeders für atomgetriebene Schiffe III 1200, 1201ff
— — über die Heimschaffung der Schiffsleute I 15, **25**, III 8, 360, **380ff**
— — über Heuern, Arbeitszeit an Bord und die Besatzungsstärke III 9
— — über den Heuervertrag der Schiffsleute I 15, 25, III 8, 97ff, 360, **372ff**
— — über die Krankenversicherung der Schiffsleute III 8, 119, **367ff**
— — betr. die Mannschaftsräume an Bord I 28, III 8
— — über Maßnahmen gegen das Einschleicherunwesen 1957 I 28, II 811, **858ff**
— — betr. die medizinische Untersuchung der Seeleute I 28, III 8
— — über das Mindestalter für die Zulassung zur Arbeit in der Fischerei III 392ff
— — über das Mindestalter für die Zulassung von Jugendlichen zur Beschäftigung als Kohlenzieher (Trimmer) oder Heizer I 15, 25, III 8, 176, **363ff**
— — über das Mindestalter für die Zulassung von Kindern zur Arbeit auf See I 15, 25, III 8, 176, 359, **361ff**
— — betr. die Mindesanforderungen beruflicher Art an die Kapitäne und Offiziere der Handelsmarine III 8
— — über die pflichtgemäße ärztliche Untersuchung der in der Seeschiffahrt beschäftigten Kinder und Jugendlichen I 25, III 8, 360, **365ff**
— — zum Schutz des menschlichen Lebens auf See I 25, 583, 584f, **591ff**, 855
— — über Seesignale I 26
— — betr. die soziale Sicherheit der Seeleute I 28, III 8, 120
— — zwischen den Staaten der Zentralkommission für die Rheinschifffahrt über die Rheinschifferpatente I 191
— — über die staatlichen Personalausweise III 9
— — und Statut über die Freiheit des Durchgangsverkehrs I 24, 48, **100ff**
— — und Statut über die internationale Rechtsordnung der Eisenbahnen I 93, 98
— — und Statut über die internationale Rechtsordnung der Seehäfen I 17, 24, 48, **88ff**
— — über die Stellenvermittlung für Seeleute I 15, **25**, III 8, 88, 359, **382ff**
— — betr. die Vereinfachung der Aufsicht über die Auswanderer an Bord von Schiffen I 26
— — zur Vereinheitlichung von Regeln über die Sicherungsbeschlagnahme von Seeschiffen I 27, 87, 568, **569ff**
— — zur Vereinheitlichung von Regeln über die strafrechtliche Zuständigkeit bei Schiffszusammenstößen auf See . . . I 27, 61, 69, 87, II **1112ff**
— — zur Vereinheitlichung von Regeln über die zivilrechtliche Zuständigkeit bei Schiffszusammenstößen . . . . I 27, II 1108ff
— — zur Verhütung der Verschmutzung der See durch Öl I 17, 25, 64, 67, 117ff
— — betr. die Verpflichtung des Reeders im Falle von Krankheit, Unfall oder Tod von Seeleuten III 8, 120
— — betr. die Verproviantierung und Verköstigung der Besatzungen von Schiffen I 28, III 8, 116, 294
— — über Vorzugsrechte und Schiffshypotheken I 26, 359, 408f, **414ff**, II 1322, 1324
— — betr. eine zwischenstaatlich beratende Seeschiffahrtorganisation I 27
— Übereinkunft zur Unterdrückung des Frauen- und Kinderhandels II 826f
— Vereinbarung s. „Vereinbarung"
— Vertrag
— — betr. die polizeiliche Regelung der Fischerei in der Nordsee außerhalb der Küstengewässer I 26, 46, 139ff, 194, 199, 334, 970
— — zum Schutz der unterseeischen Telegraphenkabel I 26, 69, 127ff, 1319, III 1228
— — zur Unterdrückung des Branntweinhandels unter den Nordseefischern auf hoher See I 17, 150
— Wiederinkraftsetzung I 24
Internationale Vorschriften für die Schiffsvermessung I 1136, 1141ff

Internationale Zivilluftfahrt-Organisation I 179
International Law Association I 23, II 676, 960
International Law Commission
s. „Internationale Rechtskommission"
International Shipping Federation I 7, III 1199
International Tanker Owners Association Ltd I 8
International Union of Marine Insurance I 8
Internationalität des Seerechts I 7f
Intervention des Schiffseigentümers bei der Zwangsvollstreckung II 107, 1040
Invalidenversicherung I 556, II 1278ff, 1312
Inventar
s. „Schiffszubehör", „Zubehör"
Inventarium (StrandO) III 408
Inventarliste zu den Unfallverhütungsvorschriften der Seeberufsgenossenschaft III 1361ff
Inverwahrungnahme geborgener Gegenstände (StrandO) III 409
ipoteca su nave I 405
Irak I 88, 100, 1294
Iran I 100, 139, 1294, II 67
Irland
— Flaggenrecht I 324
— Küstenmeer I 56
— als Mitglied internationaler Abkommen I 28, 117, 153, 179, 584, 977, 982, 1294, II 1099, 1253
— Seerechtsquellen I 33
— s. a. „Nordirland"
Irrelaufen des Frachtguts II 666
Irrtum II 318, 336, 1028, 1353
Island
— continental shelf I 65
— Fanggründe I 155
— Fischereistreit I 58
— Flaggenrecht I 324
— Küstenmeer I 58
— als Mitglied internationaler Abkommen I 153, 163, 584, 977, 1132, 1294
— Seerechtsquellen I 33
Isolierungen III 1321
Israel III 1211
— Flaggenrecht I 325
— Küstenmeer I 56
— als Mitglied internationaler Abkommen I 117, 179, 584, 977, 1133, 1294, II 67
— Seerechtsquellen I 33
— s. a. „Palästina"
Istempfänger II 401
Italien III 1211
— Ausrüster II 139
— Bestimmungen zu den Haager Regeln II 733f
— Chartervertrag II 268, 365
— Deliktsstatut II 49
— Fischerei im Küstenmeer I 58
— Flaggenrecht I 325
— Frachthaftung II 440, 453, 481, 487, 576
— Frachtvertrag II 365, 376, 384, 526
— Grenze des Küstenmeeres I 47, 56
— internationales Privatrecht II 282f, 564
— Kaianstalt II 397
— Konnossement II 564, 566, 569, 579, 611
— als Mitglied internationaler Abkommen I 28, 48, 51, 53, 88, 100, 105, 117, 139, 1[illegible]7, 100, 1[illegible]0, 11[illegible], [illegible], [illegible], [illegible], [illegible], 1294, 1316, II 67, 1099, 1253
— Partenreederei II 123, 126
— Reederbegriff II 29
— Reederhaftung II 48, 65, 576
— Schiffervollmacht II 214
— Schiffsgläubigerrecht II 1324
— Schiffshypothekenrecht I 384, 388, 405, 497, 503, 527
— seerechtliches Schrifttum I 40, 1356
— Seerechtsquellen I 31, 33
— Seeversicherungsrecht I 503
— Untersuchung von Seeunfällen III 456
— Verklarung II 199, 202
— Zwangsvollstreckung in Schiffe II 26
Itzehoe III 749, **908f**
IÜS
s. „Internationale Verträge, Übereinkommen zur einheitlichen Feststellung von Regeln über die Hilfsleistung und Bergung in Seenot"
IÜZ
s. „Internationale Verträge, Übereinkommen zur einheitlichen Feststellung von Regeln über den Zusammenstoß von Schiffen"

J

Jacht II 636f, 1123
Jade III 714ff
— Anforderungssignal für Seelotsen III 506
— Lotswesen III 516
Jadehäfen II 16
Jagd
— Erwerb durch — II 55
— im Küstenmeer I 60
— an Wasserstraßen I 207, 209
Jamaica I 65
Japan II 686, III 1211
— Außenzone I 63
— Eigentumsaufgabe an Schiffen I 379
— Flaggenrecht I 325
— Gesetz zu den Haager Regeln II 736ff
— Küstenmeer I 56, 58

— Küstenschiffahrt I 108
— als Mitglied internationaler Abkommen I 51, 53, 59, 88, 100, 105, 117, 127, 139, 584, 982, 1294, II 1099, 1253
— Schiffsgläubigerrecht II 1322
— Schiffshypothekenrecht I 388, **406**, 423, 491, 494, 518
— Schiffsregisterrecht I 243
— Schiffsübereignung I 369
— seerechtliches Schrifttum I 40
— Seerechtsquellen I 31, 34
Jason-Clause II 644
Jemen I 1294
Jettison II 671
Joint Maritime Commission I 8, III 7
Jordanien I 1294, III 1214
jours courants II 365, 414
jours de planche II 351, 407
jours ouvrables II 366
Jugendarbeitsschutzgesetz vom 9. 8. 1960 III 176, 212
Jugendgerichtsgesetz vom 4. 8. 1953 III 193
Jugendliche III 18, 19
— ärztliche Untersuchung auf Seetauglichkeit III 165
— Arbeitszeit III 177ff
— Beschäftigungsverbot III 175f, 360ff
— besondere Pflichten des Kapitäns oder sonstiger Vorgesetzten gegenüber — III 177
— erhöhter Schutz für — III 175f
— Mehrarbeit III 178
— Mindestalter für die Zulassung zur Arbeit in der Fischerei III 393
— pflichtgemäße ärztliche Untersuchung III 360ff
— Ruhepausen III 179
— ununterbrochene Freizeit III 180
— Unzulässigkeit des Unterwerfungsverfahrens nach § 67 OWiG III 212
— Urlaub III 133f
— Zurücklassung III 154
Junggrad III 18, 20, 175f, 327
— des Decksdienstes III 226, 230
— i. S. des Manteltarifs für die deutsche Seeschiffahrt III 224
Jungmann III 20, 224, 225, 327, 332ff
Jungmatrose III 18
Jugoslavien III 1209, 1211, 1259
— Flaggenrecht I 325
— Küstenmeer I 56, 65
— als Mitglied internationaler Abkommen I 51, 88, 117, 127, 139, 584, 977, 982, 1294, II 67, 1099, 1109, 1112, 1253
— Schiffshypothek III 1263
— Seerechtsquellen I 34
jurisdiction II 278
Jurisdiktionsbefugnis I 48, 61f, II 290, 562
Juristische Person II 82, 454, 457
— als Eigentümerin eines im Seeschiffsregister eingetragenen Schiffes I 282
— Flaggenrecht eines Schiffes einer — I 330ff
Jute II 473

K

Kabel
— Allgemeines I 127ff
— Beschädigung I 128ff
— Bezeichnung III 558, 565
— im continental shelf I 67, 88, 1380
— Eintragung im Kabelbuch I 135f
— Entschädigung durch Kabeleigentümer I 129
— in Küstengewässern I 127, 132
— Pfandrecht an — I 133ff
— Schrifttum I 127
— Schutz der — I 26, 127ff, 132, 1372f, III 1228
— Sicherheitsabstand Dritter bei Arbeiten an — I 128f
— Zwangsvollstreckung in — I 137 ff
— s.a. die folgenden Stichworte sowie „Internationale Verträge, Vertrag zum Schutze der unterseeischen —“
Kabelbuch I 133ff
Kabelbuchamt I 135
Kabeldampfer II 273
Kabellampe III 1308
Kabelleger III 599
Kabellegung I 64, 83, 1367, 1372, II 265, 651
Kabelmonteur III 18
Kabelnetz III 1307
Kabelpfandgesetz I 132ff
Kabine II 343, 813
Kabinengepäck II 816, 822f, s.a. „Reisegut“
Kabinenkarte II 817
Kabotage I 107, 192, II 262, 641, s.a. „Küstenschiffahrt“
Kälteanlage III 1403
Käufer
— des Frachtguts II 618
— des Schiffs s. „Schiffskäufer“
Kaffee II 309, 438f, 442, 508, 612, 648
Kahnschiffer II 489f
Kai II 309, 321, 324f, 326ff, 340, **397**, 424, 437, 475, 478, 481, 814, 1115
Kaianstalt II 24, 326, 328, **396ff**, 436, 445, 475, 480, 482, 491, 518, 551f, 560f, 588, 591, 595, 769
Kaibetriebsordnung, Allgemeines II 328, 397f, 436, 588
Kaibetriebsordnung für die öffentlichen Kaianlagen in Lübeck III 927ff

— allgemeine Bestimmungen III 927
— Aufhebung früherer Verordnungen III 938
— Ermäßigung und Erstattung von Gebührenanträgen III 935
— Gerichtsstand III 938
— Gewichtsbestimmungen III 935
— Güterumschlag III 928
— Haftungsbeschränkungen III 937
— Haftungsbestimmungen III 935f
— Lagerbestimmungen III 933
— Löschgüter III 931
— Schiffsverkehr III 930
— Umschlag mit Kranen III 932
— Vermietung von Schuppenräumen III 934
— Verschiffungsgüter III 931
— Zahlungsbestimmungen III 935
Kaiempfangsschein II 436, 551f, 561
Kaigebühren II 326, 328, 397, 399 510, 755
Kailiegeplatz I 92, II 324, 397
Kaimauer II 1093, 1100
Kaireglement II 326, 328, 399, 403, 423, 510, s.a. „Kaibetriebsordnung"
Kaischuppen II 310, 321, 397, 419, 423, 437, 551f
Kaiser-Wilhelm-Kanal s. „Nord-Ostsee-Kanal"
Kai-Teilschein II 588
Kaivertrag II 397, 437
Kaiverwaltung II 323f, 328, 395, 397, 437, 479, 481ff, 589, 669
Kajüte II 307, 343, 645, 1365
Kalendertag II 364, 366
Kalkbeförderung II 1365
Kambodscha
— Flaggenrecht I 325
— als Mitglied internationaler Abkommen I 584, 1133, 1294, II 1109, 1112
— Schiffsregisterrecht I 243
— Seerechtsquellen I 34
Kamerun II 1109, 1112, III 1214
Kampfschiff II 755
Kanada II 319, 446, 452, 454, 470
— Fischerei I 65
— Flaggenrecht I 325
— Gesetz zu den Haager Regeln II 719f
— Küstenmeer I 56
— als Mitglied internationaler Abkommen I 28, 105, 117, 139, 163, 179, 584, 977, 982, 1294, II 67, 1099, 1253
— Schiffsgläubigerrecht II 1287
— Schiffsregisterrecht I 243
— Seerechtsquellen I 34
— Summenhaftungssystem II 64
Kanal von Korinth I 54
Kanäle I 52ff, s.a. „Nord-Ostsee-Kanal", „Panama-Kanal", „Suez-Kanal", „Kanal von Korinth"
Kanalfernsprechstellen des Nord-Ostsee-Kanals III 861
Kanalgebühren I 52, 1132, II 270, III 863
Kanalnetze I 193
Kanalpolizeiverordnungen I 52, III 859
Kanalsteuerer II 22, 1028, III 804 f
Kanalverwaltung I 52
Kanu I 228
Kapellmeister III 19
Kaperei II 55, 1341
Kap Horn II 1000 f
Kapitän II **139ff**, III **11ff**, 68, 76, 79f, 85, 159ff., 165, 185ff, 298, 1571
— Abfertigung durch den Befrachter II 374, 376f
— Abgabe verdorbener Lebensmittel III 198
— administrative Aufgaben II 146
— Alter II 141
— Angabe des Namens im Konnossement II 565ff
— Annahme der Schiffsmannschaft II 211, 213, 216
— Anordnungsbefugnis II 144, 178, 184ff, III 185ff
— Anspruch auf Rückbeförderung und Heuerfortzahlung während der Rückbeförderung III 160, 162
— Anstellung II 92, 96, 99, 103, 141f, 211, 213, III 12f
— Anstellungsbedingungen s. „Anstellungsbedingungen für Kapitäne in der deutschen Seeschiffahrt"
— Anstellungsdauer II 142, III 13, 160
— Anstellungsverhältnis
— — Arten III 260
— — Beendigung bei Schiffsverlust II 256 III 150f, 161
— Anstellungsvertrag II 141f, 211, 213, 228, 233, 256, III 13
— Anteil am Hilfs- oder Bergelohn II 1241ff, 1256f
— Anweisungen des — II 144, 813, III 185
— Anweisungen an —
— — des Abladers II 264, 607ff
— — des Ausrüsters II 134, 150f, 231
— — des Befrachters II 264, 321ff
— — des Korrespondentreeders II 99, 151, 234
— — der Ladungsbeteiligten II 234, 239, 323, 887
— — des Reeders II 147, 150f, 174, 213, 221, 228, 232, 242, 881, 887
— — des Seemannsamts II 144f
— Anwendbarkeit der GewerbeO III 293

— Anwendung körperlicher Gewalt durch — III 185ff
— Anwendung der Vorschriften des 3. Abschnitts des SeemG auf den — III 159ff
— Anzeige der Lade- und Löschbereitschaft s. „Ladebereitschaft", „Löschbereitschaft"
— arbeitsrechtliche Stellung II 141, 464
— Aufbewahrungspflicht für Frachtgut II 420
— Aufforderung
— — zur Abladung II 386
— — zur Abnahme der Ladung II 422ff
— Aufmachung der Dispache II 947f
— Aufstellung eines Verteilungsplans für Rettungslohn II 1245f
— Auftragsüberschreitung durch — II 102, 233
— Ausbildung III 211
— Auslagen für Ladung II 236, 241, 248
— Auslagenersatz II 229f
— Auslandsrecht II 171f
— Auslieferung der Güter II 490, 589f, 603, 607ff
— Auswahl
— — des Leichters II 394
— — bei verschiedenen Maßnahmen II 250ff
— Baratterie II 671
— Beaufsichtigung der Stauung II 327
— Beaufsichtigungspflicht II 175
— Befähigungsnachweis II 141, III 14, 299ff
— Befugnisse
— — Beschränkung II 228f
— — Einfluß durch Schiffsverkauf II 228
— — zu Entscheidungen bei Havariegrossemaßnahmen II 901
— — im Fremdhafen II 214ff, 558, 768, 871f
— — Haftung des Reeders II 57, 211
— — im Heimathafen II 211ff, 558, 768, 872
— — im IPR II 63, 212
— — bei Kündigung II 255
— — hinsichtlich der Ladung II 234ff, 331ff, 336ff, 503, 703, 824
— — nautische II 228
— — zu Rechtsgeschäften II 57, 211ff
— — gegenüber Reisenden II 144, 813, 818
— — über das Schiff II 144
— — s.a. „—, Vollmacht"
— Begriff II 18, 140, 900, 1244
— Begriffsbestimmung i.S. der Schiffsbesetzungsordnung III 299
— Behandlung
— — alkoholischer Waren II 335
— — des Frachtguts bei Gefährlichkeit und Gefährdung II 331ff, 336ff
— Behinderung II 172ff, III 11, 14
— Beistandspflicht
— — zur Rettung von Menschenleben II 1247, 1259f
— — nach Schiffszusammenstoß II 1104f, 1107
— Belohnung des — II 253
— Benachrichtigungspflicht
— — bei Annahmeverweigerung des Empfängers II 417f
— — bei Hinterlegung II 417f, 422, 424, 589f
— Bescheinigen verbrauchter Ladezeit II 357
— Besitzdiener des Reeders II 237, 591
— besondere Pflichten gegenüber Jugendlichen III 177
— Bestellung einer Schiffshypothek I 383
— als Beteiligter
— — beim seeamtlichen Verfahren III 465f
— — imZwangs versteigerungsverfahren I 558f
— Bezeichnung des — beim Abschluß eines Versicherungsvertrages II 1334
— Bezüge während der Kündigungsfrist III 260
— Bodmerei II 218ff, 868ff, 875f, 882ff,
— Bordanwesenheitspflicht I *876*, II 175f, 1124f
— beim Chartervertrag II 266, 557
— Dienstobliegenheiten II 58, 146ff, 446
— Dienstverrichtungen II 145ff
— Disziplinargewalt II 144f, 813, 818, III 186
— disziplinarrechtliche Verantwortlichkeit II 1112f
— Effektenversicherung III 262, 271, 287
— eigene Rechte und Pflichten II 237
— Eigengeschäfte des — II 254, 307
— Eigenschaften II 141, III 14
— Einlagerung des Frachtguts II 530f
— Einnahme von Geld II 427
— Einsetzung
— — durch bisherigen Kapitän II 232
— — durch Konsul I 1219, II 73, 141f, 172f, 232, III 12
— — eines Vertreters II 174 III 11, 14
— Eintragung in die Musterrolle III 24
— Einziehung der Fracht II 880
— Entlassung II 99, 142f, 212, 255f, III 144, 160
— Entziehung der Gewerbebefugnis III 472ff
— Erkrankung II 141, III 159ff

— Ermächtigung des SeemG
— — zum Erlaß von Ausbildungsvorschriften III 211
— — zum Erlaß von Befähigungszeugnissen III 211
— Ermessen des — II 238f, 242, 534
— Ersatzanspruch gegen Reeder II 229f
— Exkulpationspflicht II 149, 166
— Fahrt im eisgefährdeten Gebiet I 726
— als falsus procurator II 221, 232
— Forderungen
— — des — I 416, II 73
— — aus vom — geschlossenen Verträgen I 416
— Fortzahlung der Heuer für den erkrankten oder verletzten arbeitsunfähigen — III 160ff
— Freizeichnung II 149
— als Fremdbesitzer II 237
— Fürsorgepflichten II 147, 236, III 185ff, 189, 1554, s.a. „—, Sorge“
— Funktionsübernahme II 142
— Gefahrmeldungen I 721ff, 828, 831f
— Gehalt II 142, 237, 252ff, III 260
— geistige Eigenschaften II 141
— Genehmigung zur Fortschaffung von Gegenständen im Strandungsfall III 406
— Geschäftsfähigkeit II 141
— Geschäftsführung ohne Auftrag II 145, 213, 229f
— gesetzliche Vertretungsmacht zum Abschluß von Rettungsverträgen II 1219f, 1223
— Gewährleistungsübernahme II 230f, 770
— Gewaltanwendung II 144, III 185ff
— Haftung des — II 145ff, 232, 307f, 418, 457ff, 462f, 531f
— — Abschwächung II 151
— — bei Auftragsüberschreitung II 233
— — bei Auslieferung an Nichtberechtigten II 586
— — Ausschluß II 149
— Beschränkung II 145, 149, 221
— — Beweislast II 149, 176
— gegenüber Bodmereigläubigern II 879ff, 885
— — Dauer II 149
— — bei Deviation II 243
— — außerhalb der Dienstverrichtungen II 145
— bei Garantievertrag II 231
— — bei Garnierungsmangel II 170
— — bei Hilfeleistung II 145
— — im IPR II 51
— — bei Konterbande II 171
— — gegenüber Ladungsbeteiligten II 237f 566
— — gegenüber Ladungsgläubigern bei Auslieferung ohne Sicherheit II 500
— — bei Reederanweisung II 151, 881f
— — gegenüber dem Reeder II 211
— — gegenüber Reiseinteressenten II 150f, 812, 826, 869
— für den Schiffsmakler II 770f
— — bei Schiffsverkauf II 225ff
— — für Seetüchtigkeit II 151ff
— — bei Tagebuchführung II 179
— — Umfang II 149f
— — bei Verlassen des Schiffs II 176
— — bei Vollmachtsüberschreitung II 60, 212, 221, 227, 230, 232, 251
— Haftung für den — s. „Reederhaftung“
— Hausrecht II 144, 1135
— Havariegrossemaßnahmen auf Geheiß des — II 900f
— in der Heringsfischerei III 284ff
— Hinterlegung II 419f
— Hinterlegungsbefugnis II 417ff, 422ff, 589f
— Hinterlegungspflicht II 417f, 422ff, 521, 589f, 604
— auf Hochseefischereifahrzeugen III 267, 270
— Informationspflicht II 233f, 239
— Inhaber der Schiffsgewalt II 140, III 185ff
— Interessenabwägung II 250ff
— Kajütenverfrachtung II 307
— Kenntnis von der Verladung, der Art und den Eigenschaften der Güter II 331ff, 336ff
— Klagebefugnis II 215, 217
— Klage gegen — wegen Schiffsgläubigerrecht II 1298f
— körperliche Eigenschaften II 141, III 114
— Kommandogewalt II 144, 1084f, III 185ff
— Konnossementszeichnung II 375, 614f
— Kontrollpflichten II 151ff, 166ff, 176
— als Korrespondentreeder II 213
— und Korrespondentreeder II 99
— Krankenfürsorge I 1222
— Kreditgeschäfte für Rechnung des Reeders II 500
— Kündigung II 143, 255, III 144, 160ff
— als Ladungsbeteiligter II 248f, 887
— und Ladungsbeteiligte II 237
— Ladungsfürsorge s. „Ladungsfürsorge“
— Ladungsgläubigerrecht an dem in Händen des — befindlichen Kaufpreis II 1326f
— als leitender Angestellter II 654
— Logis II 142
— Meldepflichten II 162
— Mindestalter für Befähigungszeugnis III 306
— und Mitreeder II 234

— Mitwirkung bei Antrag auf gerichtliche Entscheidung gegen Bußgeldbescheid III 205
— als Nachlaßverwalter II 178
— nautische Leitung II 20f, 140, 146
— nautische Pflichten II 234
— Nichtgeltung des Manteltarifs für die deutsche Seeschiffahrt III 223
— Nichtzuziehung eines Lotsen II 447
— Oberaufsicht II 152
— Obliegenheiten des — II 58
— öffentlichrechtliche Stellung II 143f
— als ordentlicher Schiffer II 145
— Ordnungswidrigkeiten des — III 201f
— Orientierungspflicht II 156
— Passivlegitimation des — II 213, 218, 241f, 566
— Patententziehung II 143, III 472f
— persönliche Qualifikation II 141, 145, III 14
— persönliche Verpflichtung II 229f, 248f
— persönliche Zuwendungen an den Kapitän II 253
— Pflicht(en) II 146ff
— — zur Absprache mit dem Seelotsen im Fall einer großen Haveıei II 894, 1084
— — aus Anstellungsvertrag II 233f
— — zur Anwesenheit an Bord s. „Kapitän, Bordanwesenheitspflicht"
— — bei Auflösung des Frachtvertrages II 340, 343, **530ff**, 533f
— — zur Benachrichtigung s. „Kapitän, Benachrichtigungspflicht"
— — bei Geschäft mit Dritten II 230ff
— — zur Hilfeleistung I 727, 829, 1369
— — zur Meldung des Schiffes bei Konsulaten I 1220f
— — öffentlich-rechtliche II 143, 148
— — gegenüber Reeder II 233f
— — bei der Reise II 236
— — bei Reiseantritt II 151ff, 172
— — bei Schiffsverkauf II 223ff
— — bei Schiffsverlust II 143, 256
— — bei Schiffsvermessung I *1195* III III 1490, 1492
— — bei Tod eines Reisenden II 824f
— pflichtgemäßes Ermessen II 238f, 242, 534
— Pflichtverstöße II 146f, III 152
— Prozeßvertretung II 213, 217f, 230f, 241f, 566, 882f, 1299f
— Prüfungspflicht II 166, 585f
— Qualifikation II 141
— eines mit Radar ausgerüsteten Schiffes I 743, 829, III 614ff
— Rechenschaftspflicht II 233f
— Recht(e)
— — bei Auflösung des Frachtvertrages II 530ff
— — auf Beschlagnahme II 957
— — auf Güterbesichtigung durch Sachverständige II 475, 477
— — hinsichtlich der Ladung II 235ff
— — öffentlich-rechtliche II 143f
— Rechtsgeschäfte des — II 57, 147f, 211ff, 214ff, 230ff
— — Beispiele II 231
— — Haftung des — II 57, 147, 211ff
— — Haftung des Reeders II 230ff
— — Schiffsgläubigerrechte wegen — II 1278ff, 1311
— — Wirkung II 231f
— Rechtsgrundlagen II 140
— Rechtsstellung I 236, II 140ff, 144
— als Reeder s. „Schifferreeder"
— Reiseantritt II 151ff, 172, 389
— Rückgabe des Frachtguts II 607ff
— Rücktritt vom Frachtvertrag II 527
— als Schiffsführer II 140, 230ff
— Schiffsgewalt des — II 143, III 185ff
— Schiffsgläubigerrecht
— — wegen Forderungen aus vom — geschlossenen Rechtsgeschäften II 1278ff, 1311
— — an dem in Händen des — befindlichen Kaufpreis II 1305ff
— bei Schiffsmiete II 271
— Schiffspartübertragung II 255f
— und Schiffsrat II 176f
— bei Schiffsverkauf II 222, 225ff
— Schrifttum II 139f, 211, III 11, 1553
— als Schuldner von Bergungs- oder Hilfslohn II 1129, 1130
— Seediensttauglichkeit II 141
— Selbstkontrahieren II 525
— Sicherheitsleistung vor Verlassen des Dispachehafens II 956f
— Sorge
— — für Balast II 170
— — für Begleitpapiere II 390f
— — für Bemannung II 160
— — für Garnierung II 170
— — für Ladegerät II 166
— — für Ladung s. „Ladungsfürsorge"
— — für Lotsen II 146
— — für Menschenleben II 238
— — für Sachen und Heuerguthaben des erkrankten oder verletzten Besatzungsmitglieds III 131f
— — für das Schiff II 151ff
— — für Schiffspapiere II 160ff
— — für Seetüchtigkeit II 156, 308, 312f, 316, 327

— — für Stabilität II 169
— — für Stauung II 166ff
— für verbodmete Gegenstände II 879f
— — für Verpflegung und Unterkunft der Besatzung III 297
— — für Verproviantierung II 160, 216
— — für Vertretung II 146
— Sorgfaltspflichten II 145, 236ff, 338, 440, 457, 533f, 880, III 1553
— bei Bodmerei II 879f
— bei Leichterung II 394
— Sorgfaltsverletzung II 227, 232
— Staatsangehörigkeit I 321, II 141
— als Standesbeamter II 178, 185, 187
— Stellung
— — zum Ausrüster II 134
— — gegenüber Ladungsbeteiligten II 234ff, 237
— — zum Lotsen II 147, III 488
— — im Rahmen der Ordnung an Bord III 185ff
— — zum Reeder II 233f
— Stellvertreter des — III 11, 14f
— Strafantragsrecht II 238
— strafbare Verletzung
— — von Arbeitsschutzvorschriften III 199
— — von Vorschriften über die Schiffsbesetzung III 200
— strafrechtliche Verantwortlichkeit I 61, 69, 1369, II 1112f, III 199
— in Strandungsfällen II 144
— i.S. der StrandO III 431
— Substitut des — II 558, 668, 759, 768f, 771
— Tagebuchführung II 177ff
— Tarifvertrag II 142
— Übernahme des Frachtguts II 590, 595
— Überschreitung der Löschzeit s. „Löschzeit"
— Umladungsbefugnis II 340, 343
— Umsetzungsbefugnis III 102
— Unfähigkeit II 145
— ungewöhnliche Geschäfte des — II 215
— Unterlassen der Mitnahme oder Ergänzung ausreichender Verpflegung oder Heilmittel III 198
— bei Unterverfrachtung II 427
— Unterschrift II 874
— Urlaub II 175
— Verantwortlichkeit I 823, 837f, 861, 981 II 145ff, 149ff
— — für die Befolgung der SchiffsbesetzungsO III 314
— Verantwortung im Bereich der SSchStrO III 658
— gegen Verbot des — vorgenommene Beistandsleistungen zu Gunsten des Schiffes II 1135f, 1255f
— Vereinbarung einer persönlichen Haftung des Reeders für Rettungslohn durch den — II 1252
— Verfügungsrecht über Schiff und Ladung II 904
— Vergütung II 142, 237, 252ff, III 260
— Verhalten des —
— — Einfluß auf die Reederhaftung wegen Schiffszusammenstoß II 1022, 1007
— — bei Meldung mehrerer Konnossementsinhaber II 589f
— Verhinderung II 172f, 200, III 11, 14
— Verkauf
— — von Ladung II 240f, 432, 504, 530, 532, 631,
— — des Schiffs II 524
— Verklarung II 199f, 204
— Verladung auf eigene Rechnung II 254f
— Verlassen des nicht ausreichend bewachten Schiffes II 1028
— Verletzung der Lotsenannahmepflicht III 495
— Verpflegung II 152, III 116f
— Verpflichtung
— — betr. allgemeinen Schutz gegen Betriebsgefahren III 163f
— — zum Hinweis auf die Vereinbarung über die den Seeleuten der Handelsmarine für die Behandlung von Geschlechtskrankheiten zu gewährenden Erleichterungen III 391
— Verschulden II 145, 220, 1022f, s.a. „Nautisches Verschulden"
— Vertrauensbruch gegenüber dem Reeder II 671
— als Vertreter
— — des Ausrüsters II 231, s.a. „Ausrüster"
— — des Befrachters II 380
— — der Ladungsbeteiligten II 140, 234ff, 241, 504, 512, 531, 824, 883
— — des Reeders II 140, 147, 211ff, 231, 558
— — der Staatsgewalt II 178
— — des Verfrachters II 261, 350, 360, 399, 405, 412, 419, 475, 477, 482
— Vertretung des — I *876*, II 172f, 200, 386, 398f, 427, 475, 558ff 759f, 869, III 11, 14
— Verwendung von Eigenmitteln II 229f
— Vollmacht des —
— — Anmusterung II 213
— — Ausführung der Reise II 215f

— — Auslandsrechte II 212ff, 218
— — Ausrüstung II 215f
— — außergewöhnliche Anschaffungen II 232f
— — außergewöhnliche Reparaturen II 232ff
— — Beendigung II 218
— — Bemannung II 215f
— — Bodmereigeschäfte II 218ff, 869f, 875f, 882ff
— — Dauer II 212
— — Drittwirkung II 211
— — Einfluß durch Schiffsverkauf II 228
— — Einverständnis auf dem Konnossementsteilschein II 588
— — Erhaltung des Schiffs II 215f, 218f,
— — Frachtverträge II 215f
— — im Fremdhafen II 214ff, 311
— — gesetzliche II 211f, 261, 311, 399, 768, 870, 875
— — gesetzliche Vermutung II 233
— — im Heimathafen II 211ff, 768
— — internationales Privatrecht II 212, III 1566
— — Klagen II 217
— — Konnossementsausstellung II 212, 217, s.a. „—, Konnossementsausstellung"
— — Kreditgeschäfte II 150, 218ff, 221ff, 244ff, 251f, 873f
— — bei Ladung II 234ff, 475
— — bei Ladungsbeteiligten II 236, 504, 512
— — Ladungsgeschäfte II 249f
— — Liquidation des Schiffsvermögens II 228
— — prozessuale Vertretung II 147, 213, 217, 228
— — rechtsgeschäftliche II 211
— — Rechtsgrundlage II 211
— — Schiffsverkauf II 222ff, 432
— — Umfang II 211f, 214ff, 232ff
— — Verkehrsübung II 212
— — Verpflichtungswirkung II 213
— — Verproviantierung II 215f
— — vertragliche II 870
— — vertragsmäßige Erweiterung II 232
— — Vorschußaufnahme II 219
— — Wechselverbindlichkeiten 221f
— — s.a. „—, Befugnisse" „— Vollmachtsüberschreitung"
— Vollmachtsbeschränkung II 211f, 228f, 232f
— Vollmachtsüberschreitung II 60, 212, 221, 226f, 229f, 232, 251
— Vonbordgehen bei Schiffbruch III 102
— und Vorbereitung der seeamtlichen Untersuchung III 467
— Vorenthaltung von Verpflegung III 198
— als Vorgesetzter III 185ff
— Vorsatz II 670
— Vorschußleistung
— — Allgemeines II 229f
— — Beweislast II 149, 166, 176, 230, 237
— Vorschußpflicht II 220
— Wahl des Reisewegs II 242
— Wechselverbindlichkeiten II 221f
— Widerspruch des — gegen vom Reeder
— veranlaßte Beistandsleistungen II 1139
— Wille des — bei Maßregeln zur Bergung und Hilfsleistung nach der StrandO III 401
— Zeugnis II 143
— Zurückbehaltung von Ladung II 248, 957f, 1251
— Zurücklassung eines Besatzungsmitglieds an einem Ort außerhalb des Geltungsbereichs des GG III 199
— Zustimmung zu haftungsbegründendem Verhalten des Abladers oder Befrachters II 331ff, 337ff
— Zuwendungen an den — II 253
— Zwangsmittel II 145, 818, III 185ff
Kapitänsamt, Übernahme in Notfällen II 141, 172ff, III 10, 14
Kapitänskopie II 390, 551, 561
Kaplaken II 55, 142, 252ff, 495, 509, 941, 1280, 1291
Kappeln III 760, 890
Kap-Route II 537, 539
Kargadeur II 1336
Karisches Meer I 47, 56
Kartellbehörde II 753f
Kartellbeschlüsse II 751f, 755ff
Kartelle II 265, 507, 751ff, s.a. „Schiffahrtskonferenzen"
Kartellempfehlungen II 751f, 755f
Kartellgesetz II 263, 507f, **751ff**
Kartellregister II 756
Kartellverträge II 751f, 755ff
Kartenraum I *878*, III 1296
Kartoffelladung II 658
Kaskoversicherung I 360, 402, 498f, **502f**, II 13, 56, 100, 270, 767, 1364ff, III 1281
— Beschränkungen nach dem AWG II 778, 790
Kassationsklauseln II 569
Kasse gegen Dokumente II 561, 588, 596f, 784
Kasse gegen Konnossement II 555
Kastanien II 473
Katzen II 440

Kauf
— auf Borg II 218
— bricht nicht Miete I 372
— eines Schiffes s. „Schiff, Kauf"
— s.a. „Kaufvertrag", „Überseekauf"
Kauf-Charter II 135
Kauffahrteischiff
— Anwendung
— — der SchiffsbesetzungsO III 298
— — sonstiger Vorschriften des öffentlichen Rechts I 340
— anzuwendendes Recht I 234ff, 746
— in der Auslandsfahrt I 740
— für die Ausrüstung erforderliche Arzneimittel I 1227ff
— Begriff I 234f
— Bodmerei eines — II 869
— deutsche — als einheitliche Handelsflotte I 10
— Fahrterlaubnisschein II 163, III 1290
— Meldung bei deutschen Konsulaten I 1220f
— Pflicht zur Führung der Bundesflagge I 330f
— Schiffsregister I 246
— Unfallverhütungsvorschriften s. dort
— Verlust des Charakters als — I 235
— i.S. der VO über die Eignung und Befähigung der Schiffsleute des Decksdienstes auf — III 331
— s.a. „Bekanntmachung, betr. die Logis-, Wasch- und Baderäume sowie die Aborte für die Schiffsmannschaft auf —", „VO über die Eignung und Befähigung der Schiffsleute des Decksdienstes auf —", „VO über Krankenfürsorge auf —"
Kaufgeld
— Empfang durch Kapitän II 228
— als Ladungsvermögen II 245
— Pfandhaftung II 225, 240
— als Schiffsvermögen II 56
— aus Verkauf von Ladung II 240
Kaufmännische Anweisung I 542f
Kaufmännischer Verpflichtungsschein II 589
Kaufmannseigenschaft
— des Beförderers beim Passagiervertrag II 811, 813
— der Post II 672
— des Reeders II 28
— im Seeverkehr II 4
Kaufpreisforderung II 226, 262, 1278, 1315f, 1326f, 1398
Kaufvertrag
— Allgemeines II 439
— Gefahrtragung II 440
— über die Ladung II 493
— über Schiffe I 363f, 454
— Untersuchungspflicht des Käufers II 398
Kausalität
— adäquate II 341, 421, 439
— Beweislast II 274, 276, 439, 467f, 661, 1034
— bei der Fernschädigung zwischen Schiffen II 1092
— Feststellung im Rechtsstreit II 1033ff
— bei großer Haverei II 963, 974
— bei Reederhaftung II 39
— beim Schiffszusammenstoß II 1030ff, 1070
— zwischen der Tätigkeit eines Retters und der späteren Rettung des Schiffes II 1133
— überholende II 439, 1033
— zwischen den Unfällen bei großer und besonderer Haverei II 912
— Unterbrechung der — II 1033, 1070
Kausalitätsvermutung II 467f
Kausalzusammenhang
s. „Kausalität"
Kaution zur Aufhebung oder Abwendung des Arrestes I 568
Kautschuk II 473
Kein Erfolg — keine Zahlung II 1116, 1132f, 1255
Kellinghusen III 908
Kellner III 224
Kenntnis
s. bei den betr. Personen oder Tatsachen
Kennung
s. beim Gegenstand der —
Kennzeichnung
s. beim Gegenstand der —
Kentern II 169, 449, 1211
Kernenergie III 1476ff
Kernenergieliste, internationale II 781
Kessel I *878ff*, 953f, II 9, 181, 450, 456, 968f, III 1299
Kesselraum II 453
Kesselwärter III 18
Kesselwasser II 270, 272
Ketten I *906ff*, 953, 960, II 159, 166, 1364, III 1332
Kettenbefestigung III 1332
Kettenfähre III 667, 688, 810f
Kiel III 892ff
Kieler Förde III 762f
— Lotswesen III 521
Kiel-Holtenau III 886
Kiel-Kanal
s. „Nord-Ostsee-Kanal"
Kiellegung I 546f
Kinderarbeit auf See I 15, 25, III 19, s.a. „Mindestalter"
Kindergeld I 867

king's enemies II 661
Kisten II 473, 483, 636
Klage
— bei Abandon II 109
— Einreichung beim Seeschiedsgericht II 1146
— des Kapitäns II 215, 217f
— durch Korrespondentreeder II 83, 97
— des Kreditgebers II 220
— gegen den Reeder II 74f
— gegen die Reederei II 85f, 97, 112
Klageänderung II 632, 1230
Klagebefugnis
s. bei der betr. Person
Klageerhebung II 485, 632
Klagezustellung I 61, II 97
Klagrücknahme II 485
Klarierung II 390, 767f, 771
Klarierungsgebühren II 767f
Klasse des Schiffes I 249ff, II 291f, 342, 614
Klassenattest
s. „Klassenzeugnis"
Klassenbescheinigung II 291f, 319
Klassenzertifikat
s. „Klassenzeugnis"
Klassenzeugnis I 251f, 290, *873*
Klassifikation I 29, 251f, II 148ff, 155f, 161f, 216, 291
Klassifikationsanstalt I 251, II 148, 155f
Klassifikationsgesellschaft I **251f**, 1396, II 161, 313f, 319
Klassifikationsvertrag II 314
Klassikationszertifikat
s. „Klassifikationszeugnis"
Klassifikationszeugnis I 251f, II 154f, 161f, 313f, 320
Klassifizierung
s. „Klassifikation"
Klauseln
s. „Vertragsklauseln" sowie bei den einzelnen Sachgebieten und unter den üblichen Namen der Klauseln
Kleine Fahrt
— i.S. der Anstellungsbedingungen für Kapitäne III 259
— i.S. des Manteltarifs für die deutsche Seeschiffahrt III 224
— i.S. der Schiffsbesetzungsordnung III 300
— Seetüchtigkeit II 152
Kleine Fahrzeuge, Lichterführung III 601, 663
Kleine Haverei II 509ff, 889
Kleine Hochseefischerei III 304, 329
Kleine Küstenfahrt
s. „Küstenfahrt"
Kleiner Grenzverkehr II 774
Kleinmaschinist III 299, 310
Kleinschiffahrt II 212
Klevendeich III 750f
Klima II 662
Klippen II 1211
Klotzboje III 549, 560
Knochenbeförderung II 1365
Koch I 28, III 139, 224, 225, 231, 237, 245, 275
Kochshelfer III 224, 225
Kochsjunge III 226, 297
Kochsmaat III 20, 224, 225, 297, 327
Köhlbrand I 214, 217, 218
Königsroller I 962
Körperliche Gewalt III 185ff
Körperschaden
s. „Körperverletzung"
Körperschaftssteuer III 1544
Körperverletzung
— Reederhaftung II 39
— durch Schiffszusammenstoß II 1101
— Unfalltagebuch II 184
Kohlebeförderung II 1365
Kohlehafen II 291
Kohlen
s. „Bunkerkohlen"
Kohlenbunker III 1302
Kohlenbunkerluke III 1302
Kohlenheber II 400, 415
Kohlenladung II 400, 505
Kohlenmangel II 1121, 1211
Kohlensäurefeuerlöschanlagen
s. „Zulassungsbedingungen für — auf Seeschiffen und damit verbundene Feuermeldeanlagen"
Kohlenverbrauch II 1134, 1214, 1216, 1244
Kohlenzieher III 176
Kokosladung II 450
Kolli II 326, 476, 647
Kollisionsschott II 1071
Kollmar III 906
Kollusion
— bei Ausstellung des Stauungsattests II 667
— bei Kreditgeschäften II 220
— bei Schiffsverkauf II 226
Kolonie II 677, 711
Kolumbien
— Flaggenrecht I 325
— Küstenmeer I 56
— als Mitglied internationaler Abkommen I 127
— Schiffsregisterrecht I 243
— seerechtliches Schrifttum I 40
— Seerechtsquellen I 34
Kombinierte Reise
s. „Reise, zusammengesetzte"

Kommanditgesellschaft
— auf Aktien s. „Juristische Person“
— Bestellung einer Schiffshypothek I 383f
— Flaggenrecht eines Schiffes einer — I 330f
— zwecks Gewährung von Darlehen gegen Bestellung von Schiffshypotheken I 428f
— im Seehandelsrecht II 5
Kommandobrücke III 1296
Kommandoelemente III 1298
Kommandogewalt II 144, 275, III 185ff, s.a. „Kapitän“, „Schiffsführung“
— bei der Schiffsführung durch einen Führungszwangslotsen II 1084f
— innerhalb eines Schleppzuges II 1064f
Kommandowechsel II 174
Kommandozeichen I 352, 355
Kommerzielles Verschulden II 37, 290, 344, 434, 446, 448ff, 453, 469, 643f, 666, 670, 675f, 891, 908
Kommission s. „Einkaufskommission“, „Verkaufskommission“
Kommissionär II 235, 266, 555, 596, 601f
Kommittent II 555
Kompanie II 1151
Kompagniesignal III 608
Kompaß I *918ff*, 971, 974, II 10, 159, 164, 185, III 1349ff, s.a. „Kreiselkompaß“
Kompensation pro et contra II 357
Kompensierung II 164, III 1350
Komposition der Ladung II 373
Kondemnierung II 12ff, 120, **223ff**, 522ff, 1290, 1306, 1340
Kondemnierungsdokumente II 224
Konditor III 18
Konferenzbedingungen II 754
Konferenzen, Internationale I 7
Konferenzfracht II 510, s.a. „Schiffahrtskonferenzen“
Konferenz von Barcelona I 100
Konfiskation II 419, 431, 503
Kongo III 1210, 1214
Konjunkturverlust II 340, 963
Konkretisierung II 286, 549
Konkurrierendes Verschulden s. „Mitverschulden“
Konkurs
— Absonderungsrecht der Schiffsgläubiger im — II 1289
— Anmeldung der Forderungen II 485
— Berücksichtigung des gesetzlichen Pfandrechts wegen Berge- oder Hilfslohn im — II 1250
— des Frachtschuldners II 517
— des Indossantars II 581
— des Mitreeders II 86, 107
— der Reederei II 87, 119
— des Schiffseigentümers I 421
— der Schiffspfandbriefbank I *428*, *440*
— Verwaltung der Schiffspart II 118
Konkursfähigkeit der Reederei II 84
Konkursordnung I 9, II 601ff
Konkursverwalter II 24, 84, 118, 602f
Konnossement
— Abänderung II **344**, 563, 768f
— als Abänderung des Frachtvertrags II 620, 628
— Abstempelung II 398f, 437, 491, 493, 516, 000, 700
— Abstraktheit II 555
— Abtretung des — II 492, 555, 582f, 585
— Abtretung der Rechte aus dem — II 587
— Andienungsfähigkeit II 343, 551, 556, 560
— Angaben im —
— — des Abladers II 576ff, 633, 637ff
— — Befrachtername II 566, 575ff
— — über die Fracht II 565, 568, 628f
— — über das Frachtgut II 330, 438, 472ff, 495, 509, 565, 567f, 576ff, 609, **612ff**, 626ff, 633, 637ff, 659, 691f
— — über den Kapitän II 553, 565f
— — Mitteilung durch den Ablader II 567f, 576ff, 692
— — Verfrachternamen II 557f, 565f
— — Zahl der Ausfertigungen II 565, 614
— Anspruch auf Ausstellung des — II 262, 550, 563, 691ff
— antedatiertes II 560, 568f
— Aufgebot II 583
— Aufnahmefähigkeit II 560
— Ausfertigung s. „Konnossementsausstellung“
— Ausfertigungen s. „Konnossementsexemplare“
— Aushändigung II 262, 485, 494, 551f, 561, 582, 606
— ausländisches Recht II 599ff
— Auslieferungsanspruch aus dem — II 398, 550ff, 583ff, 591, 603f, 617, 620
— Auslieferungsversprechen II 566, 592, 616
— außervertragliche Ansprüche II 582
— Ausstellung s. „Konnossementsausstellung“
— Ausstellungsort II 565, 567f, 707f
— Ausstellungstag II 565, 567f
— Befugnis zur Zeichnung II 563, 575
— Begebung II 287, 290, 316, 554, 592, 594, 605, 620
— — an Dritten II 287, 290, 316, 554, 612, 640, **651ff**, 675, 686f

— Begebungsvertrag II 581, 618
— Begriff und Wesen II 550f, 554, 685
— Benennung des Empfängers II 239
— Bescheinigung
— — der Ablieferung II 606
— — der Erklärungen über Lade- und Überliegezeit II 362
— — der verbrauchten Ladezeit II 357
— Beschreibung der Güter im — II 480, 482, 550, 554, 576ff, 609, 612f, 624, 692
— Besitz am — II 581, 585, 590, 592
— Beweisfunktion II 330, 432, 438f, 472, 501, 552f, 577ff, **609ff**, 626, 639, 640, 643, 657, 667, 692
— Beweiskraft der einzelnen Exemplare II 561
— Bezugnahme auf Chartepartie II 265, 291, 353, 428, 495ff, 509, 515, 553, 555, 562, 569, 582, 610f, 629
— Bordkonnossement
s. „Bordkonnossement"
— beim Chartervertrag II 271, 287, 290, 297, 316, 553, 555, 562, 569, 686f
— Datum II 561, 565, 567ff, 668
— Deckladung II 343ff, 643, 645f
— Diebstahl des — II 592, 596, 598, 604
— Dispositionsfreiheit beim — II 3
— Durchkonnossement
s. „Durchkonnossement"
— an eigene Order II 579, 583
— Eigentum am — II 581, 583, 591, 598
— Einreden II 554f, 615, **618f**
— Einreichen zur Abstempelung II 493
— Eintreffen beim Empfänger II 421
— Einwendungen II 554f, 582f, 615, 618f
— Einzelkonnossemente über Ladungsteile II 559
— Empfangsbekenntnis II 429, 433, **550ff**, 566, 616, 651, 687, 704
— Erhöhung der Haftungssumme II 634, 637
— Ersatzansprüche aus dem — II 620
— Fälschung II 618
— Fehlen von Angaben über das Gut II 613
— Formvorschriften II 563ff
— „frachtfrei" II 617
— gemeinschaftliches II 623f
— und Geschäftsbedingungen II 3
— Gültigkeit II 555, 563f, 566, 618
— Güter ohne —
— — Beitragspflicht bei großer Haverei II 942f, 980f
— — Schäden an — II 892, 908, **927f**
— Haftung
— — des Empfängers II 338
— — aus dem — II 40, 261, 290, 427, 429ff, 433, 440, 550ff
— Haftungserweiterung II 640, 643, 702f
— halbkausales Wertpapier II 618
— Individualisierung
— — des Schiffes II 553
— — zusammen eingetragener Güter II 476
— Indossament
s. „Indossament"
— Indossierung II 431, 489ff, 554f, 579ff
— Inhaberkonnossement II 579, 584, 590f, 606ff, 618
— internationales Privatrecht II 277, 599ff
— Kapitänskopie II 390, 551, 561
— Kraftloserklärung II 583, 586, 606
— Legitimationsnachweis außerhalb der Urkunde II 596
— Legitimationswirkung II 395, 398, 438, 461, 477, 489f, 555, 580ff, **583ff**, 590ff. 596ff, 602, 604f
— und Manifest II 165
— maßgeblicher Text bei mehreren Exemplaren II 561
— Maßgeblichkeit
— — für die Frachtforderung II 488, 494ff, 554, 617, **627ff**
— — für das Löschen II 406, 423, 481
— — bei Unterfrachtvertrag II 428
— — zwischen Verfrachter und Ablader II 493, 552, 621
— — zwischen Verfrachter und Befrachter II 263, 509, 552f, 619f
— — zwischen Verfrachter und Empfänger II 265, 486ff, **493ff**, 550, 554, 562, **609ff**, 617ff
— — zwischen Verfrachter und Ladungseigentümer II 493
— mehrere Ausfertigungen
s. „Konnossementsexemplare"
— Mitteilung an den Dispacheur II 948f
— Nachprüfung der Abladerangaben II 577f
— Namenskonnossement
s. „Namenskonnossement"
— „nicht an Order" II 643, 650f
— Nichtigkeit II 564f
— über nichtübernommene Güter II 432
— an Order des Abladers II 579
— an Order des Schiffers II 579
— Orderklausel II 554, 579, 581, 650f
— — negative II 651
— Orderkonnossement II 340, 492, 554f, 579ff, 583ff, 590ff, 603, 605ff
— Prüfung II 585f
— quittiertes II 494, 582ff, 606
— reines II 578f, 620, **626f**
— Rektakonnossement
s. „Namenskonnossement"

— Rückgabe II 376, 438, 486f, 584, 588, 606ff, 623
— Schadensersatzansprüche des Inhabers eines — wegen Schiffszusammenstoß II 1047
— Schrifttum II 549f, 565, 583, 590, 609
— Schuldübernahme II 342
— Seekonnossement II 560
— „shipped"-Vermerk II 551
— „short-shipped"-Vermerk II 342f, 560, 595
— Streichung von Angaben II 638
— beim Stückgütervertrag II 297, 316, 439, 458, 509, 552f, 557ff
— Substitutionsklausel s. dort
— Teilkonnossement II 587, 589
— Traditionswirkung II 550, 554, 587ff, **590ff**, 617, 623, 625
— Übergabe II 492, 554f, 582f, 587, **590ff**, 603ff
— Übernahmekonnossement s. „Übernahmekonnossement"
— — Unbekannt-Klausel II 577ff, 609, 612, 615, **617f**
— unrichtige Angaben II 613ff
— Unterstempelung II 559, 563, 618
— Unterzeichnung II 551, 559, 563, 565, 618
— Vereinbarung der Nichtvorlage beim Versicherer II 1347
— Verfrachterkonnossement II 557, 566
— Verhältnis zum Empfangsschein s. „Empfangsschein"
— Verlust des — II 586
— Vermerk
— — über die Abladung in das Schiff II 556, 560, 695f
— — „Fracht bezahlt" II 516
— — über Schaden am Gut II 480
— Vermutung für Übernahme wie beschrieben II 550, 554, 567f, 609f, 612, 617, 692
— Verpfändung II 599
— Verschiffung mit anderem als dem angegebenen Schiff II 617
— voller Satz II 595f
— Vorbehalt im — II 346, 375, 552, 578f
— vorbehaltlose Entgegennahme II 559
— vordatiertes II 560, 568f, 671
— Vorlage II 340, 352, 399, 472, 489f, 492, 606f
— Weitergabe II 458, 567
— Wertangabe II 568, 633, 637ff, 702f
— Wertpapiercharakter II 554, 590f, 606
— Wirkung der Entgegennahme II 344
— wirtschaftliche Bedeutung II 555f
— Zeichnung II 228, 297, 375, 432, 459f, 496, 551, 558f, 565, 575f, 615, 769, 771f
— Zusatz II 578f, 609, 617f, 626ff
— Nachtrag III 1559f
— s.a. „Haager Regeln"

Konnossementsabkommen s. „Haager Regeln"

Konnossementsabschrift II 390, 561

Konnossementsansprüche II 291, 485, 519f, 550ff

Konnossementsausfertigungen s. „Konnossementsexemplare"

Konnossementsausstellung II [illegible], 212f, 217, 262, 265, 287, 316, 330, 430, 436, 458, 460, 462, 474, 523, 550f, 553, **556ff**, 563, 592, 607f, 640ff
— Anspruch auf — II 556, 563, 693f, 704
— im Ausland II 641
— durch „ermächtigte Vertreter" II 556, 558f
— durch den Kapitän II 212f, 217, 553, 556ff
— beim Raumfrachtvertrag II 651ff, 687, 704
— durch den Reeder II 557
— unrichtige II 435, 484, 557
— durch den Verfrachter II 557f
— als Voraussetzung zwingender Haftung II 640ff, 675, 683, 685ff, 704f

Konnossementsbedingungen II 642, 654, s.a. „Konnossementsklauseln"

Konnossementserwerber, gutgläubiger II 558

Konnossementsexemplare II 262, 340, 390, 438, 551, 556, 560f, 565, 569, 583, **586**, 591, 603ff, 606ff

Konnossementsformulare II 263, 280, 460, 462, 552, 557, 559ff, 569ff

Konnossementsfracht II 55, 426f, 496, 619, 872, 934, 940, 978, 1292

Konnossementsgarantie II 586

Konnossementsgewicht II 612f

Konnossementsinhaber II 265, 291, 315, 330, 339f, 342, 376, 419f, 483f, 545, 583ff, 590ff, 603ff, 607f, 690
— Ansprüche des — II 432, 458, 461, 481, 483, 485, 566, 583ff, 690
— bei Deviation II 243f
— als Empfangsberechtigter II 489f, 550f, **583ff**
— als Frachtschuldner II 491, 522, 529
— gutgläubiger II 615
— Haftung II 497
— legitimierter II 490, 492, 522, 527, 551, 554, 566, **583ff**, 589f, 590ff, 596ff, 602, 607f, 615, 618, 623, 690
— mehrere II 589f, 603ff, 607, 883
— als mittelbarer Besitzer II 591ff

— Mitverschulden II 443
— Rücktritt II 527, 545
— Schutz durch zwingendes Recht II **642**, 653
— Umfang der Rechte II 565, 617
— Verfügungsrecht 380, **434**, 591
— Verpflichtungen II 493
— als Vertreter II 618
— Zurückweisung der Ladung II 566
— s. a. „Empfänger"
Konnossementsinhalt II 550, 557ff, 564, **565ff**, 610, 618, **691f**
Konnossementsklauseln
— Allgemeines II 291, 297, 429f, 437, 552, 569f, 582, 618
— Auslegung II 570
— einzelne II 263, 265, 286, 291, 327, 331, 338f, 344f, 375, 410ff, 418, 420, 448, 459ff, 466, 481, 484, 493, 495f, 501ff, 538f, 557ff, 562f, 569f, 585, 610f, 642, 644ff, s.a. unter den einzelnen Klauseln
— haftungsmindernde II 484
— haftungsverschärfende II 484
— Marginalklauseln II 568
— Revisibilität II 552
Konnossementsteilschein II 398f, 484, 497, 555, **587ff**, 685
Konnossementsverpflichtung II 271, 278, 430f, 551, 554f, 557, 561, 564f, 581f **610ff**, 617
Konsekutive Reise
s. „Reise, konsekutive"
Konservendosen II 473
Konservierungskosten für Reisegut II 1059
Konsignationsgeschäft II 596
Konsul
— Amtshilfe für Seeämter III 475
— Aufmachung der Dispache II 948
— auftragslose Geschäftsführung II 230
— Bescheinigen der Notwendigkeit der Bodmerei II 875
— Beurkundungen II 220
— Einsetzung des Kapitäns II 73, 141f, 172f, 232, III 12
— Rechte und Pflichten im Rahmen der Seeschiffahrt I 1218ff
— und SeemG III 47ff, 51ff, 1571ff
— als Verklarungsbehörde II 202, 207ff
— Zuziehung ausländischer konsularischer Vertretungen zu Amtshandlung an Bord ausländischer Seehandelsschiffe III 1499
— Zuziehung bei Schiffsverkauf II 222, 224
Konsulatsabgaben I 1132
Konsulatsfakturen II 390
Konsulatsgesetz I 1197, II 173
Konsulatssichtvermerke auf Gesundheitspässen I 25, 1294, 1309, 1311
Konsulatsurkunde II 362
Konsulatsvereinbarung
— über die Hafenbenutzung I 48
— über die Rechtsstellung fremder Schiffe I 49
Konsulatswesen I 1218ff
Konterbande I 19, 65, II 171, 330, 332,527, 564, 824
Kontorarbeit II 1210
Kontorbote II 444
Kontorflagge I 321, 335f, II 135, 558
Kontrahierungszwang II 263, 397
Kontraktrate II 754f
Kontrolle
— in der Außenzone I 63
— in Häfen I 593, 1138
— auf hoher See I 79
— im Küstenmeer I 58f
— des Ladevorgangs II 327
— der Ladung
s. „Güterbesichtigung"
— s.a. „Durchsuchungsrecht"
Kontrolliste, internationale II 781
Konvention
s. „Internationale Verträge, Konvention"
Konventionalstrafe II 58
Konventionsentwürfe von Genf 1958 I 86ff, 1361ff
Konzentration der Wahlschuld
II 321
Konzession
— zur Abgabe spirituöser Getränke auf Schiffen I 151
— für Auswanderungsunternehmer und -agenten II 826ff
Koppelkurs II 185
Kopra II 430
Koprakäfer II 450
Korallenfischerei I 59
Korea III 1214
— Fischerei I 65
— Flaggenrecht I 325
— als Mitglied internationaler Abkommen I 977, 1294
— Seerechtsquellen I 34
Korfu-Kanal I 60
Korinth, Kanal von — I 54
Korkspäne II 473
Kornladung
s. „Getreideladung"
Korrespondent II 228, 234, s.a. „Reederei-agent"
Korrespondentreeder I 251, 333, 557, II 27, **92ff**, 215, III 86, 133, 223
— Anstellung des Kapitäns II 99, 103, 142
— Anstellungsvertrag mit — II 93f, 130ff
— Anweisung an Kapitän II 99, 151, 234

— Aufgaben II 92
— Aufrechnung gegen Parterwerber II 117
— Auftragsüberschreitung II 102
— Ausführung der Reederbeschlüsse II 102
— als Ausrüster II 88
— außergewöhnliche Reparaturen II 103
— Befugnisse s. „Korrespondentreeder, Vollmacht"
— bei Baureederei II 123
— Begriff II 92
— Belegführungspflicht II 104f
— Benachrichtigungspflicht II 103
Beschlußeinholungspflicht II 100
— Bestellung durch Mitreeder II 81, 92
— Bestellung einer Schiffshypothek I 382f
— Beweislast II 100f
— Buchführungspflicht II 104f
— Delikte des — II 101
— Einsichtgewährung II 104f
— Eintragung im Schiffsregister II 93
— Endigung II 94
— Entlassung des — II 93
— Entlassung des Kapitäns II 99, 103
— Entlastung II 101, 105f
— Entschließungen bei Abandon II 109
— als Erfüllungsgehilfe II 101
— Ernennung II 92
— Gehalt II 94
— Geltendmachung der Einschußpflicht II 107
— gerichtliche Vertretungsmacht II 97
— Geschäftsführungsbefugnis II 95, 102ff, s.a. „—, Vollmacht"
— Gewinnanspruch II 112
— gewöhnliche Geschäfte II 96f
— Gutglaubensschutz hinsichtlich — I 474
— Haftung II 94ff, 101
— Handeln im eigenen Namen II 100f
— Informationspflicht II 104f
— als Kapitän II 213
— Kenntnis II 101, 1317
— Klageerhebung durch — II 83, 97
— Klagepflicht II 97
— Kündigung II 93
— und Ladungsbeteiligter II 99
— Liquidation der Reederei II 94
— mehrfacher — II 94
— Mißbrauch seiner Stellung II 100
— Nichtmitreeder als — II 91
— bei Partenaufgabe II 110
— Partveräußerung durch — II 99
— persönliche Vertretung der Mitreeder im Prozeß II 97
— Pflichten des — II 93, 97, 102ff
— Pflichtverletzung II 102, 104
— Rechenschaftspflicht II 105
— Rechnungslegung II 105f
— Rechtsgeschäfte des — II 100ff
— Reedereibeschlüsse II 102
— Rücktritt II 94
— Schadensersatzpflicht II 102
— als Schiffsmakler II 94
— Schiffsmakler als — II 763
— Schiffsvermietung II 98
— und Sondervorschriften des SeemG für Partenreedereien III 206f
— Sorgfaltspflicht II 104
— als ständiger Vertreter II 92
Stellung bei Tod des Mitreeders II 110
— bei Stiller Reederei II 88
— Straftaten und Ordnungswidrigkeiten nach dem SeemG III 203f
— Umsatzsteuerbefreiung III 1553
— ungewöhnliche Geschäfte II 97
— Unterbevollmächtigung durch den — II 96
— Vergütung II 93f
— als Verrichtungsgehilfe II 101
— Verschulden II 101, 104
— Vertreterhandeln II 100
— Vertretung durch — II 87, 92
— Vertretungsmacht II 95ff
— Verzinsung disponibler Gelder II 113
— Vollmacht
— — Ausdehnung II 96
— — Ausrüstung II 98
— — Beschränkbarkeit II 95, 102
— — Beweispflicht II 96
— — Dauer II 96
— — Empfangnahme von Geldern II 99
— — gesetzliche II 95
— — gewöhnlicher Geschäftsbetrieb II 97
— — gegenüber Kapitän II 99, 103
— — im Liquidationsverfahren II 120
— — durch Reedereisatzung II 99f
— — und Reedereizweck II 96
— — Schiffserhaltung II 98
— — Übertragbarkeit II 96
— — Umfang II 96ff, 102ff
— — Verfrachtung II 98
— — Versicherung II 98
— Vollmachtsbeschränkung II 99f, 102ff
— Vollmachtsüberschreitung II 96, 101
— Vorschuß für Mitreeder II 108
— Wahl des — II 89
— Widerruf der Bestellung II 92f
— Willensmängel II 101
Korrespondentreedervertrag II 130ff
Korrespondenz
— Aufbewahrungspflicht II 105
— Schadensersatz wegen — II 1054
Korrosionsschaden II 320

Kost
s. „Verpflegung"
Kostbarkeiten II 474, 823, 892, 927, 942, 1248
Kosten
— der Abladung II 325ff
— der Anlieferung der Ladung II 325ff, 366
— des Aufenthalts im Nothafen II 534f, s.a. „Nothafen, Kosten im —"
— des Aufenthalts im Zwischenhafen II 534f
— der Auseisung II 509ff
— für die Ausfertigung der Musterrolle III 83
— der Ausladung 338, **399ff**, **546**, 549
— des Auslaufens II 534f
— außergewöhnliche II 326, 366, 401f, 414
— behördliche — II 1218f
— bei der Berechnung der Havariegrossevergütung II 931f
— der Bergung I 358, s.a. „Bergungskosten"
— der Berichtigung des Schiffsregisters I 478
— der Besichtigung II 487f, 496
— der Beurkundung II 288
— der Bewachung und Verwahrung von Schiffen I 358, 415
— des Bundesoberseeamts III 478
— der Einladung II 325ff, 338, 379f, 399, 656, 823
— der Einlagerung II 417, 421, 488, 563, 565, 589f
— des Einlaufens II 534f
— der Eintragung der Schiffshypothek I 489
— beim Einzug von Frachtgeld II 1315
— der Erhaltung, Bergung und Rettung der Ladung II 509, 512, 529
— gerichtliche I 415
— für die gesundheitliche Behandlung eines Schiffes I *1291*
— gewöhnliche der Schiffahrt II 399
— im Hafen s. „Hafenkosten"
— Haftung des Pfandes beim Schiffsgläubigerrecht für — II 1296
— als Havariegrossemaßnahme II 902
— der Hilfeleistung I 358 s.a. „Hilfskosten"
— der Hinterlegung II 589f
— der Klassifikation I 252
— der Kündigung einer Schiffshypothek I 489, 528
— der Lagerung II 247, 881
— der Löschung s. „Löschkosten"
— des Loskaufs I 358
— des Messens und Wiegens II 401ff, 488, 496
— für die Musterung III 83
— des Notars II 488
— öffentlicher Urkunden über Erklärungen zur Wartezeit II 362f
— für die persönliche Vorstellung des Besatzungsmitglieds III 101
— des Rechtsstreits II 1081, 1128
— der Rechtsverfolgung I 489, 528, II 515
— der Reklame I 358
— einer Rettung II 1214, 1241, 1257
— der Schiffahrt II 509ff
— des Seeamts III 475
— der Stauung s. „Staukosten"
— stellvertretende II 903, 916, 924
— der Tarifschiedsgerichte III 256f, 283
— der Umladung II 333
— des Verfahrens vor dem Seeschiedsgericht II 1150f
— des Versicherungsnehmers II 1357
— eines Vorprozesses II 1058, 1386
— der Weiterbeförderung II 393ff, 511
— des Weitertransports nach Bremen II 395
— der Wiederausladung II 333, 376, 379ff, 385, 389, 391, 542ff
— der Wiedereinschiffung II 511
— der Zureise II 294, 322
— s.a. „Gebühren" sowie beim Grund der Kosten
Kostendeckungsprinzip bei Hafenanlagen I 223f
Kostenersparnis II 630ff
Kostgeld
s. „Verpflegungsgeld"
Krabbenfischerei I 199, 203
Kraftverkehrsordnung II 435
Kraftwagen II 473, 637, 822
Kraftwerke an Wasserstraßen I 208
Kran I *896f*, II 166, 400, 414, III 1318, s.a. „Ladekran", „Schiffsgeschirr"
Kranführer II 326
Krangeld II 924, 931
Krankenbuch I 1225f, 1272, II 182
Krankenfürsorge I *876*, 1221ff
— für Besatzungsmitglieder III 119ff, 130f, 212, 240
— für Kapitän III 262
— auf Kauffahrteischiffen s. „VO über die —"
— nach dem Manteltarif für die Besatzungen der deutschen Hochseefischereifahrzeuge III 268f
— s.a. „Vereinbarung über die den Seeleuten der Handelsmarine für die Behandlung von Geschlechtskrankheiten zu gewährenden Erleichterungen"
Krankengeldfürsorge III 119, 268, 368ff
Krankenhilfe des Trägers der Krankenversicherung III 121
Krankenpflegepersonal III 170f, 173, 212
Krankenräume I 1223f, II 164, III 212

Krankenschwester III 17, 224
Krankenversicherung
— Schiffsgläubigerrecht zugunsten des Trägers der — II 1284
— der Schiffsleute III 8, 119, 367ff, s.a. „Gesetz zum Übereinkommen ... über die —"
Krankheit I *1274*, II 186f
— des Besatzungsmitglieds durch eigene strafbare Handlung III 130f
— Verschweigen einer ansteckenden — III 149
— s.a. „Gesetz zur Verbesserung der wirtschaftlichen Sicherung der Arbeiter im Krankheitsfall"
Krankosten II 400
Krautsand-Reede III 735
Kreditaufnahme zur Abwendung des Notverkaufs II 223
Kreditbedürfnis II 219, 244ff
Kreditgeber II 219f, 251f
Kreditgeschäft I 358, II 332, 873f
— zur Arrestabwendung II 219
— des Kapitäns II 150, 218ff, 221ff, 233, 244ff, 251f, 1277ff, 1311, s.a. „Kapitän, Vollmacht"
— von Ladungsbeteiligten II 244ff, 1326
— für Reederrechnung II 251f, 500, 873f
— Ungültigkeit II 219, 252
— Verwendung des Geldes II 219, 252
— Zweckmäßigkeit II 218f, 252
Kreditvertrag II 145
Kreidebeförderung II 1365
Kreiselkompaß II 9, 976
Kreta I 105
Kreuzen
— durch ein ausweichpflichtiges Schiff II 1026
— durch einen Schlepper II 1077
— und Seestraßenrecht III 618ff, 623, 686
Kreuzer I 146, 152
Krieg I 593, II 291, 471, 526f, 534, 536
— und Freiheit auf See I 65
— Sorgfaltspflicht im — II 104
Kriegerisches Ereignis II 466, 471, 539, 608, 697, 699
Kriegsähnliche Handlungen II 527
Kriegsausbruch II 526f, 534, 549, 814, 820
Kriegsflagge I 257, 332, 335
Kriegsgefahr II 417, 537
— Anlaufen eines Nothafens wegen — II 922
— und Festsetzung von Berge- oder Hilfslöhnen II 1215
— Versicherung gegen — II 1335, 1340, 1358
Kriegsgerät II 773, s.a. „Kriegswaffen"
Kriegshafen I 48
Kriegskonterbande
s. „Konterbande"
Kriegsklausel II 291, 300, 417, 535
Kriegsmarine
s. „Kriegsschiff"
Kriegsrisiko II 471
Kriegsschiff I 828, II 34, 55, 60, 471
— Anspruch auf Bergungs- und Hilfslohn II 1122f
— Anwendung
— — internationaler Abkommen I 418, 598
— — des IÜB II 1001
— — des IÜZ II 1105f
— — der SSchStrO III 662
— — der Vorschriften über Bergung und Hilfeleistung II 1117, 1261
— Begriff I 235, 1369
— Behandlung nach den Richtlinien des Reichsverkehrsministers für die Handhabung des § 25 StrandO III 436
— entgangener Gewinn bei — II 1057
— Exterritorialität I 61, 76, 575, 577, 580, 1368
— in fremden Gewässern I 50, 60f, 75, 86, 1365
— Hamburgische Dienstanweisung zur Ausführung des § 25 StrandO III 440
— in Kanälen I 52ff
— Lichterführung III 608
— Rettung durch — II 1242
— und Seehandelsrecht I 235, 977
— versenktes — I 376f
— zollamtliche Untersuchung I 50
— Zugang zu Häfen I 48, 94
— Zusammenstoß mit — II 1014, 1015, 1028, 1098, 1110, III 460
Kriegsvorräte II 942f
Kriegswaffen II 773
— Aus-, Ein- und Durchfuhr II 795, 797, 802f
— Beförderung II 795, 797ff, 803
— Einziehung II 806
— Gesetz über die Kontrolle von — II 332, 773, **796ff**
— Meldepflicht II 801f, 804
— Sicherstellung II 802
— Straf- und Bußgeldvorschriften II 803ff
— Überwachungsbehörden II 802ff
Kriegswaffenbuch II 801, 804
Kriegswaffenliste II 796, 800, 807ff
Krisenlage II 779
Kristiansö I 59
Krückau III 749ff
Kuba
— Flaggenrecht I 325
— Küstenmeer I 56

— als Mitglied internationaler Abkommen I 584, 977, 982, 1294
— seerechtliches Schrifttum I 40
— Seerechtsquellen I 34
Kubikinhalt II 292, 329
Küchenräume III 212
Kühlanlage II 162
Kühlmaschine II 449, 456, 468
Kühlräume II 308, 690, 696
Kühlwasserleitung III 1305
Kündigung
— der Baureederei II 123
— eines Bergungs- oder Hilfeleistungsvertrages II 1136, 1138, 1220f
— des Brüsseler Übereinkommens von 1910 II 1108
— des Frachtvertrags II 377, s.a. „Rücktritt"
— fristlose III 1572
— des Heuerverhältnisses III 137ff
— — in Arbeitskämpfen III 145
— — außerordentliche III 138, 142, **147ff**, **150ff**, 246, 268
— — durch das Besatzungsmitglieds III 151ff
— — Kündigungsfristen III 146, 245
— — ordentliche III 137f, 245, 267
— — sozial ungerechtfertigte III 138f
— des oder durch den Kapitän II 143, 255, III 160ff, 264ff
— des Kartellvertrags II 758f
— des Korrespondentreeders II 93
— nach dem Manteltarif für die Besatzungen der deutschen Hochseefischereifahrzeuge III 267f
— nach dem Manteltarif Heringsfischerei III 284f
— eines Mitreeders II 86, 118f
— wegen Nichtgewährens von Urlaub III 152f
— des persönlichen Schuldverhältnisses bei der Schiffshypothek I 520
— einer Schiffshypothek I 489, 528
— durch Schiffshypothekenbanken I *434*
— des Schiffshypothekengläubigers I 421f
— der Schiffsmannschaft II 213
— bei Schiffsverlust II 143
— sozial ungerechtfertigte III 138f
— des ÜstrafZ II 1113
— des ÜzivZZ II 1111
— eines Versicherungsverhältnisses bei der Schiffshypothek I 504f
— des Versicherungsvertrages II 1349, 1354, 1362
— der Wartezeit II 361f, 371
— s.a. beim Gegenstand der — und bei der Person des Kündigenden
Kündigungseinspruch III 139
Kündigungsfrist II 362
— Bezüge während der — III 246, 260, 265
— bei Heuerverhältnissen III 146, 245
— beim Kapitän III 265
— s.a. „Gesetz über die Fristen für die Kündigung von Angestellten"
Kündigungsschutzgesetz III 84, 137, **138ff**, 144, 148
Küper II 489
Küstenfahrt III 300, 326, 329, s.a. „Küstenschiffahrt"
Küstenfahrzeug I 973ff, II 198
Küstenfischerei I 19, 107, 109, 198f, 320, III 304
— Gesetzgebung des Bundes über — I 11
Küstenfrachtfahrt I 107, 111
Küstengebiet, Zollvorschriften III 1190
Küstengewässer I 148, 153
— Bezeichnung der deutschen — s. „Grundsätze für die —"
— deutsche — I 14, 58
— Rechtslage der — I 45ff
— im strafrechtlichen Sinne I 19
— unbefugter Fischfang durch Ausländer in deutschen — I 172
— s.a. „Küstenmeer"
Küstenkutter I 973ff
Küstenleuchtfeuer I 188
Küstenlinie I 55
Küstenmeer
— Ankern im — I 60
— Ausdehnung I 57
— Befahren des — I 59
— Befugnisse des Uferstaates im — I 58ff, 1357
— Begriff I 45, 55, 70
— bei angrenzenden oder gegenüberliegenden Staaten I 73
— Breite I 56, 71, 85
— und Freiheit der See I 57
— Kollision im — II 49
— Konventionsentwurfe betreffend — I 86, 1361ff
— Pflichten fremder Schiffe im — I 74
— Rechtsordnung des — I 70ff
— Rechtsstatut des — I 60, 70ff
— Schrifttum I 54, 1357
— s.a. „Küstengewässer"
Küstenschiffahrt I 15, 48, 114, II 262, 343, 346, 654, 707, 713f, 751f, 755f
— Begriff I 107, 109
— Decksladungen in der — II 927f
— Gesetzgebung des Bundes über — I 11
— rechtsvergleichende Darstellung der — I 107, 108

— und das Übereinkommen und Statut über die internationale Rechtsordnung der Seehäfen I 94
— zugelassene Schiffe I 109, 320
— s.a. „Gesetz über die —"
Kugeltonne III 549, 560
Kunstdünger II 473
Kunstgegenstände II 638, 823, 892, 927f, 942f
Kunststoffrettungsboot III 1417
Kursleine I 963
Kurseintragung II 185ff
Kursführung II [illegible], 447, 450
Kurssignal II 1072, III 635
Kurswert II 639

L

laadtigd II 351
Laboe III 895
Ladebeginn II 309f, 534
Ladebereitschaft II 286, 295, 323, 347, 350ff, 364, 367ff, 370f, 387
— Anzeige II 323f, 347, 350ff, 360, 368, 370f, 512f, 768
— ausländisches Recht II 350
— Beweislast II 350
— Unterbrechung II 351, 369
Ladebrücke
s. „Verladebrücke"
Ladebuch II 908, 927f
Ladedatum II 295, 350f, 358
Ladeeinrichtungen I 92, *892ff*, 963, III 1314ff
Ladeerlaubnis II 349
Ladefähigkeit II 285, 292, 295f, s.a. „Ladungstüchtigkeit"
Ladegeschirr I *895f*, II 164, 166, 184, 326ff, 348, 411, 449, 647f, 656, III 1317f, s.a. „Ladeeinrichtungen", „Schiffsgeschirr"
Ladegut I 358, *1283*
Ladehafen II 264, 294f, 310f, 320ff, 325ff, 347ff, 351, 356ff, 366, 368, 370, 372f, 381ff, 391ff, 427, 511, 534, 546f, 563ff, 567f, 667
Ladekosten II 270
Ladeluken II 450, 508, s.a. „Luken"
Laden I *897f*, III 697, 1319
— Funktion der Kaianstalt s. „Kaianstalt"
— örtliches Recht II 321, 323f, 325, 328, 349, 351, 356ff, 360, 364, 370, 386
— auf der Reede II 397
— im Strom II 397
— am Ufer II 397
— s.a. „Verladung"
Ladeplatz
s. „Ladungsplatz"
Laderäume
— Allgemeines II 284, 450f, 453f
— Begriff II 309
— Eignung II 308f s.a. „Ladungstüchtigkeit"
— ordnungsmäßige Einrichtung II 313, 690, 696
— ordnungsmäßige Trennung II 309
— Säuberung II 348
— Temperatur II 441, 455f
Laderate II 356, 360
Ladeschein II 551, 566, 593, 610, 625
Ladezeit II 280, 295, 321, 323f, 347, 350ff, 379, 390
[illegible] II [illegible]
— angemessene Dauer II 356, 358
— ausländisches Recht II 359f, 364f, 368f
— Beendigung II 359f, 365, 371f
— Beginn II 347, 350ff, 364f
— Berechnung II 363ff, 370, 388
— Bestimmung durch richterliche Entscheidung II 358
— Beweislast bei Überschreitung II 367ff
— Dauer II 356ff, 359ff, 370
— beim Stückgütervertrag II 386ff
— Überschreitung II 372
— ungeteilte Lösch- und Ladezeit II 371
— Unterbrechung II 354
— Verhinderung der Lieferung oder der Übernahme der Ladung II 363, 366ff, 369ff
— Verlängerung II 358
— Verrechnung mit der Löschzeit II 357, 371f, 495
— verschuldete Überschreitung II 367
— vertragliche Festsetzung der Dauer oder Berechnungsweise II 356f, 359f, 364ff, 370, 426
— bei Zeitcharter II 512
Ladung II 264, 295f
— ab Kai II 340
— Ablieferung an Empfänger II 236, 1385f
— Anhaltung II 235
— Anlieferung durch Ablader II 236
— Annahme II 217
— Arrestierung II 241
— Aufbringung II 235
— Aufenthaltskosten für die — im Nothafen II 923f, 971f
— Aufopferung zugunsten von Menschenleben II 1260
— Auslagen für — II 236, 241, 248
— Auslieferung II 213, 217
— Begriff II 235, 1047
— Beitragspflicht bei der Havariegrosseverteilung II 937, 980ff
— Bergung II 1121, 1129
— Beschädigung s. „Ladungsschaden"
— Beschlagnahme II 239, 241

— Besitzergreifung durch Berger II 1125
— Diebstahl II 241
— dingliche Rechte an der — II 241, 430, s.a. „Ladungsgläubigerrecht", „Pfandrecht"
— Eigentum an — II 235, 241
— Einnahme II 280, 323, 347, 374, 381, 512f, 534f
— Einziehung II 241
— Empfangnahme II 213, 281, 436
— Erhaltung der — II 235, 239ff
— Erwerber der — II 235
— Fürsorge für die — II 147, 234ff, 308
— Gefährdung II 239, 1215
— Handhabung II 690
— bei Haverei II 250, 898f, 926
— Komposition II 373
— Landung der — II 668
— Lieferung der — II 262, 325, 328, 354, 362f, 366ff, 369ff, 372ff, 375ff, 379f, 386ff, 390
— — auf den Kai II 328, 387, 389
— — an das Schiff II 325f, 354, 366ff, 369ff, 387, 389, 436, 560
— Löschen der — II 235, 240
— Markierung II 237, 659
— Maßregeln zur Sicherung II 240f
— Nichtlieferung II 372, 376f, 383f, 387, 391
— Pfandrecht an — II 240, 1250, 1326
— Postgut als — II 235
— Reisegepäck II 235
— Reklamation beschlagnahmter — II 239
— sachgemäße Behandlung II 237f
— Seetüchtigkeit II 157ff
— Stauung II 166f
— Teillieferung II 376f
— Trennung vom Schiff II 240, 281, 380, 535
— Überbordwerfen II 240f
— Übernahme II 235
— Überwachung durch Ladungsbeteiligte II 237
— Unvollständigkeit II 372ff, 391
— Verbodmung II 218, 235, 240f, 249ff, 870ff, 874, 881ff, s.a. „Bodmerei", „Verbodmung"
— Verderb II 235, 911, 933, 1211, 1336, 1372
— Verfügung über — II 218, 249ff, 1124
— Verfügungsmacht über — II 235
— Verkauf II 218, 235, 240, 249ff, 926, 958f
— Verlust II 234, 239ff, III 1557
— Versicherung II 216, 241, 1364
— Verwendung II 218, 249f
— volle bedungene II 372f
— volle und bequeme II 295f, 373
— wasserempfindliche II 1216
— Weiterbeförderung II 235, 239ff, 393f
— Wiedererlangung II 235
— Zollverschluß II 237
— und Zubehör II 1f
— s.a. „Frachtgut", „Güter"
Ladung ab Kai II 340
Ladungsbesichtigung s. „Güterbesichtigung"
Ladungsbesitzer II 236
Ladungsbeteiligter II 149f III 1545, 1554
— Annahmeverzug II 510
— Ansprüche des —
— — gegen andere Befrachter oder Ablader II 332f
— — nach internationalem Privatrecht bei Schiffszusammenstoß II 1018
— — gegen Kapitän und Besatzung II 149, 262, 281, 457f, 460ff, 1280
— — gegen Ladungsbeteiligte II 247
— — gegen den Reeder II 575
— — gegen den Verfrachter II 308, 398f, 419, 429, 467, 485, 543
— Anweisungen des — II 234, 236ff, 239, 242, 525, 530f
— Befriedigungsrecht gegen — II 246
— Begriff II 235, 261f
— Benachrichtigung des — II 234, 239f
— als „Beteiligter" i.S. des Havereirechts II 906
— Beweislast bei Kreditgeschäften II 252
— bei Bodmerei s. „Verbodmung der Ladung"
— Einschränkung der Reederhaftung II 40
— Ermittlung des — II 239
— Freistellung des Kapitäns II 248
— Fürsorge des Kapitäns II 147, 234ff
— als Geschädigter II 38
— Geschäfte für Rechnung des — II 248
— Haftung des — II 236, **244ff**, 496, 1252, 1328
— Haftung des Kapitäns gegenüber II 148, 237f
— Instruktionen des — II 239, s.a. „—, Anweisungen"
— Kapitän als — II 248f
— Klage gegen Kapitän II 242
— Kostenbeteiligung II 399, 510
— Kredit, persönlicher II 244, 248
— Kreditgeschäfte des — II 244ff
— Kreditgeschäft zugunsten von — II 1326
— Landforderungen gegen — II 247
— Maßnahmen im Interesse des— II 418
— Pfandrecht wegen Wahrnehmung von Ladungsinteressen II 1326
— Pflegerbestellung II 242

— Pflichten des Kapitäns gegenüber — II 147ff, 167, 234ff
— Rechtsgeschäfte für — II 236
— als Reiseinteressent II 237
— Rückgriff gegen — II 248
— bei Schiffsverkauf II 227f
— nach Schiffsverlust II 256f
— als Schuldner von Bergungs- oder Hilfslohn II 1129
— Überwachung der Ladung II 237
— Vergütungen an Kapitän II 252ff
— Verhältnis zum Kapitän II 237
— Verhaltensmaßregeln II 200
— Verpflichtung durch Kapitän II 231, 244
— Verpflichtung durch Korrespondentreeder II 99
— Verschulden des — II 422, 443, 496, 503, 906f
— Vertretung durch Kapitän II 140, 234ff, 241
— Wahrnehmung der Interessen II 237
Ladungsdienst II 615
Ladungseigentümer II 261, 431, 433, 457f, 461, 465, 467, 472, 515, 690, 697, 700, 1046f, 1070, 1106
Ladungsempfänger
s. „Empfänger"
Ladungsfähigkeit II 373, s.a. „Ladungstüchtigkeit"
Ladungsfrist II 360, s.a. „Ladezeit"
Ladungsfürsorge II 236ff, 311, 428, 430, 440, 448ff, 452, 473, 530ff, 690f, 701
Ladungsgesellschaft II 487
Ladungsgläubigerrecht II 245ff, 493, 499f, 512, 531, 869f, 883, 886, 942, 944f, 1249, 1217, **1325ff**, 1387f, s.a. „Bodmereipfandrecht", „Ladungspfandrecht"
Ladungsgüter II 285, 1277ff, 1311
Ladungshafen
s. „Ladehafen"
Ladungsinteresse II 238f, 430, 443, 449f, 616
Ladungsinteressent
s. „Ladungsbeteiligter"
Ladungskontrolleur II 403
Ladungsmanifest II 551, 770f, II 165, 908, 927f, 942
Ladungsmenge II 285, 293, 372f, 375
Ladungsoffizier II 433, 552
Ladungspapiere II 160, 165, 475
Ladungspfandrecht II 247, 432, 597f, 617, 1322, s.a. „Ladungsgläubigerrecht"
Ladungsplatz II 280, 309, 321, 323ff, 326, 348f, 359, 367, 397, 560, 614
Ladungsschaden III 1557
— bei Deviation II 243f
— ohne gleichzeitige Beschädigung des Schiffes II 1090ff, 1107
— durch Schiffszusammenstoß II 1059ff, 1079f, 1101
— durch Seeuntüchtigkeit II 257ff
— durch Stauungsmängel II 166ff
— Tagebucheintrag II 185ff
— Verjährung von Ansprüchen wegen — II 1385f
— Verklarung II 198ff
— Wertberechnung II 1060
— s.a. „Beschädigung des Frachtguts"
Ladungsteile II 249ff, 926, s.a. „Ladung"
Ladungstermin II 455
Ladungstüchtigkeit II 150, 000, 000, III 1555, s.a. „Ladungsuntüchtigkeit", „Seetüchtigkeit"
Ladungsuntüchtigkeit II 153, 308, 468
— anfängliche II **310ff**, 318f, 428, 430, 456, 474, 488, 630, **640**, **642**, 675, 690, 696
— nachträgliche II 310f, 318f, 456
— verborgener Mangel II 310, 314ff, 318f
— s.a. „Ladungstüchtigkeit". „Seeuntüchtigkeit"
Ladungsunternehmer II 437
Ladungsverlust
s. „Ladung", Verlust"
Ladungsvermögen II 245f, 1325f
Ladungsversicherer II 448, 487
Ladungsvertreter II 872
Länderlisten zum Außenwirtschaftsrecht II 776f, 781, 785, 787ff
Längsschott III 1355
längsseits II 326
Lagerhalter II 419f, 436, 591f, 595, 755, III 18, 225, 245
Lagerhaus II 341, 397, 417, 419, 478, 518, 589, 658
Lagerhausgesellschaft, Bremer III 1104ff
Lagerkahn II 419
Lagerklauseln II 418
Lagerkosten
s. „Kosten"
Lagermiete II 421, 924, 1059
Lagerplatz II 476
Lagerschein II 419, 592, s.a. „Orderlagerschein"
Lagerschuppen
s. „Kaischuppen"
Lagerung
— am Kai II 398
— Schäden und Verluste während der — II 974
Lagervertrag II 419f, 435
Laholm-Bucht I 47
Lakritzextrakt II 473
Landangestellte des Reeders II 445, III 466
Landeshoheitsflagge I 335
Landesrecht I 22f, II 198ff, 343, 346, 479

Landestelle für Passagierschiffe III 703ff
Landforderungen II 247
Landfracht II 940
Landfrachtgeschäft II 4, 391, 429, 440, 444f, 514f, 630, 650
Landgang des Besatzungsmitglieds III 136ff, 241
Landkran II 400, 403, 647f, 657
Landpeilung
s. „Peilung"
Landradarstation III 615
Landreisen II 1381
Landschäden II 398, 454, 483, 486, **646**, 650, **655ff**
Landungsbrücke II 814
Landvermögen II 54, 110, s. a. „Reederei-vermögen"
Langballigau III 889
Lange Fahrt III 327, 329
Laos I 1294
Laptew-Meer I 47
Laternen I *922*, s.a. „Positionslaternen"
Lauenburg III 903
Laufbrücke III 1310
Laufende Geschäftsverbindung II 220
Laufende Police II 1375
Laufendes Gut III 1320
Laufende Versicherung II 1375f
Lay days II 295, **351f**, **407f**
leakage II 666
lease II 268
Lebensgefahr II 238, 243, 1104f, 1107, 1247, 1259f
Lebensmittel, Abgabe verdorbener — III 198
Lebensmittelmangel II 1121
Lebensmittelvorräte III 117
Leck II 154, 175, 447
Leckage II 317, 440, 500f, 508, 666, 924, 933, 1336, 1372
Leda III 707ff
Leer
s. „Hafenordnung für —"
Leerfracht II 54, 372, 374, 381, 494, 1291
Leerort III 710
legal holidays II 365
Legitimation zum Empfang der Ladung II 281, 421, 424, **489ff**, **583ff**, 587ff, 590ff, **596ff**, 602, 618
Legitimationspapier II 297, 561, 592
Leiche II 263, 1248, III 158
Leichenbeförderung I 1316ff, II 1061
Leichenpaß I 1316ff
Leicht entzündliche Flüssigkeiten III 697, 773, s.a. „Gefährliche Güter"
Leichter I 228, II 326, 340f, 367, 394, 400ff, 419, 433, 437, 478, 518, 648, 656, 769
— Begriff II 916
— Beitragspflicht der Ladung bei der Havariegrosseverteilung II 937
— Bemannungsrichtlinien III 329
— als Schiff II 1011
— s.a. „Seeleichter"
Leichterklausel II 340f, 393, 418, 511, 658
Leichterkosten II 307, 326, 393, 401, 496, 511, 612
Leichterlohn II 916, 1365
Leichtermiete II 969
Leichterrisiko II 658
Leichterschäden III 1558
Leichterschiffer II 476, 489f
Leichterung II 322, 339, 378, 392ff, 657ff, 892, **913ff**, 969
— vor Erreichen des Bestimmungshafens II 409
— Extrakosten der — II 969
— eines geschleppten Schiffes durch den Schlepper II 1141
— Kosten der — II 1214
— Schäden an Gütern durch — II 1373
— vorübergehende II 657
— im Zwischenhafen II 649
Leichtgut II 329
Leichtmatrose III 18, 20, 224, 225, 270, 327, 332ff
Leichtsinn II 1222
Leihe II 27, 133, 1047, 1048
Leine II 309
Leinenwurfgerät I 694, 812
Leistungsfähigkeit des Schiffes II 291
Leistungsklage II 485
Leitende Angestellte II 317f, 339, 441, 457, 654, 667, III 103f
Leitender Seemaschinist
s. „Seemaschinist, leitender"
Leitern II 1115
Leitfeuer III 566, 571
Leitung
s. „Schiffsführung"
Leitungen II 647
le long du bord II 326
Lenzen II 310, 450, 452, s.a. „Pumpen"
Lenzhalten II 1141
Lenzleitung II 452, III 1305
Lenzpumpe II 452
Lesum
s. „Weser"
letter of indemnity II 606
Lettland I 139, 173
lettre de francisation provisoire I 334
lettre de mer I 274
Letztwillige Verfügung II 222, s.a. „Seetestament"
Leuchtfeuer II 447, III 566ff, s.a. „Grundsätze für die — "

Leuchtfeuergeld I 415, 1132, II 161, 509f, 1277ff
Leuchtfeuerträger III 575
Leuchtfeuerwesen I 219
Leuchtschiff II 1057, 1242
Leuchttonne III 560
Leuchtturm I 228
Leute
s. „Hilfspersonen“
Lexfähr III 755
lex fori
s. „Internationales Privatrecht, Recht des Gerichtsortes“
lex loci bei Bergung und Hilfeleistung II 1131
lex loci contractus
s. „Internationales Privatrecht, Recht des Abschlußortes“
lex loci delicti commissi
s. „Internationales Privatrecht, Recht des Tatorts“
lex rei sitae
s. „Internationales Privatrecht“
Lex Rhodia de iactu I 5
Libanon
— Flaggenrecht I 326
— Küstenschiffahrt I 108
— als Mitglied internationaler Abkommen I 100, 1294
— Schiffsgläubigerrecht II 1324
— seerechtliches Schrifttum I 40
— Seerechtsquellen I 31, 34
Liberalitäten II 90
Liberia II 1214
— Flaggenrecht I 326
— Küstenmeer I 56
— als Mitglied internationaler Abkommen I 105, 117, 584, 977, 1294
— Schiffsgläubigerrecht II 1322, 1324
— Schiffshypothekenrecht I 406ff
Lichter I 145, *915f*, 969f, 974, II 1024f, 1028, 1039f, 1073, 1084, 1094, III **595ff**, 660ff, 879
— Ankerlicht III 606
— „bei jedem Wetter“ III 591, 593
— besonders helle III 783
— Brenndauer nach der SStrO III 591, 593
— Dampferlicht III 595, 661
— für Fischereifahrzeuge III 603ff
— Flackerfeuer III 608
— Gefahr der Verwechslung III 591, 593
— geschleppter Fahrzeuge III 600
— Hecklicht III 605
— für Kabel oder Seezeichen auslegende Fahrzeuge III 595
— für kleine Fahrzeuge III 601
— Kompagnielicht III 608
— für Kriegsschiffe III 608
— für Lotsenfahrzeuge III 602f
— für manövrierunfähige Fahrzeuge III 595
— für maschinengetriebene Fahrzeuge III 597
— der SSchStrO III 660ff
— für Segelfahrzeuge III 600
— Seitenlichter III 595
— Sichtbarkeit III 591, 594
— von Sonnenuntergang bis Sonnenaufgang III 591, 593, 661
— Topplicht III 595
Lichterführung
s. „Lichter“
Lichterscheinungen der Leuchtfeuer III 567
Lichtquellen an Land III 781, 783
Lichtspielanlagen I 790, *892*
Lichtstärke der Leuchtfeuer III 574f, 582, 583
Lieferant
s. „Schiffslieferant“
Lieferfrist II 432
Lieferschein II 587
Lieferung
— anderer Güter bei Verlust der Ladungsgüter II 522, 525, 536
— der Begleitpapiere
s. „Begleitpapiere“
— der Ladung
s. „Ladung“
— des Schiffes
s. „Stellung des Schiffes“
Lieferungshafen II 291
Liegegeld II 265, 418, 510, 544, 562, 569, 612, 628f, 658, III 1556
— Anspruch auf —
s. „—, Zahlungspflicht“
— Begriff II 352f, 403, 408
— Berechnung nach Stunden II 413, 425
— Einziehung
— — durch den Kapitän II 217
— — durch den Schiffsmakler II 767ff, 771
— und Fautfracht II 386
— Festsetzung durch Vertrag II 356, 359
— Höhe II 353, 403, 408, 422, 425, 494
— bei Nachfristsetzung II 388
— Schiffsgläubigerrecht an — II 1291
— als Schiffsvermögen II 55
— Verjährung II 1388
— Zahlungspflicht II 321, 347, 351ff, 361, 364, 369, 372, 374f, 379f, 395, 403, 408, 415f, 421ff, 424f, 426ff, 535
— — des Empfängers II 353, 488, 493, 495, 519, 522, 611
— bei Zeitfracht II 512f
Liegenbleiben des Schiffes II 534
Liegenlassen des Schiffes II 90
Liegeplatz II 309, 321, 323, 349, 395, 423

Liegezeit II 350, s. a. „Ladezeit"
lien I 398, 400, 407, 516, 568, II 1006, 1288, 1323
lien-Klausel II 495ff, 515, 519, **520f**, 588
liggedager II 351
liggedagspenge II 352
liggetid II 351
lighterage-Klausel
s. „Leichterklausel"
Lindaunis III 760
Lindower Gewässer I 213
Linie
s. „Schiffahrtslinie"
Linienagent II 558
Liniendampfer II 284f, 423
Linienkonnossement II 423, 557, 569f, 622
Linienreederei II 57, 228, 267, 284ff, 352, 387, 397, 507, 557
Linienverkehr II 280, 334, 339, 342, 389, 391, 432, 570, 654, 754f, 758, 793
liquidated damages II 379
Liquidation
s. beim Gegenstand der —
List (Sylt) III 923
Litauen I 139, 173
Lloyd's Standard Form of Salvage Agreement II 1117, 1263ff
Loading-days II 351
locatio conductio operis II 266
locatio conductio rei II 266
locatio navis et operarum magistri II 268, 271
locatio operis vehendarum mercium II 268
locus regit actum II 277
Löschanlage II 325, 1115
Löschbeginn II 407
Löschbereitschaft II 413ff, 421, 423f
— Anzeige der — II 395, 403f, 406ff, 409, 412, 415, 417f, 437, 475, 768
— Begriff II 404
— Unterbrechung II 404, 415
Löscheinrichtungen I 92, *892ff*, 963, II 166, 414
Löschen III 697, 1319
— Funktion der Kaianstalt
s. „Kaianstalt"
— von Amts wegen in Registern I 261f, 272
— der Ladung
s. „Löschung"
— örtliches Recht II 349, 391, 396f, 399, 403, 407f, 409ff, 413f, 416f
— im Schiffsbauregister 277
— im Schiffsregister
— — von Schiffen I 258ff
— — von Schiffshypotheken I 266, 530ff
Löscherlaubnis, behördliche II 405, 414
Löschfrist
s. „Löschzeit"
Löschkosten II 270, 327, 393f, **399ff**, 414, 417, 423, 511, 545, 631, 823, 881, 924, 971f, 1059
Löschplatz II 324, 349, 359, 391f, 395f, 397, 401, 404f, 414, 425, 475, 518
Löschquantum II 409
Löschtage II 409
Löschung I 22, 897f, II 166, 235, 240, 281, 335, 338, 340, 344, 354, 381, 391ff, 403ff, 413f, 450, 453, 535, 630f, 633, 656
— angetretene Reise nach vollständiger — II 1292f
— anzuwendendes Recht II 562f
— Arten II 400, 402, 404, 411, 562
— ausländisches Recht II 400, 402
— Beendigung II 416f, 513
— durch den Befrachter
s. „fio-Klausel"
— Begriff II 400
— Dauer II 413f
— im Dock II 404
— durch den Empfänger II 437, s. a. „fio-Klausel"
— im Ersatzhafen II 539, s. a. „Ersatzhafen"
— Fortbestand der Versicherung bei einstweiliger — II 1365ff
— auf den Kai II 340, 400, 408, 424, 437, 478, 481, 648
— „über den Kasten" II 400f
— Kosten der —
s. „Löschkosten"
— lässige II 422
— über Land II 1209
— in Leichter II 400ff, 404, 437, 481, 648, 657ff
— des Leichters II 656
— Rechte und Pflichten der Parteien bei der — II 400
— Schäden und Verluste bei der — II 974
— durch die Schiffsmannschaft II 414
— von Stückgütern II 422ff
— Teillöschung II 395, 451, 546
— Tempo II 409ff, 425
— Übernahme durch den Empfänger II 402
— zur Wasserseite II 400, 402
— Zeitpunkt II 630, 633
„Löschung auf den Kai" II 340, 400, 408, 424, 437, 478, 481, 648
Löschungshafen II 264, 335, 366, 395f, 399, 403f, 409f, 416, 476, 479, 482, 495, 539, 565, 604, 693, s. a. „Bestimmungshafen"
Löschungskosten
s. „Löschkosten"
Löschungstermin II 409, 412, 416f, s. a. „Löschzeit"
Löschungsvorbereitungen II 421

Löschvorrichtungen
s. „Löscheinrichtungen"
Löschzeit II 324, 353f, 415, 612, 628f
— angemessene Frist II 409f
— ausländisches Recht II 415
— Ausnutzung durch die Beteiligten II 407
— Beendigung II 411f, 416f, 421
— Beginn II 396, 403, 407, 414
— Begriff II 407
— Berechnung II 411, **412ff**, 416f, 424
— Beweislast bei Überschreitung II 414
— Dauer II 357f, 409ff, 416
einheitliche für mehrere Empfänger II 497, 499
— Hamburgische VO II 407f, 410
— Überschreitung II 415f, 421ff, 424f, 497f
— ungeteilte Lösch- und Ladezeit II 371
— Verrechnung mit der Ladezeit II 357, 371, 410
— vertragliche Festsetzung II 409ff, 413f, 416f, 424, 426, 428, 497, 628f
— bei Zeitcharter II 512
Löschzeitquote II 498
Lösungsrecht
s. „Befriedigungsrecht"
Logbuch
s. „Schiffstagebuch"
Loggerfischerei
s. „Heringsfischerei"
Logis
s. „Unterbringung"
Logisräume I 15, 657, 785f, 867, *890*, 953, III 212, 1312
— Besichtigung II 164
— Größe und Einrichtung III 352ff
— auf Kauffahrteischiffen III 118, 213, 297, 952ff
Lohnsteuer
— für Rettungslohn II 1244
— Schiffsgläubigerrecht wegen — II 1280
Loi sur l'affrêtement fluvial I 30
Loi sur les saisies maritimes et d'exécution forcée I 402
Lokal
s. „Örtlich"
Lokalkonnossement II 622f
Lokomotive II 637
Loskauf II 216
— in der großen Haverei II 913f, **925f**
— Kosten des — II 914, 925f, 1277ff, 1311, 1339
Losmachen II 276
loss of Charterparty II 1056
Lot I 971, II 10
Lotse II 213, 275, 447, 664, 669, 697, 1082ff., III 18, 19, 480ff, 658
— Anspruch auf Berge- und Hilfslohn II 1122, 1244
— Befähigungszeugnis nach § 31 GewO III 293
— Begriff III 480
— Bestallung II 36, III 485
— als Beteiligter beim seeamtlichen Verfahren III 465
— freiwilliger III 480
— Gehorsamsanspruch II 147
— außerhalb der Grenzen einer Lotspflichtigkeit II 1083, III 507
Haftung für Verschulden des II 91, 1103, III 488
— Hilfsleistung bei Seenot II 1126, 1139
— als Mitglied der Schiffsbesatzung II 19, 21, 1021, III 18ff
— des Nord-Ostsee-Kanals I 52, II 1088, III 481, 521
— Patententziehung III 473
— und SeemG III 18f
— Stellung zum Kapitän II 146f, III 488f
— Straftaten und Ordnungswidrigkeiten nach dem SeemG III 203
— Tagebucheintrag II 185ff
— Verantwortlichkeit im Rahmen der SSchStrO III 658
— Verpflichtungen des — II 36
— s.a. „Beratungslotse", „Beratungszwangslotse", „Führungslotse", „Führungszwangslotse", „Lotsenwesen", „Seelotse"
Lotsenannahmepflicht III 495
Lotsenausweis III 496ff
Lotsenbehörde und Vorbereitung der seeamtlichen Untersuchung III 467
Lotsenbrüderschaft II 36, III 481, **490ff**
— Ältermann III 491f, 562
— Aufgaben III 490
— Aufhebung III 492
— Aufsichtsmaßnahmen gegenüber — III 494
— Begriff III 490
— Elbe III 519, **528ff**, 562
— Emden III 513, 536
— Führung der Börtliste und der Schiffsliste III 505
— Nord-Ostsee-Kanal I (Brunsbüttelkoog) III 521, 536
— Nord-Ostsee-Kanal II / Kieler Förde (Kiel-Holtenau) III 521, 536
— Organe III 491
— Satzung III 491
— Sitz III 491
— Stimmrecht III 492
— Vereinigung III 492
— Verfassung III 491

— Verwaltungsaufgaben III 492
— Vorhaltung und Betrieb von Lotseinrichtungen III 490
— Weser I (Bremen) III 516, 536
— Weser II (Bremerhaven) III 516, 536
Lotsendampfer
s. „Lotsenschiff“
Ladungsgläubiger I 358, 415, II 161, 270, 509ff, 916, 922, 1083, 1277ff, 1311, III 480, 484
Lotsengesellschaft II 1087
s.a. „Lotsenbrüderschaft“, „Hafenlotsengesellschaft Bremerhaven“
Lotsenklausel II 664
Lotsenleiter I 730
Lotsenordnung
— Cuxhavener — vom 20. 12. 1938
— für die Hafengesellschaft in Bremerhaven III 543ff
— für die Unterelbe vom 31. 3. 1920 (Außerkrafttreten) III 521
— für die Weserflußlotsengesellschaft vom 1. 11. 1922 III 518
— s.a. „Lotsordnung“
Lotsenrevier I 15, s.a. „Seelotsrevier“
Lotsenschiff II 785, 1057, 1084, 1235, III 602f
Lotsensignal I 15, *918*, 970, III 504ff, 1349, s.a. „Anforderungssignal für Seelotsen“
Lotsenverband II 1087 s.a. „Lotsenbrüderschaft“
Lotsenwesen I 94, 207, III **480ff**
— Allgemeine Revierordnung III 483
— Bremen III 547
— Bremerhaven III 543
— Elbe III 518
— Emden III 542
— Ems III 513
— Flensburg III 546
— Jade III 516
— Kieler Förde III 521
— Mängel des — und seeamtliche Untersuchung III 461
— Nord-Ostsee-Kanal III 487, 521
— der Reviere III 483ff
— außerhalb der Reviere III 494
— Trave III 524
— Weser III 516
— Wilhelmshaven III 548
— s.a. „Seelotswesen“
Lotsgebühr
s. „Lotsengeld“
Lotsgeld
s. „Lotsengeld“
Lotsordnung
— Begriff III 483
— Elbe III 518
— Ems III 513
— Ermächtigung der Mittelbehörden zum Erlaß von — III 505
— für den Hafen Wilhelmshaven III 547
— Nord-Ostsee-Kanal/Kieler Förde III 521
— Weser/Jade III 516
— für die Weserlotsengesellschaft vom 1. 11. 1922 III 518
— s.a. „Lotsenordnung“
Lotstarifordnungen III 483f
Lotswesen
s. „Lotsenwesen“
Lotung II 185ff
Lotus-Fall I 69
louage de services II 276
Lübeck II 16, 198, 199, III 899ff
— Kaibetriebsordnung für die öffentlichen Kaianlagen in — III 927ff
— Schleppbedingungen III 938
— VO, die Ausführung der StrandO betreffend III 397
— s.a. „Zusatzvertrag mit — zum Staatsvertrag, betr. den Übergang der Wasserstraßen“
Lüften II 449f
Lüftungsanlage I 661, 788, 856, *879*, *890*, 961, 1176, III 1296, 1311
Lühe III 742ff
Lühesperrwerk III 743
Luftfahrtversicherung II 778, 790
Luftfahrzeug I 68f, 107, II 243, 1118, s.a. „Internationale Verträge, Abkommen zur Vereinheitlichung von Regeln über die Hilfeleistung und Bergung von — oder durch —“
Luftfahrzeugrolle I 240
Luftfracht II 940
Luftfrachtbrief II 593
Luftfrachtführer II 260, 434, 622
Luftfreiheitstheorie I 193
Lufthoheit über dem Küstenmeer I 58
Lufthoheitstheorie I 193
Luftkästen I *912*, 967, III 1340
Luftraum
— über dem continental shelf I 67, 88
— über Wasserstraßen I 208
Luftrecht II 260, 280, 434, 440, 444, 551, 622
— Quellen I 30
— Schrifttum I 38
Luftrohr III 1311
Luftverkehrsgesetz I 30
Luken I *892ff*, 952, II 154, 156f, 326f, 343, 348, 352, 356, 411, 449ff, 645, 902, 915, 965, III 1314f
Lukenverschalkung II 468f
Lumpsum-Fracht II 265, 293ff, 346, 501ff, 507, 637

Luftfahrzeug II 198, III 298
Luxemburg I 100, 105, 982, 1294
Lybien
— Flaggenrecht I 326
— als Mitglied internationaler Abkommen I 1294
— Seerechtsquellen I 34

M

Madagaskar III 1215
Mädchenhandel
s. „Frauenhandel"
Mäuseschäden II 1336, 1372
Mahlsand II 1210
Main-Donau-Kanal I 220
Mais II 472
Makis Aggreement II 961
Makler
s. „Schiffsmakler"
Maklerlohn II 288, 290, 379, 761, 763f, 767
Malayische Staaten I 100, 584
Mali III 1215
management of the ship II 157, 310, 315, 430, 446ff, 449ff, 454ff
Manifest I 551, 770f, II 165, 908, 927, 942
Manko II 476, 478, 482, 484, 487f, 501, 585, 613, 624f, 769
Mannheimer Konvention I 191
Mannlochverschluß II 320
Mannschaftsräume I 28, s.a. „Logisräume"
Manöver
— Begriff II 1095
— Haftung wegen eines falschen — II 1094
— des letzten Augenblicks II 1028, 1031, 1073, 1095, III 625
— Mitverschulden beim — II 1071
— als Schadensursache II 1090ff, 1095ff, 1107
— Schiffszusammenstoß
— — wegen eines falschen — eines dritten Schiffes II 1013
— — während eines militärischen — II 1028
— verbotenes II 1095
Manöverbuch II 180
Manövrierunfähigkeit
— Bedeutung für das Bergungs- und Hilfeleistungsrecht II 1127
— Lichterführung bei — III 598
— Schiffszusammenstoß wegen — II 1041
— Signalkörper bei — III 598
Manövrierunfähigkeitssignal II 1094, III 598
Manometer III 1299
Manteltarifvertrag für die Besatzungen der deutschen Hochseefischereifahrzeuge III **267ff**
— Arbeitszeit III 272f
— Ausrüstungsversicherung III 271
— Ausschlußfristen III 278
— Beschwerden III 279
— Erstattung von Reisekosten III 278
— Freizeit III 274
— Geld- und Sachbezüge III 269
— Geltungsbereich III 267
— Geltungsdauer III 279
— Heuerverhältnis (Begründung, Inhalt und Beendigung) III 267
— Instandhaltung von Aufenthaltsräumen und Einrichtungsgegenständen III 270
— Krankenhilfe und Krankmeldung III 268f
— Mindestbesatzung an Deck III 275
— Noteinkleidung III 271
— Rückbeförderung III 268
— Sonn- und Feiertagsausgleich III 274
— Sterbegeld III 269
— Tarifschiedsgericht III 279
— Urlaub III 277f
— Verpflegung III 271
— Verpflegungsgeld III 271
— Verteilung von Bezügen III 275
— Zeugnis III 268
Manteltarifvertrag für die deutsche Seeschiffahrt III **220ff**
— Arbeitsbereitschaft des Verpflegungs- und Bedienungspersonals III 232
— Arbeitszeit
— — für Decks- und Maschinenpersonal im Hafen III 229
— — an Ein- und Auslauftagen III 230
— — auf Fahrgastschiffen III 229
— — für Verpflegungs- und Bedienungspersonal III 228f
— — für Wachgänger III 227f
— Aufhebungsvertrag III 246
— Auflieger III 232
— Ausbildung
— — der Assistenten III 230
— — der Junggrade des Decksdienstes III 230
— Ausgleich für nicht gewährten Landgang III 241
— Auslandszulage III 236
— Auslaufverbot am 24. Dezember III 230
— Backschaft III 239
— Backzulage III 237
— Baubeaufsichtiger III 232
— Beförderung III 226
— Begriffsbestimmungen III 223ff
— Berufskleidung auf Fahrgastschiffen III 239
— Besatzungsmitglied i.S. des — III 224
— Beschäftigungseinschränkungen III 228f

— Beschäftigungszeiten III 226f
— Beschwerden III 248
— Bezüge III 231
— — während der Kündigungsfrist III 246
— deutsche Häfen i.S. des — III 225
— Dienstreisen III 239
— Dienstuniformen III 239
— Effektenversicherung III 240
— Einstellung von Besatzungsmitgliedern III 225
— Einzelstundenvergütung III 235
— Einzelüberstundenvergütung III 233
— Fahrgastschiff III 224, 229, 239
— Fahrgastzuschlag III 237
— Fahrtgebiete III 224
— Feiertagsarbeit III 235
— Funkerzulage III 237
— Gastrollengeber III 232
— Geltungsbereich III 222f
— Hafenarbeitszeit III 227
— Heuerverhältnis
— — allgemeiner Inhalt III 226
— — Arten III 226
— — Beendigung III 244
— — Begründung III 225
— Inkrafttreten III 250
— Junggrad i.S. des — III 224
— Krankenfürsorge III 240
— Kündigung
— — außerordentliche III 246
— — ordentliche III 245
— — Wirksamwerden III 245
— Kündigungsfristen III 245
— Landgangsanspruch III 241
— Laufzeit III 250
— Mehrarbeit III 232
— Mehrarbeitspauschale III 233
— Mehrarbeitsvergütung III 233ff
— Nachtarbeit III 235
— Nachtarbeitspauschale III 235
— Reeder i.S. des — III 223
— Reederei i.S. des — III 223
— Reinigung der Unterkünfte III 239
— Rückbeförderung
— — zum Annahmehafen III 248
— — der Effekten III 248
— Schmutzzulage III 236
— Seearbeitszeit III 227
— Sonderbestimmungen
— — für Bergungsschlepper und Bergungsfahrzeuge III 251
— — für Fähr- und Fördeschiffe III 252
— Sonnabend auf See III 232
— Sonntagsarbeit III 235
— Sonntagsarbeitspauschale III 235
— Sonn- und Feiertagsausgleich III 241f
— sonstiger Angestellter i.S. des — III 224
— Sozialausschuß III 248f
— Spanien-Portugal-Zulage III 237
— Sterbegeld III 248
— Tankerzulage III 237
— Tarifschiedsgericht III 250, **253ff**
— Übergangsbestimmungen III 250
— Umschaufrist III 247
— Umschaugeld III 247
— Unterbringung III 239
— Urlaub III 242f
— — Dauer III 242
— — Unterbrechung III 244
— — Zeitpunkt III 242
— Urlaubsanspruch III 242, 244
— Urlaubsbezüge III 243
— Urlaubsentgelt bei Heuertarifänderung III 244
— Urlaubsverpflichtung III 243
— Verpflegung III 238
— Verpflegungsgeld III 238
— Verwirkung III 249
— Viehfahrt III 252f
— Ziehschein III 238
— Zulage für Ladungsarbeiten III 237
— Zusatzurlaub III 242
— Zwei-Wachen-Schiffe III 224
— Zwei-Wachen-Zuschlag III 232
Mantel- und Heuertarifvertrag für die Besatzungen der großen deutschen Heringsfischerei (Loggerfischerei) III **283ff**
— Anstellung und Kündigung III 284f
— Arbeitsbedingungen III 285
— Arbeitszeit III 288
— Ausrüstungsbeihilfe III 287
— Ausrüstungsversicherung III 287
— Bestimmungen über die Heuer III 284
— Fahrgeldvergütung III 285
— Fischdeputat III 287f
— Geltungsbereich III 284
— Laufzeit III 288, 290
— Lohnfortzahlung im Krankheitsfall III 286f
— Sonn- und Feiertagsausgleich III 289
— Tarifschiedsgericht III 288
— Urlaub III 286
— Vergütung für Mehr-, Nacht-, Sonn- und Feiertagsarbeit III 289
— Verpflegung und Unterkunft III 286
— Zusatzvereinbarung III 290
mare liberum I 190
Marginalklauseln II 568
Marine Insurance Act, 1906 II 986
Maritime Claim I 569f
maritime contract of affreightment II 260, s. a. „Seefrachtvertrag“

maritime lien II 1288, 1323f, s.a. „lien“
Marken
s. „Frachtgut, Merkzeichen“
Markierung
s. beim Gegenstand der —
Marktausgleich I 200
Marktbeherrschendes Unternehmen II 756f
Marktpreis II 517, 631, 931f, 938, 979, 981f
Marktverband der Fischwirtschaft I 202
Marktverlust II 963
Marmor II 432, 1365
Marokko II 346, III 1215
— Flaggenrecht I 320
— als Mitglied internationaler Abkommen I 127, 584, 982
— Partenreederei II 124
— Schiffervollmacht II 214
— Schiffsgläubigerrecht II 1324
— Schiffshypothekenrecht I 403, 503
— seerechtliches Schrifttum I 40
— Seerechtsquellen I 31, 34
Maschine(n) II 9, 154, 448
— Arbeiten der — und Reisebeginn II 309
— Ausfall der — II 1119
— Bedienung der — als nautische Handlung II 450
— besonders starke — des rettenden Schiffes II 1216
— ordnungsgemäße — als Voraussetzung der Seetüchtigkeit II 313
— Überanstrengung der — II 898, 926f, 968f, 1211, 1213
Maschinenanlage I *878ff*, 953ff, III 1296ff
— Vermessung der Räume für die — I 1174ff
Maschinenassistent II 19
Maschinendienst III 185ff, 300
Maschineninspektor II 19
Maschinenjournal
s. „Maschinentagebuch“
Maschinenpersonal II 313
— Arbeitszeit III 227ff
— Bemannungsrichtlinien III 328, 329
Maschinenprobe III 877
Maschinenraum II 450, 452, 1210, III 328
Maschinenschaden II 543, 1365
Maschinentagebuch I 22, *876*, 950, II 164, **180ff**, 1035, III 406
Maschinenteil II 312
Maschinentelegraph I *880*
Maschinist II 669
— Befähigungszeugnis nach § 31 GewO III 293
— auf Hochseefischereifahrzeug III 267, 270
— s.a. „Seemaschinist“
Maßangaben über das Frachtgut
s. „Frachtgut“, „Konnossement“
Massengut II 264, 284f, 327, 349, 577
Maßnahmen
— auf dem Gebiet der deutschen Seeschiffahrt III 1280
— im überwiegenden Interesse der Ladung II 430, 443, 449f
— im überwiegenden oder ausschließlichen Interesse des Schiffs II 449f, 616
Mast(en) II 9, 400, 898, 902, 915f, 967
Mastleitern I *889*, III 1311
Mate's Receipt II 551f, 561
Matrose III 18, 225, 270, 333
Berufsbild des — in der Seeschiffahrt III 339f
— Richtlinien für die Ausbildung zum — III 338f
Matrosenbrief III 225, 333, 340ff
Matrosenprüfung III 333f, 343ff
Maximalladungsquantum II 373
Mecklenburg I 22, II 81, 89, 91, 92, 109, 198
Medikamente
s. „Arzneimittel“
Meeresenge
— als Binnengewässer I 47
— Durchfahrt I 51, 60
— und Küstenmeer I 72
Meeresboden I 58, 66, 88
Meeresforschung I 159, 160, 168
Meeresgrund
s. „Meeresboden“
Meeresschätze I 59, 66
Mehl II 473
Mehrarbeit II 73, III 112ff, 171f, 175, 232, 272ff, 289
— der Jugendlichen III 178f
Mehrarbeitspauschale III 233
Mehrarbeitsvergütung II 73, III 106, 172f, 233, 234f
Mehrheitsverband II 86
Mehrkosten
— beschleunigter Löschung II 402f
— durch Ungeeignetheit des Löschplatzes II 396
— wegen Unvollständigkeit der Ladung II 372, 374
— der Wiederausladung II 380f, 385
Meile III 559, 565
Meistbegünstigungsklausel I 48
Meldepflicht
— von fischwirtschaftlichen Betrieben I 203
— betr. Kriegswaffen II 801f, 804
— gemäß § 24 Kündigungsschutzgesetz III 145
Meldestellen für die Seeverkehrsstatistik I 1338ff
Meldevorschriften des Außenwirtschaftsrechts II 778, 782, 785, 793f

Meldorf III 911
Membransender III 584
Menschenleben
— Rettung von — s. „Personenrettung“
— Sorge für — II 238
Menschenraub I 19
Merchant Marine Act (USA) I 36, 399
merchant's bill of lading II 561
Merchant Shipping Act I 31, 33, 391, 396, 398, II 64, 818, 1123
Merkantiler Minderwert II 1052
Merkblatt des Auswärtigen Amts für die Tätigkeit der als Seemannsamt bestimmten diplomatischen und konsularischen Vertretungen der Bundesrepublik Deutschland III 51ff, 213
Merkzeichen
s. „Frachtgut, Merkzeichen“
Meßbrief
s. „Schiffsmeßbrief“
Messejunge III 225, 226
Messesteward III 20, 224, 225, 231, 297, 327
Meßinstrumente für die Schiffsvermessung I *1197f*
Meßraumsteward
s. „Messesteward“
Metallhaut II 930
Meteorologie, Weltorganisation für — I 183
Meteorologischer Dienst I 723f, 742
Meuterei II 414, 1121
Mexico
— Abandonsystem II 65
— Behandlung fremder Schiffe I 62
— continental shelf I 65
— Flaggenrecht I 326
— Küstenmeer I 57, 58
— als Mitglied internationaler Abkommen I 88, 117, 977, 982, 1294, II 1099, 1253
— Schiffshypothekenrecht I 388, **403**
— Schiffsregisterrecht I 243
— Seerechtsquellen I 31, 34
Mietcharter II 260, 271, 284, 444f
Miete II 425
— Dienstnebenleistung bei — II 270
— von Passagierräumen II 813
— eines Schwimmkrans II 327
— s.a. „Schiffsmiete“
Militärische Übungen auf Gewässern I 222, III 674, 785, 787
Minderheitenschutz II 91
Mindermaß II 629
Minderung
s. „Herabsetzung“
Minderwert II 639
Mindestalter
— für Befähigungszeugnisse des nautischen und des Maschinendienstes III 175, 360ff
— für die Zulassung zur Arbeit in der Fischerei III 392ff
— für die Zulassung von Kindern und Jugendlichen zur Arbeit auf See s. „Gesetz, betr. die Internationalen Übereinkommen über das —“, „Internationales Übereinkommen über das Mindestalter ...“
Mindestanforderungen beruflicher Art an die Kapitäne und Offiziere der Handelsmarine III 8
Mindestbesatzung an Deck III 275
Mindesthaftung, zwingende II 264, 287, 315, 435, 488, 541f, 551ff, **639ff**, **643ff**, 654, 656ff, 661ff, 668ff, 675, 681, **694f**
— Ausnahmen II 643ff, 654ff
— zugunsten des Befrachters II 642
— große Haverei II 644f
— beim Raumfrachtvertrag II 651ff, 675, 704f
— beim Überfahrtsvertrag II 811f, 817
— Zeitraum II 643, 646ff, 655ff, 686f
Mindesturlaub III 133
Minenfeld II 1210
Minengefahr II 537, 1029, 1119, 1210f, 1358
Minensperre II 1214
Minimalfrachtsatz II 228
Mischfeuer III 568, 577
Mißbrauch
— der Anordnungsbefugnis durch einen Vorgesetzten III 198
— im kartellrechtlichen Sinne II 758f
Mißhandlung des Besatzungsmitglieds III 152
misrepresentation II 294
Mißweisung
s. „Deviation“
Miteigentum
— im Auslandsrecht II 123ff
— am Frachtgut II 584f
— im internationalen Privatrecht II 127
— am Schiff I 383, 393ff, 469, II 77, 123ff, s.a. „Mitreeder“, „Schiffspart“
Miterben II 118ff, 121
Mitreeder
— Anweisung an Kapitän II 234
— Aufgaberecht II 109ff, s.a. „Abandon“, „Partenaufgabe“
— Auflösungsbeschluß II 119
— Aufrechnung
— — gegen den — II 94
— — gegen den Parterwerber II 117, 121
— — gegen die Reederei II 85
— Auseinandersetzung II 120
— Ausschließung II 118f
— Belastung der Schiffspart II 113ff
— Beschlüsse II 88ff

— Bevorzugung bei Gewinnverteilung II 112
— Dispositionsverlust des — II 86, 118
— Einschußpflicht II 106ff
— Eintragung im Register II 28, 80
— Entmündigung des — II 118
— Geltendmachung von Rechten gegen die Reederei II 83
— als Gesamtschuldner II 85, 121
— Gewinn- und Verlustverteilung II 112
— Haftung des —
— — gegenüber Dritten II 120ff
— — für Einschußpflicht II 107
— — gesamtschuldnerische II 121
— — für Korrespondentreeder II 100ff
— — bei Partverkauf II 117, 120ff
— — persönliche II 86
— — proratarische II 63, 81ff, 111ff, 120ff
— — für Verlust II 111ff
— — bei Vorschüssen II 107
— Insichgeschäft des — II 89
— als Kaufleute II 79
— Kenntnis vom Bestehen einer Schiffsgläubigerforderung II 1317
— Klage gegen — II 83, 122
— Kündigung II 86, 118f
— Miterbe als — II 118
— Nachlaß des — II 118
— bei Partaufgabe II 110ff
— und Parterwerber II 116ff
— Person des — II 79
— Personenänderungen II 118ff
— Pflichten des — II 83, 106ff
— Privatforderung des — II 85
— Recht auf Gehör II 91
— Rechte gegenüber dem Korrespondentreeder II 102ff
— Rechtsstellung bei Schiffsgläubigerrechten II 1305
— Rechtsverhältnis der — II 87f
— Schiffspartübernahme bei Entlassung II 255
— Sonderrecht
— — auf disponible Gelder II 112
— — zur Partveräußerung II 114
— Stimmrecht II 88ff
— Veräußerung der Schiffspart II 7, 113
— Verfügung über sein Vermögen II 81
— Verlusttragung II 111ff
— Verpflichtung durch Kapitän II 213
— vorläufige Auszahlung II 112
— Vorschußpflicht II 106ff
— Wirkung der Partenaufgabe II 111
— wohlerworbene Rechte II 91, 112, 119
— als Zeuge II 84
— Zustimmung bei Partveräußerung II 114

Mittäter II 263
Mitteilungspflicht II 91, 1335, s.a. „Informationspflicht“
Mittelalter I 6
Mittelbarer Schaden s. „Schaden, mittelbarer“
Mittelfahrwasserbezeichnung III 552
Mittelgründe III 553
Mittelmeerhäfen II 26
Mittelwasserlinie I 56
Mittlere Fahrt III 300
Mitverschulden
— Bewußtsein bezüglich des [illegible] der Schiffsbesatzung II 1086
— bei der Fernschädigung zwischen Schiffen II 1096
— an der Notwendigkeit einer Rettung II 1240f
— beim Passagiervertrag II 815f
— bei Reederhaftung II 39
— des Reeders II 60
— zwischen rettendem und gerettetem Schiff II 1129
— der Schiffsbesatzung bei der Schiffsführung durch einen Zwangslotsen II 1087
— beim Schiffszusammenstoß II 1069ff, 1086, 1101
— beim Seefrachtgeschäft II 330, 332f, 443, 661f, 697, 700
Mitwirkungspflicht des Gläubigers II 372, 387
Mölln III 902
Möltenort III 894
Monaco
— Flaggenrecht I 326
— als Mitglied internationaler Abkommen I 26, 415, 584, 1294, II 66
— Schiffshypotheken I 403
— Seerechtsquellen I 31, 34
Monopolmißbrauch II 263, 273, 316, 654
Monopolstellung II 314, 437, 654
Monsunregen II 469
Montreux, Vertrag von — I 51
Morselampen I 727, 830, *916*, 970
mortgage
— Abtretung eines — I 401
— certificate of — I 392
— of chattel I 396, 548, 550
— deed I 391, 399, 527
— equitable — I 384, 392f, 397, 398, 496
— „Fracht- —“ I 496
— in Großbritannien I 33, 260, 384, 385, **391f**, 394, **396ff**, 493, 496, 502, 513ff, 518, 523f, 527
— legal — I 391f, 397ff, 496
— in Liberia I 406ff
— preferred — I 392, 393, 399, 400, 406f, 423, 524

— Rangverhältnis I 401
— Rechtsstreitigkeiten wegen — I 399
— Register I 399
— registered — I 398f
— Schuld I 400
— Übertragung I 527
— unregistered — I 363, 393, 398
— in den USA I 36, **392f**, 396ff, **399ff**, 493, 496, 502, 513ff, 518, 523f
mortgagee **397ff**, 407, 412, 422, 493, 501, 513ff, 524
mortgagor I **397f**, 400, 407, 493, 496, 501, 513
Mosel-Abkommen I 1395
Motor II 9, s.a. „Maschine"
Motorenführer III 18
Motorenraum III 1303
Motorenwärter III 18
Motorrettungsboot III 1337
Motorschiff III 326ff
Motorsportfahrzeug III 776, 784
Mundraub II 1238
Mundvorräte II 942f
Munition
— Außenwirtschaftsrecht II 773
— Beförderung, Verpackung und Verladung I *1008ff*
— Ladungspfandrecht an — II 1326
— Verfügungsrecht über versenkte — I 376
— s.a. „Gefährliche Güter"
Muschelfischerei I 173, 199
Museumsstück als Frachtgut II 651
Musiker III 19
Muster
— eines amtlich beglaubigten Auszugs aus dem Schiffszertifikat I 299
— eines Ausnahmezeugnisses I 737, 827, 848
— eines Ausrüstungssicherheitszeugnisses für Frachtschiffe I 734f, 826
— einer Bescheinigung über das Ergebnis der amtsärztlichen Untersuchung I *1292f*
— einer Besichtigungsniederschrift für Auswandererschiffe I 864f
— eines Betäubungsmittelbuchs I 1269ff
— eines Binnenschiffsregisters I 309ff
— einer Entrattungsbescheinigung I 1312
— einer Flaggenbescheinigung I 351
— eines Flaggenscheins I 347f
— eines Flaggenzeugnisses I 344
— eines Fragebogens für die gesundheitliche Überwachung der Seeschiffe I *1285*
— einer Gesundheitserklärung für die Seeschiffahrt I 1313f
— eines Gesundheitstagebuchs I 1273
— eines Hilfeleistungsvertrages II 1262f
— eines Krankenbuchs I 1272
— eines Leichenpasses I 1318
— eines Peilfunkbuchs I 851ff
— eines Schiffsbauregisters I 315ff
— eines Schiffsmeßbriefs I *1211f*
— eines Schiffszertifikates I 298
— eines Seeschiffsregisters I 301ff
— eines Sicherheitszeugnisses für Fahrgastschiffe I 733f, 824f
— eines Sprechfunk-Sicherheitszeugnisses I 735f, 847
— eines Telegraphiefunk-Sicherheitszeugnisses I 736f, 846
— für die Jahresbilanz der Schiffspfandbriefbanken (Formblatt) I 447ff
— für Sicherungsklauseln in Schiffshypothekenbestellungsverträgen zum Schutze des Hypothekengläubigers I 421f
— von Charterformularen II 298ff
Musterrolle I 15, 1220, *1286*, II 164f, 205, III 24, 35f, 41f, 54ff, **75f**
— Beilage zur — III 37
— Einziehung ungültiger — III 83
— Ermächtigung des SeemG zum Erlaß von Rechtsverordnungen über die Einrichtung und Ausfertigung der Musterrolle III 212
— Inhalt III 78f
— Kosten für die Ausfertigung der — III 83
Musterung I 695f, 813f, III 24f, 40f, 54ff, **75ff**, 1345
— Anwesenheit bei der — III 80
— Ermächtigung des SeemG zum Erlaß von Vorschriften bei der — und die Kosten der — III 212
— Gebühren III 83f
— Kosten für die — III 83, 212
— Verpflichtung zur — III 79
Musterungsbehörde I 1219
Mutmaßlicher Parteiwille
s. „Internationales Privatrecht, Parteivereinbarung"
Mutterschutzgesetz vom 24. 1. 1952 III 175, 212

N

Nacheile I 63, 69, 79, 175, 177, 1371f, III 1213
Nachen I 228
Nachfristsetzung II 388, 544
Nachlaß
s. bei der nachlassenden Person
Nachlaßgegenstände III 45, 158
Nachlaßverzeichnis II 187
Nachlieferung wiedergefundener Güter II 631
Nachnahme II 496

Nachrichtendienst III 461, s.a. „Grundsätze für den nautischen Waren- und —"
Nachrichten für Seefahrer III 1353
Nachschuß
s. „Einschuß"
Nachsteuern II 275f, 1026
Nachtarbeit II 73, 358, 410f, 413, III 172f, 235
Nachtarbeitspauschale III 235, 289
Nachtruhe, der Jugendlichen III 179
Nachverklarung II 206
Nahbereich III 589f, 614ff, 620
Nahfahrt II 198
Name des Schiffs
s. „Schiff, Name"
Namenskonnossement II 262, 579, 583f, 591, 596, 603, 607f, 618, 651, s.a. „Rektakonnossement"
Naphtalin II 455
National Association for the Promotion of Social Science II 960
Nationalchina I 56
Nationalflagge I 320
Nationalität des Schiffes
s. „Schiff, Nationalität"
Nationalitätszertifikat I 274
Natriumchlorat II 473
Naturalrestitution bei Schiffszusammenstoß II 1048
Naturereignis II 242, 469, 539, 542f, 697, 699, 1335
Naturschätze
— im continental shelf I 66 ,
— in der Hohen See I 80ff, 1374ff
Nautische Ausrüstung I *918ff*, 969ff, III 1349ff
Nautische Bücher III 461
Nautische Einheit des Schleppzuges II 1063ff
Nautische Leitung
s. „Kapitän"
Nautischer Waren- und Nachrichtendienst
s. „Grundsätze für den —"
Nautisches Verschulden II 37ff, 146f, 243, 428, 434, **446ff**, 452f, 456f, 463, 465, 467, 469, 483, 541, 654, 659, 664, 668, 670, 675f, **697**, 812, 1026, 1029
— bei Deviation II 243
— bei großer Haverei II 891, 907
— beim Passagiervertrag II 812, 823
— beim Schiffszusammenstoß II 1013
— des Seelotsen II 891, 907
— Haftung bei — II 40, 1080
— im engeren Sinne II 446ff
— im Hafen II 452f
— im weiteren Sinne II 446
— maßgebliches Recht II 1017
— Versicherung gegen Schäden aus— II 1336, 1357
Nautische Vorsicht II 1038
navigabilità II 308
navigabilité II 308
navigation II 446f, 454
Navigationsakte von 1651 (Brit.) I 321
Navigationsräume I 1169f
near-Klausel II 294, 322f, 392ff, 511, 532, III 1557
Nebel III 588, 611ff
— „anscheinend vorlicher als querab" III 616
— Geschwindigkeit bei — III 611ff
— Radarbenutzung III 614ff
— Schallsignale bei — III 609ff, 677, 949
— Schiffszusammenstoß bei — II 1072, 1073
— Stoppen der Maschine bei — III 611ff
— Tagebucheintrag II 186ff
— vorsichtiges Manövrieren bei — III 611ff
— „wenn es die Umstände gestatten" III 616f
Nebelhorn III 676
Nebelschallsender III 584ff
Nebelschallzeichen III 584ff, 677, 812, s.a. „Grundsätze für die —"
Nebelsignal II 1072, 1084, III 609ff, 611ff, 677, s.a. „Grundsätze für die Leuchtfeuer und —"
Nebenelben bei Wischhafen, Assel und Bützfleth III 739f
Nebenfahrwasser II 1027, III 657
Nebenflüsse I 1395
Nebengewässer III 680
Nebenintervention
— Anfechtung eines Rettungsvertrages im Falle einer — II 1228
— des Kapitäns im Rechtsstreit des Reeders mit Schiffsgläubigern II 1300
— im Berge- oder Hilfslohnprozeß II 1243
— in einem Schiffkollisionsprozeß II 1058, 1076
Nebenkosten
— bei der Seeversicherung II 1353
— bei Fautfracht II 376
— des Verfrachters II 1388
— s.a. „Fracht, Nebenkosten"
Nebenleistungen
— bei der Schiffshypothek I 387, 410, 480f, 527
— Forderungen auf Rückstände von — I 528
Neckar-Aktiengesellschaft I 219
Negligence-Klausel II 289, 317f, **659ff**, **669ff**, 909, 916
Nehmung
— Abandon wegen — II 1343, 1367

— Erlöschen des Schiffsgläubigerrechts bei — des Schiffes II 1290
— Schäden bei der Abwendung einer — des Schiffes II 918
— Versicherung gegen Schäden durch — II 1341, 1358
Nepal I 1294
necessaries I 493
Nettoarbeitsentgelt III 127
Nettofracht II 6
Nettoraumgehalt I 1144, II 161
Nettoregistertonne I 1144, II 292
Nettowert II 980f, 1244
Netzmacher III 18, 270
Neuausrüstung II 1292f
Neubeladung II 424
Neue Ladung II 284
Neue Reise I 360f
Neufeld (Süderdithmarschen) III 910
Neu für alt II 14 s. a. „Alt und Neu"
Neufundland I 58, 100, 977
Neuseeland II 319, 446
— als Mitglied internationaler Abkommen I 88, 100, 105, 139, 584, 977, 1294, II 1099, 1253
— Flaggenrecht I 326
— Seerechtsquellen I 34
Neustadt (Holstein) III 898
Neu und alt
s. „Alt und neu"
Neuwerk-Reede III 734, 773
Nicaragua
— Flaggenrecht I 327
— Küstenmeer I 57, 58
— als Mitglied internationaler Abkommen I 65, 105, 977, 982, II 1099
— seerechtliches Schrifttum I 40
— Seerechtsquellen I 34
Neutrale Staaten I 48
New Jason Clause II 644
Nichtablieferung II 271, 427, 505, 1277ff, 1311
Nichteigentümer als Reeder II 27
Nichterreichen des Bestimmungsortes II 630f, 633
Nichterwerbsschiff II 34, 38
Nicht-Führungslotse II 147, III 480
Nichtigerklärung eines Rettungsvertrages II 1219, 1229f
Nichtmitreeder als Korrespondentreeder II 91
Niederlande III 1210, 1211
— als Mitglied internationaler Abkommen I 53, 88, 100, 105, 117, 139, 150, 153, 179, 188, 575, 584, 977, 982, 1132, 1294, II 67, 1099, 1253
— Bestimmungen zu den Haager Regeln (WvK) II 727ff
— Chartervertrag II 268, 288, 322, 350, 359f, 394
— Flaggenrecht I 326
— Frachthaftung II 320, 450, 468, 487, 684
— Frachtvertrag II 346, 350, 359f, 384, 394, 525
— Haverei II 998ff
— internationales Privatrecht II 283
— Küstenmeer I 56, 58
— Küstenschiffahrt I 108
— Ministerium des Auswärtigen I 150
— Partenreederei II 123
— Rechtsquellen I 30, 31
— Reederbegriff II 29
— Reederhaftung II 48, 64
— Schiffervollmacht II 214
— Schiffsgläubigerrecht II 1287, 1324
— Schiffshypothekenrecht I 387, 388, **404f**, 423, 491, 502, 518
— Schiffsregisterrecht I 243
— Seeversicherungsrecht I 502
— Untersuchung von Seeunfällen III 456
— Verklarung II 199, 202
Niedersachsen
— Arbeitsschutzgesetz für Jugendliche vom 9. 12. 1948 (Änderung durch das SeemG) III 215
— hafenrechtliche Bestimmungen III 1124ff
— Heimathäfen II 16
— VO zum Schutze der Schiffahrt gegen die Gefährdung durch Lichtquellen an Land III 782
Niedrigwasser II 322, 392
Niedrigwasserlinie I 47, 55, 140
Niendorf (Ostsee) III 898
Nießbrauch I 269, 288, 291f, **468f**, 473ff, **551f**, II 27, 78, 115, 133, 554
Niete II 9, 313
Nikaragua I 584, 1294
no cure, no pay
s. „Kein Erfolg — keine Zahlung"
Nötigung II 1239
noleggiante II 260, s. a. „Verfrachter"
noleggiatore II 261, s. a. „Befrachter"
non liquet II 442, 1019, 1034f, 1045
Nordatlantik
s. „Atlantischer Ozean"
Norddeutscher Bund II 3
Nordenham III 1124
Nordenskiöldmeer I 56
Nordfeld III 755f
Nordirland I 88, 105, 153, 163, 179, 584, 977, 1294
Nord-Ostsee-Kanal I 52, II 22, 538, III 521, **791ff**

— Anforderungssignal für Seelotsen III 506
— An- und Vonbordgabe von Treib- und Heizölen III 859f
— Bedingungen für den Einsatz von Schleppern der Kanalverwaltung III 859
— Betriebsordnung s. „Betriebsordnung für den — mit Gieselaukanal und Achterwehrer Schifffahrtskanal"
— Einsatz von Schleppern der Kanalverwaltung III 859
— Fährenpolizeiverordnung III 860
— Gerichtshoheit I 50, 52
— Gesundheitsvorschriften I 16, 52, *1286ff*, III 860, 1500, **1503f**
— Häfen, Lösch- und Ladeplätze am — III 887
— Kanalfernsprechstellen III 861
— KanalpolizeiVO, betr. An- und Vonbordgabe von Treib- und Heizölen III 859
— Lotsenannahmepflicht III 523
— Lotsen des — I 52, II 1088, III 521
— Lotswesen III 487, 521
— Schiffszusammenstöße im — II 1016
— Schleppzeiten III 859
— Signaltafel III 832ff
— Übersichtsplan der Holtenauer Kanalreede III 861
— Verkehrssicherungspflicht im — II 1114
— Zollvorschriften III 860
— zuständiges Gericht für Rettungssachen II 1118
— s.a. „Gesetz, betr. die Gebühren für die Benutzung des —", „Polizeiverordnung über die Ausübung der Tätigkeit als Kanalsteuerer auf dem —", „Verordnung über die Befahrungsabgaben auf dem —", „Verordnung zur Entlastung der Seelotsen am —"

Nord- und Ostseefahrt III 326, 329

Nordsee
— Grenzen der — I 140
— Überfischen der — I 153ff

Nordsee-Fischerei-Vertrag (1882) I 69, 139, 196

Nordstrand-Damm I 213

Norwegen III 1215
— Ansprüche des Lotsen wegen Bergung und Hilfsleistung II 1122
— Außenzone I 63
— Behandlung fremder Schiffe I 62
— Deliktsstatut II 49
— Flaggenrecht I 327
— Küstengewässer I 47, 56, 58
— Küstenschiffahrt I 108
— als Mitglied internationaler Abkommen I 26, 53, 59, 88, 100, 105, 117, 127, 139, 153, 163, 173, 179, 415, 575, 584, 982, 1132, 1294, II 66f, 1099, 1253
— Partenreederei II 125
— Reederhaftung II 48, 65
— Regierung als Vermittlungsstelle in Schiffsvermessungsfragen I 1139
— Schiffervollmacht II 214
— Schiffsgläubigerrecht II 1324
— Schiffshypothekenrecht I 388, **404**, 493f, 503, 513, 546, 551
— Schiffsregisterrecht I 243
— seerechtliches Schrifttum I 40, 1356
— Seerechtsquellen I 31, 34
— Untersuchung von Seeunfällen III 456
— Verklarung II 202
— s.a. „Skandinavien"

Notar II 478, 488

Notarielle Beurkundung II 362

Notausgänge I *902*, 960, III 1297

Notbeleuchtung III 1353

Noteinkleidung III 271

Notfall II 339f, 343
— Beförderung von Personen im — I 593
— Schiffsgläubigerrecht wegen Kreditgeschäften des Kapitäns im — II 1277ff, 1281, 1311
— Vergrößerung oder Veränderung der versicherten Gefahr wegen — II 1334
— Verteilung von Havariegrosseschäden bei / durch — begründeten Forderungen II 942

Nothafen II 530, 534f
— Anlaufen eines — II 456
  — — als Fall der großen Haverei II 892, 902, 913f, **920ff**, 971
  — — als Reiseverzögerung II 543ff
  — — als Strandung im versicherungsrechtlichen Sinne II 1372
— Begriff des — II 920
— besondere Maßregeln im — II 236
— Kosten im — II 534f, 902, 922f, 971
  — — Kosten II 903, 922, 959, 971
— Kreditaufnahme im — II 219
— Löschen im — II 656
— Marktpreis im — als der für die Vergütung von Havariegrosseschäden maßgebliche Preis II 933f
— Schäden
  — — auf der Reise zum — II 901
  — — durch Aufenthalt im — II 936
— Verhalten im — II 281
— Verkauf der Ladung im — II 241, 432, 631
— Verklarung im — II 200f
— Versicherung während des Aufenthalts im — II 1337

Nothilfe II 36

Nothilfepflicht

— bei Fernschädigungen zwischen Schiffen II 1096
— des Kapitäns nach Schiffszusammenstoß II 1104f, 1107
Notreparaturkosten II 902, 1051f, 1217
Notsignal I 694, 727, 728ff, 741, 812, *917*, 970, 1323, 1331, II 1119f, III **644**, 1349
Notstand II 36, 59, 1074
Notstandshandlungen II 1278f, 1284
Notstromquelle I 645f, 777f, 841, III 1308
Notverkauf
— des Frachtguts II 281
— eines Schiffes I 532, II 1290, 1305f
— Endigung der Reederei II 119
— Erlöschen des Ladungsgläubigerrechts II 1326f, 1328
— geborgener Güter II 1251
— Kreditaufnahme II 223
— und Schiffsverlust II 225, 256
— Vollmacht des Kapitäns II 222ff, 256
Notwendigkeit
— bei außergewöhnlichen Reparaturen II 232ff
— bei Bergung oder Hilfeleistung II 1235, 1258
— beim Schiffsverkauf II 222f
Nur für Kriegsgefahr II 1380
Nur für Seegefahr II 1341
Nur für Totalverlust II 1381
Nutzungen an Wasserstraßen I 208
Nyassaland I 88

O

Oberaufsicht über die Verwaltung der Strandungsangelegenheiten III 399
Oberfeuer III 567
Oberheizer III 245
Oberkoch III 17, 224
Oberkoch-Assistent III 17, 224
Oberländer Kahn II 415, 421
Obersteward III 17, 224
Obersteward-Assistent III 17, 224
Obhutsbereich beim Schleppen II 276, 1062
Obhutspflicht
— außervertragliche beim Frachtvertrag II 435, 474
— beim Passagiervertrag II 814f
— des Kapitäns über die Ladung II 166f, 234ff, 437, 691
— des Verfrachters
— — an geschleppten Schiffen II 263
— — über die Ladung II 429, 435, 440, 691
Obliegenheiten
s. bei der betr. Person
obliteration II 665
Öffentliche Abgaben
s. „Abgaben, öffentliche“
Öffentliche Bekanntmachung
s. „Bekanntmachung, öffentliche“
Öffentlicher Glaube im Schiffsregisterrecht I 241, 473ff, 520, 527, 528, 555
Öffentlicher Verkauf (§ 25 StrandO) III 413, 416
Öffentliches Lagerhaus
s. „Lagerhaus“
Öffentliche Urkunde
s. „Urkunde, öffentliche“
Öffentliche Versteigerung
s. „Versteigerung, öffentliche“
Öffentliches Seerecht I 4f
Öffnungsbreite von Buchten etc. I 46
Ökologie I 166
Öl
— Ablassen von —
— — in die Hohe See I 1387ff
— — im Nord-Ostsee-Kanal I 52
— — Verbotszonen für das — I 125, III 1226f
— — zur Beruhigung der Wellen I *922*, III 1353
— Begriffsbestimmungen im Sinne des Ölverschmutzungsabkommens I 119
— Kosten für Öl und große Haverei II 919
Ölbunker II 320
Ölfeuerung I *881*, *901*, *904*, 954, III 1300
Ölfeuerungsanlagen III 1371
Ölpumpe II 308
Ölschaden II 451f
Öltagebuch I 118, 121, II 182, III 1216
— Form III 1216
— für Nichttanker III 1219, 1222
— für Tanker III 1218, 1220
Öltransport II 309
Ölverschmutzung
— von Kanälen I 52
— Schrifttum III 1215
— der See I 17, 25, 64, 80, 118ff, 125, 1372, 1384ff, III 1215ff, 1227
Ölvorkommen außerhalb des Küstenmeeres I 65
Ölvorräte II 10
Ölwasserseparatoren I 118, 121, 1388
Öresund I 59
Örtliches Recht II 226, 321, 323f, 325, 328, 349, 351, 356ff, 360, 364, 370, 386, 391, 396f, 399, 403, 407f, 409ff, 413f, 416f, 423, 546, s.a. „Ortsgebrauch“
Örtliche Verkehrssitte
s. „Ortsgebrauch“
Österreich
— Anwendung des HGB II 5
— Flaggenrecht I 327

— als Mitglied internationaler Abkommen I 48, 53, 88, 100, 105, 127, 139, 982, 1294, 1316, II 1099, 1253
— Seerechtsquellen I 34
Ofen III 1323
Offenbare gute Beschaffenheit II 617
Offene Handelsgesellschaft I 330f, 383f, *429*, II 82, siehe auch III 1267
Offenes Meer I 177, 752, s.a. „Hohe See“
Offizier
— der Bundesmarine III 466, 468
— s. a. „Schiffsoffizier“
Offiziersanwärter III 17
Ohland-Langeneß-Damm I 213
Oktant I *921*, 972, II 164, III 1352
Oldenburg I 22, II 16, III 448f, 726
on deck at shippers risk II 344, 688
Option II 264, 285, 293, 391, 764
Optische Fernmeldeanlagen I 1319, 1324f
or assiges II 579
Order
— hinsichtlich des Bestimmungshafens II 281, 391
— beim Konnossement II 262, 579ff, 583ff
— hinsichtlich des Ladehafens II 294, 321f, 357
— betr. das Warten des Schiffes II 372
Orderhafen II 240, 264, 281, 290, 321f, 357, 391f, 511, 537, 565, 567, 607
Orderklausel II 579ff, 587, 651
— negative II 651
Orderkonnossement II 239, 246, II 340, 554f, 566, 579ff, 583ff, 590ff, 603, 605, 606ff, 618
Orderlagerschein II 592ff
Orderpapier I 542f, II 297, 554f, 874
Orderwechsel II 221
Ordnung
— für die Aufnahmeprüfung zum Lehrgang zum Seesteuermann auf großer Fahrt an der Seefahrtschule in Lübeck III 318ff
— an Bord III 185ff
— für die Prüfung zum Matrosen in der Seeschiffahrt (Hamburg) vom 10. 12. 1959 III 343ff
Ordnungsstrafe des Schiffsregistergerichts I 258
Ordnungswidrigkeiten I 204, II 804f
— gegen das SeemG III 63f, **200ff**
— s.a. „Gesetz über —“
Ordonnance de la marine I 6
ordre public
s. „Internationales Privatrecht“
Organe des Handelsstands II 477
Organhaftung bei Partenreederei II 101
Organisationsverschulden II 654
Orientierungspflicht II 104, 156, s.a. „Informationspflicht“
Orth a. F. III 896
or there-abouts II 293
Ortsarmenkasse II 1241
Ortsgebrauch II 325f, 328, 347ff, 351, 360, 364, 370, 373, 397, 399f, 402f, 409ff, 413f, 416, 546, 656, 760, 762, s.a. „Ortsüblichkeit“
Ortsgericht II 222f
Ortsrecht
s. „Örtliches Recht“
Ortsstatut II 408
Ortsüblichkeit II 10, 321, 325, 348f, 360, 370f, 373, 391f, 395ff, 403ff, 407f, 422ff, s.a. „Ortsgebrauch“
Ortungsfunkanlage II 164
Oslo-Fjord I 58
Oslo-Konvention I 1132
Oste III 736ff
Ostsee
— Fischerei I 196
— Seezeichen in der — I 29
— völkerrechtliche Stellung I 51
Ostsibirisches Meer I 47, 56
overcarriage II 539
overliggedagspenge II 352
overliggeld II 352
overside delivery clause II 400
owner's agent II 762
Ozeanstützpunkte im Nordatlantik I 179ff
Ozean-Wetterstationen im Nordatlantik I 179

P

Pacht II 133, 268, 561
Packung II 431, 464, **633ff**, 667, 691
pactum de non petendo II 461
Pahlhude III 754, 914
Pakistan
— continental shelf I 65
— Flaggenrecht I 327
— als Mitglied internationaler Abkommen I 105, 584, 982, 1294
— Seerechtsquellen I 35
Palästina I 100, s.a. „Israel“
Pamir-Fall II 154, III 466
Panama
— continental shelf I 65
— Flaggenrecht I 327
als Mitglied internationaler Abkommen I 117, 139, 584, 977, 1294
— Schiffsgläubigerrecht II 1324
— Schiffshypothekenrecht I 406, III 1263
— Schiffsregisterrecht I 244
— Seerechtsquellen I 35
Panama Canal Act (1912) I 321

Panama-Kanal I 16, 52, **53**, 1217, 1357, II 161, III 1499 ,s.a. „Bekanntmachung, betr. die Vermessung der Schiffe für die Fahrt durch den Panamakanal "
Panama-Kanal-Gesellschaft I 53
Pan-amerikanischer Codex des Gesundheitswesens I 1311
Pantebrevet I 403
Paramount-Klausel II **278f**, 296, 641, **681**
Parathyphus III 147, 149
Pariser Luftverkehrsabkommen (1919) I 193
Pariser Seerechtsdeklaration II 918
Paritätische Heuerstelle
s. „Seemännische Heuerstelle"
Part
s. „Schiffspart"
Partbelastung
s. „Schiffspart, Belastung"
Parteieid II 84, 1300
Parteifähigkeit der Reederei II 83f
Parteivereinbarung
— über die Anwendung von See- oder Binnenschiffahrtsrecht II 264
— über anzuwendendes Recht
s. „Internationales Privatrecht, Parteivereinbarung"
— im Recht der großen Haverei II, **904**, 908f, 935
Parteiwechsel
— im Rechtsstreit wegen Anfechtung eines Rettungsvertrages II 1228
— im Rechtsstreit der Schiffsgläubiger gegen den Reeder II 1300
Partenaufgabe
s. „Schiffspart, Aufgabe"
Partenbrief II 87
Partenmehrheit II 89
Partenreederei II **77f**, III 86, 223, 259
— im ausländischen Recht II 123ff
— Bestellung einer Schiffshypothek I 384
— Eintragung im Register II 28, 80
— Flaggenrecht von Seeschiffen einer — I 333
— internationales Privatrecht II 127
— Organe der — II 89
— Rechtswirklichkeit II 88
— Schiffsverlust II 115
— Sondervorschriften des SeemG für — III 206f
— Veräußerung von Schiff oder Part II 8ff
— Verwaltungssitz II 127
— s.a. „Reederei"
Partenschiff II 77
Partie von Gütern II 285
Partikuläre Haverei
s. „Besondere Haverei"
Partikuläre Seerechte des Mittelalters I 6
Partikuläres Recht II 403, s.a. „Örtliches Recht"
part indivise I 393f
Partpfandrecht
s. „Schiffspart", „Schiffspartenpfandrecht"
Partumschreibung
s. „Schiffspart, Umschreibung"
Partveräußerung
s. „Schiffspart, Veräußerung"
Passagebedingungen II 812, 822, **862ff**
Passagebillet II 811, 817
Passagegelder
s. „Überfahrtsgeld"
Passagesätze II 755
Passagevertrag
s. „Überfahrtsvertrag"
Passagier II 264, 307, 332, 334, **811ff**, 853
— Anspruch auf Berge- und Hilfslohn II 1123
— Begriff I 598, 747
— Beistandspflicht zu Gunsten des — II 1104f
— keine Beitragspflicht der persönlichen Effekten des — bei großer Haverei II 980f
— Belohnung an Kapitän II 253
— als „Beteiligter" i.S. des Havereirechts II 906
— Ersatz der Kosten für die Beköstigung von — als Schadensersatz wegen Schiffszusammenstoß II 1055
— Fürsorge des Kapitäns II 147, 238
— als Geschädigter II 38
— Haftung für — II 35, 811, 817, III 1566
— heimliches Anbordbringen von Gütern II 822, 824
— Hilfspflicht II 813, 818
— Höchstzahl der — III 705
— als Ladungsinteressent II 235
— Mitverschulden II 815f, 1070
— Rechte bei Aufenthalt wegen Reparatur des Schiffes II 821
— als Reiseinteressent II 812
— Reiseverhinderung II 819
— Rettung von Menschenleben durch — II 1247
— Rücktritt vom Überfahrtsvertrag II 811, 813f, 819, 832, 840ff
— und Schiffsgewalt II 813, 818
— Schiffsgläubigerrecht II 812
— bei Schiffsverkauf II 227
— Sicherheit des — II 238
— Tod II 813, 819, 824f, 832, 853
— Untergang mit dem Schiff II 814, 821
— verspätetes Anbordgehen II 813, 818, 823
— Zurückweisung von — III 705

— s.a. „Auswanderer“
Passagierkabine II 343, 813
Passagierschiff II 1078, III 703ff
Passagiervertrag
s. „Überfahrtsvertrag“
Paßersatz III 73
Passiersignal III 635f
Passivmasse bei Verteilung des Havariegrosseschadens II 935f
Paßverordnung III 70ff
Paßwesen, Gesetz über das — III 74f
Patent
— s. „Befähigungszeugnis“
Patenentziehung II 143, III 472ff, 476, 478f
Pauschalfracht II 265, s.a. „Lumpsum-Fracht“
Pauschalvergütung des Besatzungsmitglieds III 105
Peilfunkbuch I 851ff, II 182, s.a. „Funktagebuch“
Peilfunkgerät I 717f, 728, 743, 833, 843f
Peilrohr II 157, 452, 508
Peilung II 185, s.a. „Funkortung“
Peilvorrichtung III 1312
Pellworm III 919
Penalty-Klausel II 289f, 378f
Pensionserstattung II 1048
Perlenfischerei I 59
Persenning II 311, 347, 449
Persien
s. „Iran“
Persönliche Haftung
s. bei den betr. Personen sowie bei „Haftung, persönliche“
Personalausweis eines Flüchtlingsseemanns III 388
Personalstatut I 410, II 277, s.a. „Internationales Privatrecht“
Personenrettung II 243
— Pflicht zur — II 1104f, 1107, 1247, 1259f
— Prämie für — I *929*, 975
— durch den Strandvogt III 405
— Vergütung für — II 1117f, 1241, 1246ff, 1258
Personenschaden
— Anspruchsberechtigte bei — II 1061
— durch Fernschädigung zwischen Schiffen II 1090ff, 1107
— Freizeichnung und Geltendmachung von — II 1081
— Gefahr des — II 1211
— durch Schiffszusammenstoß II 1050f, 1060ff, 1069ff, 1081, 1101f
Personenstandsgesetz I 1348f
Peru
— continental shelf I 65
— Flaggenrecht I 327
— Küstenmeer I 58
— Küstenschiffahrt I 108
— als Mitglied internationaler Abkommen I 100, 105, 977, 1294, II 67
— Schiffshypotheken I 403
— Schiffsregisterrecht I 244
— Seerechtsquellen I 35
Pest I 1301ff, II 187
Pestverseuchte Schiffe I *1277ff*, *1286f*, *1290*, 1303
Petroleum I *899*, 963, III 1321
Pfändung
— nach internationalem Privatrecht I 300, 320
— des Konnossementsanspruchs II 583
— im Küstenmeer I 61f
— der Ladung II 471, 516
— Registereintrag II 87
— des Schiffes II 471
— und Schiffsgläubigerrecht II 1278
— einer Schiffshypothek I 266
— von Schiffsparten II 87
Pfändungspfandrecht
— auf Grund eines Arrestes I 563, 565f
— bei Schiffshypotheken I 266
Pfandgläubiger
— Pfandverkauf II 240f
— Schadensersatzansprüche bei Schiffs-zusammenstoß II 1047
Pfandhaftung
— des Kaufgelds II 225
— der Ladung II 495f
Pfandindossament II 599
Pfandklage
— des Bergers II 1250
— Kostenentscheidung II 1296f
— nach Verkauf des Schiffes II 1307
Pfandrecht
— für Arbeitslohn II 247
— im Ausland begründetes II 1322
— wegen Bergungs- oder Hilfskosten II 1249ff, 1325ff
— des Frachtführers II 514f
— am Frachtgut II 597, 604f, 869
— an geborgenen Gegenständen II 1249ff
— an einem Gesamthandsanteil eines Schiffes I 395
— gesetzliches II 515f, 597, 617, 824, 944f, 956ff, **1249ff**, 1288ff
— an Kabeln I 132ff
— an Kaufgeldforderung II 226
— an Ladung II 240, 597ff, s.a. „Ladungsgläubigerrecht“
— am Ladungsvermögen II 245f
— des Lagerhalters II 420
— des Reeders am eignen Schiff II 1144
— am Reisegut II 813, 824

— am Schiff I 9, II 90, 121, 226, 431, 1305ff, III 1281, s.a. „Schiffsgläubigerrecht", „Schiffshypothek"
— Schiffsgläubigerrecht als — II 1271f
— an Schiffshypotheken I 266
— an Schiffsparten I 288, 483f, II 111, 115
— des Unternehmers I 425
— des Verfrachters an der Ladung II 246f, 249, 419f, 491, 493ff, **514ff**, 517, 520ff, 529, 531, 1325ff
— der Vergütungsberechtigten bei großer Haverei II 944f, 956ff, 1325
— vertragliches II 515f, 597
— Vorrang des Schiffsgläubigerrechts gegenüber sonstigem — II 1321ff
— des Werftinhabers I 425
— Wirkung auf Schiffszubehör II 12
— s.a. „Arrestpfandrecht", „Bodmereipfandrecht", „Internationale Verträge, Übereinkommen über Vorzugsrechte . . .", „Verpfändung"
Pfandverkauf II 240f, 514f, 517, 519ff, 532, 1295
Pfeife III 591, 609, 676
Pferdestärke III 299
Pflegliche Behandlung der Wohnräume durch das Besatzungsmitglied III 118f
Pflicht(en)
s. bei der betr. Person oder beim Gegenstand der —
Philippinen II 487
— continental shelf I 65
— Flaggenrecht I 327
— Küstenschiffahrt I 108
— als Mitglied internationaler Abkommen I 584, 977, 1294
— Seerechtsquellen I 35
Photograph an Bord II 19
Photographie als Beweismittel II 224
pilot obligatoire II 1090
Pinnau
s. „Krückau"
Pipelines
s. „Rohrleitungen"
Piraterie
s. „Seeraub"
pirates II 661
Platten II 9
pledge I 397f
Plünderung II 1335, 1341, 1356
Pocken I 1307f, II 187, 1282, 1286f, 1307f
Polarexpedition II 651
Polen I 48, III 1210, 1211, 1215
— ausländische Fischerei I 59
— Flaggenrecht I 327
— Küstenmeer I 46, 56, 58
— Küstenschiffahrt I 108
— als Mitglied internationaler Abkommen I 26, 28, 100, 117, 127, 139, 153, 173, 415, 575, 584, 977, 982, II 66f, 1099, 1253
— seerechtliches Schrifttum I 40
Policentaxe II 340f
Polizeibehörde, Vorbereitung der seeamtlichen Untersuchung III 467
Polizeifahrzeug I 94, 577
— Kennzeichnung III 663
— Zusammenstoß mit — II 1014, 1028
Polizeigesetze
— ausländische II 171
— Verstoß gegen — bei Schiffszusammenstoß und Fernschädigung II 1028ff, 1040, 1044, 1074, 1092
Polizeigewalt des Bundeskonsuls I 1219
Polizeiliche Anordnungen
s. „Anordnungen, polizeiliche", „Polizeivorschriften"
Polizeiverordnung
— über die Annahme von Lotsen auf der Trave und in den Lübecker Häfen vom 19. 3. 1940 III 528
— über die Ausübung der Tätigkeit als Kanalsteurer auf dem Nord-Ostsee-Kanal III 804f
— betr. die Betriebsordnung für den Nord-Ostsee-Kanal III 791
— für den Hafen Cuxhaven III 1162ff
— — Ankern III 1166
— — An- und Abmeldung III 1165
— — Anwendung anderer Vorschriften III 1163
— — Aufeisen III 1166
— — Begriffsbestimmung III 1164
— — Behörden III 1164
— — Bewachung III 1167
— — Drehbrücke III 1168
— — Fahrregeln III 1168
— — Fischereivorschriften III 1169
— — Geltungsbereich III 1163
— — Güterlagerung III 1166
— — Hafenlotsen III 1164f
— — Hafensperrung III 1168
— — Hafenverunreinigung III 1167
— — herausragende Gegenstände III 1167
— — Laden III 1166
— — Liegeplätze III 1165
— — Löschen III 1166
— — Lotsenversetzbarkasse III 1165
— — Schiffsschraubendrehen III 1167
— — Schiffszugang III 1167
— — Schwojen III 1166
— — Sprengstoffe III 1169
— — Strafen III 1169
— — Vertäuen III 1166

— — Zwangsmaßnahmen III 1169
— für den Hafen Wesermünde III 1084ff
— — An- und Abmeldung III 1086
— — Anweisen der Liegeplätze III 1088
— — Anwendung anderer Verordnungen III 1085
— — Aufeisen III 1089
— — aufgehobene Vorschriften III 1093
— — Aufsichtsbefugnisse des Lotsen III 1086
— — Begriffsbestimmungen III 1085
— — Behörden III 1085
Bewachung III 1090
— — Drehbrücken III 1091
— — Fahrregeln III 1090
— — Fischereivorschriften III 1091
— — gefährliche Ladung III 1091
— — Geltungsbereich III 1084
— — gesunkene Schiffe III 1091
— — Hafenbootshilfe III 1085
— — Hafengelder III 1092
— — Hafenmeister III 1092
— — herausragende Gegenstände III 1089
— — Kennzeichnung der Hafenschiffe III 1091
— — Laden III 1089
— — Lagern von Gütern III 1089
— — Löschen III 1089
— — Lotsenberatung III 1086
— — Lotsenpflicht III 1085
— — Schiffsabmeldung III 1086
— — Schiffsanmeldung III 1086
— — Signale III 1087
— — Strafen III 1093
— — Verbote III 1092
— — Vertäuen III 1089
— — Verunreinigung III 1090
— — Vorsichtsmaßnahmen beim Schleusen III 1087
— — Zugang zu den Schiffen III 1089
— für den Hafen zu Emden III 1124ff
— — Abmelden III 1127
— — Abwässer III 1133
— — allgemeine Verbote III 1138
— — Anmelden III 1127
— — Annahme von Lotsen III 1126
— — Aufeisen III 1138
— — Ausgasen III 1140
— — Auslaufen III 1128
— — Ausräuchern III 1140
— — Befreiung von der An- und Abmeldepflicht III 1128
— — Begriffsbestimmungen III 1125
— — Beschädigung von Hafenanlagen III 1138
— — Betreten III 1133
— — Boote III 1131
— — Dampfablassen III 1133
— — Drehbrücken III 1133ff
— — Einlaufen in den Hafen III 1126
— — Fahrgeschwindigkeit III 1129
— — Fahrregeln III 1129
— — Fahrzeugbemannung III 1131
— — Fahrzeugbewachung III 1131
— — feuerpolizeiliche Bestimmungen III 1140
— — Gebrauch der Schiffsschraube III 1133
Gefahrenzustände III 1100
— — Geltungsbereich III 1125
— — gesundheitliche Überwachung III 1139
— — Gültigkeit anderer Vorschriften III 1125
— — Hafenpolizei III 1126
— — Instandsetzungsarbeiten III 1128
— — Krankheitsmeldungen III 1139
— — Laden III 1139
— — Leinen III 1132
— — Lichterführung III 1132
— — Liegeplätze III 1128
— — Löschen III 1139
— — Ölhafenbenutzung III 1141ff
— — Quarantäne III 1138
— — Rauchentwicklung III 1133
— — Reinhalten des Hafens III 1138
— — Schiffsbewegungen III 1129
— — Schleppverkehr III 1130
— — Schleusen III 1133ff
— — Sportfahrzeuge III 1131
— — Strafbestimmungen III 1144
— — Verhalten im Hafengebiet III 1128
— — Verkehrsstörungen III 1130
— — Zulassen in das Hafengebiet III 1126
— des Regierungspräsidenten in Schleswig zur Ausführung des § 15 Abs. 1 der SchiffsbesetzungsO, betr. Erlaubnis zum Führen von Fahrzeugen in der Küstenfischerei vom 29. 1. 1936 III 317
— über die Signale zur Anforderung eines Hafenlotsen auf der Reede von Bremerhaven III 1098
— über den Verkehr auf der Geeste von der Straßenbrücke über die Geeste in Wesermünde-Lehe bis zur Mündung in die Weser III 1093ff
— — Allgemeines III 1095
— — Anwendung anderer Verordnungen III 1094
— — Arbeitsbuch III 1096
— — Aufhebung alter Vorschriften III 1097

— — Aufsichtsbefugnisse des Hafenlotsen III 1095
— — Behörden III 1094
— — Brückensignale III 1096
— — Durchfahren von Brücken III 1096
— — Fischereivorschriften III 1096
— — Geltungsbereich III 1094
— — Hafenbootshilfe III 1095
— — Kennzeichnung der Schiffe III 1096
— — Lotsenberatung III 1095
— — Lotsenpflicht III 1095
— — Strafen III 1097
— — Tidewasserverhältnisse III 1096
— — Verbote III 1097
— — Zwangsmaßnahmen III 1097
Polizeivorschriften I 21, 87, II 330, 332, 345, 390
polizza di carico per transito II 621
Pomerene Act II 625
Pool II 754, 767
port II 921
porteador II 683
port holidays II 365
port of call II 391
Portugal II 283, III 1215
— Abandonsystem II 65
— Behandlung fremder Schiffe I 62
— Deliktsstatut II 49
— Flaggenrecht I 327
— Gesetz zu den Haager Regeln II 748f
— Küstenmeer I 56, 58
— als Mitglied internationaler Abkommen I 26, 28, 53, 117, 127, 139, 163, 415, 575, 584, 977, 982, 1294, II 66f, 1099, 1109, 1112, 1253
— Schiffsgläubigerrecht II 1322
— Schiffshypothekenrecht I 384, 388f, **403**, 503, 518, 547, 551
— Schiffsregisterrecht I 244
— seerechtliches Schrifttum I 40
— Seerechtsquellen I 31f
— Untersuchung von Seeunfällen III 456
— Verklarung II 202
Positionsangabe
s. „Charterpartie“
Positionslaternen I 18, 916, 969, 974, **1114ff**, 1117ff, II 164, III 1348, 1475, s.a. „Verordnung über die Einrichtung der —“, „Verordnung über —“
Positive Vertragsverletzung II 58f, 263, 323, 340, 362, 371f, 383f, 389, 395, 539, 568, 614, 811, 1278ff, 1311
possesory liens II 1288
Post
— als Befrachter II 672
— Seebeförderung durch die — II 4
— als Verfrachter II 672
Postbeförderung II 490, **671f**, 779, 801
Postdampfer
s. „Postschiff“
Postflagge I 335, s.a. „Postsignalflagge“
Postgut
— gesetzliches Pfandrecht an — wegen Bergungs- oder Hilfskosten II 1250
— gesundheitliche Behandlung des — I *1283*, 1301
— große Haverei II 672, 937, 949, 981
— als Ladung II 235
Posträume I 660, 788
Postsignalflagge I 335, 340, **349f**, II 672
Postschiff II 672, 1106, 1216
Postverwaltung II 4
Postverwaltungsgesetz II 672
Präferenzzoll I 107
Präklusion II 668
Prämie
— neben Fracht II 509
— des Kapitäns II 253
— für die Rettung von Menschenleben I *929*, 975
— s.a. „Bodmereiprämie“, „Versicherungsprämie“
Präsentation der Ladungspapiere II 475
Präsentationspapier II 554, 596, 606, 874
Prävention II 584, 586, 603ff, 607f, 878
Praktische Ausbildung der Seeschiffer, Seesteuerleute und Seemaschinisten III 306ff
Prangen II 927, 968
preferred mortgage II 1323f
Preisbindung II 753f
Preisdifferenz II 458
Preisstatistik I 1346f
Preußen I 23, II 198, s.a. „Zusatzvertrag mit — zum Staatsvertrag, betr. den Übergang der Wasserstraßen ...“
price of place II 291
Pricken III 550, 561
prima-facie-Beweis
s. „Anscheinsbeweis“
Primage II 55, 252ff, 495, 509f, 941, 1291
prime de vitesse II 353
Primgeld
s. „Primage“
Prisendampfer II 1123, 1129
Prisenordnung vom 28. 8. 1939 I 17
Prisenrecht I 320, 332, 368, 374, 533, 582, II 218
Prisenrechtliche Einziehung I 533, II 522, 524, 592, 595, 1290, 1306
Privates Seerecht I 4f
Privatforderung eines Reederschuldners II 85
Privatkai II 436

Privatschiff I 235f
Probe II 482
Probefahrt II 162, III 1378
Prokura II 5, 212
Prokuraindossament II 221, 492, 582
Prokurist I 383, II 215, 489
proper law of the contract II 283
propriété indivisé I 395
pro-rata-Klausel II 635
pro-rata-Haftung II 63, 111ff, 120ff, 497
pro-rata-Verteilung II 112
Prorogation II 1131
Prorogationsklausel
s. „Gerichtsstandsklausel"
Protektorat II 677, 711
Protest II 362f, 406, 412, 513, 611, 628, 1103
protestatio facto contraria II 1137
Protestkosten II 362f, 412
Protokolle zum HGB II 3
Protokoll über die obligatorische Zuständigkeit des Internationalen Gerichtshofs I 1383f
Proviant II 10, 25, 219, 334, 449, 922, 1326
Proviantamt II 228
Proviantlieferung II 213
Proviantschiff I 575
Proviantverwalter II 18, 57, III 245
Provision
— als Gegenstand der Seeversicherung II 1329, 1332, 1336, 1346, 1350, 1376f
— des Korrespondentreeders II 94
— Pfandrecht für — II 247
provisional certificate I 334
Prozeß
— des Kapitäns II 232f
— der Reederei II 83f
— Vertretung durch Kapitän II 241
— s.a. „Klage", „Rechtsstreitigkeit"
Prozeßkosten II 60, 245, 248, 515, 1058, 1081, 1150f, 1296f
Prozeßort
s. „Gerichtsort"
Prozeßstandschaft II 771
Prozeßurteil II 485
Prozeßzinsen II 60, 245, 248, 1150, 1231, 1296f
Prüfung
— zum Erwerb des Seefunkzeugnisses III 325
— zum Seelotsenanwärter III 480, 498f
— zum Seeschiffer, Seesteuermann und Seemaschinisten III 310ff
— s.a. „Hamburg, Ordnung für die — zum Matrosen in der Seeschiffahrt", „Ordnung für die Ausnahmeprüfung ... an der Seefahrtschule in Lübeck"
Prüfungsausschuß für die Prüfungen zum Seeschiffer, Seesteuermann und Seemaschinisten III 312
Prüfungsordnung
— für die Schiffsingenieur- und Seemaschinistenprüfungen I 15, III 312
— für die Seeschiffer- und Seesteuermannsprüfungen I 15, III 312
Prüfungspflicht II 59f, s.a. „Informationspflicht"
Puerto Rico I 584
Pulverkammer III 1379
Pumpanlagen I 639ff, 665, 773ff, 791, *890f*, *900f*, *903*, 953, 965, 1170, III 1312
Pumpen II 10, 163f, 185ff, III 1326, 1331
Pumpendampfer II 1310f
Pumpenmann III 18, 245
Pumpenrohr II 451f
Pumpenvormann I 933ff, 937
Punktation, unverbindliche II 288
purge I 401
Putlos III 785ff
Putzbaumwolle II 919

Q

Qualifikation
— des Kapitäns II 141, 145, III 14
— der Mannschaft II 160
— bei der Reederhaftung II 48ff
Quantitätsfracht II 506
Quantitätsverlust II 974
quantity in owners option II 373
Quarantäne III 558, 565
Quarantänebeschränkungen II 466, 471, 697
Quarantänegelder II 509, 511, 1277ff
Quarantäneklauseln II 544, 658
Quarantänepflichtige Krankheiten I 1295, 1301ff
Quarantänesignal I *1276*, *1287*, III 1501f, 1503
Quarantänevorschriften II 404, III 1502, 1504
Quartermeister II 19
Quartiersmann II 490, 755
Quasi-Ausrüster II 133, 261, 1129
Quasideliktische Ansprüche II 434
Quellen des Seerechts I 8ff
Querfahrer II 1072, 1075, III 686
Quermarkenfeuer III 567, 571
quirats I 393f
Quittung II 561, 606
Quoten II 78, 81f

R

Rabatt
s. „Frachtrabatt"
rachat de planche II 353
Radar I 743f, III 588, 614ff, 620

Radaranlage II 10, 1027, s.a. „Funkortung"
Radarbeobachtung II 1072, III 615
Radioaktive Stoffe I 64, *1078 ff*, 1372, III 1476 ff s.a. „Gefährliche Güter"
Raketenapparat III 1311
Rammen II 1040f, s.a. „Schiffszusammenstoß"
Randzelwatt I 173
Rangältester Offizier II 174, III 14
Rangverhältnis
— zwischen Bruchteilhypothek und Partpfandrecht I 483
— des gesetzlichen Pfandrechts wegen Bergungs- und Hilfskosten II 1250
— der Ladungsgläubigerrechte II 1325 ff
— beim Ladungspfandrecht II 247
— bei der mortgage I 401
— nachträgliche Änderung I 485
— zwischen Nießbrauch und Schiffshypothek I 469, 483, 551f
— der Schiffsgläubigerrechte II 1295, 1309 ff
— — nach internationalem Privatrecht II 1287
— — gegenüber anderen Pfandrechten oder sonstigen Rechten I 483, II 1321 ff
— unter Schiffshypotheken I 401, 404, 405, 411, 413, 414, **481 f**, 535
— zwischen Schiffshypotheken und anderen Belastungen nach ausländischem Recht I 484
— bei Schiffspartenpfandrechten II 116
— im Schiffsregister I 271
— bei Vormerkungen I 469f, 482
Rangvorbehalt I 486
Rapports des Comité Maritime International I 23
Ratifikation eines Staatsvertrages I 24
Ratten I *1277 ff*, 1302f, 1312
Rattenfraß II 440, 469, 508, 662, 1336, 1372
Raub des Schiffes II 522, 524
Rauchhelme I 669, 794
Rauchschaden II 455
Rauchverbot I *986*, III 1472
Raumbefrachter
s. „Charterer" „Raumfrachtvortrag"
Raumfrachtvertrag II 263 ff, 284 ff, 287 ff, 316, 356, 373, 390f, 507, 553
— Abgrenzung zur Schiffsmiete II 267f, 270 ff, 274, 284
— Annahme der Ladung II 436
— Außerkrafttreten II 522 ff, s.a. „Chartervertrag, Auflösung"
— Bestimmung des Schiffes II 285f
— Beweiskraft des Konnossements II 439
— Beweislast für Seeuntüchtigkeit II 318f
— Haftung des Verfrachters II 290, 316 ff, 704f
— Kajütenverfrachtung II 307
— Konnossement II 287, 290, 316, 458, 562, **651 ff**, 704f
— Laden und Löschen II 430, 436
— Lösch- und Überliegezeit II 409
— Stellung des Schiffes II 285f, 342
— s.a. „Chartervertrag"
Raumgehalt II 292 ff, 334, 467, 472
Raumgepäck II 822
Raumleiter III 1316
Realkredit
s. „Gesetz über Maßnahmen auf dem Gebiete des —"
reasonable deviation II 540
reasonable time II 358
Receipt
s. „Empfangsschein"
receiver II 265, s.a. „Empfänger"
Receiver of Wreck II 1288
réceptionaire II 265, s.a. „Empfänger"
receptum nautarum I 5, II 429
receveur principal des douanes I 390, 401
Rechenschaftspflicht
— des Kapitäns II 233f
— des Korrespondentreeders II 105f
— des Schiffermitreeders II 233
Rechnung
— eigene II 133, 254f
— „für wen es angeht" II 1329
— gemeinschaftliche II 79
Rechnungslegung des Kapitäns II 233f
Rechtsangleichung, zwischenstaatliche I 23
Rechtsanwalt beim seeamtlichen Verfahren III 465
Rechtsgeschäft
s. bei den beteiligten Personen
Rechtsgeschäftliche Vertretung
s. „Vertretung"
Rechtshängigkeit II 1109
Rechtskrafterstreckung II 882 ff
Rechtsmißbrauch II 309, 465
Rechtsmittel
— gegen den Arrest I 568
— in Registersachen I 278 ff
— s.a. „Rechtsweg", „Seeamt"
Rechtsordnung des Küstenmeers und der Hohen See I 70 ff, 1361 ff s.a. „Rechtsstatut des Küstenmeeres"
Rechtspflicht zum Handeln bei Schiffszusammenstoß II 1022
Rechtsschein II 93, 102, 558, s.a. „Erklärungstreue"
Rechtsstatut des Küstenmeeres I 60, 70 ff, 1361 ff

Rechtsstreitigkeit
— zwischen Schiffshypothekenbanken und Treuhändern I *439*, III 1276
— im Zusammenhang mit mortgages I 399
— s.a. „Prozeß“, „Rechtsverfolgung“
Rechtsvereinheitlichung
— im modernen Seerecht I 31
— bei Reederhaftung II 66ff
— im Seearbeitsrecht III 7ff
— s.a. „Rechtsangleichung“
Rechtsverfolgung
— gegen fremde Schiffe I 49
— Kosten des Schiffshypothekengläubigers wegen — I 489, 528
Rechtsweg
— bei Entscheidungen des Seeamts II 1246, s.a. „Seeamt“
— bei Fernmeldestreitigkeiten I 1324
Rechtswidrigkeit, Ausschluß der — II 435
Reede
— Begriff I 46
— Bezeichnung III 558, 565
— als Binnengewässer I 46
— Geltung des ÜstrafZ im Bereich einer — II 1112
— und Küstenmeer I 72
Reeder
— Ansprüche des —
— — auf Berge- oder Hilfslohn II 1241ff, 1256f
— — wegen falscher Angaben über die Ladung II 330, 332
— — gegen Ladungsbeteiligte II 249, 330, 332, 576
— Ansprüche der Schiffsgläubiger gegen den — II 1384f
— Anweisungen an den Kapitän II 57, 147, 150f, 174, 213, 221, 228, 232, 242, 500, 525, 532, 881f
— im ausländischen Recht II 29
— als Ausschußmitglieder in Fischereifragen I 166
— Begriff II 26ff, 132f
— Begriffsbestimmung i.S. des Manteltarifvertrags für die deutsche Seeschiffahrt III 223
— Berechtigung durch Geschäfte des Kapitäns II 230ff
— Bergung oder Hilfeleistung zwischen mehreren demselben — gehörenden Schiffen II 1143f, 1256, 1274
— als Beteiligter
— — i.S. des Havereirechts II 906
— — in der seeamtlichen Untersuchung III 466
— Beweislast bei Kreditgeschäft II 220
— Bezeichnung in Rechtsgeschäften II 230f
— Bezugnahme auf — II 231
— als Bodmereischuldner s. „Bodmerei“
— Deduktionsrecht II 1303f
— Duldungspflicht bei der Zwangsvollstreckung in das Schiffsvermögen II 1296
— Eigentumsverlust II 225
— Einrede der Mithaftung II 1071
— Einsetzung eines Schiffervertreters II 174
— Eintragung im Register II 28
— Einwilligung für Eigengeschäfte des Kapitäns II 254
— Ersatzanspruch gegen Kapitän II 254
— Ersatzpflicht für Aufopferung II 251
— Exkulpation II 37
— Firma des — II 222
— Fürsorge des Kapitäns für Sachen des — II 147
— Genehmigung nach Vollmachtsüberschreitung II 229
— Gerichtsstand II 75
— Geschäftsvermögen des — II 54
— Gewerbsmäßigkeit II 27
— Haftung
— — des — s. „Reederhaftung“
— — des Kapitäns gegenüber dem — II 148
— Inseesendung eines Schiffes nach Kenntniserhalt von einer Schiffsgläubigerforderung II 1316ff
— Interessenkollision mit Ladung II 238
— Interessenwahrnehmung nach Schiffsverlust II 256
— Kaufmannseigenschaft II 28
— Klage gegen den — wegen Schiffsgläubigerrechten II 1298ff
— Kostentragungspflicht für die Ausfertigung der Musterrolle und für die Musterung III 83
— Krankenfürsorge I 1222
— Kreditgeschäfte für den — II 218ff, 251f
— Ladungspfandrecht II 1325ff
— Meldepflichten II 162
— Mitverschulden beim Schiffszusammenstoß II 1070
— im öffentlichen Recht II 26
— Ordnungswidrigkeiten des — III 202
— persönlicher Kredit II 221, 244ff
— Pfandrecht des —
— — am eigenen Schiff II 114
— — an eigener Sache II 1250
— Pflichten des —
— — gegenüber der Schiffsbesatzung II 1245
— — bei Schiffsvermessung I 1141, *1195f*
— — nach den Unfallverhütungsvorschriften I *869ff*, 944f, s.a. „Unfallverhütungsvorschriften“

— kraft Rechtsscheins II 558
— Regelung bei Streit über die Krankenfürsorge des — III 131
— Rückgriffsrecht der — untereinander beim Schiffszusammenstoß II 1069ff, 1101f, 1387f
— als Schiffsgläubiger II 1273f, 1303
— Schiffsgläubigerrecht wegen Forderungen aus der Nicht- oder Schlechterfüllung vom — abgeschlossener Verträge II 1278ff 1311
— bei Schiffsmiete II 271
— bei Schiffsverkauf II 222, 225ff
— schwere Pflichtverletzung gegenüber Besatzungsmitgliedern III 152
— Sitz des — II 15, 28
— Sorgepflicht für Verpflegung III 297
— Sorgfalt II 104
— im Sprachgebrauch II 27
— strafbare Verletzung von Arbeitsschutzvorschriften III 200
— beim Überfahrtsvertrag II 812
— ungerechtfertigte Bereicherung II 232
— bei Unterfrachtvertrag II 425
— unverhältnismäßiger Schaden bei Bodmerei II 250f
— Verantwortung I 823, 838, 981
— — für Aufmachung der Dispache II 947f
— — im Bereich der SSchStrO III 658
— — gegenüber Ladungsbeteiligten II 237
— — für Stabilität II 169
— Verhältnis des —
— — zum Kapitän II 233f
— — zum Zwangslotsen II 1083f
— bei Verhinderung des Kapitäns II 173
— Verletzung
— — von Ausrüstungspflichten III 199
— — von Vorschriften über die Schiffsbesetzung III 200
— Verpflichtung
— — betr. allgemeinen Schutz gegen Betriebsgefahren III 163f
— — durch den Kapitän II 213, s.a. „Kapitän, Vollmacht“
— — aus dem Konnossement II 575f
— — zur Krankenfürsorge III 119ff
— Verschulden des — II 906
— als Vertragsgegner des Besatzungsmitglieds III 86
— Vertretung s. „Vertretung des Reeders“
— und Vorbereitung der seeamtlichen Untersuchung III 467
— Vorschußaufnahme durch Kapitän II 219
— Wechselverbindlichkeit II 221
— Wirkung von Geschäften des Kapitäns II 232ff
— Wohnsitz II 16
— Zurückbehaltungsrecht an Ladung II 248f
— s.a. „Mitreeder“, „Reederei“, „Schifferreeder“, „Schiffseigentümer“

Reederei
— Aufhebung der Gemeinschaft bei der — II 107
— Auflösung II 87, 119f
— Außenverhältnis II 81
— Begriff II 26ff, 77
— Begriffsbestimmung i.S. des Manteltarifvertrags für die deutsche Seeschiffahrt III 223
— Beschlußfassung II 88ff
— Betriebskapital II 81, 107, 112, 272, s.a. „Einschußpflicht“
— Buchführung II 104f
— Eigentumsanteile II 78
— Eintragung der — II 28, 80
— Endigung der — II 87, 118ff
— als Erwerbsgesellschaft II 83, 86
— Geltendmachung von Forderungen II 84f
— Geschäftsbetrieb II 96f
— Geschichte II 77
— als juristische Person II 82
— Kaufmannseigenschaft II 79
— Klage gegen die — II 85f, 97, 112
— Klagebefugnis gegen Mitreeder II 83
— Konkursfähigkeit II 84
— Liquidation II 94, 99, 119f
— als Mehrheitsverband II 86
— Mitgliederwechsel II 118ff
— Name II 83, 86
— und offene Handelsgesellschaft II 82
— Parteifähigkeit II 83
— Personenbestand II 86
— Rechtsverhältnisse der — II 79ff
— Regelung im HGB II 77
— Satzung der — II 80ff
— Sorgfalt in Reedereiangelegenheiten II 104
— Vermögensfähigkeit II 83
— Vertretung II 87 s.a. „Korrespondentreeder“
— Zweck der — II 88ff
— s.a. die folgenden Stichworte sowie „Baureederei“, „Partenreederei“, „Stille Reederei“

Reedereiagent
s. „Agent“

Reedereiagentur
s. „Agentur“

Reedereibeschluß II 87, 89ff
— bei Abandon II 109

— Einholungspflicht II 103
— Einstimmigkeit II 88ff
— Form II 91
— Mitteilungspflicht II 91
— Nichteinhaltung II 104
— Rechenschaftspflicht des Korrespondentreeders II 105f
Reedereibrief II 80
Reedereibücher II 105
Reedereiflagge
s. „Kontorflagge“
Reedereigenschaft II 28, 132f, 136f
Reedereikasse II 81
Reedereikonkurs II 87
Reedereiorgane II 228f
Reedereipapiere II 105
Reedereipart
s. „Schiffspart“
Reedereisatzung
s. „Reedereistatut“
Reedereischulden II 84f, 120ff
Reedereistatut II 80, 89, 99f, s.a. „Reedereivertrag“
Reedereivermögen II 81ff, 119
Reedereivertrag II 79ff
— Abänderung II 89
— Auslegung II 88
— bei Baureederei II 79, 122f
— Beispiel II 127ff
— Form II 80, 88
— als Gesellschaftsvertrag II 80f
— Gewinn- und Verlustregelung II 112
— Inhalt II 80f, 90
— Suspendierung II 90
— Verhältnis zum Gesetz II 87f, 90
— Vollmachtsbeschränkung II 102f
— Wesentlichkeit seiner Bestimmungen II 90
Reederhaftung I 358, 1132, II 33ff, 51ff, 1009ff, 1020ff, 1069ff, III 1545f
— adjektizische II 33ff
— — für Berge- und Hilfslohnansprüche II 1129f
— — bei Schiffskollision II 1046
— Anspruchskonkurrenz II 44
— Anwendungsbereich II 33f
— Arten II 52ff
— für atomgetriebene Schiffe II 1200, 1201ff
— bei Aufopferung von Ladung II 251
— Auseinanderfallen von Reeder und Verfrachter II 45, 575f, 630, 683
— im ausländischen Recht II 45, 64ff, 434, 683
— Begriff des Geschädigten II 37
— Begründung durch Geschäfte des Kapitäns II 230ff, 575f
— für Bergungs- und Hilfekosten II 1129, 1130, 1252
— beschränkte II 52ff, 63ff, 67ff, 261, 311f, 316, 431, 434f, 445f, 530, 532, 557f, 569, 615, 630, 683, 812, 817, 870, 1097, 1105, 1315ff
— — Abkommen über — I 26, 28, II 64, 67ff, 463, 466, III 1547
— — Auslandsrecht II 64ff, 683
— — internationales Privatrecht II 63f
— — bei Nichterwerbsschiffen I 236, 358, 360f, 564, II 34, 61f, 1268, 1389
— bei Bodmerei II 882, 885
— und Bürgerliches Gesetzbuch II 42f
— Dauer II 229f
— aus Delikt II 58
— bei Deviation II 243f
— dinglich-persönliche II 53, 60, 73, 82, 221f, 1304
— Einengung II 40
— Einrede der — II 41
— des fingierten Reederverfrachters II 575f
— für Forderungen der Schiffsbesatzung II 73f
— nach französischem Recht gegenüber Betriebsangehörigen II 1082
— Geltendmachung II 41
— Gerichtsstand II 75f
— bei Gewährleistung II 59f
— in großer Haverei II 891, 907
— Haager Regeln II 706
— für sonstige Hilfspersonen II 43
— bei Identität von Schiffer und Reeder II 61ff, s.a. „Schifferreeder“
— internationales Privatrecht II 48ff, 63f
— für den Kapitän II 57, 312f, 427, 458, 463, 532, 869
— für Kaplaken II 254
— für Korrespondentreeder II 100ff
— für Lotsen III 489
— bei Nichterfüllung II 58
— bei Nichterwerbsschiff II 34, 38
— für Passagiergepäck III 1200
— beim Passagiervertrag I 28, II 812, 817, 823f
— persönliche II 41, 52, 59ff, 150, 221f, 225f, 770, 1220, 1250, 1252, 1296f, 1312ff, 1320
— — bei Anweisungen an der Kapitän II 150, 221, 226
— — Vollstreckung II 82
— Rechtscharakter II 39, 41
— für Rettungslohn II 1220, 1252
— bei schadensgeneigter Arbeit II 464f
— für die Schiffsbesatzung II 33ff, 58, 312f, 316, 327, 431, 435, 437, 444, 669, 823f, 1335, 1389

— beim Schiffsgläubigerrecht am eigenen Schiff II 1276
— für den Schiffsmakler II 769f
— bei Schiffszusammenstoß s. „Schiffszusammenstoß, Reederhaftung"
— für Schlepperbesatzung II 1067
— und Staatshaftung II 44
— Umfang II 41, 52ff, 63f, 229
— unbeschränkte II 52
— unpersönliche II 53, 82, 769
— für unrichtige Angabe des Verfrachternamens II 575f
— bei Unterlasssung der Hinterlegung II 418
— bei Vercharterung II 272
— Vergleich zum Ladungsbeteiligten II 245
— Verhältnis zu anderen Haftungsgrundlagen II 434, 445f, 474
— bei Vertragserfüllung II 58ff, 1098
— vertragsmäßiger Ausschluß II 41
— bei Vollmachtsüberschreitung des Kapitäns II 227f, 232, s.a. „Vollmachtsüberschreitung"
— Voraussetzungen II 35
— Wegfall der — II 38
— bei Weiterbeförderung der Ladung mit anderem Schiff II 530
— für Zwangslotsen II 1082ff
Reederkonnossement II 557, 575f
Reederorganisationen II 29, 270, 288
Reederverbände
s. „Reederorganisationen"
Reederverfrachter II 261, 312f, 316, 327, 431, 445f, 457, 500, 557, 575f, 615, 652, 1385
Reederversammlung II 89
Reeling
s. „Reling"
Regeln zur Verhütung von Zusammenstößen auf See
s. „Seestraßenordnung"
Regen II 366, 415, 483, 662
Regenwasser II 449, 451, s.a. „Wasserschaden"
Regierungsschiff
s. „Staatsschiff"
Register
s. „Binnenschiffsregister", „Deckungsregister", „Schiffsbauregister", „Schiffsregister", „Seeschiffsregister"
registered mortgage II 1323f
Registereintragung
s. „Eintragung"
Registergericht
— Zuständigkeitswechsel I 284
— s.a. „Schiffsbauregistergericht", „Schiffsregistergericht"
Registerhafen I 238, 246, 517, II 15f, 75
Registerstaat I 411
Registervertreter I 249, 251
Registrierungszertifikat (schwed.) I 274
Regnitz I 220
Regreß
s. „Schadensersatzansprüche"
regular turn II 324, 349f, 367, 396
Reichskanalamt I *1289*
Reichskommissar für das Auswanderungswesen II 834, 840
Reichskommissar beim Seeamt und Oberseeamt III 463, 479, s.a. „Bundesbeauftragter"
Reichsoberseeamt III 464, s.a. „Bundesoberseeamt"
Reichs- und Staatsangehörigkeitsgesetz II 831
Reichsversicherungsordnung II 466, III 66, 119, 122, 125, 128f, 213
Reichswasserstraßen
— Bund als Eigentümer I 12
— s.a. „Wasserstraßen"
Reihenfolge beim Laden und Löschen II 349f, 388, 407
Reines Konnossement gegen Revers III 1561
Reiniger III 18, 225
Reinigung
— von Kesseln III 1299
— des Schiffes II 450
— der Unterkünfte der Schiffsbesatzung III 239
Reinigungsverfahren im Hypothekenrecht I 518
Reise II 264, 285f, 308f, 375, 426, 430, 440, 450, 505, 528ff, 577, 1292ff, 1309f
— Abbruch II 471
— Abschnitte II 310f, 381f
— Änderung II 232f, 242f, 380, 389, 880, s.a. „Deviation"
— andere als die versicherte II 1334
— aufeinanderfolgende s. „—, konsekutive"
— Ausführung II 215ff, 218ff
— Ausgaben einer — II 6
— Beendigung II 565, 630f, 639
— Beginn s. „Reiseantritt"
— Begriff II 55, 236
— Beschlußeinholungspflicht II 103
— Bodmereireise II 870, 874, 876, 879, 880, 1310
— einfache II 375, 383, 512, 523
— Einstellung II 232f, 242
— Fortsetzung II 223, 242, 249f, 393, 504, 872
— Hindernisse II 249ff
— kombinierte s. „—, zusammengesetzte"
— konkrete II 215
— konsekutive II 264, 285, 379
— laufende II 6, 215

— Nachrichtspflicht des Kapitäns über die— II 232f
— neue II 103, 109, 1316f
— Richtungsänderung II 242
— Unterbrechung II 172, 242, 437, 512f, 826, 832
— Veränderung der versicherten II 1334
— Verhinderung der Fortsetzung II 242f, s.a. „Reiseverhinderung"
— Versicherung einer — II 1337, 1366
— Verzögerung s. „Reiseverzögerung"
— Wahl des Wegs II 242, s.a. „Reiseweg"
— zukünftige II 210
— zusammengesetzte I 233f, II 264, 375, 381ff, 512, 523, 547f, 689
Reiseantritt II 236, 308ff, 317ff, 339f, 343, 346, 362, 372ff, 375ff, 380, 384, 386, 388f, 447, 453, 456, 512f, 515, 522f, 526, 528, 532ff, 542f, 546f, 459
— Abfahrtszeit II 286, 351, 358, 362, 386f, 389f, 812, 814, 818f
— der Bodmereireise II 872, 886
— Pflichten vor — II 151ff
— Pflicht zum — II 172
— Schifferhaftung nach — II 156
— Tagebucheintragung II 184ff
— beim Überfahrtsvertrag II 813f, 817ff, **821**, 832
— als Versicherungsbeginn II 1336, 1365
Reiseausweis eines Flüchtlingsseemanns III 388
Reisebedarf III 1186
Reisebeginn
s. „Reiseantritt"
Reisebeteiligter
s. „Reiseinteressent"
Reisecharter II 266, 284, 425
Reiseeffekten II 263f, 822, s.a. „Reisegut"
Reisegepäck II 235, 816, 818, III 1566, s.a, „Reisegut"
Reisegesellschaft II 813
Reisegut I *1283*, 1301, II 235, 264, 271, 811ff, **822ff**, 841ff
— Beschädigung, verspätete Ablieferung oder Nichtablieferung II 1047, 1060, 1080, 1101, 1277ff, 1311, 1385f
— bei großer Haverei II 942f, 980f
— nicht zur Ladung gehörig II 1059
— Pfandrecht an — II 1326, 1328
— Seewurf von — II 965
Reiseheuer III 98
Reisehindernisse II 249ff
Reiseinteressen bei Seenot II 243
Reiseinteressent II 205, 261f, 330, 332f, 346, 426, 770, 812, 826
— Begriff II 150
— Kapitänshaftung II 150f, 232
— Kreditgeber als — II 220
— Schadensersatzansprüche des — II 232
— bei Schiffsverkauf II 227f
— Verklarung II 199
Reisekosten
— bei der Bruttofracht II 55
— bei Heimaturlaub III 135, 278
Reisender
s. „Passagier"
Reiseroute
s. „Reiseweg"
Reisetüchtigkeit II 153, 308, s.a. „Ladungstüchtigkeit", „Seetüchtigkeit"
Reiseunterbrechung
s. „Reise, Unterbrechung"
Reiseuntüchtigkeit
s. „Ladungstüchtigkeit", „Reisetüchtigkeit", „Seeuntüchtigkeit"
Reiseverhinderung II 523, 526ff
Reiseverkehr
— keine Genehmigungspflicht für Wareneinfuhr II 774
— Überwachung nach Außenwirtschaftsrecht II 779
Reiseverzögerung II 270, 284, 385, 387, 389, 471, 512f, 523, 542ff, 814, 826, 832, 887, 963, 1356
— bei einer versicherten Reise II 1334, 1336
Reiseweg II 242, 244, 447, 470, **537ff**, s.a. „Deviation"
Reiseziel II 393
Reklamation II 239, 272, 668
Reklamekosten
— als besondere Haverei II 927
— Haftung des Versicherers II 1339
— Pfandrecht für — II 247
— Schiffsgläubigerrecht wegen — II 1277ff, 1311
Rektakonnossement II 554f, s.a. „Namenskonnossement"
Reling I *877*, 951, 961, II 400ff, 647f, 656, III 1294
Remboursbank II 596
Rembourskredit II 555
remorquage II 273, s.a. „Schleppvertrag"
Rendsburg III 885f
Rente
— Auszahlung nach dem Tode des Berechtigten II 1061
— Verjährung des Anspruchs auf — II 1386
Rentenschuld I 467
Reparatur
— Anlaufen eines Nothafens zwecks — II 922
— von Ausrüstung II 215
— außergewöhnliche II 103, 215f, 232ff
— Beaufsichtigung durch den Versicherer II 1368

— auf Borg II 218
— bei großer Haverei II 892, 929f, 980f, 982f
— Korrspondentreeder-Vollmacht II 98
— Kosten s. „Reparaturkosten“
— Kreditgeschäft zur — II 219
— an der Ladung II 496
— und Notverkauf II 223
— am Schiff II 309, 311, 367, 387, 414, 424, 449, 455f, 513, 544ff, 814, 821f, 1368f, III 1264
— des Schiffes II 109, 523, 525, 544ff, 549, 1337, 1366, III 1264
— Schiffervollmacht II 213, 216
— von Zubehörstücken II 10
Reparaturbedürftigkeit II 250
Reparaturforderungen I 408, 577
Reparaturhafen II 1053
Reparaturkosten II 14, 224, 545, 902, 905, 973, 1345
— und große Haverei II 975f
— Schiffsgläubigerrecht wegen — II 1278
— bei Schiffszusammenstoß II 1048, 1051ff
— und Verteilung von Berge- und Hilfslöhnen II 1244
— bei vorläufigen Reparaturen II 977f
Reparaturunfähigkeit II 6, 12ff, 120, 223, 522, 524, 1345, 1370
Reparaturunwürdigkeit II 6, 12ff, 98, 120, 223, 522, 524, 1345, 1370
Reparaturvertrag I 425f, 577
Repartitionsrecht II 498f
Repräsentationstheorie II 594ff
Reprise I 368, s.a. „Prisenrecht“
Reservemotor II 10
res extra commercium II 1325
res in transitu II 593, 600
res nullius I 62
res omnium communis I 64
Restkaufgeldforderung I 402
Restkonnossementsteilschein II 484
Restladung II 338, 375, 393, 395, 417, 419
restraints of princes II 661
Retourskommision II 767
Retourwaren II 1371
Retter
— Anfechtung des Rettungsvertrages durch — II 1227f
— arglistige Täuschung durch — II 1219f, 1222f, 1225f
— Begriff II 1121, 1236
— Betreten des Schiffes ohne Einwilligung des Kapitäns II 1138
— Mehrheit von — II 1128, 1145, 1151f, 1218, 1237, 1247
— Mut und Opferwilligkeit der — II 1210
— verschuldete Herbeiführung der Notwendigkeit der Rettung durch — II 1235ff, 1258
— Vertragspflichten II 1220
Rettung
— in abgelegener Gegend II 1216
— Begriff II 910, 1121
— von Eigentum zur See II 467, 472, 537, 540, 697 ,700f
— erfolglose II 1220
— erfolgreiche II 1132ff
— von Ladungsgütern II 528f
— von Leben zur See II 467, 472, 537, 540, 697, 700f, 1246ff
— durch mehrere Retter II 1128, 1145, 1151f
— der Schiffs- und Ladepapiere durch den Strandvogt III 405
— aus Seenot II 243, **1121**
— versicherter Gegenstände II 1335
— als Voraussetzung der großen Haverei II 890, 910f
— gegen Willen
— — des Geretteten II 1247, 1249
— — des Kapitäns II 1135ff, III 401f
Rettungsbereitschaft II 1212
Rettungsboot I 681ff, 696,ff 705f, 802ff, 814ff, 821, *908ff*, III 1335ff, 1340ff, 1345, s.a. „Rettungsfloß“
— Ausrüstung III 1340
— Ausschwingen III 1345
— Bauart I 682f, 803f, III 1335
— Besatzung I 703f, 819f, *915*
— Fassungsvermögen III 1336
— medizinische Ausrüstung I 1222, 1266f
— Raumgehalt III 1336
— als Schiff I 18
— in Seenot II 243
— sofortige Verwendbarkeit III 1343
— Zubehör I *912*, 967
Rettungsbootmann III 1346, 1367, 1369
Rettungsdienst I 187, 728, II 1122, 1135ff, III 461
Rettungsfloß I 18, 704, 812f, *913*, III 1343
Rettungsgeräte I 681, 704, 802, 811, 814, 821, *908ff*, 968, III 1343
Rettungsgürtel I 693, 811f, III 1381
Rettungskosten II 1338f, s.a. „Bergungskosten“, „Hilfskosten“
Rettungslohn
s. „Bergelohn“, „Hilfslohn“
Rettungsmittel I 679ff, 801ff, *908ff*, 965ff, 974, II 814, III 1333ff
Rettungsring I 693, 705, 707, 811, 821, 923, *913f*, 968, III 1344, 1381, 1382
Rettungssignale I 728ff, 830, 832, s.a. „Notsignale“
Rettungsübung III 1345

Rettungsversuche II 1133ff, 1247
Rettungsvertrag II 1219, 1222, 1227ff, 1230f, 1257, 1259
— Bestätigung eines anfechtbaren — II 1222f, 1231f
— Nichtigerklärung II 1219, 1229f
— Nichtigkeit II 1221f, 1223, 1257
— Notlage beim Abschluß II 1221f, 1228, 1239
— Sittenwidrigkeit eines — II 1219ff
— s.a. „Bergungsvertrag“, „Hilfeleistungsvertrag“
Rettungswesten III 1344, 1381
Reufracht II 377
Reugeld II 377f
Revers II 578, 584, 606, **626f**

reversible-Klausel II 354, 357
Revier
s. „Seelotsrevier“
Revision II 282, 1149, 1208
Rezeptumshaftung II 429f, 630
Rheinhäfen II 755
Rhein-Main-Donau-Aktiengesellschaft I 219
Rheinschiffahrt I 14, 30, **191**, III 1257
Rheinschiffahrtsakte I 191, 224, II 1110
Rheinschiffahrtskonvention I 27
Rheinschiffahrts-Polizeiverordnung I 14, II 1015, 1048
Rheinschiff
s. „Verordnung über die Untersuchung der — und -flöße und über die Beförderung brennbarer Flüssigkeiten auf Binnenwasserstraßen“
Rheinschiffer
s. „Internationale Verträge, Abkommen über die Arbeitsbedingungen der —; Abkommen über die soziale Sicherheit der —“
Rheinschifferpatente
s. „Internationale Verträge, Übereinkommen zwischen den Staaten der Zentralkommission für die Rheinschiffahrt über die —“
Rhein-See-Verkehr II 755
Rhein-Weser-Kanal I 213
Rhodesien I 88
ricevitore II 265, s.a. „Empfänger“
Richtfeuer III 566f, 571
Richtlinien
— für die Ausbildung zum Matrosen in der Seeschiffahrt III 177, **338f**
— des Bundesministers für Verkehr für die Übernahme von Bürgschaften und die Gewährung von Zinsbeihilfen für Darlehen zum Bau und Erwerb von Handelsschiffen **I 459ff**
— für die Führung des Öltagebuchs
— — für Nichttanker III 1222
— — für Tanker III 1220
— für die Gewährung von Abwrackbeihilfen an Unternehmen der Seefischerei vom 7. 5. 1962 III 1280
— für die Gewährung einer Preishilfe für Gasöl für die Große Hochsee-, Große Herings-, Kleine Hochsee-, Küsten- und Binnenfischerei vom 4. 5. 1962 III 1541
— der Küstenländer für Ausnahmen vom regelmäßigen Ausbildungsgang nach § 10 der VO über die Eignung und Befähigung der Schiffsleute des Decksdienstes auf Kauffahrteischiffen III 334ff
— für Maßnahmen auf dem Gebiete der deutschen Seeschiffahrt vom 11. 4. 1962 III 1280
— zur Organisation der Buchführung II 105
— des Reichsverkehrsministers für die Handhabung des § 25 StrandO III 397, 415, **434ff**, 657
— der See-Berufsgenossenschaft
— — für die Aufstellung von Sicherheitsrollen an Bord deutscher Seeschiffe III 1387
— — für den Bau und die Einrichtung von Pulverkammern (Sprengstoffkammern) auf Seeschiffen III 1379
— — für die Einrichtung und den Betrieb von Filmvorführanlagen an Bord von Seeschiffen III 1385
— — für die Einrichtung und den Betrieb von Kälteanlagen auf Seeschiffen III 1403
— — für die Konstruktion, den Einbau und den Betrieb selbsttätiger Feuermelde- und Feuerlöschanlagen (Sprinkleranlagen) auf Seeschiffen III 1390
— — für die Prüfung als Feuerschutzmann und die Ausführung der Feuerschutzübungen III 1369
— — für die Prüfung als Rettungsbootmann und für die Ausführung der Bootsübungen III 1367
— — über Rettungswesten (Schwimmwesten, Rettungsgürtel), Rettungsringe und Sicherheitsgurte III 1381
— — für Tankschiffe III 1409
— — für die Verwendung von Flüssiggas zu Haushaltszwecken auf Seeschiffen (Verwendungsrichtlinien) III 1423
— — vorläufige — für Bau und Erprobung von Kunststoffrettungsbooten III 1417

— — vorläufige — für den Nachweis der Eigenschaft „schwerentflammbar" III 1398
— — für die Zulassung von Klasse „A"-Feuerschutztüren in senkrechten Hauptfeuerschotten auf Fahrgastschiffen III 1401
— — für die Zulasssung von Trennflächen vom Typ „B" für den Einbau auf Seeschiffen III 1400
— für das Strafverfahren I 222
Rigaer Meerbusen I 47
right of flag I 319ff
rihgt of redemption I 397
Risiko II 284
Risikoausgleich II 465
rist II 663
Ristorno II 1349
Ristornogebühr II 1330, 1349, 1351, 1353ff
Robben I 197
robbers II 661
Römer Haftungsabkommen I 68
Römisches Recht I 5
Rohrleitungen I 64, 83, 1367, 1372f, 1380
Rolles des Jugements d'Oléron I 6
Rost II 472, 663, 1364
Rotterdam II 403
Rubrum
— bei Klage des Kapitäns II 217
— bei Klage gegen Reederei II 97
Ruderanlage I 679, 952f, II 154
Ruderapparat II 447
Ruderblatt II 1027
Ruderboot I 228
Rudergänger II 1019
Rudergeben II 1024
Rudergeschirr II 450
Ruderkommando III 644
Rudermanöver II 1095
Rudersignal II 1084
Rückbeförderung II 73, 143, 228, 256
— von Besatzungsmitgliedern im Krankheitsfall III 130
— von Effekten III 248
— Heuerzahlung während der — III 157
Rückbeförderungsanspruch
— des Besatzungsmitglieds III 155ff, 248
— des Kapitäns III 160, 162
— nach dem Manteltarif für die Besatzungen von Hochseefischereifahrzeugen III 268
Rückbeförderungskosten II 1280
Rückfallfieber I 1309
Rückfracht II 419
Rückgriff
— zwischen mehreren Empfängern II 498f
— bei Nichtzahlung der Fracht II 518ff
— gegen den Reeder II 36
— bei Reederhaftung II 41
— der Reeder untereinander II 1069f, 1387f
— bei Schiffszusammenstoß 1069f, 1101f
Rückladung II 284, 381f, 969
Rücklagen der Reederei II 112
Rücklieferungshafen II 291
Rückreise II 381f
Rücktritt
— bei Deviation II 243
— vom Frachtvertrag II 280, 292, 295f, 318, 371, 375, 379f, 381f, 389, 393, 523, 526ff, 530f, 533ff, 539, 543f, 549, 611
— — mehrerer Befrachter II 385f
— — Rücknahme der Ladung II 545
— — teilweiser II 384f, 545, 549
— des Reeders des zu bergenden Schiffes II 1216
— vom Überfahrtsvertrag II 811, 813f, 819ff, 832, 840ff
— des Versicherers beim Versicherungsvertrag II 1333
— vom Versicherungsverhältnis bei der Schiffshypothek I 504ff
Rückversicherung
— Abandonfrist bei der — II 1344
— bei der Seeversicherung II 1329
Rückwärtsfahren II 276
Rückwärtsgang I 679, II 2026
Rügefrist II 462
Rüstungsmaterialliste, internationale II 781
Ruhen des Anspruchs auf Krankenfürsorge auf Kosten des Reeders III 123ff
Ruhepausen
— der Jugendlichen III 179
— weiblicher Besatzungsmitglieder III 175
Rule of Interpretation (York-Antwerp-Rules) II 891, 904, **961**
Rumänien III 1215
— Flaggenrecht I 327
— Küstenmeer I 57
— als Mitglied internationaler Abkommen I 100, 127, 139, 415, 575, 584, 977, 982, II 1099, 1253
— Schiffsgläubigerrecht II 1322
— Schiffshypothekenrecht I 388, **405**
— Seerechtsquellen I 31ff
Runderlaß des Auswärtigen Amtes betr. Verklarung II 210f
Rundreise II 811
running days II 365, 414
running hours II 354, 357f, 413
Ruppiner Gewässer I 213
Russian Black Sea and Azoff Charter Party II 283
Rußland
s. „Sowjetunion"
Rye-Term-Klausel II 440

S

Sachbezüge III 269, 287
Sachkunde, besondere II 315
Sachmiete
s. „Miete“, „Schiffsmiete“
Sachverständigengutachten II 223f
Sachverständiger II 309, 314, 319, 530, 633, 657, III 1568
— amtlich bestellter II 475, 477f, 480, 483
— Anhörung eines — II 222f
— Auswahl beim Verfahren vor dem Seeschiedsgericht II 1147f
— beeidigter II 480
— Bestellung II 477f
— Ermittlung des Schiffswerts II 255
— Feststellung eines Teilschadens durch — bei der Seeversicherung II 1367f
— gerichtlich ernannter II 477f
— Haftung des Kapitäns II 148
— bei Havariegrosseschäden II 931ff, 938
— Honorar II 487f
— Kosten der Zuziehung II 1357
— bei Schiffsverkauf II 222f
— bei Schiffszusammenstoß II 1033f, 1049f
— StrandO III 409
Sackladung II 403, 665f
Säureschaden II 338
safe port II 294, 312f, 392
Salpeterladung II 508, 665
Saltcon-Charter II 611
Salvage Agreement
s. „Lloyd's Standard Form of —“
salvo-iure-Dispache II 950
Salzbeförderung II 1365
Sandbank I 55
Sanitätsabkommen I 1294
Sanitätsmittel
s. „Arzneimittel“
San Salvador
— Küstenmeer I 57, 58
— seerechtliches Schrifttum I 41
— Seerechtsquellen I 35
saturday-afternoon-clause II 366
Satzung für die Bundeslotsenkammer III 536ff
— Aufgaben
— — der Bundeslotsenkammer III 537
— — der Mitgliederversammlung III 538
— — des Vorsitzenden III 540
— Aufsichtsbehörde III 542
— Ausfertigung und Bekanntmachung der Beschlüsse III 540
— Beschlußfassung III 539
— besondere Pflichten
— — der Inhaber von Ämtern III 541
— — der Lotsenbrüderschaften III 542
— Einberufung der Mitgliederversammlung III 539
— Entstehung III 536
— Geschäftsjahr III 537
— Geschäftsstelle III 541
— Haushaltsplan III 537
— Mitgliederbeiträge III 537
— Mitgliederversammlung III 538
— Mitgliedschaft III 537
— Name III 536
— Organe III 538
— Pflichten der Bundeslotsenkammer III 540
— Rechnungslegung III 537
— Schlichtungsausschuß III 541
— Schriftführer III 541
— Sitz III 536
— Stellvertreter des Vorsitzenden III 540
— Stimmrecht III 539
— Umlagen III 537
— Versammlungsniederschrift III 539
— Vorsitzender III 540
— vorzeitige Beendigung von Ämtern III 541
— Wählbarkeit zu Ämtern III 541
Satzung der Lotsenbrüderschaft Elbe III 528ff
— Ältermann III 532
— Aufgaben
— — des Ältermanns III 532
— — des Beirats III 533
— — des Ehrengerichts III 535
— — der Lotsenbrüderschaft III 529
— — der Mitgliederversammlung III 530
— — des Rechnungsprüfungsausschusses III 534
— Aufsichtsbehörden III 536
— Aufsichtsmaßnahmen III 536
— Ausfertigung und Bekanntmachung der Beschlüsse III 532
— Beirat III 533
— Berufspflichten der Mitglieder III 529
— Beschlußfassung der Mitgliederversammlung III 531
— besondere Pflichten der Inhaber von Ämtern III 535
— Einberufung der Mitgliederversammlung III 531
— Entstehung III 528
— Geschäftsjahr III 530
— Haushaltsplan III 530
— Lotsbezirke III 534
— Mitgliederbeiträge III 529
— Mitgliedschaft III 528
— Name III 528
— Organe III 530
— Rechnungslegung III 530
— Sitz III 528

— Sonderausschüsse III 534
— Stellvertreter des Ältermanns III 533
— Umlagen III 529
— Urabstimmung III 532
— Versammlungsniederschrift III 532
— vorzeitige Abberufung von Inhabern von Ämtern III 535
— Wählbarkeit zu Ämtern III 535
Saudi Arabien
— continental shelf I 65
— als Mitglied internationaler Abkommen I 1294
Sauerstoffträger I *1063ff*, s.a. „Gefährliche Güter“
say about II 295, 373
Schaden
— Begriff bei Reederhaftung II 39
— bei Fernschädigung zwischen Schiffen II 1093f
— bei großer Haverei II 898f, 929f, 935ff
— hypothetischer — beim Schiffszusammenstoß II 1051
— mittelbarer
— — bei Bergung oder Hilfeleistung II 1245
— — Haftungsfreiheit für — II 470
— — bei Schiffszusammenstoß II 1049 1060ff, 1079, 1370
— — Verspätungsschaden als — II 433
— bei Rettungshandlungen II 1213f, 1241, 1245, 1257f
— bei Schiffszusammenstoß II 1048ff, 1072ff, 1079f
— und Seeversicherung II 1340, 1342ff, 1346ff, 1358
— s.a. „Beschädigung“, „Verlust“
Schadensabwendungspflicht II 430, 440, 443, 1360f, s.a. „Schadensminderungspflicht“
Schadensanzeige II 440, **479ff**, 487, 624, 657, 693, 823
— Frist II 398, 481f, 668, 693, 823
Schadensbelege bei der Seeversicherung II 1346ff, 1360
Schadensermittlung II 640, 643, 1345ff s.a. „Schadensanzeige“, „Schadensfeststellung“
Schadensersatzansprüche
— bei Deviation II 243f
— als Forderung der Schiffsbesatzung II 73
— bei Garantievertrag des Kapitäns II 231
— als Gegenstand einer Schiffshypothek I 402, 405, 406, 408, 416, 479, 485
— Geltendmachung durch Kapitän II 241
— des Hauptverfrachters gegen den Unterverfrachter II 623
— des Indossatars II 581
— bei Kollision II 137
— bei Nichterfüllung II 58, 374, 384
— gegen den Schiffer II 148f, 225, 232, 254
— bei Schiffsverkauf II 225
— s.a. „Haftung“
Schadensfeststellung II 479f, 482f, 657, 668, 693, s.a. „Schadensermittlung“
Schadensgeneigte Arbeit II 463ff
Schadensgeneigter Zustand der Ladung II 473
Schadensliquidation im Drittinteresse II 272, 398, 431, 486
Schadensminderung
— Aufwendungen des Versicherungsnehmers zur — II 1357
— als Havariegrossemaßnahme II 900
Schadensminderungspflicht
— beim Schiffszusammenstoß II 1052, 1070f
— des Verfrachters II 422, 440
— des Versicherungsnehmers II 1360, 1361, 1367
— s.a. „Schadensabwendungspflicht“
Schadlosstellung II 290
Schädlingsbekämpfung III 1313
Schätzung
— Kosten einer — II 1218f
— des Schiffswerts II 224, 255
Schallsignal III 675ff, 771, 879, 951
— bei Nebel III 609ff, 677
Schanzkleid I *877*, 951, III 1294
Schauerleute II 366, 448, 1209, 1280 s.a. „Stauer“
Scheck I 542f, II 555, 581
Scheinwerfer III 701
Schenkungsversprechen über ein Schiff I 364
Schiedsgericht
— für Bergungs- und Hilfslohn III 422f
— s.a. „Seeschiedsgericht“, „Tarifschiedsgericht“
Schiedsgerichts-Ordnung des deutschen Seeschiedsgerichts II 1146ff
Schiedsklausel II 272, 283, 290f, 486, 553, 564, 582, 610f, 626f, 695, III 1560
Schiedsverfahren II 272, 1109, 1113, 1131, 1146ff, s.a. „Seeschiedsgericht“, „Tarifschiedsgericht“
Schieferbeförderung II 1365
Schießgebiete
— in der Hohwacht-Bucht III 787
— Putlos und Todendorf III 785ff
— s.a. „Verordnung über Sicherungsmaßnahmen im Bereich der Seezielschießplätze . . .“
Schießübungen III 674
Schiff
— Alter II 153, 291
— Altersschäden am — II 224, 1336, 1364

— anzuwendendes Recht bei Erwerb und Verlust von Eigentum am — I 362f, 368
— Aufgeben eines — II 147
— ausbesserungsunfähiges I375f, 532
— Ausbesserungsvertrag über — I 425f
— ausländisches I 560, 562f, 565, 568, 750ff, 980, 1324f
— Außerdienststellung I 257
— außergerichtliche Verwertung eines — II 1309
— Bauart I 607ff, 739, 753ff, 783, *877ff*, III 461
— Baufälligkeit II 10
— Baujahr II 291
— bauliche Einrichtung III 1293ff
— Bauort I 249, 250, 252, 253, 276, 287, 290, 294
— Bauvertrag I 364f
— Beaufsichtigung II 175f
— Befriedigung der Schiffsgläubiger aus dem — II 1298ff
— Begriff I 18, 19, 20, 160, **227ff**, *871f*, 1295, II 682, 688f, 1010f, 1101, III 1258f
— Belastung II 11, s.a. „Schiffshypothek“
— Beleihung I 427ff, *432*
— bergungsfähiges I 375
— von der Besatzung verlassenes II 1123f, 1127
— Beschädigung II 331, 471
— Beschaffenheitsfehler II 316f, 526ff
— Besitzüberlassung II 7
— als bewegliche Sache I 230
— Brauchbarkeit II 152
— dauernde Nichtverwendung II 119
— Dereliktion I 375ff
— deutsches II 641
— der Dienstleistung des Besatzungsmitglieds III 101, 226
— Domizil II 76
— von dritten Personen in Besitz genommenes II 1125
— Eigenbesitzer eines — II 1301
— Eigentum am — s. „Eigentum am Schiff“, „Schiffseigentümer“
— Einfuhr eines — s. „Gesetz zu dem Zollabkommen über die vorübergehende Einfuhr von Wasserfahrzeugen“
— durch Eingriff einer fremden Macht entzogenes I 282
— Enteignung I 532, II 524, 1290
— Erhaltung II 216, 218f
— Erneuerung I 297
— zum Erwerb durch die Seefahrt bestimmtes II 1121
— fehlerhafte Führung des — s. „Nautisches Verschulden“
— Flaggenrecht I 319ff
— über 50 cbm Brutto-Raumgehalt I *872f*
— als Gebietsteil des Heimatstaates I 68
— als Gegenstand
— — des Schiffsgläubigerrechts I 359
— — der Seeversicherung II 1328, 1331, 1350
— als Gesamtbauwerk II 9
— geschlepptes — als Ladung im Sinne des Havereirechts II 896
— Größe II 161
— Haftung
— — für Beitrags- und Zinsansprüche wegen Versicherungsprämien I 500
— — mit — und Fracht II 230ff, s.a. „Reederhaftung“
— — für Strafgelder I 175
— Haltbarkeit II 152f
— einer Handelsgesellschaft I 322
— Hebung des — II 525, 1053, 1219, 1284
— herrenloses I 375ff
— mit hoheitlichen Aufgaben II 34
— auf hoher See I 68, 319ff
— im internationalen Privatrecht I 237f, s.a. „Internationales Privatrecht“
— Kauf eines — II 7, 79
— Kaufvertrag über — I 363f, 454
— Klasse des — s. „Klasse des —“,
— Liegenlassen des — II 90
— Name I 249f, 284, 287, 289f, 293, **337f**, 341, **348f**, 872, 948, 973, II 285, 553, 560, 565f, 1104
— Nationalität II 114, 278, 291, 527, 565f, s.a. „Flaggenrecht“
— in nicht fahrtüchtigem Zustand I 506f
— nicht gehörig ausgerüstetes I 506f
— nicht gehörig bemanntes I 506ff
— nicht zum Erwerb durch Seefahrt verwendetes II 34, 61, 1268, 1389
— als Objekt der Reederei II 77
— im öffentlichen Dienst I 249, 289, 334, 340, 350f, III 1261, s.a. „Kriegsschiff“, „Staatsschiff“
— öffentlicher Verkauf durch den Versicherungsnehmer II 1345
— Pfandrecht der Schiffsgläubiger am — II 1288ff, s.a. „Schiffsgläubigerrecht“
— Platzwechsel II 309, 921
— Privatverkauf zwecks Verwertung einer Schiffshypothek I 525
— Rechte an eingetragenen — I **356ff**
— Rechtsnatur I 356
— als Rechtssubjekt II 1269f
— Rechtsvorgänge an Bord I 69
— als Reedereivermögen II 81
— Reparaturvertrag über — I 425ff
— als Retter II 1236
— in Seenot II 243

— segelfertiges I 556, 565
— Stabilität I 622ff, 740, 762ff, *874*, 949
— stilliegendes II 1040f, 1093, 1096, 1101f
— auf Stückgüter angelegtes II 386, 389f, 427, 652
— Übereignung I 49, 239, 265, 363ff, 368ff, 370ff, 454, 525
— Überholung II 313
— Überladung II 169, 346, 495
— Überlassen der Navigation an ungeeignete Personen II 1026
— Überlassung II 267
— Überlastung II 343
— an unbekannter Stelle gesunkenes I 377f
— unbemanntes II 273
— unrettbar verlorenes I 375ff, 532
— Untergang
s. „Untergang des Schiffes"
— verdächtiges I 79
— verhältnismäßiger Teil des — II 266, 284, 287, 422, 425, 502, 548f
— Verkauf s. „Schiffsveräußerung"
— versenktes I 376
— Versicherung II 98, 100, 216, s.a. „Versicherung"
— Versicherungspflicht I *432f*
— Versicherungswert II 1331
— auf einer Werft I 242
— Wertermittlung I *433*
— Zwangsversteigerung I 239, 320, 412, **413f**, 426, 454, 484, 553ff
— Zwangsvollstreckung in — I 421, 484, 522ff, 531, **553ff**, II 1298
— s.a. „Binnenschiff", „Fahrzeug", „Handelsschiff", „Kauffahrteischiff", „Kriegsschiff", „Schiffsbauwerk", „Seeschiff", „Staatsschiff"
Schiffahrtsabgaben I 211, 358, II 511, 1277ff, 1310f, s.a. „Abgaben"
Schiffahrtsbrauch II 1029
Schiffahrtsfreiheit I **189ff**, 192, 1395
Schiffahrtsgefährdung III 1200
Schiffahrtsgerichte II 1118
Schiffahrtshindernis II 457, III 413ff, 572, 581, 671
— Aufstellen (Strafrecht) I 21
— Beseitigung I 420, III 413ff, 440
— Deckung der Beseitigungskosten III 436
— Kennzeichnung III 557
— Tagesbezeichnung s. „Grundsätze für die Tagesbezeichnung von . . . und Wracken (Schiffahrtshindernissen) . . ."
— Warnsignal bei — III 670
Schiffahrtskonferenzen II 265, 288, 507f, 754f
Schiffahrtslinie II 267, 285f, 321, 507, 553, 754f
Schiffahrtspapiere II 29
Schiffahrtspolizei I 22, 59, 215, 217f, **221f**
Schiffahrtspolizeiliche Anordnung
— für die Schubschiffahrt auf der Elbe III 779
— über den Umschlag von explosionsgefährlichen Gütern auf der Seeschiffahrtsstraße Elbe III 773
— über den Verkehr
— — durch die Drehbrücke in Klevendeich III 751
— — durch die Schleuse Nordfeld III 756
— — auf der Trave im Bereich der Herrenbrücke während der Bauarbeiten III 770
— über das Wasserskifahren auf der Trave zwischen Priwall-Südspitze und Siechenbucht III 777
Schiffahrtsvereinbarungen, zwischenstaatliche — der Bundesrepublik III 1214
Schiffahrtsverordnungen als Schutzgesetze II 1030
Schiffahrtsverwaltung der Bundesrepublik I 11
Schiffbruch II 175, 1335, 1356, s.a. „Arbeitslosigkeit infolge —", „Schiffsunfall"
Schiffer
s. „Kapitän"
Schifferausrüster I 63, 137
Schifferbetriebsverbände I 30
Schiffermitreeder
— Entlassung II 255f
— Haftung II 61ff, 887, 1269
— Rechenschaftspflicht II 234
— Verladung auf eigene Rechnung II 254
Schifferreeder II 61ff, 74, 248, 447, 523, 535, 887, 1269
Schiffsabgaben
s. „Schiffahrtsabgaben"
Schiffsagent II 333, 339, 760, s.a. „Agent"
Schiffsanteil I 393ff, 488
Schiffsapotheke II 10, III 9
Schiffsarzt I 860, 1222, 1225, 1228ff, 1241ff, 1295, II 18, 176, 182, III 15f, 120, 212
Schiffsattest I 1132
Schiffsbank
s. „Schiffspfandbriefbank"
Schiffsbankgesetz
s. „Gesetz über Schiffspfandbriefbanken"
Schiffbau II 79, III 1262f
Schiffsbauhypothek
s. „Schiffsbauwerk"
Schiffsbauregister I 240ff, **275ff**, 293f, 315ff, 549f, 551, s.a. „Schiffsregister"
Schiffsbauregistergericht I 276, 548
Schiffsbautechnik I 748
Schiffsbauwerk I **275ff**
— Beleihung I 427ff, *432*
— bergungsfähiges I 375

— durch Eingriff einer fremden Macht entzogenes I 282
— Eintragung in das Register für Schiffsbauwerke I 547, 549
— Hypothekenbestellung I 387, 546ff
— Nießbrauch an — I 469, 548, 551
— Rechte am eingetragenen — I 356ff
— Registrierung III 1201
— Schiffseigenschaft I 230
— Schiffshypothek an — I 550f
— Übereignung I 365, 549
— Versicherungspflicht I *432f*
— Wertermittlung I 433
— Wiederaufbaudarlehen für — s. „Wiederaufbaudarlehen„
— Zwangsvollstreckung in — I **553ff**, 561f
— s.a. „Gesetz über Darlehen zum Bau und Erwerb von Handelsschiffen"
Schiffsbauzollordnung I 17
Schiffsbedarf
— Einfuhrgenehmigung II 774, 786
— Zollvorschriften III 1186
Schiffsbedienung II 156f
Schiffsbedürfnisse II 218ff, 767
Schiffsbefestiger II 19, 23
Schiffsbefrachtungsschein II 287
Schiffsbegleitung II 1126
Schiffsbeleihungsbank
s. „Schiffspfandbriefbank"
Schiffsbesatzung II **17ff**, 35, 73, 430, 459, 662, III 15
— Ansprüche
— — bei Arbeitsunfall durch Schiffszusammenstoß II 1047, 1060, 1105
— — auf Berge- oder Hilfslohn II 1235f, 1241ff
— — wegen Schäden durch Ladung II 332
— Anstellung II 17f, 272
— ausreichende I 728
— Befugnisse des Kapitäns II 144
— Begriff I 1295, II 6, 17ff, 1020f, 1122, 1244
— Beistandspflicht zugunsten der — II 1104
— Berücksichtigung des Verschuldens der — bei der Havariegrosseverteilung II 891, 907f, 963
— als „Beteiligte" im Havereirecht II 906
— Beweislast bei Mitverschulden der — II 1086
— Dienstverhältnis
— — bei Charterung II 266, 272
— — bei Unterfrachtvertrag II 427
— Eigentum der — II 334
— Einstehenmüssen des Versicherungsnehmers für das Verhalten der — II 1358
— Entlassung II 272
— Ergänzung III 112
— Erkrankung II 821
— Erschöpfung II 1210
— Forderungen der — I 358f, 400, 416, II 59, 73ff
— Forderungen aus Verschulden der — I 358
— Gehorsamspflicht der — bei Anwesenheit eines Führungszwangslotsen II 1085
— Habe der — s. „Habe"
— Haftung der — s. „Besatzungsmitglied, Haftung"
— Haftung für die — s. „Ausrüster", „Reederhaftung", „Verfrachter"
— Heuer und Kost I 400, 407, 408, II 919, 923, 942f, 973f, 1054f
— Hilfslosigkeit der — II 1123f
— im internationalen Privatrecht II 49
— mangelnde Verfügungsmöglichkeit der — als Voraussetzung einer Bergung II 1123f
— Mitnahme von Gegenständen II 144
— Musterrolle II 164f
— Ordnungswidrigkeiten der — II 144
— Papiere II 160, 164f
— persönliche Qualifikation II 160
— und Reiseinteressent II 150
— Rettung
— — von Menschenleben durch die — II 1247, 1259
— — eines Schiffes durch die — II 1121, 1135, 1139
— Schiffsgläubigerrecht
— — wegen Forderungen der — II 1277ff, 1294, 1304, 1309f
— — wegen Forderungen aus Verschulden der — II 1278ff, 1311
— im Schiffsrat II 176
— bei Schiffsverkauf II 227
— beim Schleppzug II 273, 275, 445, 1068
— Sicherheit der — II 238
— Staatsangehörigkeit I 321
— Straftaten der — I 61, 69, II 144
— Tagebucheintrag II 185ff
— Unterbringung II 159
— unzureichende II 922, 1121
— Verhaftung der — bei Segelfertigkeit II 25
— Verjährung
— — von Ansprüchen der — aus Dienst- und Heuerverträgen II 1383, 1385f
— — von Ansprüchen aus Verschulden der — II 1386f
— — der persönlichen Ansprüche der Schiffsgläubiger gegen die — II 1384f

— bei Verklarung II 201, 205
— Verlassen des Schiffes durch die — als Voraussetzung der Bergung II 1124
— Vermessung der Räume der — I 1168
— Vernehmung der — II 205
— Verschulden der — eines vom Zwangslotsen geführten Schiffes II 1086f
— durch die — verschuldete Notwendigkeit einer Rettung II 1236
— durch die — verschuldeter Schiffszusammenstoß II 1020ff, 1069ff
— Verteilung von Hilfs- oder Bergelohn unter der — II 1241ff, 1256f
— Vertretung durch den Verfrachter II 460f, 463
— Verzeichnis II 205
— Werftarbeiter auf einem Schiffsbauwerk als — II 1012
— Zugehörigkeit zur — im internationalen Privatrecht II 1017
— Zusammensetzung der — und Flaggenrecht I 321, 331
— s.a. „Bemannungsrichtlinien", „Besatzungsmitglied", „Schiffsbesetzung", „Schiffsmannschaft", „Schiffsoffizier"

Schiffsbesetzung I 15, 742, *875*, 949, 974, II 273, III 298
— Ermächtigung des SeemG zum Erlaß von Rechtsverordnungen III 211
— gehörige Bemannung s. „Bemannungsrichtlinien"
— mit Offizieren des nautischen und des Maschinendienstes III 300ff 304ff
— mit Seefunkern III 211
— s.a. „Bemannung", „Bemannungsrichtlinien", „Schiffsbesetzungsordnung"

Schiffsbesetzungsordnung I 15, 29, III 165, 200, 211, **298ff**, 1572
— Anerkennung der Seefahrt-, Schiffsingenieur- und Seemaschinistenschulen III 312
— Arten der Befähigungszeugnisse III 299
— Aufrechterhaltung früherer Befugnisse III 315
— Ausfertigung der Befähigungszeugnisse III 313
— Ausnahmen von der — III 314
— Ausstellung von Befähigungszeugnissen an ehemalige Angehörige der Kriegsmarine und der Luftwaffe III 311
— Beaufsichtigung der Prüfungen III 313
— Bedingungen für die Ausstellung der Befähigungszeugnisse III 305
— Befähigungsnachweis III 305f
— Befähigungszeugnisse der Seesteuerleute III 303
— Begriffsbestimmungen III 299
— Besetzung der Schiffe
— — in der großen Fahrt III 303
— — in der kleinen Fahrt III 301
— — in der Küstenfahrt III 301
— — in der mittleren Fahrt III 302
— — in der Seefischerei beschäftigter Fahrzeuge III 304ff
— Ersatz verlorener Befähigungszeugnisse III 314
— Fachausschüsse III 313
— Fahrtgrenzen mit Ausschluß der Seefischerei III 300
— Fischbeförderungsfahrzeuge III 305
— Fischereigrenzen III 304
— früher erworbene Ansprüche III 315
— Geltungsbereich III 298
— Gültigkeit höherer Befähigungszeugnisse III 300
— Hamburgische VO zur Ausführung der — III 315
— Hör-, Seh- und Farbenunterscheidungsvermögen III 306
— Lehrpläne III 312
— Notwendigkeit der praktischen Ausbildung auf Schiffen, die die Bundesflagge führen III 309
— praktische Ausbildung
— — der Seemaschinisten III 308
— — der Seeschiffer und Seesteuerleute III 306f
— Prüfungen III 310
— Prüfungsausschüsse III 312
— Prüfungsordnung III 312
— Schiffsbesetzung III 300ff
— Schiffsjungenschulen III 312
— Schulschiffe III 303
— Trennung von Decks- und Maschinendienst III 300
— überzählige Schiffsoffiziere III 303, 305
— Umtausch älterer Befähigungszeugnisse III 315
— Verantwortlichkeit III 314
— Zurücknahme von Befähigungszeugnissen III 314

Schiffsbesichtiger II 478f, III 1069

Schiffsbesichtigung I 600ff, 748ff, 867, 929, II 155, 164, 187, 313f, 1054, 1059, 1338
— Besichtigungsattest II 164, 240, 479, 488
— Besichtigungsniederschrift I 864f

Schiffsbewegungen vor der Probefahrt III 1377

Schiffsboden II 976

Schiffsboot II 8ff, 11, 191, 916, s. „Rettungsboot"

Schiffsbrief I 273ff, 282, 293

Schiffschronometer III 1352

Schiffsdienst II 17f

Schiffsdirektor
s. „Korrespondentreeder“
Schiffsdisponent
s. „Korrespondentreeder“
Schiffsdunst II 662, 1372
Schiffseigenschaft I 229f, 533f, II 1289
Schiffseigentümer II 459, 557, 682, 706
— Ansprüche bei Schiffszusammenstoß II 1047
— Befriedigungsrecht gegenüber dem Schiffshypothekengläubiger I 521
— Begründung einer Schiffshypothek I 534f, 538ff
— Berge- oder Hilfslohn II 1143f, 1256f
— gerichtliche Maßnahmen gegen — bei Wertbeeinträchtigung einer Schiffshypothek I 509ff
— als Hypothekar I 508, 536
— Reederhaftung des — II 34
— Verhältnis zum Ausrüster II 136
— Verhältnis zum Reeder II 27
— Verpflichtung zur Löschung einer Schiffshypothek I 535
— s.a. „Eigentum am Schiff“, „Reeder“
Schiffseigner
s. „Reeder“, „Schiffseigentümer“
Schiffserbauer I *1195f*
Schiffserwerber II 6ff, 121, 261, 1307f
Schiffsfähigkeit II 9
Schiffsführer
s. „Kapitän“
Schiffsführereigenschaft II 231
Schiffsführerräume I 1167f
Schiffsführung
— Haftung II 443, 446ff
— beim Schleppvertrag II 273, 275f, 445
— selbstbeschaffte II 133
— s.a. „Kapitän“
Schiffsgeschirr II 326ff, 367, 400, 402, 407f, 411, 647ff, 656
Schiffsgewalt II 143, III 185, s.a. „Kapitän“
Schiffsgläubiger II **1267ff**
— ausländische II 225
— Ausschließung unbekannter — im Aufgebotsverfahren II 1307f
— Befriedigung der — aus Schiff und Fracht II 1298ff, 1313, 1315
— Begriff II 1268
— Ersatzforderungen der — I 360
— gesetzliche Vermutung der vollständigen Befriedigung der — II 1316ff
— Klage des — II 218, 1302
— Passivlegitimation von — für Klagen anderer — II 1302
— Pfandrecht der — II 1288ff, 1320f
— Reeder als — II 1303
— als Reiseinteressent II 150
— bei Schiffsverkauf II 225, 227
— Vorrang vor anderen Gläubigern II 1321ff
— Wechsel des Reeders oder Kapitäns im Rechtsstreit mit — II 1300
— wissentliche Verkürzung von Rechten der — II 1315
— Zurückbehaltungsrechts des Bergers gegenüber — II 1251
— s.a. „Schiffsgläubigerforderung“, „Schiffsgläubigerrecht“
Schiffsgläubigerforderung
Aufrechnung mit oder gegen II 1276f
— Berücksichtigung bei der Verteilung von Havariegrosseschäden II 942
— Einfluß des Erlöschens der — auf das Schiffsgläubigerrecht II 1290
— wegen falscher Angaben über die Ladung II 332
— Verjährung II 1383f
Schiffsgläubigerrecht III 1282
— Abtretung II 230
— Akzessorietät II 486
— Anmeldung I 560
— für Ansprüche aus Seeuntüchtigkeit II 316
— Arrest in — I 564
— als Ausgleich für Haftungsbeschränkung II 35, 52, 431
— ausländisches II 225, 1286f
— Ausschluß des — II 640, 642
— Befriedigung durch den Bodmereischuldner II 879
— bei begrenzter Haftung II 40
— Begriff I 357
— wegen Bergung oder Hilfsleistung II 1128
— Berücksichtigung bei der Festsetzung von Berge- oder Hilfslohn II 1118, 1217
— bevorzugte Befriedigung II 52
— des Bodmereigebers II 870, 874, 1277ff, 1281, 1295, 1310ff
— und Bodmereischuld II 883
— bei Chartervertrag II 135, 271f
— zur Darlehenssicherung II 85
— am eigenen Schiff I 361, II 1143, 1273f, 1275ff
— Eintragungsfähigkeit im Schiffsregister I 241
— trotz Eintretens der persönlichen Haftung des Reeders II 1283
— Endigung nach internationalem Privatrecht II 1287
— Erlöschen II 225, 1290f, 1305ff, 1312, 1315f, 1320, III 1264
— Ersatzforderungen I 360
— Forderungen aus — II 1277ff

— wegen Forderungen
— — der Berufsgenossenschaft II 1278ff, 1312
— — aus einem Geldkredit II 1281
— — aus Nichtablieferung oder Beschädigung von Ladungsgütern II 1277ff, 1311
— — der Schiffsbesatzung II 74
— — aus Verschulden einer Person der Schiffsbesatzung II 1278, 1284f
— Form II 1285
— Gegenstand des — I 359f
— Geltendmachung I 361, II 1287, 1302f, 1307
— gesetzliches Pfandrecht an geborgenen oder geretteten Gegenständen als Bestandteil eines — II 1249
— für die bei großer Haverei Vergütungsberechtigten II 944f
— Haftung des Pfandes für Nebenforderungen II 1295
— internationales Privatrecht I 49, 239, 320, 411, II 1285
— für Kaigebühren II 399
— zugunsten des Kapitäns II 230
— Kenntnis des Reeders vom — II 1317f
— Klagantrag bei Geltendmachung eines — II 1302f, 1307
— bei Kollisionen I 233
— für Konnossementsverpflichtung II 557, 559, 640, 642
— bei Kreditgeschäft II 220
— und mortgage-Vertrag I 400
— bei nachfolgender Zerstörung des Schiffes II 1289
— bei Nichterwerbsschiffen I 236, II 1268f
— bei Notstandsmaßnahmen II 59
— als obligatorisches Recht II 1269f
— des Passagiers II 812
— Passivlegitimation II 271
— neben persönlicher Haftung II 52
— Rangfolge I 359, 413, 554, II 1287, 1295, 1309f
— Rangverhältnis zu anderen Pfandrechten oder sonstigen Rechten II 1321ff
— und Rechte von Gebietskörperschaften II 1321f
— Rechtsnatur II 1269f
— am Reisegut II 824
— Sachstatut bei — II 1285f
— an Schiffsbauwerken I 230, 356ff
— des Schiffsmaklers II 768
— bei Schiffsverkauf II 225f
— bei Schiffsverwendung II 137
— und Schiffszubehör II 12, 213
— bei Staatsschiffen I 236, II 60, 1269, 1279
— am Substitutschiff II 342
— Tatbestände des — I 358
— Übergang II 230, 1273
— Übertragung des dem Reeder am eigenen Schiff zustehenden — II 1276
— Urteiltenor im Rechtsstreit wegen Geltendmachung eines — II 1303, 1307, 1313
— für Verfrachterhaftung II 446, 557, 559, 640, 642
— Verhältnis
— — zur Hypothek II 56
— — zur Schiffshypothek I 26, 483
— Verjährung II 486
— Versicherung gegen Belastung mit — II 1356
— an Wracks I 230
— bei Zugehörigkeit des Schiffes zu einer Reederei II 1305
— Nachtrag III 1570
— s.a. „Pfandrecht", „Schiffsgläubiger"
Schiffsgroßreparatur III 1264
Schiffshaftpflichtversicherung II 778, 790
Schiffshandwerker III 18
Schiffshebungsvertrag II 1219
Schiffshypothek I 379ff, 480ff
— Ablösungsrecht I 410, s.a. „Befriedigungsrecht"
— Akzessorietät I 526f
— Anerkennung ausländischer — I 411f
— Anfechtung I 519f
— Anmeldung beim Versicherer I 504ff
— im ausländischen Recht I 384ff, 396ff, 422f, 491ff, 495, 496f, 512ff, 523f, 527, 546f, 548, 549, 551
— in Auslandswährung I 396, *463ff*, III 1281
— Auswirkung eines Wechsels des Schiffsaufenthaltsorts auf die — I 411ff
— Bedeutung des Schiffszertifikats und sonstiger Bordzeugnisse für die — I 422ff
— Begründung einer neuen — anstelle einer erloschenen — II 943
— Beitragspflicht bei Havariegrosseschäden II 943
— Bestellung I 48, 382, 385, **386ff**, 409f, II 99
— Bestellungsvertrag I 401, 402, 406, 421f
— Eintragung I 288, 291, 294, 480ff, 542
— Einwendungen gegen die — I 519f
— Erhöhung der Kapitalsumme I 529
— Erlöschen I 259, 530ff, 536f, 538ff, II 225
— Erstreckung
— — auf Enteignungsentschädigungen I 411, 494f
— — auf Forderungen aus Schiffsmiete I 496f
— — auf Fracht und Schiffsmiete I 402, 406, 411, 412f, **496f**

— — auf Nebenforderungen I 489, 494 ff
— — auf Schadensersatzansprüche I 402, 405, 406, 408, 416, 495
— — bei einem Schiffsbauwerk I 549 f
— — auf Schiffsbestandteile I 490 ff
— — auf Schiffszubehör I 490 ff, II 1289
— — auf Versicherungsforderungen I 404, 405, 406, 408, 411, 412, **497 ff**, 548, 550, II 56
— auf Ersuchen des Vormundschaftsgerichts I 426
— auf den Erwerb einer — anzuwendendes Recht I [illegible]
— bei Flaggenrechtsverlust I 260
— Forderungsauswechslung I 529
— Gefährdung durch Verschlechterung des Schiffs I 509 ff, 519
— Geltendmachung I 522 ff
— gerichtliche Maßnahmen bei Wertbeeinträchtigung I 509 ff
— gesetzliche I 427, 537
— gesetzlicher Anspruch auf Bestellung einer — I 424 ff, II 1278
— gesetzlicher Übergang I 521, 525
— — auf den Schiffseigentümer I 521 f
— — auf den Schuldner I 535
— — auf den Versicherer I 508
— Gutglaubensschutz I 473 ff
— für Inhaber- und Orderpapiere I 542 ff
— Inhalt I 410 f, 480 ff
— Inhaltsänderung I 528 ff
— Inskription I 389 ff, 424
— im internationalen Privatrecht I 238, 239, **408 ff**
— Kündigung I 520
— zu Lasten des Erstehers eines Schiffes in der Zwangsversteigerung I 426
— Löschung I 266, 530 f, 550 f
— Löschungsbewilligung I 258 f, 260
— mithaftende Gegenstände II 9
— Nebenleistungen I 387, 410, 480 f, 527
— Person des Bestellers I 382 ff
— Pfändungspfandrecht I 266
— privilegierte Forderungen I 415 ff
— Rangverhältnis I 401, 404, 405, 411, 413, 414, **481 ff**, 535, 551 f
— Rangvorbehalt I 486 f
— rechtsgeschäftliche Aufhebung I 530, 535
— Rechtslage bei Verkauf des Schiffes I 516 ff
— Rechtsvermutung im Schiffsregisterrecht I 472, 524
— richterliche I 426
— Schiffsanteil als Belastungsgegenstand I 393 ff, 488, II 115
— an Schiffsbauwerken I 275 f, **546 ff**
— und Schiffsgläubigerrecht II 56
— und Schiffspartenpfandrecht II 115
— und Schiffszubehör I 490 ff, II 11, 1289
— Sicherungsklauseln im Bestellungsvertrag I 421 f
— Übertragung I 255, 526 f, 543
— zu Unrecht gelöschte I 482, 532, 537
— Unterlassungsklage wegen einer die Sicherheit der — gefährdenden Verschlechterung des Schiffes I 519
— Vereinigung mit dem Eigentum am Schiff in einer Hand I 531, 534, 536
Vermerk im Schiffsbauregister I [illegible]
— Verpfändung I 266
— Verschiedenheit von persönlichem und dinglichem Schuldner I 411
— Verzicht I 530 f, 534, 535
— Weitergeltung nach Fertigstellung des Schiffsbauwerks I 550
— Wertbeeinträchtigung I 509 ff
— wertbeständige I *463 ff*, **467 ff**
— s. a. „Arresthypothek", „Gesamtschiffshypothek", „Höchstbetragsschiffshypothek", „Internationale Verträge, Übereinkommen über Vorzugsrechte und —", „mortgage", „Zwangshypothek"
Schiffshypothekar
s. „Schiffshypothekengläubiger"
Schiffshypothekengläubiger
— bei Schiffsverkauf I 516 ff, II 225, 227
— Schutz gegen Wertminderung der Schiffshypothek I 509 ff, 519
— unbekannter
s. „Aufgebotsverfahren"
— Vorrang des Schiffsgläubigers gegenüber dem — II 1321 ff
Schiffshypothekenbank
s. „Schiffspfandbriefbank"
Schiffsingenieur I 15, II 315, III 300, 310 f
Schiffsingenieurschule III 310, 312
Schiffsingenieurwesen III 313
Schiffsinspektor II 313 f
Schiffsinteresse II 450 f
Schiffsinventar II 8 ff, 11, s. a. „Schiffszubehör", „Zubehör"
Schiffsjournal
s. „Schiffstagebuch"
Schiffsjunge II 213, III 18, 270, 332 ff
Schiffsjungenschule III 312
Schiffskäufer II 7 ff, 222, 225 f, 1318
Schiffskaskoversicherung
s. „Kaskoversicherung"
Schiffskasse II 943
Schiffskoch
s. „Koch"
Schiffskörper II 9, 54, 152 f, 308, 317, 343, III 1293

Schiffskollision
s. „Schiffszusammenstoß“
Schiffsladung
s. „Ladung“
Schiffsleute
s. „Schiffsmann“ „Schiffsbesetzung“
Schiffslieferant II 219, 253, 272
Schiffsliste, von der Lotsenbrüderschaft zu führende III 505
Schiffsmakler II 261, 279, 288ff, 336ff, 379, 386, 408, 491, 507, 516, 551f, 606, 752f, **759ff**, III 1561
— Abschluß unter Vorbehalt späterer Aufgabe des Vertragsgegners II 289, 761, 770
— Abstempelung der Konnossemente II 491, 516, 606, 769
— Aufgabeklausel II 289, 761, 770
— Aufstellung von Havereirechnungen II 760
— Aufwendungsersatz II 765
— Auslagenersatz II 768
— im Auslandsrecht I 99, II 772
— Behördenverkehr II 760, 767
— Belohnung an Kapitän II 253
— Bevollmächtigung II 760
— Bindung des Schiffes an einen — II 765f
— Einziehung von Fracht, Liegegeld usw. II 767ff, 771, 1312
— als Empfänger II 770
— Ersatz der Kommissionen als Schadensersatz wegen Schiffszusammenstoß II 1054
— fest an die Hand geben II 761
— als gerichtlicher Vertreter II 767, 769
— Gewährleistung gegenüber Dritten II 770
— Haftung des — II 148, 770
— Haftung für — II 35
— als Handelsmakler II 760ff
— als Handelsvertreter II 760, 771f
— als Hilfsperson
— — des Kapitäns II 759, **765ff**
— — des Reeders II 759, **765ff**
— im internationalen Privatrecht II 764, 772
— Kautionsübernahme durch den — II 767, 770
— Klarierung II 767f, 771
— Klarierungsgebühren II 767f
— Konnossementszeichnung II 769, 771f
— als Korrespondentreeder II 94, 763, 765
— Kreditgeschäft mit Schifferreeder II 220
— Legitimationsprüfung hins. des Empfängers II 760, 769
— im Liniendienst II 765, **771f**
— Maklerlohn II 288, 290, 379, 761, 763f, 767
— Rechtsgeschäft des — II 57
— in Reederverbänden II 29
— Schiffsgläubigerrecht II 768, 1281, 1284
— als selbständiger Unternehmer II 760
— Selbsteintritt II 761
— als Substitut des Kapitäns II 668, 759, 768f, 771
— Tagebuch II 762
— im Trampverkehr II 765ff, 771
— Umfang der Befugnisse II 760, 768, 771
— Umsatzsteuer II 764
— Unparteilichkeit II 762
— Vermittlungstätigkeit II 288, 290, 379, **759ff**
— Vertrag mit Kapitän II 215f
— als Vertreter
— — des Befrachters II 289, 762, 767
— — beider Parteien II 289, 762, 767
— — eines Dritten II 229
— — des Kapitäns II 386, 399, 427, 475, **759f**, 766f, **768f**, 869
— — des Reeders II 558, 588, 759f, 766f, **678f**
— — des Verfrachters II 261, 289, 350, 360, 399, 405, 412, 475, 477, 482, 491, 558, 588, 606
— Vorschuß an Kapitän II 219
— Vorvertrag zugunsten des — II 765f
— Zahlung an den — II 762
— Zeichnung als charterer's agent II 289, **761f**
— als Zivilmakler II 760f
Schiffsmann III 18
— ärztliche Untersuchung III 165f
— Anspruch auf Rettungslohn II 1122
— Arbeitsverhältnis
s. „Heuerverhältnis“
— Ermächtigung des SeemG zum Erlaß von Ausbildungsvorschriften und Befähigungszeugnisses III 211
— Gefahrtragung II 238
— heimzuschaffender — als Mitglied der Schiffsbesatzung II 1021
— ordentliche Kündigung III 245
— Pflichten nach den Unfallverhütungsvorschriften der Seeberufsgenossenschaft I *870f*, 946f, s.a. „Unfallverhütungsvorschriften“
— im strafrechtlichen Sinne I 20
— Tauglichkeit I 15, 867, 875, 949, s.a. „Bekanntmachung, betr. die Untersuchung der Schiffsleute auf Tauglichkeit zum Schiffsdienst“
— Weiterzahlung der Heuer im Krankheitsfall III 125f
— s.a. „Besatzungsmitglied“, „Heuer“, „Heuerverhältnis“, „Schiffsbesatzung“, „Verordnung über die Eignung und Befähigung der Schiffsleute . . .“

Schiffsmannschaft II **17ff**, 343, 348, 414, 464, 669, III **15**
— Annahme durch Kapitän II 211, 213, 216
— Begriff II 18, III 15
— Entlassung II 213, III 137
— Fürsorge des Schiffers II 147
— Kommandogewalt des Kapitäns II 144, III 185
— Kündigung II 213, III 137ff
— Rückbeförderungsverträge II 228
— Sicherheit der — II 238
— s.a. „Schiffsbesatzung“
Schiffsmaschine
s. „Maschine“
Schiffsmast
s. „Mast“
Schiffsmeldungen
s. „Gesetz, betreffend die — bei den Konsulaten des Deutschen Reiches“
Schiffsmeßbrief I 253, 255, 287, 293, 1142, *1192ff*, 1216, II 161, 294, III **1490ff**, **1494ff**
— Bestimmungen über die gegenseitige Anerkennung der — I 1133
— Internationaler — I 1136ff, III **1490ff**, 1494ff
— Muster I *1211f*, 1494ff
Schiffsmiete I 371, II 7, 90, 98, 261, 266ff, 270, 576, 683, 825
— Ausrüster bei — II 133
— Beispiele II 7
— und Charter II 7
— als Gegenstand der Seeversicherung II 1350, 1378
— Haftung
— — des Mieters II 271f
— — des Vermieters II 271
— Handelsgeschäft II 4
— kombinierte II 270f
— Mietlohn II 55, 943
— und Raumfrachtvertrag II 267f, 270ff, 274, 512
— Rückgabe II 272
— Schleppvertrag als — II 274
— im schweizerischen Recht II 268ff
— „überlassene“ II 271, 297
— Veräußerung des Schiffes II 297
— Verjährung II 272
— Zwangsvollstreckung in Forderungen aus — I 554
— s.a. „Miete“
Schiffsmieter II 7f, 27, 78, 133, 150, 1047f
Schiffsneubau II 27, 170, s.a. „Schiffsbauwerk“
Schiffsöffnung II 1095
Schiffsoffizier II **17ff**, 307, 309, 336, 433, 460, 464, 558, 669, III 15f, **298ff**
— Anmusterung II 213
— als Baubeaufsichtiger III 223
— Begriff II 18, 176, III 15f
— Bemannung mit — II 160, III 298
— als Beteiligter beim seeamtlichen Verfahren III 465
— Ermächtigung des SeemG zum Erlaß von Vorschriften über die Ausbildung und Befähigungszeugnisse III 211
— erster
— — des Decksdienstes III 11, 185ff
— — Einsetzung als Kapitän II 141f, 1[illegible], [illegible]
— — des Maschinendienstes III 185ff
— — Verklarung II 200, 204
— — Vertreter des Kapitäns II 18, 172, 175
— Forderungen aus dem Dienstvertrage I 416
— Kommandogewalt des Kapitäns II 144, III 185
— des Maschinendienstes III 299
— — Arten des Befähigungszeugnisses III 299
— — als Beteiligter am seeamtlichen Verfahren III 465f
— Entziehung der Gewerbebefugnis III 472ff
— — Mindestalter für Befähigungszeugnis III 306
— des nautischen Dienstes III 293, 299
— — Arten des Befähigungszeugnisses III 299, 303
— — als Beteiligter am seeamtlichen Verfahren III 465
— — Entziehung der Gewerbebefugnis III 472ff
— — Mindestalter für Befähigungszeugnis III 306
— — s.a. „Vorläufige Richtlinien zur Regelung der Bordausbildung zum —“
— ordentliche Kündigung III 137f, 245
— und Rettungslohn II 1122, 1244
— im Schiffsrat II 176f
— Sondervorschriften für Arbeitsschutz III 184
— sozial ungerechtfertigte Kündigung III 139
— Stellung bezüglich der Ordnung an Bord II 18, III 188f
— des technischen Dienstes
s. „Schiffsoffizier des nautischen Dienstes“
— überzähliger III 303, 305
— Umsetzungsbefugnis III 101, 226
— Verklarungspflicht II 199f
— wachhabender III 188f

— Weiterzahlung der Heuer im Krankheitsfall III 125f
Schiffsordnung II 813, 818
Schiffspapiere I 49, II 10, 151, **160ff**, 1335, 1364, III 67, s.a. „Schiffsurkunden“
Schiffspart II 77ff
— Absonderungsrecht II 107
— Anwachsung bei Partenaufgabe II 111
— Aufgabe II 87, **108ff**, 117, 119, 123
— Begriff II 86
— Belastung II 113ff
— Berichtigung von Forderungen II 107
— Bestandteile II 86
— Eintragung im Schiffsregister I 272, 288ff
— im englischen Recht II 86
— Erwerber II 81, 114, 116ff
— freie Veräußerlichkeit II 113f
— Gutglaubensschutz I 474
— Nießbrauch an — I 469, 552, II 115
— Pfandrecht an — s. „Schiffspartenpfandrecht“
— Rechtsverhältnisse an der — II 80
— Rechtsvermutung im Schiffsregisterrecht I 472
— Schiffsgläubigerrecht an — II 1289, 1305
— Schiffshypothek an — I 395
— Teilung II 86
— Übernahme bei Entlassung des Kapitäns II 255f
— Übertragung I 370, II 113ff, 256
— Umschreibung II 116
— Veränderungen II 86
— Veräußerung I 333, II 5ff, 80, 113ff, 116ff, 123, 1362, III 1553
— Vereinigung in einer Hand II 119
— Verhältnis zur Aktie II 255
— Verkauf durch Korrespondentreeder II 99
— Verlust durch Partenaufgabe II 111
— versicherbares Interesse II 107
— Versicherung II 1350
— Verwaltung durch einen Pfleger oder Vormund II 118
— Vinkulierung II 114
— Vormerkung des Anspruchs auf Übereignung einer — I 469f
— Zahl der — II 86
— Zusammenlegung II 86
— Zwangsvollstreckung in — I 554, 556, II 87
Schiffspartenpfandrecht I 288, 395, 483f, II 111, 115, 1305ff
Schiffspfandbrief I 427f, *431ff*
Schiffspfandbriefbank
— Allgemeines I 427f, *428ff*, 536f, III **1267ff**
— Bilanz I *435ff*, III 1273
— Formblätter für den Jahresabschluß *I 446ff*, III 1279f
— Geschäftsbericht I *437*, III 1274
Schiffspfandgläubiger II 227
Schiffspfandgläubigerrecht II 226
Schiffspfandklage II 1296
Schiffspläne I 664, 790f
Schiffsplanken II 9
Schiffsproviant
s. „Proviant “
Schiffspumpen
s. „Pumpenanlagen“, „Pumpen“
Schiffsrat II 176f, 185ff, 901, 1137
Schiffsraum
— Ablieferung im — II 437
— Abschluß des — III 1324
— Aufnahmefähigkeit II 292
— Entlöschung aus dem — II 400
— Gewährung von — II 266
— Mangel in Krisenzeiten II 779f
— Verbringen in den — II 326, 647, 656
— Verladung im — II 343, 647
— Vermessung I 1162ff, 1181f, *1186ff*
— Zurverfügungstellen II 266ff, 271
Schiffsraumanstrichverordnung III 1483ff
Schiffsrechtegesetz
s. „Gesetz über Rechte an eingetragenen Schiffen . . .“
Schiffsregister I 6, 9, **239ff**, **245ff**, **282ff**, 551
— Abschriften aus dem — I 286
— im ausländischen Recht I 242ff, 551
— Berichtigung des — I 263, 265f, **478**
— Doppeleintragungen I 254f
— Eintragung ins — s. „Eintragung“
— öffentlicher Glaube II 116
— Umschreibung bei Notverkauf II 225
— zerstörtes oder abhanden gekommenes I 281
— Zwangsvollstreckung in im — eingetragene Schiffe II 1298
— s.a. „Binnenschiffsregister“, „Deckungsregister“, „Gesetz zur Änderung von Vorschriften über das —“, „Schiffsbauresgiter“, „Seeschiffsregister“
Schiffsregistergericht I 245
— und Vorbereitung der seeamtlichen Untersuchung III 467
Schiffsregisterordnung I 6, 9, 29, 241, **245ff**, II 104
Schiffsregisterrecht I 239, 245ff, 252ff, III 1259
— formelles I 241f
— formelles Konsensprinzip I 264, 265
— öffentlicher Glaube im — I 241, 473ff, 520, 527, 528, 555
— Rechtsvermutungen im — I 241, **472f**

Schiffsregisterverfügung I 6, 9, 29, 241f, 281, **282ff**
Schiffsreise II 15, 310f, 318f, s.a. „Reise“
Schiffsreisevertrag
s. „Überfahrtsvertrag“
Schiffsreparatur
s. „Reparatur“
Schiffsrumpf
s. „Schiffskörper“
Schiffsschraube
s. „Schraube“
Schiffsschweiß II 432, 469, 662
Schiffsseite II 320, 400f, 647, 650, 650
Schiffssicherheit I 583ff, II 155, 160ff, 321, 324, 391ff, 396, 404, 450, III 1283f
Schiffssicherheitsbestimmungen I 49, 583ff, II 454, III 1283ff
Schiffssicherheitskonferenz I 583, III 1283
Schiffssicherheitsverordnung
s. „Verordnung über Sicherheitseinrichtungen für Fahrgast- und Frachtschiffe“
Schiffssicherheitsvertrag
s. „Internationale Verträge, — London 1948“
Schiffstagebuch I 16, 644f, 801, 813, *876*, 950, II 164, **177ff**, 468, 824, 840, 1055, III 405
— als Beweismittel bei Schiffszusammenstößen II 1035
— Inhalt II 177f, 184ff
— Muster II 188f
— Unterzeichnung II 184f
— Verklarung II 204
— Verordnung, betr. die Führung und Behandlung des — I 22, 29, II **186ff**
Schiffstank II 154, 158
Schiffsteile II 54, 152, 1121
Schiffstrümmer I 259, II 54, 966f, 1053, 1121, 1298
Schiffstyp II 291
Schiffsüberlassungsvertrag II 7, s.a. „Chartervertrag“, „Schiffsmiete“
Schiffsunfall I 27, 69, 577, II 162ff, 175, 185ff, s.a. „Schiffszusammenstoß“, „Seeunfall“, „Unfall“
Schiffsurkunden I 273ff, s.a. „Schiffsbrief“, „Schiffspapiere“, „Schiffszertifikat“
Schiffsveräußerung II 5ff, 113ff, 117, 1362, III 1262f
— Auflösung der Reederei II 119f
— an Ausländer II 114, 1319
— Ausschließung unbekannter Schiffsgläubiger bei — II 1307f
— Befugnis zur — II 224
— behördliche Untersuchung bei — II 222f
— bei Belastung mit Schiffsgläubigerrechten II 1290, 1305f, 1309, 1315, 1318, 1319
— Beschluß zur — II 119
— Haftung von Erwerber und Veräußerer II 8, 74, 121
— bei hypothekarischer Belastung I 260f, 516ff
— durch Kapitän II 99, 119f, **222ff**
— mißbräuchliche II 671
— Notwendigkeit der — II **223f**
— — öffentliche II 120, 222, 224, 522, 524, 1345
— während eines Rechtsstreits II 1303
— nach Schiffszusammenstoß II 1052, 1056
— wegen Unfallschäden II 224
— Verhältnis zum BGB II 7
— als Versicherungsfall II 223
— im Wege der Zwangsvollstreckung II 1277ff
— Wirkung auf Zubehör II 11
Schiffsverlust
s. „Verlust des Schiffes“
Schiffsvermessung I 16, 26, **1132ff**, 1141ff, *1183ff*, *1197ff*, 1213ff, II 161ff, III **1488ff**, 1499, s.a. „Instruktion zur —“, „Internationale Verträge, Übereinkommen über ein einheitliches System der —“, „Internationale Vorschriften für die —“
Schiffsvermessungsordnung I 16, 1132, 1135, *1183ff*, 1213, III 1488, s.a. „Verordnung über die Schiffsvermessung“
Schiffsvermietung
s. „Schiffsmiete“
Schiffsvermögen II 41, **52ff**, 81f, 221, 225, 228, 312, 316, 431, 435, 870, 1130, 1320
Schiffsverwendung
s. „Ausrüster“
Schiffsvorräte II 233, 926, 969ff
Schiffswege I 726, 829
Schiffswert I 433, II 14, 60, 224
Schiffswinde II 402, s.a. „Winden“
Schiffszahlmeister II 558, III 15f
Schiffszertifikat I 240f, **273ff**, 282, **291f**, 296, 333f, 1219, II 160f
— Bedeutung für die Schiffshypothek I 422ff
— beglaubigter Auszug aus dem — I 292f
— Eintragung eines preferred mortgage I 399, 407
— Muster I 298
— Pflicht zur Mitführung I **333f**
— s.a. „Schiffsurkunden“
Schiffszettel II 263, 297, 338, 387
Schiffszubehör II 6, **8ff**, 81, 233f, 870, 872
— Befriedigung der Schiffsgläubiger aus dem — II 1298
— Ersatz von Schäden am — durch Schiffszusammenstoß II 1051
— als Gegenstand des Schiffsgläubigerrechts I 359

— Pfandrecht der Schiffsgläubiger am — II 1288ff
— bei Schiffshypotheken I 402, 405, 411, 415, 416, **490ff**, 509ff
— bei Veräußerung des Schiffes I 364, 374
— Verbrauch von — als Havariegrosseopfer II 926, 969
— Verkauf von — als Havariegrosseopfer II 898, 926
— wirtschaftliche Zweckbestimmung II 10
— s.a. „Zubehör"
Schiffszugang III 1309
Schiffszusammenstoß II 447, 469, **1009ff**
— Anspruchsberechtigte wegen Schäden durch — II 1046f
— anzuwendendes Recht I 232, 233; II 1389
— Aufrechnung III 1569
— beiderseitiges Verschulden II 447, 1069ff
— Beistandsleistung II 243
— Berücksichtigung hypothetischer Schäden II 1051
— Beweislast II 37, 1035ff
— im continental shelf I 68
— in deutschen Hoheitsgewässern II 49, 1016
— deutscher Schiffe im Ausland II 49f
— Ersatzansprüche mittelbar Geschädigter II 1060ff
— Fahrregeln bei Gefahr des — III 619
— Feststellungsklage bei einem Gesamtschuldverhältnis aus — II 1079
— Forderungen aus — I 416, 576, 577, 578
— Gefahr des — II 1211, III 618f, 621, 622, 623, 624
— Gerichtsstand des Ortes des — II 1109
— Haftung
— — des Lotsen II 21
— — bei Pflichtverletzung II 41
— — des Reeders II 1020ff, 1046, 1067, 1086f, 1097f, 1101ff, 1389
— — des Schiffsmieters II 272
— Halbierung des Schadensersatzes II 1074ff
— internationale Regeln über den — I 25, 27, 61, 69, 1369
— internationales Privatrecht II 49f, 1015f, III 1546
— Irrtum über die Sachlage als Ursache des — II 1028
— Kriegsschiffe als Beteiligte I 27, II 471, III 460
— Nachweis der Passivlegitimation II 1046
— Naturalrestitution II 1048f
— Proportionalverteilung hinsichtlich des Schadensersatzes II 1102
— prozessuale Besonderheiten bei Geltendmachung eines durch — entstandenen Schadens II 1081
— Rangfolge der Forderungen aus — II 1310
— Rechtsvereinheitlichung II 50
— zwischen demselben Reeder gehörenden Schiffen II 1047
— Revisibilität der Frage des Mitverschuldens bei — II 1075
— Rückgriff des Ersatzverpflichteten II 448
— Schadensberechnung II 1057
— Schadensersatz II 97, 217, 228, 1059f, 1079f, 1101f
— Schäden ohne eigentlichen — II 1090ff, 1107
— zwischen Schiffen verschiedener Nationalität II 1015ff
— Schiffsgläubigerrecht wegen Forderungen aus — II 1284
— mit Schleppzug II 275, 1062ff, 1075f
— Schuldvermutung II 1103
— zwischen See- und Binnenschiff II 1014, 1097f, 1100
— Strafrecht I 18, 27, 61, 69, 77
— Streitigkeiten im Zusammenhang mit — II 1145ff
— Tagebucheintragung II 185
— Umfang der Schadensersatzpflicht wegen — II 1048ff, 1101
— Ungewißheit über die Ursachen des — II 1019
— Verhalten nach einem — I 829f
— Verjährung der Ansprüche aus — II 1383f, 1386
— Versicherung gegen — II 1335, 1356
— Nachtrag III 1567, 1568, 1569
— s.a. „Internationale Verträge, Übereinkommen zur einheitlichen Feststellung von Regeln über den Zusammenstoß von Schiffen; Übereinkommen zur Vereinheitlichung von Regeln über die strafrechtliche Zuständigkeit . . .; Übereinkommen zur Vereinheitlichung von Regeln über die zivilrechtliche Zuständigkeit . . ."
Schiffszustand II 232f
Schikane II 362
Schillig-Reede III 716
Schimmel II 1372
Schlachter III 20, 224
Schlachtvieheinfuhr III 1505
Schlagseite II 154, 169, 310, 1210f
Schlechterfüllung
s. „Positive Vertragsverletzung"
Schlechtwetter II 366f, 450f
Schlei III 759ff
Schleifmaschine III 1298
Schleimünde III 785, 889
Schleppbedingungen II **273ff**, 316, 756, 1065
— Emden III 1144

— für den Hafen Hamburg III 1047
— in Lübeck III 938

Schleppbetrieb
— auf dem Elbe-Trave-Kanal I 216
— auf dem Rhein-Weser-Kanal I 213

Schleppdienste II 275f

Schleppen II 20f, **273ff**
— Berge- oder Hilfslohnansprüche im Falle des — II 1139ff, 1242
— eines Fahrzeuges mit Maschinenantrieb III 664
— Forderungen für — I 408
— nach dem Gesetz über die Küstenschiffahrt I 109
— von Scheiben zu Schießübungen III 674
— eines Schiffes aus einer Gefahrenzone II 1120
— Schiffszusammenstöße während des — 1064ff
— eines Seeschiffes durch mehrere Schlepper II 1069
— ohne Vertrag II 273

Schlepper II 163, 271, **273ff**, 309, **445**, **1139**
— Anspruch auf Berge- oder Hilfslohn II 1135, 1139ff, 1256
— Bemannungsrichtlinien III 329
— Besatzung II 19ff, 1020
— Entscheidung über die Annahme eines — durch den Zwangslotsen II 1084
— über die ersten Hilfsleistungen hinausgehende Tätigkeiten II 1142
— Haftung II 274, 276, 1066f
— Haftungsverhältnisse bei Führung durch einen Zwangslotsen II 1086
— Hilfeleistung gegenüber dem geschleppten Schiff während einer Tide II 1141
— Hilfeleistung nach schuldhafter Herbeiführung der Notwendigkeit einer Rettung II 1235
— Hilfslohnanspruch bei eigenem Verschulden II 1142
— Leistung außergewöhnlicher Dienste II 1135, 1141f, 1256
— Lichterführung III 597
— Nichtannahme eines — II 1028
— Rettung durch einen — im Verlauf einer Schleppfahrt II 1122
— Schiffszusammenstoß während der Tätigkeit des — II 1012, 1020f, 1062ff
— Sorgfaltspflicht II 1065
— unzulässiges Kreuzen II 1077
— Verantwortlichkeit II 275
— Verteilung von Hilfs- oder Bergelohn unter die Besatzung eines — II 1242
— vorzeitiges Verlassen des geschleppten Schiffes II 1143, 1215
— Wartepflicht bei Fortfall der Schleppfähigkeit des geschleppten Schiffes II 1142

Schlepperkapitän
s. „Kapitän“

Schleppgebühren II 270, 509ff

Schleppgeschirr II 1026

Schleppkosten II 231, 1053f

Schlepplohn II 55, 93, 276, 943, 1142, 1365, s.a. „Schleppgebühren“, „Schleppvertrag“

Schleppmanöver II 276

Schleppnetz I 158

Schleppnetzfischerei I 50

Schleppreise II 1142, 1239

Schleppschiff
— Besetzung II 273
— Beweislast bei Zusammenstoß mit anderen Schiffen II 1041
— Eigenhaftung II 1066
— fehlerhaftes Nachsteuern II 1026
— Fremdhaftung II 1067
— Führung II 276, 445
— Gewahrsam am — II 273
— Sorgfaltspflicht II 1065
— Stellung zur Schlepperbesatzung II 20f
— Zusammenstoß eines — II 1012, 1020

Schleppschiffahrt II 4

Schleppschiffahrtsbedingungen
s. „Schleppbedingungen“

Schleppschiffahrtsunternehmer II 273, 275f, 756, 1151

Schlepptrosse II 10, 276

Schleppverbindung II 274ff

Schleppverbot für Fahrgastschiffe III 706

Schleppverkehr III 879

Schleppvertrag II 263, **273ff**, 1062ff, 1079
— Beendigung II 1140
— Berge- oder Hilfslohnansprüche bei bestehendem — II 1139ff, 1144, 1216
— Beweislastfragen II 276
— Haftung II 275f, 316
— über den — hinausgehende Dienste des Schleppers II 1141f
— Rechtsnatur II 273f, 276
— Schiffsführung II 273, **275f**
— Unmöglichkeit der Erfüllung des — II 1140
— Vergütung II 276, s.a. „Schlepplohn“
— Verstoß gegen — durch vorzeitiges Verlassen des geschleppten Schiffes durch den Schlepper II 1143

Schleppzeiten des Nord-Ostsee-Kanals III 859

Schleppzug II 275f, 445, 1062ff, 1069, 1075ff, 1084, III 688, 819, 952
— außergewöhnlicher III 690
— nautische Leitung des — II 1065, 1084

Schleppzugteile II 1065ff, 1075f
Schleswig III 317, 890
Schleswig-Holstein I 22, II 16
— Dienstanweisung für die Strandämter in der Provinz — vom 2. 2. 1875 III 397, 452
— Kennzeichnung der Fahrzeuge III 874
— Polizeiverordnung zum Schutze der Schifffahrt gegen die Gefährdung durch Lichtquellen an Land III 781
— Verordnung über die Registrierung und Kennzeichnung von Fischereifahrzeugen in der Nordsee vom 18. 8. 1959 (Polizei-VO) III 1228
— Vorläufige Dienstanweisung für die Strandvögte in der Provinz — vom 12. 12. 1874 III 452
— s. a. „Hafenordnung für die Häfen in —"
Schleuse II 325, 1084, 1115
Schleusenmeister II 1078
Schlichtungsverfahren für Besatzungsmitglieder von Fähr- und Fördeschiffen III 252
Schlingerkiele I 951
Schlingern II 470
Schlippen
— eines Ankers II 899, 915
— der Schlepptrosse II 902
Schlußkonnossement II 622
Schlußnote II 288, 762
Schlußprotokoll
— der Internationalen Konferenz gegen die Verschmutzung der See durch Öl I 1385f
— der Internationalen Konferenz zum Schutz des menschlichen Lebens auf See I 587ff
— der Internationalen Seerechtskonferenz (Genf) I 1357ff
Schmerzensgeld II 38f, 44, 1060f
Schmierer III 18, 225, 245
Schmiermittel II 786
Schmuckflagge I 320
Schmuggel I 59, 173ff, 871, 947, II 272, 334f, 671
Schmuggelware II 419
Schmutzarbeitszulage III 236
Schnee II 366
Schnelligkeit des Schiffes
s. „Geschwindigkeit"
Schollenfang I 16, s. a. „Gesetz zum Schutze der Nordseeschollenfischerei"
Schornstein II 9
Schornsteinmarke II 135, 558
Schotten I 625ff, 655ff, 764ff, 784f, *874*, *877*, *902*, *923ff*, *930*, 951, II 158, 454, III 1294
Schottenladelinien I 628, 766
Schottland II 366, s. a. „Großbritannien"
Schottöffnungen I 630ff, 655, 740, 767ff, 784
Schott-Tür II 453
Schraube II 9, 920, 1028, 1210f, 1213
Schraubenstrom II 1092
Schreckwirkung II 1092
Schriftform II 287f, 480
Schrifttum
— allgemeines seerechtliches — I 37f, 1356
— zu Auslandsrechten I 38ff, 1356, III 5
— zum Frachtvertrag II 308
— zum Gesetz über die Untersuchung von Seeunfällen III 455
— zum Lotsenrecht III 480
— zum SeemG III 4
— zur SeemO III 3
— zur SSchStrO III 645
— zur SStrO III 586
— zur StrandO III 397
— s. a. bei den einzelnen Sachgebieten
Schrottfischer III 18
Schubschiffahrt auf der Elbe III 779
Schülpersiel III 916
Schüttladung I *925*, II 285, 636, 665f, III 1356
Schulau III 904
Schuldbefreiungsanspruch II 464f
Schulderweiterung II 34f
Schuldschein des Kapitäns II 231
Schuldübernahme II 261, 297, 342, 1228
— gesetzliche II 427
— kumulative II 342
— privative II 342, 493, 519
Schuldversprechen II 555
Schuldverschreibung I 444f, 468
Schulschiff I *873*, II 162, III 177f, 299, 303
Schute II 272, 400, 415, 648, 655, 1091, 1096, 1107
Schutenmann II 38
Schutz
— gegen Betriebsgefahren III 163ff
— des menschlichen Lebens auf See I 25
Schutzbedürftige Werke und Anlagen III 672
Schutzbereich des Schiffes II 310
Schutzbrillen I *922*, 962
Schutzgesetz II 312, 337, 457f
— Anspruchsberechtigte bei Verletzung eines — II 1048
— Begriff II 1030
— Verstoß gegen ein —
— — bei Fernschädigung zwischen Schiffen II 1092
— — und prima-facie-Beweis II 1036, 1044, 1045
— — bei Schiffszusammenstoß II 1028, 1029f
Schutzverein Deutscher Reeder II 29
Schutzvermerk im Schiffsregisterrecht I 264, 289, 291, 294, 295, 471

Schutzvorschriften, soziale s. „Gesetz über die Ermächtigung des Reichsarbeitsministers zum Erlaß —“
Schwammfischerei I 59
Schwarzer Kegel III 608f, 661
Schwarzes Meer II 26
Schwebefähre III 810f
Schweden II 368, III 1211
— Außenzone I 63
— Deliktsstatut II 49
— Flaggenrecht I 327
— Hoheitsgewalt in der Ostsee I 51
— Küstengewässer I 17, 50, 50
— Küstenschiffahrt I 108
— als Mitglied internationaler Abkommen I 26, 59, 88, 100, 105, 117, 127, 139, 153, 173, 179, 415, 575, 584, 977, 982, 1133, 1294, II 66f, 1099, 1253
— Partenreederei II 125
— Reederhaftung II 65
— Schiffsgläubigerrecht II 1324
— Schiffshypothekenrecht I 385f, 387f, 404, 423, 493f, 513, 518
— Schiffsregisterrecht I 244
— seerechtliches Schrifttum I 41, 1356
— Seerechtsquellen I 31, 35
— Untersuchung von Seeunfällen III 456
— s.a. „Skandinavien“
Schwefelkies II 338
Schweiß
s. „Schiffsschweiß“
Schweißen III 1323
Schweiz II **268ff**, 525, 569, III 1211
— Ausrüster II 139
— Bestimmungen zu den Haager Regeln II 743f
— Flaggenrecht I 327
— Haverei II 1009
— als Mitglied internationaler Abkommen I 88, 100, 139, 179, 415, 569, 575, 584, 977, 982, 1294, II 67, 1099, 1109, 1112, 1253
— Rechtsquellen I 30, 31, 35
— Reederbegriff II 29
— Reederhaftung II 66
— Schiffe der — in fremden Gewässern I 50, 61
— Schiffsgläubigerrecht II 1324
— Schiffshypothekenrecht I 386, 408, 491, 497
— Schiffsregisterrecht I 244
— Schiffsübereignung I 369
— Seearbeitsrecht III 87
— seerechtliches Schrifttum I 41
Schwerbeschädigtengesetz vom 16. 6. 1953 III 133
Schwere See II 311
Schwergut II 292, 329, 651
Schwerpunkt
— des Schiffs II 169f, s.a. „Stabilität“
— des Vertragsverhältnisses II 280
Schwimmbagger II 1127
Schwimmdock I 227, 546, II 896, 1027, 1100, III 1258
Schwimmdocksektion II 1011
Schwimmende Geräte III 671
Schwimmende Ware II 262
Schwimmkran I 228, 230, II 327, 647, 656, 1011
Schwimmweste I *914*, 968, III 1381
Schwinge III 740f
Schwojen II 1041, III 645, 669
Schwund
s. „Frachtgut, —“
seabed and its subsoil
s. „continental shelf“
Sea Carriage of Goods Act 1904 (Australien) II 446, 719
seaworthiness II 308
sedentary fish I 66
See
— Einteilung nach Völkerrecht I 45ff
— im innerstaatlichen Sinne I 195
Seeamt I 38, II 176, III **456ff**
— Akteneinsicht III 465
— Amtshilfe III 475
— Anberaumung der Hauptverhandlung III 468
— Aufsichtsbehörden III 461
— Auslagen III 474
— Bedeutung der Untersuchung für zivilrechtliche Ansprüche II 1035
— Begriff des Seeunfalls III 457
— Beisitzer III 461, 462, 468, 662
— Beistand III 465, 470
— Berufung III 467, 476ff
— Beschwerde gegen Entscheidungen und Anordnungen III 472, 474f
— Beteiligte III 465f, 470
— Beweisaufnahme III 469
— Beweissicherung III 467, 475
— Einrichtung III 461
— Entziehung der Gewerbebefugnis III 472ff
— Feststellung schuldhaften Verhaltens III 470f
— Gegenstand der Untersuchung III 456ff
— Geschäftsordnung III 479
— Hauptverhandlung III 468ff, 474
— Kannfälle der Untersuchung III 457f
— Kosten der Teilnahme an einer Verhandlung II 1055
— Mußfälle der Untersuchung III 459f
— Nachprüfung des Spruchs III 478
— Niederschrift über die seeamtliche Hauptverhandlung III 474

— öffentliches Interesse an der Untersuchung III 456f
— örtliche Zuständigkeit III 463
— Rechtsanwalt III 465
— Rechtsnatur der Untersuchung III 457
— Spruch des — III 470ff
— — Entziehung der Gewerbebefugnis III 472ff
— — Feststellung schuldhaften Verhaltens III 470f
— — Nachprüfung durch das Bundesoberseeamt III 478
— Untersuchung nur mit Zustimmung des Bundesministers für Verkehr III 460
— Vereidigung III 467
— Vollzug III 472, 474
— Vorbereitung der Untersuchung III 467ff
— Vorsitzender III 461f, 467f
— Zusammensetzung III 461f
— Zustellungen III 474
— Zweck der Untersuchung III 461
Seeamtliche Untersuchung
s. „Seeamt"
Seeamtsverhandlung
s. „Seeamt"
Seearbeitsrecht
— Allgemeines I 4, 15, 23, 25, III **3ff**
— Auslandsrecht III 9, 87
— Entwicklung III 5ff
— Geltungsbereich III 9ff
— Gliederung III 5
— internationale Rechtsvereinheitlichung III 7ff
— internationales Privatrecht III 87
Seearbeitszeit
s. „Arbeitszeit"
Seeauswurf III 410
Seebäderschiff III 210f, 223, 259
Seebeförderung II 4, 264, 267f
Seebeförderungsvertrag II 260
See-Berufsgenossenschaft I 13, 223, 606, 608f, 619, 625, 647, 669, 748, 752, 862, **866ff**, II 314, 319, III 164, 165, **166ff**
— Aufgaben II 155
— Aufsicht über — I 13 III 183
— besondere Vorschriften für Versicherte I *927ff*
— Fahrterlaubnisschein II 154, 162
— Forderungen gegen Reeder I 358
— Forderungsübergang auf die — II 1060
— Haftung
— — der — II 38, 148
— — des Reeders für die Beiträge zur — II 1304
— in Hamburg I 118, 342f
— Probefahrtsbescheinigung II 162
— Unfallverhütungsvorschriften s. dort
— als Unfallversicherungsträgerin II 1047, 1060, 1105
— und Vorbereitung der seeamtlichen Untersuchung III 467
— Zusammenwirken mit Arbeitsschutzbehörden III 181, 182f
— s.a. „Binnenschiffahrts-Berufsgenossenschaft", „Grundsätze der — ", „Richtlinien der —"
Seebrief (schweiz.) I 274
Seebuch III 1353
Seedarlehen II 504, 868
Seediensttauglichkeit II 141, III 165f, 212
See-Erwerb
s. „Erwerb durch Seefahrt"
Seefähigkeit
s. „Seetüchtigkeit"
Seefähigkeitsattest II 162
Seefahrt I **348f**, II 27
— Erwerb durch — s. „Erwerb durch —"
— Versicherung gegen Gefahren der — II 1328ff
Seefahrtbuch I 15, II 165, III 23f, 28ff, 38ff, 52ff, **69ff**
— Ermächtigung des SeemG zum Erlaß von Rechtsverordnungen III 212
— als Paßersatz III 73
— Schließung des — III 74
— Verwahrung des — III 81f
— Vorlage bei der Musterung III 80f
Seefahrtsbetrieb des Schiffes II 15
Seefahrtsbuch
s. „Seefahrtbuch"
Seefahrtschule I 220, III 310, 312
— in Lübeck III 318ff
Seefahrtschulwesen III 313
Seefahrtserwerb
s. „Erwerb durch Seefahrt"
Seefahrtzeit III 331
Seefahrzeug
— seeamtliche Untersuchung III 461
— i.S. des SUG III 458ff
— s.a. „Fahrzeug", „Schiff"
See-Familienausgleichskasse I 867
Seefischerei I 196ff, III 1228ff
Seefischereizollordnung I 17
Seefrachtführer II 260, 269ff, s.a. „Verfrachter"
Seefrachtgesetz II 40, 308, 428ff, 438, 444f, 463, 467, 480, 484, 518, 521, 537, 550, 556f, 566, 570, 575, 578f, 590, 604, 606, 609f, 612ff, 616, 623, 628, 634, 638f, 640, 644, 651, 671
— DurchführungsVO zum — II 640f, 680, 713
Seefrachtrecht, analoge Anwendung auf Deliktsansprüche II 434f

Seefrachtschiff III 222
Seefrachtvertrag
s. „Chartervertrag“, „Frachtvertrag“
Seefunkdienst III 211
Seefunker II 18, 76, III 15f, 211
Seefunkstellen I 1326ff, II 164, III 211
Seefunkzeugnis I 15, 1319, II 176, III 211, 323ff
— Arten III 323
— Ausbildung zum Erwerb von — III 324
— Bestimmungen über den Erwerb von — I 15, 1319, III 211, **323ff**
— Gültigkeitsdauer III [illegible]
— Prüfung zum Erwerb des — III 325
Seegang II 366
Seegefahr II 308, 343, 384, 447, 466, 469ff, 504, 645, 660f, 697, 699, 871f, 880, 887, 889, 1120f, 1328ff
Seegewässer II 264, 689, 697
Seegrenzschlachthaus III 1506
Seehafen I **92ff**, II 751f, 755,
— Erhaltung der Leistungsfähigkeit des — I 12,
— s. a. „Internationale Verträge, Übereinkommen und Statut über die internationale Rechtsordnung der —“
Seehafenspediteur II 285, 752f
Seehafenumschlag II 752
Seehafen-Zollordnung I *17*, *335*, *1396*
Seehandel II 5ff
Seekarten I *921*, 972, II 10, 311, 1024, III 461, 1353
Seekaskoversicherung I 498, 502f, s. a. „Kaskoversicherung“
Seeklarheit II 309
Seekonnossement II 560
Seekrankenkasse I 867, III 120, 121, 124, 195
Seekriegsrecht I 42, 65, 1356, III 1212
Seeleichter II 20, 273, 275, 378, 1065, III 222, 299, 301f, s. a. „Leichter“
Seelotse III 480ff
— ärztliche Untersuchung III 481, 486, 511ff
— Anforderungssignal für — s. „Anforderungssignal für Seelotsen“
— Ansprüche auf Ersatz von Kollisionsschäden II 1047
— Ausbildung I 16, III 485, 496ff
— Auswahl III 485
— als Bediensteter des Bundes III 482f
— Befähigungszeugnis III 293
— Begriff II 21, 36, III 481
— als Berater des Kapitäns III 489, 658
— Berücksichtigung des nautischen Verschuldens des — bei der Havariegrosseverteilung II 891, 907
— Berufsvoraussetzungen II 36
— Bestallung III 485ff
— Bestallungsurkunde III 486
— Bewerberliste III 485
— Durchführung der Lotsung in eigener Verantwortung III 488f
— Ende der Lotstätigkeit III 489
— Ergänzung der Kenntnisse III 489
— als freier Gewerbetreibender III 488f
— Haftung
— — des — III 488f
— — für den — II 33ff, 36, III 489
— als Mitglied der Schiffsbesatzung II 81, 1021
— Mitspracherecht bei einer großen Haverei II 894
— Nord-Ostsee-Kanal III 796
— Pflichten III 488f
— Prüfung I 16, III 496ff
— Rechtsstellung III 488f
— Rechtsverhältnis zum gelotsten Schiff III 488
— außerhalb der Reviere III 494, 509f
— Schiffsgläubigerrecht wegen Forderungen aus Verschulden eines an Bord tätigen — II 1284
— Signal für das Absetzen eines — III 507
— Übergangszeit für neubestallte — III 505
— unbefugte Ausübung der Tätigkeit eines — III 495
— Unterrichtung der Aufsichtsbehörde und der Lotsenbrüderschaft III 490
— Verhalten III 489
— vertrauensärztliche Untersuchung III 481, **511ff**
— vorläufige Untersagung der Berufsausübung III 486
— s. a. „Lotse“, „Seelotswesen“
Seelotsenanwärter
— Ausbildung III 485f, 496ff
— Ausbildungsbuch III 497
— Ausbildungskosten III 497
— Ausweis III 500f
— Prüfung zum — III 480, 498f
— Prüfungszeugnis III 499
Seelotsenanwärterausweis III 500f
Seelotsenausbildungs- und Ausweisverordnung
s. „VO über die Ausbildung und Prüfung der Seelotsen ...“
Seelotsenausweis III 502f, 509f
Seelotsenuntersuchungsordnung
s. „VO über die vertrauensärztliche Untersuchung der Seelotsen“
Seelotsgesetz
s. „Gesetz über das Seelotswesen“
Seelotsrevier II 36, III 481, **504ff**

— Begriff III 482
— Elbe III 481, 504, **518**, 519
— Ems III 481, 504, **513**
— Grenzen III 504
— Nord-Ostsee-Kanal I III 481, 504, **521**, 859
— Nord-Ostsee-Kanal II/Kieler Förde III 481, 504, **521**, 859
— Trave III 524
— Weser I III 481, 504, **516**
— Weser II/Jade III 481, 504, **516**
Seelotswesen I 7, 15, 1356, II 36, III 291
— Aufsicht über — III 482, 504
— Gesetz über das — s. „Gesetz ...“
— der Reviere III 483ff, 504
— außerhalb der Reviere III 494
— Selbstverwaltung III 482
— s.a. „Lotsenwesen“
Seemännische Angestellte II 155
Seemännische Arbeitsvermittlung III 88ff
Seemännische Fachschulen I 13
Seemännische Heuerstellen I 15, II 212, III 88ff
— Aufgabe III 91
— Aufhebung III 91
— Aufsicht über — III 96f
— Errichtung III 91
— Geschäftsführung der — III 94ff
— Rechtsbehelfe gegen Verwaltungsakte der — III 96
— Verfassung und Verwaltung III 92
— Verwaltungsausschuß III 89, 93
— s.a. „Grundsätze des seemännischen Verwaltungsrats für die —“
Seemännischer Verwaltungsrat III 89, 92, 93, 94, 96, s.a. „Grundsätze des —“
Seemann
s. „Besatzungsmitglied“, „Schiffsmann“
Seemannsamt I *870*, III 21
— Befugnisse des Kapitäns II 218
— Dienstanweisung der Länder für — III **38ff**, 213
— Einspruch beim — gegen einen Verteilungsplan II 1242, 1246
— Einwilligung des —
— — bei Rückbeförderung des Besatzungsmitglieds im Krankheitsfall III 130
— — bei Zurücklassung III 154
— Entscheidung über Hilfs- oder Bergelohnansprüche von Besatzungsmitgliedern II 1236, 1246
— außerhalb des Geltungsbereichs des GG III 47ff
— — Verfahren bei Unfallverbütung und Schiffsunfällen III 65
— — Verlängerung von Schiffspapieren III 67
— — als Verwaltungsbehörde i.S. des § 73 OWiG III 205
— — s.a. „Bekanntmachung über die —“
— Gemeinsame Dienstanweisung der Länder für die — III 38ff
— Mitwirkung bei Sorge für Sachen und Heuerguthaben des erkrankten oder verletzten Besatzungsmitglieds III 131
— Musterrolle II 164f, III 22, *24f*, 35
— Rechtsbehelfe gegen Entscheidungen des — III 21f
— Schiffstagebuch II 179
— Verfahren vor dem — bei Entscheidungen III 25f, 45, 61ff
— vorläufige Entscheidung über die Berechtigung einer außerordentlichen Kündigung III 154
— vorläufige Regelung
— — bei Rückbeförderung III 156
— — bei Streit über die Krankenfürsorge des Reeders III 131
— Weisungen an Kapitän II 144f
— zuständiges III 22
— Zuständigkeit als Verwaltungsbehörde i.S. des § 73 OWiG III 205
Seemannsbrauch I 9
— bei Ballast II 170
— bei Schiffsaufgabe II 147
— Sorgfalt des Kapitäns II 145, 440
— Stauung II 166
Seemannsgesetz I 15, III **9ff**
— Abdingbarkeit III 68
— Änderung des Handelsgesetzbuches II 4f, III 214f
— Allgemeines und Entstehung III 6f
— allgemeine Vorschriften III 9ff
— Anwendung des 3. Abschnitts auf den Kapitän und die in § 7 Abs. 1 genannten Personen III 159ff
— Arbeitszeit III 167ff
— Auslegung III 213
— Außerkrafttreten von Gesetzen und Verordnungen auf Grund des — III 216
— Begründung und Inhalt des Heuerverhältnisses III 137ff
— Durchführung der Arbeitsschutzvorschriften III 180ff
— Ermächtigung zum Erlaß von Rechtsverordnungen III 211ff
— Gemeinsame Vorschriften für Straftaten und Ordnungswidrigkeiten III 203ff
— Inkrafttreten III 217
— Kapitän II 139ff
— Musterung III 69ff
— Ordnung an Bord III 185ff
— Ordnungswidrigkeiten III 200ff
— Reedersorgfalt II 104

— Schluß- und Übergangsvorschriften III 206ff
— Schutz
— — gegen Betriebsgefahren III 163ff
— — für Frauen III 174f
— — für Jugendliche III 175ff
— Seefahrtbücher III 69ff
— Sondervorschriften
— — für ausländische Besatzungsmitglieder III 207
— — für Bergungsschiffe III 208f
— — für Fährschiffe III 210f
für Fischereifahrzeuge III 200f
— — für Fördeschiffe III 210f
— — für Partenreedereien III 206f
— — für Schiffe des Seebäderverkehrs III 210f
— — für Seeschlepper III 208f
— — für das Verfahren bei Ordnungswidrigkeiten III 204ff
— — für Walfangfahrzeuge III 209f
— — für Zwei-Wachen-Schiffe III 207ff
— Straftaten III 193ff
Seemannskasse II 1241, III 421
Seemannsmissionen II 1241
Seemannsordnung 1872 III 5
Seemannsordnung 1902 I 6, 29, III 5, 68, 74, 103, 116, 193
— Außerkrafttreten III 216
— s.a. „Bekanntmachung, betr. die Nichtanwendung von Bestimmungen der — auf kleinere Fahrzeuge"
Seemannspraxis
s. „Seemannsbrauch"
Seemannsstatistik
s. „Statistik der Seeschiffahrt"
Seemaschinist
— Befähigungszeugnis III 293
— leitender III 299
— praktische Ausbildung III 308f
— Prüfungen I 15
— s.a. „Schiffsoffizier des Maschinendienstes"
Seemaschinistenschule III 310, 312
Seemaschinistenwesen III 313
Seemeile I 140
Seemotorführer III 299, 310, 312
Seenot I 727, 729, 829, 832, 1391
— Anzeige bei Wahrnehmung eines in — befindlichen Schiffes III 399
— Begriff II 1119
— Beistandsleistung II 243
— Bergung und Hilfeleistung in — II 1116ff, 1253ff
— Einfluß der selbstverschuldeten — auf Bergungs- und Hilfsleistungsansprüche II 1129
— eines gestrandeten oder gesunkenen Schiffes II 1119
— Hilfsdienste nach Abklingen der — II 1126
— Hilfslöhne für Rettung aus — II 902, 905
— im Küstenmeer I 60
— Notwendigkeit einer Rettung bei — II 1235
— i.S. der StrandO III 399
— Verletzung der Beistandspflicht II 41
— vermeintliche II 1120, 1224
Seeposten II 672
Seeprisenrecht I 1
Seeraub I 65, 69, 78, 1370f, II 55, 133, 471, 918, 924f, 1125, 1215, 1335, 1356
Seerecht
— Abgrenzung zum Binnenschiffahrtsrecht I 9, 29, 46, II 264, 378
— Begriff I 3f
— als Bestandteil des allgemeinen Verkehrsrechts I 3f
— bundesrechtliche Quellen I 8ff, II 477
— Eigenart I 5
— geschichtliche Entwicklung I 5ff
— Gliederung I 4ff
— Internationalität I 7
— Kodifikation
— — in ausländischen Rechten I 30ff
— — bezüglich des Küstenmeeres I 45
— Materialien I 38
— modernes I 31
— öffentliches I 4, 22, 45ff
— privates I 8, 22
— Quellen I 8, 22f, II 3
— Rechtskreise I 30
— sachlicher Geltungsbereich des deutschen — I 234ff
— Schrifttum I 37ff
— Vereinheitlichung I 23
Seerechtskonferenz
— Brüssel 1922 II 538, 540
— Brüssel 1923 II 433
— Brüssel 1957 I 28, II 811, 858
— Brüssel 1961 II 853
— Madrid 1955 II 67
Seerechtswissenschaft, ausländische II 4
Seeschiedsgericht II 76, 278, 1118, **1145ff**, III 423
— Arbeitssausschuß II 1146
— Arrestverfahren II 1145ff
— Befugnisse des Vorsitzenden II 1147f
— Festsetzung von Berge — oder Hilfslohn II 1145
— mündliche Verhandlung II 1147f
— Nichtigerklärung eines Rettungsvertrages II 1229
— Schiedsgutachten II 1148

— Schiedrichter II 1146
— Streitgegenstand beim Verfahren vor dem — II 1148
— Unterwerfung unter ein präsumtiv befangenes — II 1225
— Vereinbarung eines — II 1146f
— Vertagung beim — II 1147
Seeschiff II 264, 273, 275f, 378, 688f
— Anmeldung zum Register I 248ff
— anzuwendendes Recht I 232f
— Begriff I 231f, 371
— auf Binnengewässern I 232
— im Eigentum öffentlicher Körperschaften I 334, 340, 350f
— Eigentumsübertragung I 363ff
— Erwerb des Eigentums an einem nicht eingetragenen — I 368, 370
— Flaggenführung I 336f
— mit nicht mehr als 50 cbm Bruttoraumgehalt I 334, 546f
— Gesamthypothek für — und Binnenschiff I 488
— im öffentlichen Dienst I 289, 334, 340, 350f
— Pflicht zur Führung der Bundesflagge I 330f
— Rettungsdienste eines Binnenschiffes gegenüber einem — II 1117, 1130, 1254
— steuerrechtliche Bewertung I 239, 1396, 1397
— unrichtige Eintragung im Schiffs- oder Schiffsbauregister I 247, 472, 474
— völkerrechtlicher Begriff des — I 48
— Zusammenstoß mit Binnenschiff II 1014
— s.a. „Schiff", „Wiederaufbaudarlehen"
Seeschiffahrtsgesetz (Schweiz) I 30, 61
Seeschiffahrtskanäle I 52, s.a. „Kanäle"
Seeschiffahrtorganisation I 27
Seeschiffahrtstraße I 14
— i.S. des SeelotsG III 481
— i.S. der SSchStrO III 655
Seeschiffahrtsstraßen-Ordnung (SSchStrO) I *915*, 969, 974, 1115, II 1015, 1030, 1048, 1094, III 645ff, **651ff**
— Abschleppen festsitzender Fahrzeuge III 665
— Ankern III 693
— Anlegen III 695
— Anordnungen vorübergehender Art III 659f
— Anwendung des Gefahr- und Warnsignals III 676
— Ausbooten III 705
— außerhalb des Fahrwassers vor Anker fischende Fahrzeuge III 665
— Ausübung der Fischerei III 701
— Bagger III 671
— Begriff
— — des Fahrwassers III 656f
— — der Seeschiffahrtstraße III 655f
— Bewachung im Fahrwasser vor Anker liegender Fahrzeuge oder Flöße III 695
— Ein- und Aussteigen der Fahrgäste III 704
— von Eisbrechern geführte oder geschleppte Fahrzeuge III 702
— Fährbetrieb III 702ff
— Fahrgastschiffahrt III 702ff
— Fahrpläne III 703
— Fahrregeln III 679ff s. a. „Fahrregeln"
— Fahrzeuge
— — mit feuergefährlicher Ladung III 667, 696
— — mit Maschinenantrieb unter Schlepperhilfe III 664
— — des öffentlichen Dienstes III 706
— festgemachte Fahrzeuge III 669
— Festkommen im Fahrwasser III 699
— Festmachen III 695
— Flöße III 668, 692
— Gebrauch der Scheinwerfer III 701
— Gefahr
— — für Fahrgastschiffahrt und Fährbetrieb III 703
— — des Sinkens III 699
— Geltungsbereich III 655ff
— Hauptfahrwasser III 656f
— Höchstzahl der Fahrgäste III 705
— Kennzeichnung der Polizeifahrzeuge III 663
— Ketten- und Seilfähren III 667
— kleine Fahrzeuge III 663f
— kompensierende Fahrzeuge III 669
— Laden III 697
— Landestellen für Passagierschiffahrt III 703f
— Lichter III 660ff
— Löschen III 697
— in der Manövrierfähigkeit behinderte Schwimmkörper III 665
— Maßnahmen nach dem Sinken III 700
— Nebelhornsignale III 676
— Nebelsignale III 677
— Nebenfahrwasser III 657
— Ordnung an Bord und an den Landestellen III 706
— Pfeifensignale III 676
— Schallsignale III 675ff, 771, 772
— Schiffahrtshindernisse III 671
— Schleppen von Scheiben zu Schießübungen III 674
— Schleppverbot III 706

— schräg oder quer im Fahrwasser vor Anker liegende Fahrzeuge III 669
— Schrifttum III 645
— schutzbedürftige Anlagen III 672
— schutzbedürftige Werke III 672
— Schutz der Seezeichen III 700
— als Schutzgesetz i.S. des § 823 BGB III 651
— schwimmende Geräte III 671
— Seeschiffahrtsstraßen s. bei den einzelnen Seeschiffahrtsstraßen
— Signale III 660ff
— Sinken III 655f
— Sperrung des Fahrwassers III 673
— Sperrungen
— — bei Explosionsgefahr III 674
— — bei militärischen Übungen III 674
— Strafbestimmungen III 771
— Strom- und Schiffahrtspolizeibehörden III 659
— Taucher III 671
— Umschlag leicht entzündlicher Flüssigkeiten III 697
— Verantwortung des Fahrzeugführers III 658
— Verbot des Ein- und Auslaufens III 673
— Verhältnis zur SStrO III 656
— VO zur Änderung der — III 647ff
— Vorsichtsmaßregeln am Ufer liegender Fahrzeuge III 696
— Warnsignal bei Schiffahrtsbehinderung III 670
— Wasserski III 701
— Wasser- und Schiffahrtsämter III 659f
— Wasser- und Schiffahrtsdirektionen III 659f
— Wegerechtschiffe III 666
— Wettfahrten und andere Veranstaltungen III 701
— Wracke III 671
— Zurückweisung von Fahrgästen III 705
— Zu- und Abgang bei Wagenfähren III 704
— Zweite VO zur Änderung der — III 650

Seeschiffer
— Befähigungszeugnis III 293
— praktische Ausbildung III 306f
— Prüfungen I 15
— s.a. „Kapitän"

Seeschiffsbestandsstatistik
s. „Statistik der Seeschiffahrt"

Seeschiffsregister I 240, 246f
— Einrichtung I 286ff
— Eintragung
— — des Eigentümers II 28
— — der Reederei II 80
— Muster I 301ff
— s.a. „Schiffsregister"

Seeschlepper II 273, III 208f, 222, s.a. „Schlepper"

Seesignale I 26, s.a. „Seezeichen", „Signal"

Seestaatsrecht I 4

Seesteuermann
— Aufnahmeprüfung zum Lehrgang zum — auf großer Fahrt in Lübeck III 318ff
— Befähigungszeugnis III 293
— praktische Ausbildung III 306f
— s.a. „Schiffsoffizier des nautischen Dienstes", „Steuermann"

Seestrafrecht I 4, 17f

Seestraßenordnung (SStrO) I 14, 25, 232, 582, 584, 586, *915*, 969, 974, 1115, II 1014, III 586ff, **590ff**
— Änderungsplan auf Grund der Schiffsicherheitskonferenz London 1948 III 588f
— Ausguck III 639f
— Begriffsbestimmungen III 590ff
— Fahrregeln III 618ff, s.a. „Fahrregeln"
— Geschichte III 586f
— Inkrafttreten III 587f
— Lichter und Signalkörper III 595ff
— mäßige Geschwindigkeit bei Nebel usw. III 611ff
— Mitgliedstaaten III 587f
— Notsignale III 644
— Ruderkommando III 644
— sachlicher Geltungsbereich I 234
— Schrifttum III 586
— als Schutzgesetz II 1030, 1048
— Verhalten von Radarschiffen bei Nebel III 588, 614ff
— Verschiedenes III 634ff
— Verstoß gegen die — als Ursache eines Fernschadens II 1094
— Vorbehalt für Binnengewässer und Häfen III 643
— Vorsichtsmaßnahmen III 637ff

Seestraßenrecht II 447, 1028, III 461ff

Seetestament I 1349ff

Seetransport
s. „Seebeförderung"

Seetransportunternehmer
s. „Beförderungsunternehmer"

Seetriftige Gegenstände II 786, III 410f

Seetüchtigkeit I *873*, *878f*, 948, 973, II 13ff, 146ff, 216, 307ff, III 1290, 1553, 1555
— ausländisches Recht II 319f, 690
— des Auswandererschiffes II 833
— Begriff II 152, 308, 690
— Beispiele II 156ff
— beschränkte II 152
— Beweislast II 318f, 696
— während der einzelnen Beförderungsabschnitte II 310

— im engeren Sinne II 308
— Erhaltung II 311, 430, 450
— Fortbestand II 156
— Gefährdung II 327
— Klassenzeugnis II 161f
— Kosten zu ihrer Erhaltung II 270
— des Leichters II 394
— Nachprüfung II 312f, 319f
— Nachweis II 154
— bei Reisebeginn II 309f, 317, 690, 833
— relative II 152, 308
— Schrifttum II 308
— Sorge für — II 146, 152
— Überwachung II 311, 314, 320
— Verkehrsanschauung II 154
— Verpflichtung zur Stellung eines seetüchtigen Schiffes II 308ff, 690
— s.a. „Seeuntüchtigkeit“
Seetüchtigkeitsattest II 319
Seeumschlagverkehr I 1345ff
Seeunfall II 832, III **455ff**, 479
— Untersuchung eines — I 607, 752,
— s.a.„ Gesetz betr. die Untersuchung von Seeunfällen“, „Gesetz über die Untersuchung von Seeunfällen“
— Versicherung gegen — II 1047, 1284, 1335, s.a. „Seeversicherung“
— s.a. „Schiffsunfall“, „Schiffszusammenstoß“, „Unfall“
Seeunfallstatistik
s. „Statistik der Seeschiffahrt“
Seeuntüchtigkeit II 12ff, 153f, 272, 309, 468, 1024
— absolute II 152
— im Auslandsrecht II 15
— Begriff II 13
— Beispiele II 153f, 156ff
— Beweislast II 318f
— Entlastungsgründe II 157
— Haftung
— — für anfängliche II 308, **310ff**, 332, 342, 346, 428, 430, 447ff, 452, 455f, 464 469, 474, 488, 630, **640, 642**, 644, 654, 662, 675, 690, 696
— — für nachträgliche II 310f, 318f, 430, 449, 456
— als Kündigungsgrund für Besatzungsmitglieder III 152f
— Maßstab II 154
— Ursachen II 153
— Tagebucheintrag II 191ff
— verborgener Mangel II 310, 312, 314ff, 318ff
— Versicherung der durch — entstandenen Schäden II 1335, 1364
— s.a. „Ladungsuntüchtigkeit“, „Seetüchtigkeit“
Seeverkehrsbeirat I 13
Seeverkehrsstatistik I 1335ff, 1338ff, III 1507, s.a. „Statistik der Seeschiffahrt“
Seevermögen
s. „Schiffsvermögen“
Seeversicherung II 4, 244, 343, 384, 443, 542, **1328ff**, 1335ff, 1350, 1356ff, 1370f
— Aufhebung II 1349ff
— besondere Taxe bei Serien II 1352
— Dauer II 1365, 1372
— Forderungen als Gegenstand der — II 1329, 1350
— Forderungsübergang II 1332
— Fristberechnung II 1337, 1343, 1359
— Haftungsumfang II 1356ff
— Verlängerung II 1366
Seeversicherungsrecht I 5, 497ff, II 13f
— Klauseln II 1341f, 1379ff
— Schrifttum III 1212
Seeverwaltungsrecht I 4
Seevölkerrecht I 4, 45ff, 70ff, 85ff
— Schrifttum I 42, 1356, III 1212f
— s.a. „Völkerrecht“
Seewasserstraßen
— Gesetzgebung des Bundes über — I 11
— s.a. „Wasserstraßen“
Seewasserstraßenordnung (SWO) I 232, II 1015, III 645f
Seeweg II 264
Seewirtschaftsrecht I 4
Seewurf II 671, 892, 898, **913ff**, 939, 965, s.a. „Große Haverei, Seewurf“
Seezeichen I 207, III 548ff
— Bergelohn III 432
— für besondere Zwecke III 558f, 565
— Ersatz für Bakentonnen (Winterseezeichen) III 555
— feste III 549, 550, 560, 561, 657
— Formen (Abbildungen) III 560ff
— Gesetzgebung des Bundes über — I 11
— Mängel der — und seeamtliche Untersuchung III 461
— Schutz der — III 701
— schwimmende III 549, 560, 657
— Tagesseezeichen III 549
— Toppzeichen III 550, 552, 562
— Wrackschiffe III 557
— Wracktonnen III 557, 564
— s.a. „Seesignale“, „Signal“
Seezeichenanlage I 188
Seezeremonien I 68
Seezollhafen
s. „Zollhafen“
Segel II 9, 915, 1364
Segelboot
s. „Segelschiff“
Segelfertigkeit I 62f, II 24, 556

Segelmacher II 19, III 18
Segelschiff I 228, II 9, 1038, 1245
— Bemannungsrichtlinien III 329
— Fahrregeln III 621, 624
— mit Hilfsantrieb III 301 f, 329
— Lichterführung III 600
— Takelung III 1311
— Wegerecht III 624 f
Segelschiffahrt II 295
Segler
s. „Segelschiff“
Sehvermögen III 306, 349 ff, s. a. „VO über die Untersuchung der Seeleute auf Hör-, Seh- und Farbenunterscheidungsvermögen“
Seilfähre III 667, 688
Seitenbezeichnung der Fahrwasser III 551
Seitenlichter I 18, 1114 ff, III 595, s. a. „Verordnung über die Einrichtung der Positionslaternen und die Abblendung der —“
seizure II 661
Selbstbeköstigung des Besatzungsmitglieds III 116
Selbsteintritt des Spediteurs II 260
Selbstentzündliche Stoffe I 1049 ff, s. a. „Gefährliche Güter“
Selbstentzündung II 331, 337 f, 541 f, 1372
Selbsterhitzende Güter I 1088 ff, s. a. „Gefährliche Güter“
Selbstkontrahieren II 289, 525
Selbstkosten der Hafenverwaltung I 224
Selbstverladen II 468, 472
Selbstversicherer II 100
Selbstverwaltung des Seelotswesens III 482
Senegal III 1215
Serbien I 127
servants II 444, 459, 462 f, 669 f
Servitutentheorie I 58
Setzbord II 1096
Setzungsrecht II 109, s. a. „Abandon“
Sextant I *921*, 972, II 164, III 1352
share I 394, 513, 515 f
shipbroker II 759
Ship Mortgage Act I 399
shipped bill of lading II 559
shipper II 261, s. a. „Ablader“, „Befrachter“
Shipping and Seaman Act 1903 (Neuseeland) II 446
ship's holidays II 365
ship's husband I 382, II 317 f, s. a. „Korrespondentreeder“
shortshipment II 432
Siam
— Küstenschiffahrt I 108
— als Mitglied internationaler Abkommen I 100, 139
— s. a. „Thailand“

Sicherer Hafen II 294, 321 f, 392
Sicherheit
— für ausgezahlte Hinterlegungssummen II 517 f
— für Auslieferung ohne Konnossement II 660
— bei Ausstellung von Ersatzkonnossementen II 586
— i. S. des Bergungsrechts II 1125 f
— für Ersatzansprüche gegen den Verfrachter II 431
— für Forderungen des Verfrachters II [illegible] 518, 543 f, 545
— der Ladung II 147, 238
— für Ladungsgläubigerrechte II 499 f
— von Menschenleben II 238
— des Schiffes
s. „Schiffssicherheit“
— der Schiffsleute
— — Empfehlung, betr. die — im Zusammenhang mit der Eintragung der Schiffe III 9
— — soziale
s. „Soziale Sicherheit der Seeleute“
— der Seefahrt I 16, 77, 721 ff, 745, s. a. „Internationale Verträge, Schiffssicherheitsvertrag“, „Verordnung über Sicherheitseinrichtungen für Fahrgast- und Frachtschiffe“, „Verordnung über die Sicherung der Seefahrt“
— für Verfrachterpfandrecht II 516
— s. a. „Sicherheitsleistung“
Sicherheitsarrest II 26
Sicherheitsfunkwachdienst I 16, 710 ff, 741, 833 ff, s. a. „Verordnung über die Funkausrüstung und den — der Schiffe“
Sicherheitsgurt III 1381, 1383
Sicherheitslampen I 669, 794
Sicherheitsleistung
— bei Bergung II 1251
— des beschlagnahmten Schiffes I 28
— bei großer Haverei II 956 f
— des Reeders II 230, III 402 f
— des Versicherers II 1356
— des Versicherungsnehmers II 1353 f
— s. a. „Sicherheit“
Sicherheitspolizei I 21
Sicherheitsrolle I 694 f, 812 f, *915*, III 1346 f, 1387
Sicherheitszeugnis
— für Fahrgastschiffe I 584, 750, 862, 867
— für Frachtschiffe II 162 f
— Muster I 733 f, 824 f
Sicherheitszonen im continental shelf I 67
Sicherstellung

— der Bareinschüsse bei großer Haverei II 985
— von Kriegswaffen II 802
— des Rettungslohnanteils des Kapitäns II 1245
Sicherungsbalken II 311
Sicherungsbeschlagnahme
— von Luftfahrzeugen I 569
— von Seeschiffen I 27, 63, 568
Sicherungsmaßnahmen im Bereich der Übungsgebiete an der schleswig-holsteinischen Ostküste III 785ff
Sichtbarkeit i.S. der SStrO III 591, 594
Sichtigkeitgsrad III 583
Sichtsignale der SSchStrO III 660ff
Sichtweite
— und angemessene Geschwindigkeit III 613
— der Leuchtfeuer III 573, 582
7-d Darlehen III 1280
Signal I 129, *915ff*
— für Absetzen eines Seelotsen III 507
— für von Eisbrechern geführte oder geschleppte Fahrzeuge III 702
— Fernschädigung zwischen Schiffen durch Verstoß gegen Bestimmungen über — II 1094
— s.a. „Anforderungssignal für Seelotsen", „Seesignale", „Seezeichen" sowie die folgenden Stichworte
Signalapparate I *917*, 961, 970, II 10, III 1348
Signalbuch I *916*, 970, III 1348, s.a. „Internationales —"
Signalflaggen I *916*, 970
Signalkörper III 595ff
— Nebelschallsignale III 609ff
— Pfeife III 609
— Schwarzer Kegel für Fahrzeug mit Maschinen- und Segelkraft III 608f
— Sichtsignale der SSchStrO III 660ff
Signalmann I 933ff, 936f
Signalstander
s. „Erkennungsflagge ‚C'"
Signaltafel I 970
Signalwesen I 26, *915ff*, 969f, 974
Simla-Regeln I 608
Singapore I 584
Sinken II 523, 1335, III **699f**
Sittenwidrigkeit II 50, 272, 316, 508, 564, 626, 1219ff
sjödygtighet II 308
Skagen-Route II 537
Skandinavien
— Chartervertrag II 288, 350, 359f, 364ff, 379, 400, 402
— Frachtvertrag II 346, 350, 359f, 364ff, 368f, 376, 384, 393, 400, 402, 525f, 548
— Gesetze zu den Haager Regeln II 708, 745ff
— Konnossement II 611, 616
— Partenreederei II 123, 125
— Reederbegriff II 29
— Schiffervollmacht II 214
— s.a. „Dänemark", „Finnland", „Norwegen", „Schweden"
skibspart I 394
Sklavenhandel I 78, 1370
Skripturhaftung II 429f, 550f. 553, 610, 612ff
Skripturobligation II 874, 876
Slipkosten II 931
Sofortige Beschwerde
s. „Beschwerde"
Sog II 1094
Solidarische Haftung
s. „Gesamtschuldnerschaft"
Sollempfänger II 420, 596
Somali I 584, III 1215
Sondergut
— Haftung mit — II 246
— des Reeders II 53
Sonderkonkurs II 54
Sonderkonnossement II 622
Sonderraten II 755
Sonderrechte der einzelnen Transportmittel I 3f
Sondervermögen II 54
Sonderurlaub III 132
Sonnabend II 365f, 408
Sonnabend auf See III 232, 263
Sonnabendausgleich III 263
Sonnenbestrahlung II 347
Sonntagsarbeit
— Begriff III 235
— Vergütung II 73, III 172, 289
Sonntagsarbeitspauschale III 235
Sonn- und Feiertage II 351, 354, 361, 363ff, 370, 407f, 412ff, 416, 422
Sonn- und Feiertagsausgleich III 173f, 241f
— Barablösung des Anspruchs auf — III 242
— bei Bergungsfahrzeugen III 251
— des Kapitäns III 262
— nach dem Manteltarif
— — für die Besatzungen der Fahrzeuge in der deutschen Hochseefischerei III 274f
— — Heringsfischerei III 289
Sonstige Angestellte III 15, **17f**, 82
— Ermächtigung des SeemG zum Erlaß von Vorschriften über Ausbildung und Befähigungszeugnisse III 211
— auf Hochseefischereifahrzeugen III 267
— i.S. des Manteltarifs für die deutsche Seeschiffahrt III 224

— ordentliche Kündigung III 137, 245
— Ordnung an Bord III 188f
— Sondervorschriften für Arbeitsschutz III 184
— Umsetzungsbefugnis III 226
— Weiterzahlung der Heuer im Krankheitsfall III 125f
Sonstige Arbeitnehmer an Bord (§ 7 Abs. 1 SeemG) III 18
— Anwendung des 3. Abschnitts des SeemG III 162f
— Arbeitsschutz III 184
— Straftaten und Ordnungswidrigkeiten III 203
Sonstige im Rahmen des Schiffsbetriebs an Bord tätige Personen III **18f**, 203
Sorge für Sachen und Heuerguthaben der Besatzungsmitglieder III 131, 158f
Sorgfalt
— des ordentlichen Reeders II 104
— des ordentlichen Schiffers II 145, 238, 457
— des ordentlichen Verfrachters II 308, 312, 314f, 318, 320, 345, 420f, 428ff, 433, 439, **440ff**, 456
— im Verkehr erforderliche II 440
Sorgfaltshaftung II 312, 317, 319, 340, 344, 439
Sorgfaltspflicht
s. bei der betr. Person oder dem betr. Umstand
sotto paranio II 402
sous palan II 310, 326, 402, 487, 684
Souveränität
— im Binnengewässer I 47
— und Hohe See I 64
— im Küstenmeer I 58
Sowjetische Besatzungszone II 779, s.a. „Deutsche Demokratische Republik"
Sowjetunion III 1211, 1215
— Außenzone I 63
— Bestimmungen zu den Haager Regeln II 749f
— Fischerei I 59
— Flaggenrecht I 330
— Küstenmeer I 47, 56, 58
— Küstenschiffahrt I 108
— als Mitglied internationaler Abkommen I 53, 59, 117, 127, 173, 584, 977, II 1099, 1253
— Schiffshypothekenrecht I 386, 387f, **405**, 423f, 496, 518
— Schiffsregisterrecht I 244
— seerechtliches Schrifttum I 41
— Seerechtsquellen I 35
Sowjetzone
s. „Sowjetische Besatzungszone"
Sozialausschuß III 248f
Sozialbehörden II 1241
Soziale Bedingungen der Schiffsleute III 9
Soziale Schutzvorschriften
s. „Gesetz über die Ermächtigung des Reichsarbeitsministers zum Erlaß —"
Soziale Sicherheit der Seeleute I 28, III 8, 120
Sozialrecht I 15, 25, 28
Sozial ungerechtfertigte Kündigung III 138f
Sozialversicherung für Seeleute II 155
Spanien II 650, III 1211, 1215
— Abandon II 65
— Flaggenrecht I 329
— Gesetz zu den Haager Regeln II 710ff
— Küstenmeer I 56, 58
— Küstenschiffahrt I 108
— als Mitglied internationaler Abkommen I 26, 48, 53, 100, 117, 127, 139, 153, 163, 415, 569, 584, 738, 982, 1294, II 66f, 1099, 1109, 1112, 1253
— Partenreederei II 123
— Schiffsgläubigerrecht II 1325
— Schiffshypothekenrecht I 384, 388f, 390f, **402**, 422, 492, 497, 512, **524**, 527, 546, 551
— Schiffsregisterrecht I 244
— seerechtliches Schrifttum I 41
— Seerechtsquellen I 31, 35
— Seeversicherungsrecht I 501f
— Untersuchung von Seeunfällen III 456
— Verklarung II 202
Spanien-Portugal-Zulage III 237, 261
Spant II 9, 313
Spediteur II 260f, 343, 419, 461, 476ff, 489f, 566, 581ff, 605, 622, 653, 683, 753, 785f
— als Ladungsbeteiligter II 235
— bei Reederhaftung II 45
— s.a. „Empfangsspediteur", „Seehafenspediteur" sowie die folgenden Stichworte
Spediteur-Ablader II 508, 566
Spediteur-Befrachter II 461, 566
Spediteur-Empfänger II 461
Spediteur-Konnossement II 556, 683, 685
Spediteur-Verfrachter II 260
Spedition II 262, 425
— mit festen Kosten II 260
Speditionskosten II 421
Speicher II 397, 476
Speigatt II 452
Speiserolle III 115f, 212f, **294ff**
Sperrgebiet III 558, 565
Sperriges Gut II 265
Sperrung
— eines Fahrwassers III 673f
— der freien Durchfahrt I 60
Sperrwaffenübungsgebiet Schleimünde III 785
Spezialarzt III 120

Spezialauftrag des Kapitäns II 211
Spezialausrüstung eines Bergungsschiffs II 1213, 1215, 1258
Spezialeinrichtungen des Schiffes II 308
Spezialfahrzeug
— Bemannungsrichtlinien III 329
— bei Bergungen oder Hilfsleistungen II 1215
Spezialvollmacht II 489
Speziessachen II 285
Speziesschuld II 285f
Spezifisches Gewicht II 292
Spierentonne III 549, 560
Spillage II 924
Spitztonne III 551, 560
Sportfahrzeug III 777, 800, 1475
Sporthochseeschifferprüfung III 865
Sportseeschifferprüfung III 865
Sportsegler und seeamtliche Untersuchung III 465f, 473
Sprechfunk I 707ff, 720, 842f, II 163, 182
Sprechfunksicherheitszeugnis I 584, 735f, 847
Sprengstoff
— Ankerplatz für Schiffe mit — III 558, 565
— s.a. „Gefährliche Güter“
Sprengstoffkammer III 1379
Sprengungen unter Wasser I 940f
Springniedrigwasserlinie I 56
Springtide II 357
Sprinkleranlage III 1390
Sproten I 206
Spruch des Seeamts
s. „Seeamt, Spruch“
Staaten ohne Meeresküste I 25, 64, 87
Staatsangehörigkeit II 141, 277, 827, 829, 831, s.a. „Staatszugehörigkeit“
Staatsanwaltschaft I 18, 62, III 467
Staatshaftung
s. „Amtshaftung“
Staatshoheit
s. „Souveränität“
Staatsjacht I 50, s.a. „Staatsschiff“
Staatskasse und Schiffsgläubigerrechte II 1321f
Staatsschiff
— Anwendbarkeit von internationalen Abkommen I 418
— Anwendung der Vorschriften über Bergung und Hilfeleistung II 1105, 1117, 1122f, 1261, 1279
— anzuwendendes Recht I 236
— Arrestierung I 565
— Begriff I 236, 576
— Durchfahrtsrecht I 60, 1365
— entgangener Gewinn bei — II 1057
— Exterritorialität I 236
— Flaggenrecht II 161
— in fremden Gewässern I 50, 60f, 75, 1365
— Gleichstellung mit Privatschiffen I 575, 576
— auf hoher See I 64
— Immunität s. „Immunität“, „Internationale Verträge, Abkommen zur einheitlichen Feststellung von Regeln über die Immunitäten der —“
— Inseesendung zu einer neuen Reise II 1316
— Reederhaftung II 34, 60
— Schiffsgläubigerrechte an — II 1269, 1284, 1316
— Schiffswert II 60
— und § 25 StrandO III 436, 440
— Verschlechterung II 61
— Zusammenstoß mit — II 1014, 1015, 1110
— s.a. „Kriegsschiff“, „Schiff im öffentlichen Dienst“
Staatsvertrag I 23f
— zwischen Hamburg und Niedersachsen, betr. Cuxhaven und Wattenmeer III 1159ff
— s.a. „Internationale Verträge“
Staatszugehörigkeit eines Schiffes I 319ff
Stabilität II 146, 153, 169, 308, 346, 449ff, III 1291, 1555
— beschädigter Schiffe I 622ff, 762ff
— Prüfung I 776
— unbeschädigter Schiffe I 740, *874*, 949
— s.a. „Seetüchtigkeit“
Stade III 316
Ständige Kommission der Tarifvertragsparteien und Tarifschiedsgericht
— für die Hochseefischerei III 281
— für die Seeschiffahrt III 254
Ständiger Ausschuß zwecks Überprüfung der Konvention der Internationalen Überfischungskonferenz I 159
Ständiger Internationaler Gerichtshof I 52, 94, 97, 104, s.a. „Internationaler Gerichtshof“
Stahl als Ladung II 483, 648
Standardformulare II 270, 296ff
Standards II 636
Standarte des Bundespräsidenten I 351, 352, 355
Standesbeamter II 178, 185, 187
Standort des Schiffes II 295
Stange III 550, 561
Stapellauf I 249f, 252f, 287, 290, 547, II 1011f
staries II 351, 407
Starkstromanlagen über Wasserstraßen I 208
Statistik
— des grenzüberschreitenden Warenverkehrs I 1341ff, 1345ff, s.a. „Gesetz über die—“

— der Seeschiffahrt I 17, 1333ff, s.a. „Gesetz über die —", „Verordnung des Bundesministers für Verkehr über die Meldestellen für die Seeverkehrsstatistik"
Statistische Nachweisungen II 390
Statut
s. „Internationale Verträge, Statut; Vereinbarung und —"
Statutenkollision bei Reederhaftung II 48, 63f
Statutenwechsel und Schiffshypothek I 411ff
Stauer II 22, 327f, 402, 669
Anstellung
— — durch den Empfänger II 401, 437
— — durch den Kapitän II 213
— Aufsicht des Kapitäns II 168f
— Belohnung an Kapitän II 253
— Benennung durch den Befrachter II 328
— Haftung
— — des — II 684
— — für den — II 22
— Hinzuziehung durch den Schiffsmakler II 768f
— Lohn
s. „Stauerlohn"
— Schiffsgläubigerrecht wegen Forderungen der — II 1280
— als Schiffsmann II 19, 22
— selbständiger II 19, 22, 168, 445, 448, 459, 684
Stauereibedingungen
— Bremische III 1120
— Hamburgische III 1044
Stauereiunternehmer II 19, 22, 328, 459, 472, 752, 755
Stauerklausel II 328, 402
Stauerlohn I 400, 407, II 401
Stauertarife II 29
Stauervertrag II 328
Stauervize II 19, 22, 459
Staufehler II 449
Stauholz II 441, III 1554
Staukosten II 270, 327f, 374, 401
Staumaterial II 10
Stauung II 146, 166ff, 329, 453, 647, 690f
— durch den Ablader II 327f
— Beaufsichtigung II 327, 440, 454, 647
— Beispiele II 167
— durch den Charterer
s. „fio-Klausel"
— fehlerhafte
— — Haftung II 308, 346, 662, 664, 667, 670f
— — als Ursache für Seeuntüchtigkeit II 308, 346
— ordnungsgemäße II 388, 440ff, 568
— Schäden und Verluste bei — II 974
— nach Seemannsbrauch II 168
— Sorgfaltspflicht des Verfrachters II 428, 440f, 449, 453
— Störung der — II 915
— Usancen bei — II 168
— Verschulden bei — II 1357
— Verzögerung der — II 367
Stauungsattest II 441, 667f
Stauunternehmen
s. „Stauereiunternehmer"
Stauverlust II 612
steamer to be named hereafter II 285
Stehendes Gut III 1090
Steinebeförderung II 1365
Steinfischer III 18
Steinkohle I *926*, II 919, III 1357
Steinkohlenteer II 309
Stellenvermittlung für Seeleute I 15, 25, III 8, 88, 359, **382ff**
Stellung
— von Arbeitskräften II 422
— des Schiffes II 285, 294ff, 308ff, 316, 342, 432, 469, 544
Stellvertretung
— unmittelbare II 489
— s.a. „Vertretung"
Sterbefall
s. „Todesfall"
Sterbegeld III 248, 266, 269
Steuer
s. „Besteuerung"
Steuerbehörde II 478
Steuereinrichtung III 1295
Steuerfiskalisches Interesse bei Strandung III 407
Steuergesetzte, ausländische II 171
Steuermann
— Einsetzung als Kapitän II 142
— auf Heringslogger III 285
— auf Hochseefischereifahrzeug III 267, 270, 275f
— Prüfungen I 15
— Rechtsgeschäfte des — II 57
— Tagebuchführung II 179
— als Vertreter des Schiffers II 18, 175
— s.a. „Alleinsteuermann", „Schiffsoffizier des nautischen Dienstes"
Steuermannskajüte II 343
Steuerpflichtige Sachen und Schiffsgläubigerrechte II 1322
Steuerrecht II 94, 268, 330, 332, 390
Steuerruder II 9
Steurer III 18
Steward II 18, III 18, 225, 245, 297, 327
Stewardess II 18, III 18
stiffening cargo II 348, 352
Stille Reederei II 88

Stilliegendes Schiff
s. „Schiff, stilliegendes"
Stillstand der Rechtspflege II 485
Stimmrechtsvereinbarung II 89
Stör III 746ff
Stollergrundrinne
s. „Eckernförder Bucht"
Stoppen III 628
— Mitverschulden durch nicht rechtzeitiges — II 1071
— bei Nebel III 611, 616
stowage II 671
stowaway II 811
St. Petersburg Standards II 292
Strafanspruch des Staates und Reederhaftung II 39
Strafantragsrecht des Kapitäns II 238
Strafbestimmungen I 17ff, 339, 823, 830, II 335, 834f, 838, III 193ff, 771
Strafe
— Berücksichtigung der Gefahr einer — bei der Festsetzung von Berge- oder Hilfslöhnen II 1215
— von Versicherungsanstalten festgesetzte — II 1284
Strafgesetzbuch I 17ff
— Anbordbringen von Gegenständen I 19
— Brandstiftung I 20
— Geltungsbereich I 17
— Hilfeleistung I 20
— Schiffsdienst I 19
— Schiffszerstörung I 20
— Schiffszusammenstoß I 18
— Sicherheit der Schiffahrt I 20
— Signale I 18
— Sinken I 19
— Stranden I 19
— Unbefugtes Fischen I 19
— Verkehrsmittel I 19
— Viehseuchen I 21
Strafklausel II 379
Strafrechtliche Verantwortlichkeit I 69, s.a. bei der betr. Person
Strafrechtliche Zuständigkeit bei Schiffsunfällen I 27, 61, 69, s.a. „Internationale Verträge, Übereinkommen zur Vereinheitlichung von Regeln über die —"
Straftaten
— des SeemG III 193ff, 203f
— s.a. „Unerlaubte Handlung"
Strafverfolgung von Taten auf Schiffen I 18, 49, 61f
Strahlenschutz III 1477
Strand III 399, 410
Strandamt II 218, 245, 1145, 1251, III 398f, 414
— Anhörung der Beteiligten III 425
— Anmeldung der Bergelohnansprüche III 421ff
— Anrufung des — II 1250
— Anwendung deutschen Rechts III 425
— Aufforderung III 418
— Aufgebotsverfahren in Bergungssachen III 417ff
— Aufsichtsbehörde über das — III 398f
— Aushändigung an den Berechtigten III 417
— Auslieferung geborgener Gegenstände III 408f, 413
— Ausschlußfrist III 419, 427ff
— Ausübung eines Zurückbehaltungsrechtes wegen Berge- oder Hilfskosten II 1251
— Bescheid III 425ff
— Bremerhaven III 397, 445, 447
— Delegation III 430f
— Erhebung und Verteilung der festgesetzten Beträge III 431
— „in Ermangelung einer gütlichen Einigung" III 421, 422f
— Festsetzung der Bergungs- und Hilfskosten II 1145, III 421ff
— Fiskus und Berger als Empfangsberechtigte III 420f
— Formulierung des Bescheides III 428f
— Hamburg III 437, 441
— Inventarium III 408
— Inverwahrungnahme geborgener Gegenstände III 409, 413
— Kosten der Vorverhandlung und des Aufgebotsverfahrens III 420
— Nichtigerklärung von Rettungsverträgen II 1229, 1230
— Notfrist beim Verfahren vor dem — II 1145
— Prätendentenklage III 419
— Rechtsweg III 427
— Schiedsgericht III 422f
— Schleswig-Holstein III 397, 452
— Sicherheitsleistung III 420
— Streit der Empfangsberechtigten III 419
— Unzuständigkeit des — III 422
— verderbliche Gegenstände III 409
— Vereinbarung der Zuständigkeit eines deutschen — III 1131
— Verfahrensvorschriften III 425f
— Verteilung des Bergungslohns III 420f
— Verwaltungsbeschwerde III 427
— Verzugszinsen nach Zustellung des Bescheids des — II 1150
— und Vorbereitung der seeamtlichen Untersuchung III 467
— Vorermittlung des Berechtigten III 417
— Wiedereinsetzung in den vorigen Stand II 1145

— Zuständigkeit im Falle des § 36 StrandO III 424
— s. a. „Strandungsordnung“
Strandbehörden III 398f
Strandbewohner als Berger oder Retter II 1236, 1247, III 399
Strande III 892
Strandtriftige Gegenstände III 407, 410
Strandung II 175, 223, 311, 447, 469
— absichtliche — als Fall der großen Haverei II 892, 913f, **917f**, 967
— Begriff im Seeversicherungsrecht II 1342
— an der deutschen Küste I *1284*
— Gefahr einer — als Voraussetzung für Bergung oder Hilfsleistung II 1119, 1211
— durch Manöver eines dritten Schiffes verursachte II 1093
— relativ freiwillige II 917f, 967
— Schäden durch — II 918, 920
— Stellung des Kapitäns II 144
— Versicherung gegen Schäden durch — II 1335, 1356, 1371
— Wahrnehmung III 399
— zufällige II 917, **919f**
Strandungsangelegenheiten I 23, III 398
— im Gebiet der Unterweser und der Außenweser III 447
— Oberaufsicht über die Verwaltung der — III 399
Strandungsordnung I 145, III 397ff
— Anhörung der Beteiligten III 425
— Anmeldung des Bergungs- und Hilfslohns beim Strandamt III 421ff
— Annahmestelle III 413
— Anwendung deutschen Rechts III 425
— Aufgebotsverfahren in Bergungssachen III 417ff
— Aufsichtsbehörden über Strandämter III 398f
— Ausführungsvorschriften zur — I 22
— Auslieferung der geborgenen Gegenstände III 408f, 413
— Ausschlußfrist III 427ff
— Bergung von Seezeichen III 432
— Bescheid III 425ff
— Beseitigung eines Schiffahrtshindernisses III 413ff
— Delegation III 430f
— Erhebung und Verteilung der festgesetzten Beträge III 431
— Festsetzung der Bergungs- und Hilfskosten III 421ff
— Fiskus und Berger als Empfangsberechtigte III 420f
— Formulierung des Bescheids des Strandamts III 428f
— Fortschaffung von Gegenständen aus dem gestrandeten Schiff III 406f
— Geschichte III 397
— Inventarium III 408
— Inverwahrungnahme geborgener Gegenstände III 409
— Kosten der Vorverhandlung und des Aufgebotsverfahrens III 420
— landesrechtliche Ausführungsvorschriften I 22
— Oberaufsicht über die Verwaltung der Strandungsangelegenheiten III 399
— öffentlicher Verkauf im Falle des § 25 III 413, 416
— Prätendentenklage III 419
— Recht auf herrenlos geborgene Gegenstände III 420
— Rechtsweg III 427f
— Sachverständige III 409
— Schiedsgericht III 422
— Schiffahrtshindernisse III 413ff
— Schrifttum III 397
— Seeauswurf III 410
— der See gleichzustellende Gewässer III 412f
— seetriftige Gegenstände III 410
— Sicherheitsleistung III 402, 420
— Strafvorschriften III 431
— Strandamt III 398f
— Strandbehörden III 398f
— strandtriftige Gegenstände III 407, 410
— Strandvogt III 398
— Streit der Empfangsberechtigten III 419
— verderbliche Güter III 409
— Verfahren bei Bergung und Hilfeleistung in Seenot III 399ff
— Verfahrensvorschriften III 425f
— Verpflichtung zur Bergung und Hilfeleistung nach der — II 1117
— versunkene Gegenstände III 410f
— Verteilung des Bergungslohns III 420f
— Verwaltungsbeschwerde III 427
— Verzeichnis der fortgeschafften Gegenstände III 406
— Vorermittlung des Berechtigten durch das Strandamt III 417
— Wahrnehmung des steuerfiskalischen Interesses III 407
— Willen des Kapitäns bei Maßregeln zur Bergung oder Hilfeleistung III 401
— Zollinteresse III 401, 413
— s. a. „Strandung“, „Strandamt“, „Strandvogt“, „Bekanntmachung der Landdrostei Stade betr. —“, „Bekanntmachung des Reg.-Präsidenten in Schleswig, betr. die Einrichtung des Strandwesens“, „Bremerhaven, Dienstanweisung für die

Strandvögte", „Bremen, Gesetz betr. die Ausführung der —", „Hamburg, Anweisung für die Hafenpolizeibeamten, betr. Bergung...", „Hamburg, AusführungsVO zur —", „Hamburg, Dienstanweisung zur Ausführung des § 25 —", „Hamburg, Gebührenordnung für das Verfahren vor den Strandämtern" „„Hannover, Ausführungsvorschriften zur —", „Instruktion zur —", „Richtlinien des Reichsverkehrsministers für die Handhabung des § 25 —", „Schleswig-Holstein, Dienstanweisung für die Strandämter", „Schleswig-Holstein, Vorläufige Dienstanweisung für die Strandvögte", „Vereinbarung zwischen den Landesregierungen Preußen, Oldenburg und Bremen...", „VO für das Herzogtum Oldenburg, betr. die Ausführung der —"
Strandungsort II 545
Strandvogt II 179, III **398ff**
— Anzeige an den — über geborgene Gegenstände II 1238
— Ausübung des Zurückbehaltungsrechts durch den — wegen Berge- oder Hilfskosten II 1251
— als Berger oder Retter II 1236
— Bergung der Schiffs- und Ladepapiere III 405
— Genehmigung zur Fortschaffung von Gegenständen aus dem gestrandeten Schiff III 406
— Hamburg III 438
— als Polizeiorgan III 403
— Requirierungsbefugnis III 403ff
— Schleswig-Holstein III 452
— Sorge für Personenrettung III 405
— des Strandamts Bremerhaven III 397, **445**
— Wahrnahme des steuerfiskalischen Interesses III 407
— Wahrnehmung des Zollinteresses III 401
Strandwesen
s. „Strandungsordnung"
Straßenordnung für die Stadt Bremen III 1064ff
Strebe III 1355
Strecktaue I *888*, III 1310
Streik II 348, 367ff, 392, 414f, 466, 471f, 539, 697, 700
— der Arbeiter an Land II 368, 414
— der Hafenarbeiter II 415, 539
— der Schiffsbesatzung II 348, 368, 404, 414
— der Stauer und Trimmer II 368
— der Verfrachtergehilfen II 471
Streikklausel II 300, 322, 368, 539, 544
Streitverkündung II 485, 1059, 1078, 1300, 1383
Strichflagge I 335, 1396
Stroh II 473
Strombauwerk III 692
Stromerzeugung III 1307
Strompolizei II 659f
— Begriff I 210
— Hamburg I 215
— Köhlbrand I 218
— Preußen I 217
Stromtriftige Gegenstände III 397, 442
Strom- und Schiffahrtspolizeibehörden III 659f, s.a. „Strompolizei"
Strom- und schiffahrtspolizeiliche Anordnung
— über den Aufenthalt im Bereich der Schießgebiete A und B in der Hohwacht-Bucht III 787
— über Fahrtherabsetzung bei Bremerhaven III 719
— für die Schiffahrt auf der Weser (Beleuchtung von Sportbooten) III 777
— über den Umschlag von leicht entzündlichen Flüssigkeiten auf der Reede der Insel Neuwerk III 773
Strom- und Schiffahrtspolizeiverordnung über Sicherungsmaßnahmen im Bereich der Übungsgebiete an der schleswig-holsteinischen Ostküste III 785ff
Stückgütervertrag
— Abladung II 386ff
— Abreisetermin II 389f
— Abschluß
— — durch den Charterer II 652
— — durch den Schiffsmakler II 768
— — durch ständige Agenturen II 228
— Annahme II 436
— Ausführung mit bestimmtem Schiff II 266, 286, 339
— Auslieferung II 318f
— Außerkrafttreten II 523, 548f
— Begleitpapiere II 390f
— Form II 263, 552
— Genehmigungspflicht nach dem AWG II 778, 788f
— internationales Privatrecht II 280
— Konnossement II 297, 316, 439, 458, 509, 552f, 557ff, 620, 622, 640f
— Ladezeit II 352, 386ff
— Löschen II 391, 395, 403, 422ff, 499
— Löschzeit II 403
— Nichtlieferung der Ladung II 372
— Rechtsnatur II 284ff
— Rücktritt des Befrachters II 386ff, 548f
— Tarife II 265, 507f
— Unterfrachtvertrag II 425ff. 549
— zwingendes Recht II 316, 552f

Stückgut II 264, **284ff**, 292, 297, 327, 329, 386ff, 391, 437
— einseitige Landung II 423
Stückgutbefrachter II 261, 319, 386ff, 390f, 439, 642
Stückgutverkehr II 286, 318f, 321, 391, 432, 577
Stützpunkte im Nordatlantik I 180
Stützungsbeträge für die Fischerei I 200
Stumpftonne III 549, 560
Stunde II 364f, 387, 413
Sturm I 721ff, 740, 828, II 175, 366, 375, 455, 100ff, 505, 600
Sturmventil II 313
Sturmwarnung II 415
sub-charter II 425
subject approval of charterers II 761
subject first class charterers II 761
sub-letting II 426
Subsidiarität II 401
Substitut des Kapitäns II 57f, 142, 558, 668, 759, 768f, 771
substituted expenses II 903
Substitutionsklausel betr. das Schiff II 285f, 339ff, 389, 553f, 560, 566
Substitutionsrecht
— betr. die Art der Ladung II 328f, 373, 506, 536
— betr. das Schiff II **339ff**, 387, 566, 621, 824
Substitutschiff II 286, **339ff**
Subventionierung der Schiffahrt I 89
Suchdienst I 187
Sudan I 1294
Südafrikanische Union III 1211
— Doppelbesteuerungsabkommen II 30ff
— Flaggenrecht I 329
— Küstenmeer I 56
— als Mitglied internationaler Abkommen I 105, 139, 584, 977, 982, 1294
— Seerechtsquellen I 36
Süderhafen (Nordstrand) III 919
Südrhodesien I 105
Suezkanal I 16, 52f, 1213ff, 1356f, II 161, 510, 537, 539, III 1212, 1499
Sukzessivlebensrettung II 1247
Sukzessivrettung II 919, 1153, 1218
Sukzessivverschiffungsvertrag II 528
Summenhaftungssystem I 28, II 64
Sund I 51
sundays and holidays excepted II 365, 410
Supercargo II 261
surestaries II 352, 411
Surinam II 319
sweat II 662
Syrien
— Flaggenrecht I 329
— Küstenschiffahrt I 108
— als Mitglied internationaler Abkommen I 100, 415, 1294
— Seerechtsquellen I 36

T

Tabak II 468, 471, 473, 482
tackle to tackle II 310, 646, 649, 658
Täuschung
— bei Bergungs- oder Hilfeleistungsverträgen II 1219f, 1222f, 1225f, 1257
bei Rettungsverträgen II 1107, 1210ff 1239, 1257
— bei Versicherungsverträgen II 1334
Tag als Zeiteinheit II 424f
Tagebuch III 1293, s.a. „Maschinentagebuch", „Schiffstagebuch"
Tagebuchführung II 148, 177ff, 184ff
Tagebuchverordnung I 22, 29, II 177, 186f
Tagegeld II 73
— bei Krankenfürsorge außerhalb des Geltungsbereichs des GG III 122f
— bei Rückbeförderung im Krankheitsfall III 130
Tagelöhner auf See III 228
Tagesbezeichnung von Fahrwassern, Untiefen und Wracken
s. „Grundsätze für die —"
Tagesseezeichen III 549ff
Tagsignallampe III 1348
Taktfeuer III 568, 576
Taktkennung III 569, 578f
Talgkosten II 919
Tallyman II 480, 755, III 1543
Talsperren I 213
Tanganjika III 1215
Tanger I 48
Tank
s. „Schiffstank"
Tankeinrichtung II 309
Tanken II 451
Tanker
s. „Tankschiff"
Tankercharter II 267, 285, **305ff**
Tanker voyage charter party II 305ff
Tankerzulage III 237, 261
Tankräume II 501
Tankschiff I 598, 747, *926*, 979, 1058, 1069, II 162, 182, 267, 285, III 882, 1357
— Bemannungsrichtlinien III 329
— Richtlinien der See-Berufsgenossenschaft III 1409
— für Wein II 650f
— s.a. „Hamburg, Verordnung über die Sicherheit im Hamburger Hafen"
Tankschiffahrt II 91

Tantieme des Kapitäns II 55, 254
Tarifarische Verfallklausel III 108
Tarifgebundenheit III 218
Tarifliche Rechte, Verzicht auf — III 1572
Tarifschiedsgericht II 464
— für die deutsche Hochseefischerei III 279ff
— für die deutsche Seeschiffahrt III 86, 250, **253ff**, 266
— nach dem Mantel- und Heuertarifvertrag für die Besatzungen der Fahrzeuge der großen deutschen Heringsfischerei (Loggerfischerei) III 288
Tarifvertrag III 84, 86, 106, **217ff**
— Allgemeinverbindlichkeit III 219
— Bekanntgabe III 219
— Form und Inhalt III 217
— beim Kapitän II 142
— Tarifgebundenheit III 218
— Tarifvertragsparteien III 218
— Wirkung der Rechtsnormen des — III 218
— s.a. „Manteltarifvertrag“
Tarifvertragsgesetz III 217ff
Tarifvertragsparteien III 218
Tatsächliche Übung II 328, 358, 403, 410
Taue II 9f, 159, 166, 915, 1364, s.a. „Tauwerk“
Taucher I 933ff, II 272, III 18
Taucherarbeiten II 1211, III 1292
— Unfallverhütungsvorschriften I 933ff, III 1366
Taucherfahrzeug III 671, 807
Tauchergerät III 411
Taucherglocke I 228, II 1011, 1215
Taucherkosten II 902
Tauchermeister III 17, 224
Tauchgrenze I 634ff, 638
Tauglichkeit
— des Schiffskörpers II 308
— der Schiffsleute zum Schiffsdienst s. „Bekanntmachung über die Untersuchung der Schiffsleute auf —“
Tauwerk II 402, s.a. „Taue“
Taxe
— Feststellung des Versicherungswertes II 1330, 1351f
— bei Havereischäden II 929f
— bei Reparaturkosten II 224
— Versicherungssumme als — II 1376
— bei Zusammenstoßschäden II 1049f, 1052, 1054
Taxierte Police II 1330
Techniker, im Hafen angenommene III 18
Teilbeförderung II 285
Teilbeschädigung II 585, 633, 635, 1367f, 1374
Teilcharter II 284f, 385, 391, 422, 502, 504, 548
Teilempfang II 606
Teilfracht II 586
Teilindossament II 581
Teilkonnossement II 587, 589, 622
Teilladung II 264, 284
Teillieferung der Ladung
s. „Frachtgut“
Teilnichtigkeit II 462
Teilschaden
s. „Teilbeschädigung“
Teilschuldverschreibung I 272
Teilungsplan III 1282
Teilverlust II 476, 479ff, 484, 502f, 508, 629, 631, 635, 1373
Telegraphengeheimnis I 1321
Telegraphenkabel
s. „Internationale Verträge, Vertrag zum Schutze der unterseeischen —“, „Kabel“
Telegraphie I 707ff, 839ff, 1319ff
Telegraphiefunksicherheitszeugnis I 584, 736f, 846, II 163, 182
Telegramm II 288, 480
temps de charge II 351
temps de la décharge II 407
tempus continuum II 414
Territorialgewässer II 1131, s.a. „Küstenmeer“
Territorialitätsprinzip I 61
Test II 316
Testament
s. „Seetestament“
Testamentsvollstrecker
— Eintragung im Schiffsregister I 272
— Nachlaß des Mitreeders II 118
Tetenbüllspieker III 916
Thailand III 1215
— Flaggenrecht I 329
— als Mitglied internationaler Abkommen I 88, 1294
— Seerechtsquellen I 36
— s.a. „Siam“
Thermometer III 1352
through bill of lading II 621
Tide II 323, 1141
Tidehafen II 470, 1115
Tiefe
s. „Wassertiefe“
Tiefgang II 186ff, 291, 393ff, 401, 518
Tiefgangskalen III 1289
Tiefladelinie I 25, II 292
Tieftank II 451
Tierbegleiter II 645
Tiere II 238, 505f, 640, 643, 645, 666, 682, 687f, 1371
Tilgungshypothek I 428
timecharter II 284
timesheet II 355

Tiran, Meerenge von — I 51
Tod
— des Besatzungsmitglieds III 158f
— des Kapitäns II 141f, 172, 1300, III 14, 161
— des Mitreeders II 86, 118
— Unfalltagebuch II 184
Todendorf III 785ff
Todeserklärung I 1347f
Todesfall I 861, 1349, II 185, 187, 192
Todeszeitfeststellung I 1347f
Tönning III 915
Tötung durch Schiffszusammenstoß II 1101, s.a. „Personenschaden"
Togo II 1109, 1112
Ton i.S. der SStrO III 591, 594
Tonbeförderung II 1365
Tonerderückstände I *925*, III 1356
Tonnage I 1143, II 292
Tonne i.S. der SStrO III 591
Tonnengeld I 415, II 510, 1277ff
Tonnenleger
— Anspruch auf Bergungs- oder Hilfslohn II 1123
— Anwendbarkeit von Seehandelsrecht I 235
Topplicht III 595, 660ff
Toppzeichen III 550, 552, 560, 562
Torfeuer III 566
Totalverlust II 119, 290, 476, 480ff, 484f, 503, 911f, 982f, 1059, 1340, 1342, 1366ff, 1373
tow II 273, s.a. „Schleppschiff"
towage II 273, s.a. „Schleppvertrag"
Trade Terms II 560
Traditionsfunktion II 550, 554, 587ff, **590ff**, 604, 623, 625
Traditionspapier II 554, 583, **592ff**, 623, 625
Traditionstheorien II 593ff
Tragfähigkeit II 270, 284, 292ff, 307, 313, 342, 373, 507
Tragweite der Leuchtfeuer III 574, 582, 583
Trajektfähre II 1106
Trampschiff II 15
Trampschiffahrt II 91, 654
Trankocher I 958
transhipment II 340
Transitrecht im Genfer Konventionsentwurf 1958 I 87
Transport
s. „Beförderung", „Seebeförderung"
transporteur II 682
Transportgefährdung I 20f
Transportgefahr II 308, 597
Transportversicherung II 778, 790, 1382
Transportvorbehalt zugunsten der eigenen Flagge I 89
trasporto di carico parziale II 284
Tratte II 219
Trave III **765ff**
— Lotsenwesen III 524
— s.a. „PolizeiVO über die Annahme von Lotsen auf der —", „Schiffahrtspolizeiliche Anordnung über den Verkehr auf der —", „Schiffahrtspolizeiliche Anordnung über das Wasserskifahren auf der —"
Travehäfen II 16
Treibeis II 895
Treibkraftabzug I 1133f, 1175
Treibkrafträume I 1174ff
Treibnetzfischerei
Dämmerungsrichtlinien III 990
— im Bereich der Nordsee I 142f
Treibstoff II 159, 267, 307, 451, 786, 922, 969f, 973f
Treibstoffverbrauch des Schiffes II 291
Trennfläche III 1400
Trennung von Schiff und Ladung II 281, 897
Trennungsort II 281
Treppen I 657f, 786f, *878*, 951, 959, III 1295, 1297
Treueprämie für gutes Fahren während der Vercharterung III 106
Treuhänder
— bei Partveräußerung II 115
— bei Schiffshypothekenbanken I *438ff*
— bei Schiffsveräußerung II 115
— bei der Zwangsversteigerung eines Schiffes I 558
Treupflicht des Besatzungsmitglieds III 85, 105
Treurabatt II 754
Treu und Glauben II 264, 323, 344, 364, 392, 413, 461, 474, 478, 480, 488, 545, 654, 1071 1353
Triest I 48
Trimmen II 452
Trimmer III 18, 176, 225, 328f, 360ff, 393
Trimmkosten II 270
Trimmlage II 156
Trimmluken II 156f
Trinkwasser II 186ff
Trinkwassertank II 450
Trinkwasserversorgung I 1296
Trockendock I 408
Trockenei II 430, 440, 473
Tropendiensttauglichkeit III 87
Trosse I *906ff*, 960, II 9f, 275, 309, 1013, 1026, 1092, 1095, 1141, 1213, III 1332
Trümmer eines Schiffes
s. „Schiffstrümmer"
Truman I 65
Truppentransporter I 598, 747
trustee II 463
Tschechoslowakei I 48
— Flaggenrecht I 329

— als Mitglied internationaler Abkommen I 88, 100, 105, 127, 139, 584, 982, 1316,
— Schiffshypothekenrecht I 386, 388, **408**
— Schiffsregisterrecht I 244
— Schiffsübereignung I 369
— seerechtliches Schrifttum I 41
— Seerechtsquellen I 36
Tschukotsmeer I 56
Tschuktschen Meer I 47
Türen, wasserdichte I 637f, 643f, 772f, 776
Türkei III 1211
— Flaggenrecht I 329
— Küstenmeer I 56, 58
— als Mitglied internationaler Abkommen I 51, 53, 100, 105, 575, 584, 1294, II 1099, 1253
— Schiffshypothekenrecht I 386, 387, **406**, 423, 491, 497
— seerechtliches Schrifttum I 41
— Seerechtsquellen I 31, 36
tug II 273, s. a. „Schlepper"
Tunesien III 1210, 1215
— Flaggenrecht I 329
— als Mitglied internationaler Abkommen I 127, 584
— Schiffshypotheken I 403
— Seerechtsquellen I 36
Turmschiff II 343
Typhus III 147, 149

U

UdSSR
s. „Sowjetunion"
Überarbeiter III 81, 85
Überbordwerfen
s. „Frachtgut, Überbordwerfen"
Übereignung
s. beim Gegenstand der —
Übereinkommen
s. „Internationale Verträge, Übereinkommen"
Überfahrtsgeld I 416, II 811, 813, 818ff, **821**, 822, 825ff, 840ff
— Begriff der Reise bei — II 1293
— Beitragspflicht bei der Verteilung des Havariegrosseschadens II 839, 941f, 980f
— Berücksichtigung bei Festsetzung von Berge- oder Hilfslohn II 1217f
— Einziehung
— — durch den Kapitän II 99, 252f
— — durch den Schiffsmakler II 768f
— Ersatz entgangenen —II 1056
— Erstreckung des Schiffsgläubigerrechts auf — II 1291
— als „Fracht" II 935
— als Gegenstand
— — einer Rettung nach dem IÜS II 1254
— — der Seeversicherung II 1328, 1337, 1350, 1378
— Pfandrecht am Reisegut wegen — II 1326
— Rückzahlungsanspruch II 811, 813, 840ff
— als Schiffsvermögen II 55
— Vorauszahlung II 826, 830f, 840
Überfahrtsvertrag II 260, 307, **811ff**, III 1566
— Anlandbringen der Passagiere II 814f
— anzuwendende Vorschriften II 811
— Auflösung II 821
— Ausführung mit fremdem Schiff II 825f
— ausländisches Recht II 812, 816f
— Außerkrafttreten bei Schiffsverlust II 819f
— mit Auswanderern II 831ff, s. a. „Auswanderer"
— Beförderung
— — mit Charterschiff II 848
— — mit Ersatzschiff II 821f
— — von Frachtgut II 820
— Beköstigung II 813f, 819, 821f, 831f, 840ff
— Binnenschiffahrtsrecht II 812, 814
— Einrichtung des Schiffes II 815ff
— Form II 812
— Freizeichnung II 812
— Haftung des Beförderungsunternehmers
— — Beweislast II 814ff
— — Brüsseler Abkommen von 1961 II 853
— — für Erfüllungsgehilfen II 815
— — für gehörige Einrichtung des Schiffes II 815f
— — für Gepäck II 816, 823f
— — aus unerlaubter Handlung II 815
— Haftungsausschluß des Reeders im — II 1102
— Hinterbliebenenansprüche II 817
— internationales Privatrecht II 815f
— Kontrahierungszwang II 812f
— Korrespondentreeder-Vollmacht II 98
— Kriegsausbruch II 814, 820
— Nichtigkeit II 831
— Obhutspflicht II 814f
— pünktliche Abfahrt II 818f
— Rechte aus dem — II 812, 817
— Rechtsnatur II 811f, **813**
— Reiseverhinderung des Passagiers II 819
— Reiseverzögerung II 814
— Reparatur des Schiffes II 821f
— Rücktritt
— — des Beförderungsunternehmers II 820
— — des Reisenden II 811, 813f, 819f, 832, 840ff

— Schriftform II 826, 830f, 840
— Schrifttum II 811
— Sorgfalt des Kapitäns II 145
— Tod des Passagiers II 813, 819, 824f, 832
— Übertragbarkeit des Überfahrtsrechts II 817
— Verfügung von hoher Hand II 814, 820
— Verhältnis zur Havariegrossehaftung II 908
— Verlust des Schiffes II 813, 819f
— Versicherungspflicht des Unternehmers II 832
— verspätetes Anbordgehen des Passagiers II 813, 818, 823
— vorgeschriebener Inhalt bei Auswandererbeförderung II 840ff
— zwingendes Recht II 811ff, 817, 832, 840ff
— s.a. „Überfahrtsgeld“
Überfall I 60
Überfischung I 16, 26, 153ff, 157, 194, 196, III 1232ff
Überfischungskonferenz I 16, 26, 153ff, 196, III 1232ff
Überführungsfahrt II 79, 162
Übergabe
— des Frachtguts II 554, 590, 593
— — zur Einlagerung II 420
— — an die Zollbehörde II 437
— des Konnossements II 492, 554f, 582f **590ff**
— bei Schiffsübereignung I 363ff, II 225
Übergang
— gesetzlicher — von Forderung und Schiffshypothek I 508, 521f, 525f, 535
— der Rechte des Versicherten auf den Versicherer II 1332, 1342, 1357, 1361, 1366
— eines Schiffgläubigerrechts auf den Reeder II 1274
Übergangszeit für neubestellte Seelotsen III 505
Überholen
— Fahrregeln III 629, 684, 790, 823
— mangelnde Aufmerksamkeit beim — II 1024
— prima-facie-Beweis bei Kollisionen während des — II 1038
Überladebedingungen
— Allgemeine — der im Verein Hamburger Seehafenbetriebe e.V. zusammengeschlossenen Greiferbetriebe III 1046
— Bremische — für Greifergut III 1119
Überliegezeit II 280, 347, **351ff**, 369, 374, 390, 403, 407f, 409, 410, 415f, 494, 612, 628f
— Beendigung II 361f, 365, 370, 421
— Beginn II 359f, 365, 411f, 414
— Berechnung II 363ff, 411ff
— Beweislast bei Überschreitung II 367ff
— Dauer II 356f, 359, 409, 411
— Überschreitung II 415f
— ungeteilte II 495, s.a. „Ladezeit“, „Löschzeit“
— Verhinderung des Ladens und Löschens s. „Verhinderung“
— Verschuldete Überschreitung II 367
— Vertragliche Vereinbarungen II 359ff, 364ff, 409, 411, 413f, 421f, 512f
— und Zeitfracht II 512f
Übermaß II 628
Übernahme
— des Frachtguts
— — zur Beförderung II 235, 260, 262, 310, 321, 387, 389, 420, 430f, 436, 454, 472, 506, 515, 560, 567, 655
— — zur Einladung II 522, 524
— — durch den Empfänger II 436, 475f, 478f
— — durch die Kaianstalt II 560, 595
— — in Leichter II 560
— — in das Schiff II 264, 310, 352, 354, 363, 367f, 387f, 426, 441, 551, 567, 597
— — Teillieferungen II 476
— — durch Unbefugte II 476
— — durch den Verfrachter II 260, 262, 264, 310, 321, 326f, 352, 354, 363, 367ff, 369f 387, 389, 398, 550ff, 556, 559, 590, 593ff, 609, 617f, 648, 691
— — durch Vertreter des Verfrachters II 590, 595
— des Reiseguts II 823
— Verschulden bei — II 1357
Übernahmefähigkeit des Schiffes II 358
Übernahmekonnosement II 436, 551, 556, 560, 566, 595, 601, 685, 694
Überprüfung
— ausländischer Schiffe I 752
— von Fahrgastschiffen und deren Anlagen I 600ff, 606
Überseeisches Gebiet II 677, 711
Überseekäufer II 266, 458, 596
Überseekauf II 262, 266, 343, 600
Übersiedelungsgut II 774
Überstunden
— und große Haverei II 973f
— s.a. „Mehrarbeit“
Übertragung
s. beim Gegenstand der —
Überversicherung I 505f, II 1330, 1349, 1352
Überwachung
— behördliche — des Fracht-, Post-, und Reiseverkehrs II 779
— des Verrichtungsgehilfen II 459

Überwachungsbedürftige Anlagen (§ 24 GewO) III 291ff
Überwachungsdienst I 575, 577
Überwachungsrecht des Schiffshypothekengläubigers (Frankr.) I 401
Übung, tatsächliche II 328, 358, 403
Übungsgebiete an der schleswig-holsteinischen Ostküste III 785ff
ÜstrafZ
s. „Internationale Verträge, Übereinkommen zur Vereinheitlichung von Regeln über die strafrechtliche Zuständigkeit bei Schiffszusammenstößen
Ütersen III 752, 905
ÜzivZZ
s. „Internationale Verträge, Übereinkommen zur Vereinheitlichung von Regeln über die zivilrechtliche Zuständigkeit bei Schiffszusammenstössen“
Uferanlage III 693
Uferbauten II 1011
Uferfeuer III 567
Uferstaat
— und Binnengewässer I 46
— continental shelf I 66
— Gerichtsbarkeit des — I 61
— Gestattung der Durchfahrt I 51, 59, 73
— Jurisdiktion des — im Küstenmeer I 61f, 74f
— Pflichten des — im Küstenmeer I 59, 74, 1357
— Recht der Nacheile I 63
— Schiffahrtsfreiheit auf Flüssen I 192
— Souveränität des — I 47ff, 58
— Verletzung des Interesses des — I 50, 60
UINF
s. „Union Internationale de la Navigation Fluviale“
Umdeutung II 272
Umgehung zwingender Normen II 279, 538
Umhüllung II 577f, 666, 691
Umladeklausel II 339ff, 621, 658
Umladehafen II 341, 388, 622ff, 658, 709
Umladerisiko II 658
Umladung II 286, 333, **339ff**, 385, 389, 566, 621ff, 630, 649, 658, 708f
— Befugnis zur — II 286, **339ff**, 941
— Kosten der — II 971f
— zeitweilige II 340, 343
— Zustimmung zur — II 286
Umlage
s. „Einschußpflicht“
Umlegen der Masten II 400
Ummusterung III 25, 79
Umrechnung von Währungen II 495, 639, 707
Umriggen der Löschgerätschaften II 401
Umsatzsteuerbefreiung III 1553
Umsatzsteuergesetz I 58
Umsatzsteuervergütung III 1264, 1545
Umschaufrist
— des Kapitäns III 265
— nach dem Manteltarif für die deutsche Seeschiffahrt III 247
Umschaugeld
— des Kapitäns III 265
— nach dem Manteltarif für die deutsche Seeschiffahrt III 247
Umschlagsanlage II 1115f
Umschlagsunternehmer II 684, 689
Umschreibung im Schiffsregisterrecht I 285, II 225
Umsetzungsbefugnis III 101, 226
Umstauen II 451, s. a. „Umladung“
Umstechen von Getreide II 512
Umsteuerungseinrichtung III 1305
Umtausch älterer Befähigungszeugnisse III 315
Unabbringlichkeit II 223
Unabdingbarkeit II 279
Unabwendbares Ereignis II 699
Unbefugtes Fischen I 19
Unbekannt-Klauseln II 438f, 567f, 577ff, 609, 612, 615, 617
Unbestimmtheit des Beförderungsmittels II 285
Uneigentliche Bodmerei I 5, II 868
Uneigentliche Zeitcharter
s. „Zeitcharter“
Unerfahrenheit
— beim Abschluß eines Rettungsvertrages II 1222
— als Entschuldigungsgrund II 36
Unerlaubte Handlung II 323, 395, 431, 433ff, 457ff, 464ff, 474, 481, 485, 608, 635, 655, 683f, 770, 815
— Anspruch aus — II 39, 44
— Freizeichnung II 1080
— Gerichtsstand der — II 1062
— Haager Regeln II 683
— und Haftung für Seeuntüchtigkeit II 312
— Haftungsumfang II 630, 635
— im internationalen Privatrecht II 48ff, 63f, 226
— Klage aus — I 62, II 217
— des Korrespondentreeders II 101
— auf Schiffen
— — Rechte des Kapitäns II 144f
— — Tagebucheintragung II 177ff, 185ff, 192
— der Schiffsbesatzung II 144
— und Schleppvertrag II 276
— beim Überfahrtsvertrag II 815
— Verhältnis zur Vertragshaftung II 433ff, 446, 457, 474, 485, 630, 635, 655, 683f, III 1558

Unfälle der See
s. „Seegefahr“
Unfall II 276, 502ff, 628, 663, 697, 832
— Anrechung der infolge — ersparten Kosten bei Versicherungsleistungen II 1331
— Hilfeleistungspflicht bei — II 1260
— Pflicht des Versicherungsnehmers zur Anzeige eines — II 1335, 1360
— als Ursache von Seenot II 1121
— Verklarung II 198ff
— als Voraussetzung der großen und der besonderen Haverei II 905
— s.a. „Schiffsunfall“, „Schiffszusammenstoß“, „Seeunfall“
Unfallflucht III 1200
Unfalltagebuch I 876, 950, II 184ff
Unfallverhütungsprämie III 1360
Unfallverhütungsvorschriften I 15, *868ff*, *929*, 975, II 146, 154f, 1024, 1030, III **1284ff**
— für Fischereifahrzeuge III 1366, 1367
— für fremdartige Nebenbetriebe und Betriebsstellen III 1365
— als Schutzgesetz III 1568
— der Seeberufsgenossenschaft für Dampf-, Motor- und Segelschiffe (Kauffahrteischiffe) — Neufassung III 1284ff
— — Abschluß der Schiffsräume III 1324
— — Akkumulatoren III 1307
— — allgemeine Vorschriften über Maschinenanlage III 1296
— — Anker III 1332
— — Ankersicherung III 1332
— — Ankerwinden III 1333
— — Anstrichmittel III 1312, 1321
— — Anwärmlampen III 1305
— — Apparate unter Druck III 1303
— — Aschehievvorrichtungen III 1302
— — Atemschutzgerät III 1325
— — Aufstellen der Kompasse III 1350f
— — Ausgänge in der Maschinenanlage III 1297
— — Ausdruck III 1293
— — Auspuffrohrleitung III 1305
— — Ausrüstung der Rettungsboote III 1340
— — Ausschwingen der Rettungsboote III 1345
— — Ballast III 1358ff
— — Barometer III 1352
— — Bauart der Rettungsboote III 1335
— — Befahren von Kesseln III 1299
— — Befehlsübermittlung III 1293
— — Beleuchtungsanlage III 1304
— — Benzin III 1322
— — Berührungsschutz III 1308
— — Besatzung III 1292
— — besondere Vorschriften für Versicherte III 1358ff
— — Betriebslärm der Maschinenanlage III 1296
— — Blitzableiter III 1310
— — Bootsaussetzungsvorrichtung III 1338
— — Bootsmannsstuhl III 1310
— — Borddienst III 1292
— — Brennstoffbehälter III 1303
— — Brennstoffbunker III 1303
— — Dampfheizungen III 1303
— — Dampfkessel III 1300
— — Dampfkochapparate III 1303
— — Dampfrohrleitungen III 1301
— — Deckslast III 1291
— — Druckgas III 1322
— — Druckluftbehälter III 1306
— — Druckwasserkessel III 1306
— — elektrische Alarmvorrichtungen III 1308
— — elektrische Anlagen III 1307
— — Ersatzlampen III 1348
— — Ersatzteile III 1309
— — Fahrgastschiffe, Zusatzbestimmungen für Feuerschutz III 1329ff
— — Fahrterlaubnisschein III 1290
— — Fahrtgrenzen III 1289
— — Fassungsvermögen der Rettungsboote III 1336
— — Feuerarbeiten III 1323
— — feuergefährliche Gegenstände III 1321
— — Feuerlöschanlage III 1331
— — Feuerlöschschläuche III 1326, 1331
— — Feuermeldung III 1330
— — Feuerrohrleitung III 1326, 1331
— — Feuerschotte III 1330
— — Feuerschutzleute III 1331
— — Feuerschutzmittel III 1328f
— — Feuerschutzübung III 1329
— — Feuerschutzvorschriften III 1321ff
— — Feuerwerkskörper III 1349
— — Filmvorführungsanlagen III 1313
— — Flaggen III 1348
— — Fluchtwege III 1328
— — Flüssiggas III 1322
— — Freibord III 1291
— — Funkanlage III 1349
— — gefährliche Arbeiten III 1310
— — gefährliche Güter III 1354ff
— — gefährliche Räume III 1313
— — Geländer III 1297
— — Geltungsbereich III 1285
— — Gesundheitspflege III 1293
— — Getreide III 1354ff
— — Grätinge III 1297

— — Grundbestimmungen III 1288ff
— — Handfeuerlöscher III 1324, 1330
— — Hebezeuge III 1298
— — Heizungsanlagen III 1323
— — Herd III 1323
— — Instandsetzungsarbeiten III 1309
— — Inventarliste III 1361ff
— — Isolierungen III 1321
— — Kabellampen III 1308
— — Kabelnetz III 1307
— — Kartenraum III 1296
— — Kette III 1332
— — Kettenbefestigung III 1332
— — Kohlenbunker III 1302
— — Kohlenbunkerluken III 1302
— — Kommandobrücke III 1296
— — Kommandoelemente III 1298
— — Kompasse III 1349
— — Kompensieren III 1350
— — Kran III 1318
— — Kühlwasserleitung III 1305
— — Ladegeschirr III 1317f
— — Laden III 1319
— — Längsschotte III 1355
— — Laufbrücke III 1310
— — laufendes Gut III 1320
— — Lenzleitung III 1305
— — Löschen III 1319
— — Logisraum III 1312
— — Lotsensignale III 1349
— — Lüfter III 1311
— — Lüftung der Maschinenanlage III 1296
— — Luftkästen III 1340
— — Luftrohr III 1311
— — Luke III 1314
— — Lukenabdeckung III 1315
— — Lukensicherung III 1315
— — Manometer III 1299
— — Maschinenanlage III 1296ff
— — Mastleiter III 1311
— — Motorenräume III 1303
— — Motorrettungsboote III 1337
— — Musterungen III 1345
— — Nachrichten für Seefahrer III 1353
— — nautische Ausrüstung III 1349ff
— — Notausgänge in der Maschinenanlage III 1297
— — Notbeleuchtung III 1353
— — Notsignale III 1349
— — Notstromquelle III 1308
— — Ölfeuerung III 1300
— — Öl zur Beruhigung der Wellen III 1353
— — Ofen III 1323
— — Oktant III 1352
— — Ordnungsstrafen III 1288
— — Peilvorrichtung III 1312
— — Petroleum III 1321
— — Pflichten des Unternehmers III 1285
— — Pflichten des Versicherten III 1287
— — Planken für Schotte III 1355
— — Positionslaternen III 1348
— — Prüfung der Kompasse III 1350
— — Prüfung der Rettungsmittel III 1345
— — Pumpe III 1326, 1331
— — Pumpvorrichtung III 1312
— — Raumgehalt der Rettungsboote III 1336
— — Raumleiter III 1316
— — Reinigen von Kesseln III 1299
— — Reling III 1294
— — Rettungsboote III 1335ff, 1340ff, 1345
— — Rettungsbootleute III 1346
— — Rettungsflöße III 1343
— — Rettungsgeräte III 1343
— — Rettungsmittel III 1333ff
— — Rettungsring III 1344
— — Rettungsübungen III 1345
— — Rettungsweste III 1344
— — Schädlingsbekämpfung III 1313
— — Schanzkleid III 1294
— — schiffbauliche Einrichtung III 1293ff
— — Schiffe III 1288
— — Schiffschronometer III 1352
— — Schiffskörper III 1293
— — Schiffszugang III 1309
— — Schleifmaschinen III 1298
— — Schleifscheiben III 1298
— — Schotte III 1294
— — Schüttladungen III 1356
— — Schutzeinrichtungen in der Maschinenanlage III 1297
— — Schweißen III 1323
— — Seebücher III 1353
— — Seekarten III 1353
— — Seetüchtigkeit III 1290
— — Segelschifftakelung III 1311
— — Sextant III 1352
— — Sicherheitsrolle III 1346f
— — Signalapparate III 1348
— — Signalbuch III 1348
— — sofortige Verwendbarkeit der Rettungsboote III 1343
— — Stabilität III 1291
— — stehendes Gut III 1320
— — Steinkohlen III 1357
— — Steuereinrichtung III 1295
— — Streben III 1355
— — Strecktau III 1310

— — Stromerzeugung III 1307
— — Stützen III 1355
— — Tafel für Raketenapparat III 1311
— — Tagebücher III 1293
— — Tagsignallampe III 1348
— — Tankschiffe III 1357
— — Taucherarbeiten III 1292
— — Thermometer III 1352
— — Tiefgangsskalen III 1289
— — Tonerderückstände III 1356
— — Treppen III 1295
— — Treppen in der Maschinenanlage III 1297
— — Trosse III 1332
— — Umsteuerungseinrichtung III 1305
— — Unfallverhütungsprämien III 1360
— — Verzeichnis der Unfallverhütungsvorschriften für fremdartige Nebenbetriebe und Betriebsstellen III 1365
— — Vorbemerkung III 1284
— — Wachdienst (Feuerschutz) III 1330
— — Wasserpforten III 1294
— — Winden III 1318
— für Taucherarbeiten I 933ff, III 1366
— s.a. „See-Berufsgenossenschaft“
Unfallversicherung
— gesetzliche — der Seeleute I 867
— der Schiffsbesatzung II 1047, 1060, 1105
— Schiffsgläubigerrecht wegen Forderungen der — II 1278ff, 1312
— der See-Berufsgenossenschaft III 124, 125
— Träger der — als Beteiligter bei der Zwangsversteigerung I 556
Unfreiwerden
— der Ladung II 536f, 549
— des Schiffes II 526f
Ungarn I 26
— Flaggenrecht I 329
— als Mitglied internationaler Abkommen I 88, 100, 139, 415, 575, 584, 977, 982, II 66, 1099, 1253
— Seerechtsquellen I 36
Ungefähr II 293, 373
Ungerechtfertigte Bereicherung II 373, 375, 440, 493f, 518ff, 555, 604, 631f
— Kapitän II 213
— bei Kreditgeschäften II 219
— Reeder II 221, 232
Ungeziefer II 469, 472f
Unglücksfall
s. „Unfall“
Uniform River Plate Charter Party II 506, 611
Uniform Time-Charter II 301
Union Internationale de la Navigation Fluviale I 193
United Nations Organisation I 27, 45, 56ff, 66, 70ff, 168
Unmöglichkeit
— der Abladung II 349
— der Erreichung des Bestimmungshafens II 393ff
— der Leistung II 310, 322, 523, 528, 543
— der Reise II 523f
— der Reisefortsetzung II 545
— der Weiterbeförderung II 503
UNO
s. „United Nations Organisation“
Unredliche Handlungsweise
— bei Bergung oder Hilfeleistung II 1235, 1238f, 1258
— Versicherung gegen — des Schiffspersonals II 1335
Unruhen II 466, 471, 697
Untauglichkeit für den übernommenen Schiffsdienst III 148f
Unterbesetzung bezüglich der Schiffsbesatzung III 112ff, 234
Unterbevollmächtigung durch den Korrespondentreeder II 96
Unterbrechung
— der Abnahme II 476
— der Einladung II 387
— der Reise II 437
— der Verjährung s. dort
Unterbringung
— der Besatzungsmitglieder II 73, 159, 923, III 117ff, 239, 286, 297, 352ff
— des Kapitäns II 142
— der Ladung II 166f, 266
— s.a. „Logisräume“
Unterbrochenes Feuer III 568, 569, 576, 578
Unterems I 173
Unterfeuer III 567
Unterfracht II 55
Unterfrachtvertrag II 260, 262, 271, 425ff, 444f, 549, 623, 652, 824f, III 1557
— Begriff II 425
— im Binnenschiffahrtsrecht II 425
— Erlaubnis zur Unterverfrachtung II 426
— Haftung II 271, 444f, 683
Untergang
— Begriff I 257
— des Frachtguts II 431f, 592
— des Schiffes I 256f, 259, 346, 375ff, 454, 532, II 281, 340, 918, 968f, 1119, 1290
— von Staatsschiffen II 61
Unterhalt
— Ersatz des entgehenden — II 1061
— der Mannschaft II 270, 381
Unterhaltungspflicht
— betr. Hafenanlagen II 325
— betr. öffentliche Wasserstraßen II 1114ff

Unterkunft
s. „Unterbringung“
Unterkunftsräume
s. „Logisräume“
Unterlassene Hilfeleistung I 21
Untermiete II 425
Unternehmer
— i.S. der Haager Regeln II 682ff, 690ff
— Pflichten betr. Unfallverhütung III 1285
— selbständiger II 314, 459, III 18f, 82
Unternehmerpfandrecht I 425
Unteroffizier II 18f
Unterscheidungssignal
— der Fischdampfer I 970
— von Seeschiffen I 250, 255, 287, **289f**, 296, 346
Unterscheidungszeichen
— von Fischereifahrzeugen I 250
— der Seefahrzeuge des Bundesgrenzschutzes I 352, 355
Unterschlagung II 133, 1239
Unterseeboot I 60
Untersuchung
— ärztliche
s. „Ärztliche Untersuchung“
— der Ladung II 482
— der Rheinschiffe und -flöße I 1131f
— der Schiffsleute auf Tauglichkeit zum Schiffsdienst
s. „Bekanntmachung über die —“, „VO über die Untersuchung der Seeleute auf Hör-, Seh- und Farbenunterscheidungsvermögen“
— der Seelotsen III 481, 486, **511ff**
— von Seeunfällen
s. „Gesetz über die —“, „Seeamt“
— s.a. „Durchsuchungsrecht“
Unterteilung von Schiffen I 614ff, 739, 755ff
Untertunnelung von Wasserstraßen I 211
Unterverfrachter I 418, II 260, 425ff, 431, 683
Unterverfrachtung II 282, 934, 978, 940, 942, 982, 1292, s.a. „Unterfrachtvertrag“
Unterversicherung II 1352
Unterwasserhindernis II 1115
Unterwasserschweißen I 942
Unterwerfung
— unter ein bestimmtes Recht bei der Bergung oder Hilfeleistung II 1131
— unter deutsche Gerichte II 827
— unter ein präsumtiv befangenes Schiedsgericht II 1225
— unter die sofortige Zwangsvollstreckung in Urkunden I 481, 523
— s.a. „Allgemeine Geschäftsbedingungen“, „Internationales Privatrecht, Parteivereinbarung“
Unterwerfungsklausel bei der Schiffshypothek I 481, 523, 528
Unterwerfungsverfahren nach § 67 OWiG III 202
Unterweser I 23, III 397, 399, 447
Unterweserhäfen II 395
Untiefenbefeuerung außerhalb der Fahrwasser III 571, 581
Untiefenbezeichnung
— außerhalb der Fahrwasser III 556, 564
— s.a. „Grundsätze für die Tagesbezeichnung von Untiefen“, „Grundsätze eines einheitlichen Systems zur —“
Untiefenfeuer III 567
Untreue II 1239
Unverbindliche Punktation II 288
Unvernünftigkeit eines Verbots des Kapitäns II 1137f, 1255f
Unvollständigkeit
s. beim Gegenstand der —
Unwetter II 349, 405
Unzucht II 187, 835
Urkunden
— auf abandonnierte Gegenstände sich beziehende II 1345
— zur Glaubhaftmachung in der Zwangsvollstreckung I 557f
— öffentlich beglaubigte — über einen Forderungsübergang II 1361, 1366
— öffentliche II 362, 406, 412, 589f, 878
— über Schiffsveräußerung I 370
— des Seefrachtgeschäfts II 287f, 296f, 550ff, s.a. „Chartepartie“, „Konnossement“
— über die Seeversicherung II 1329
— Unterwerfung unter die sofortige Zwangsvollstreckung in — I 481, 523
— s.a. „Schiffsurkunden“
Urkundenfälschung II 1239
Urkundenprozeß II 882, 1299
Urlaub I 28, II 184
— des Besatzungsmitglieds III 132ff, 242ff
— — bei Beendigung des Heuerverhältnisses während des Beschäftigungsjahres III 136
— — Dauer III 133, 242
— — Erkrankung während des — III 135, 244
— — Erwerbsarbeit während des — III 134
— — Heimaturlaub III 134
— — nach dem Manteltarif für die deutsche Hochseefischerei III 277f
— — nach dem Manteltarif für die deutsche Seeschiffahrt III 242ff
— — nach dem Manteltarif Heringsfischerei III 286

— — Nichtgewähren von — als Kündigungsgrund III 152f
— — Urlaubsabgeltung III 136
— — Urlaubsanspruch III 132, 243
— — Urlaubsentgelt III 135, 243f
— — Urlaubsgewährung III 133
— des Kapitäns III 263f
— Zeitpunkt des — III 242, 263
Urlaubsanspruch III 132, 243, 263
— Abgeltung des — III 244, 264, 278
— Barablösung III 244, 264
— des Kapitäns III 262, 264
Urlaubsbezüge II 75, III 243, 264
— bei Heuertarifänderung III 244, 264
Urlaubsdauer III 133, 242, 277
Urlaubsverpflichtung III 243
Ursachenzusammenhang
s. „Kausalität"
Ursächlichkeit
s. „Kausalität"
Ursprungsland II 775
Ursprungsort des Frachtguts II 368
Ursprungszeugnis II 390
Uruguay
— Flaggenrecht I 330
— als Mitglied internationaler Abkommen I 105, 127, 139, 977, 982, 1294, II 1099, 1253
— seerechtliches Schrifttum I 41
— Seerechtsquellen I 31, 36
USA
s. „Vereinigte Staaten von Amerika"

V

Varangerfjord I 47
Vatikan
— Flaggenrecht I 330
— als Mitglied internationaler Abkommen I 1294, II 67, 1109, 1112
— Schiffsgläubigerrecht II 1324
— Seerechtsquellen I 31, 36
Vegesack III 1069
Venezuela
— Flaggenrecht I 330
— Küstenmeer I 56
— als Mitglied internationaler Abkommen I 117, 584, 982, 1294
— Schiffshypothek I 403
— Schiffsregisterrecht I 244
— Seerechtsquellen I 36
Ventil II 308, 450, 452
Ventilator II 308, 450
Veräußerung
— von Ausrüstung II 215 250ff
— beseitigter Schiffahrtshindernisse III 436
— der Ladung s. „Frachtgut, Verkauf"
— eines Schiffes s. „Schiffsveräußerung"
— von Schiffszubehör II 250
— Verhältnis zur Bodmerei II 250f
— dem Versicherer zur Last fallende Kosten der — II 1338
— versicherter Gegenstände II 1349, 1350, 1361f, 1374
— s.a. beim sonstigen Gegenstand der —
Veräußerungsverbot I 471
Verankerung II 1025
Verauslagung
s. „Auslagen"
Verband
— der deutschen Hochseefischereien e.V. III 267, 279
— Deutscher Heringsfischereien e.V. III 284
— Deutscher Küstenschiffer e.V. II 29, III 220, 258
— Deutscher Reeder e.V. II 29, III 220, 258
Verbandsmittel I 973, 974
Verbindlichkeiten
— zum Behufe der Reise II 25
— aus den vom Deutschen Reich ratifizierten Übereinkommen der Internationalen Arbeitsorganisation III 359f
Verbodmung
— der Fracht II 870ff
— eines Frachtvorschusses II 872
— bei Haverei II 250, 926
— der Ladung II 218, 241, 249ff, 870ff, 874, 881
— des Schiffes II 870ff
— eines Schiffsbruchteils II 870
— Schiffsgläubiger II 150
— einer Schiffspart II 870, 872
— des Schiffszubehörs II 870, 872
— von Teilladung II 872
— Verhältnis zum Verkauf II 250f
— Versicherung gegen die Gefahr der — II 1335, 1371
— Wirkung auf Zubehör II 12
— s.a. „Bodmerei"
Verborgener Mangel
s. „Frachtgut"
Verbot
— Beistandsleistungen gegen ausdrückliches — des Kapitäns II 1135f, 1255f
— des Ein- und Auslaufens III 673
Verbotene Eigenmacht
— gegenüber Bergern II 1125
— durch vom Kapitän ausdrücklich verbotene Beistandsleistungen II 1136, 1137f
Verbotszonen für das Ablassen von Öl I 125, III 1226, 1227
Verbrennungsgefahr II 922
Verbringung des Frachtguts II 266

Vercharterer
s. „Chartervertrag“, „Verfrachter“
Vercharterung
— und Heuerverhältnis III 86
— von Seeschiffen II 773, 788
— Treueprämie für gutes Fahren während der — III 106
— s.a. „Chartervertrag“
Verdeck
s. „Deck“
Verderbliche Gegenstände (StrandO) III 409
Verdienst
— anderweitiger II 376
— bei der Rettung II 1209f, 1257f
Veredelungsverkehr III 1174f, 1185f
Vereidigung im seeamtlichen Verfahren III 468
Verein
— Hamburger Seehafenbetriebe e.V. III 1046
— Hamburger Stauer III 1044
— zur Rettung Schiffbrüchiger III 401
— Verbot der Tätigkeit als Schiffshypothekenbank I *429*
Vereinbarung
— über die Ausübung der schiffahrtspolizeilichen Vollzugsaufgaben (Hamburg) I 221f
— über die Bezüge der Kapitäne in der deutschen Seeschiffahrt III 266
— über Bildung von Sozialausschüssen III 249
— zwischen der Bundesrepublik Deutschland und Belgien über eine gegenseitig gewährte Amtshilfe bei der An- und Abmusterung von Seeleuten III 76, **77**
— über Flüchtlingsseeleute III 386ff
— über den Gerichtsstand bei Schiffszusammenstößen II 1109
— über internationale Lufttransporte I 194
— zwischen den Landesregierungen Preußen, Oldenburg und Bremen über die einheitliche Verwaltung der Strandungsangelegenheiten im Gebiet der Unterweser und der Außenweser von 1936 III 397, 399, **447**
— über Ozeanstützpunkte im Nordatlantik I 179ff
— über Ozean-Wetterstationen im Nordatlantik I 179
— zwischen der Regierung der Bundesrepublik Deutschland und der Regierung des Königreichs der Niederlande über die Zusammenarbeit bei der Rettung von Menschenleben in der Nordsee I 1390, 1391ff
— über Rettungslohnanteile II 1151
— über ein Schiedsgericht II 1146f
— über die den Seeleuten der Handelsmarine für die Behandlung von Geschlechtskrankheiten zu gewährenden Erleichterungen III 390ff
— zwischen Seelotsen außerhalb der Reviere über Fahrtgebiet III 494
— über die Tarifschiedsgerichtsbarkeit
— — für die deutsche Hochseefischerei III 279ff, s.a. „Tarifschiedsgericht für die deutsche Hochseefischerei“
— — für die deutsche Seeschiffahrt s. „Tarifschiedsgericht für die deutsche Seeschiffahrt“
— über den Transit internationaler Fluglinien I 194
— s.a. „Internationales Privatrecht, Parteivereinbarung“
Vereinigte Arabische Republik II 1099, 1253, s.a. „Ägypten“
Vereinigte Staaten von Amerika III 1211
— Ausrüster II 138
— Außenzone I 63
— Behandlung fremder Schiffe I 50
— Berge- und Hilfslohn II 1207
— Carriage of Goods by Sea Act I 31, 36, II 278f, 317, 319f, 455, 720ff, 816
— Chartervertrag II 322, 359, 365f
— Deliktsstatut II 49
— Deviation II 542
— Fischereigrenzen I 65
— Flaggenrecht I 330
— Frachthaftung II 314, 319f, 434, 439ff, 446ff, 451ff, 454f, 469ff, 632, 647ff, 675, 684ff
— Frachtvertrag II 347, 359, 365f
— Gesetz zu den Haager Regeln II 707f, 720ff
— Haverei II 1006ff
— internationales Privatrecht II 278f, 283, 562
— Jurisdiktion bei Schiffsunfällen I 69
— Kartellrecht II 755
— Kollisionsrecht II 1080, III 1569
— Küstengewässer I 47, 58
— Küstenmeer I 56
— Küstenschiffahrt I 108
— als Mitglied internationaler Abkommen I 49, 59, 105, 117, 127, 163, 179, 584, 977, 1294, II 1253
— und Panama-Kanal I 53
— Partenreederei II 123
— Reederhaftung II 64, 434, III 1545
— Schiffahrtsgesetzgebung III 1561
— Schiffervollmacht II 214
— Schiffsgläubigerrecht II 1286, 1288, 1322, 1323
— Schiffshypothekenrecht I 399ff, 423, 492f, 496, 502, 548

— Seearbeitsrecht III 87
— seerechtliches Schrifttum I 41, 1356
— Seerechtsquellen I 30, **36**
— Seestraßenrecht III 651
— Seeversicherungsrecht I 502
— und Übereinkommen über die Fischerei im Nordwestatlantik I 169
— Überfahrtsvertrag II 816f
— Untersuchung von Seeunfällen III 456
— Verklarung II 202
— Zwangsvollstreckung in Schiffe II 26
Vereinigungen von Unternehmen II 751ff
Verfahren
— bei Bergung und Hilfsleistung in Seenot nach der StrandO III 399ff
— über die Höhe des Anspruchs II 472
— der Kriegsmarine bei Havarieunfällen III 460
— vor dem Seemannsamt III 25, 219
— vor dem Tarifschiedsgericht
— — für die deutsche Seeschiffahrt III 254ff
— — für die Hochseefischerei III 281f
Verfall eines Schiffes II 13
Verfallklausel I 512, 519, 525
Verfassung seemännischer Heuerstellen III 92, 94
Verfehlungsklauseln s. „Negligence-Klauseln“
Verfolgung von Schiffen s. „Nacheile“
Verfolgungsrecht des Käufers oder Einkaufskommissionärs II 601ff, 604, 608
Verfrachter
— Angabe im Konnossement II 557f, 565f
— Annahme von Frachtgut an Zahlungsstatt II 500ff
— Anspruch
— — auf Abnahme der Ladung II 554
— — auf Auslagenerstattung II 488f, 494, 496, 531
— — auf Berge- oder Hilfslohn II 307
— — auf Ersatz der Lagerkosten II 421
— — wegen Fehlens oder Mängeln der Begleitpapiere II 391
— — auf Liegegeld s. „Liegegeld“
— — bei Nichtlieferung der Ladung II 372, 376, 383f
— — wegen Überschreitung der Löschzeit II 421ff
— — wegen Überschreitung der Wartezeit II 379
— — wegen unrichtiger Angaben über das Frachtgut II 329ff
— — wegen Unvollständigkeit der Ladung II 372, 374
— — bei Wiederausladung II 543f
— Anweisungen an den Kapitän II 500
— Auslieferungspflicht
— — als einseitige Obligation II 610, s.a. „Konnossementsverpflichtung“
— — bei Hinterlegung streitiger Summen II 517f
— als Ausrüster II 1292
— Ausschlußfrist für gegen den — geltend zu machende Ansprüche II 1385
— Ausübung des Pfandrechts der wegen großer Haverei Vergütungsberechtigten II 507f
— Auswahl des Leichters II 394
— Begriff II 28, **260f**
— Befugnis
— — Deckladung zu nehmen II 345
— — zur Deckverladung II 343ff, 394
— — zur Errichtung einer öffentlichen Urkunde über Erklärungen zur Wartezeit II 362
— — zum Reiseantritt II 375
— — zur Umladung der Güter II 339ff
— — zur Verladung der Güter in ein anderes Schiff II 285f, **339ff**
— — zur Wiederausladung II 391
— Benachrichtigungspflicht
— — bei Nichtermittlung des Abladers und Abladungsverweigerung II 370f, 383
— — bei Pfandverwertung II 514
— als „Beteiligter“ i.S. des Havereirechts II 906
— Bevollmächtigter des — II 669
— Beweislast II 908
— Bindung an den Vertrag II 285, 383f
— eigenes Verschulden II 317f, 431, 434f, 441, **443ff**, 448, 454, **456f**, 463, 467, 469, 474, 483, 541, 654, 664, 667, 670, **697f**
— Einwilligung zur Kajütenverladung II 307
— Erfüllungsbereitschaft II 318
— Erklärung über den Ablauf der Ladezeit bzw. Löschzeit II 359f, 362, 411f
— Fahrlässigkeit II 430
— Freizeichnung s. „Freizeichnung“
— Garantie für Schiffseigenschaften II 293
— gesetzliches Pfandrecht II 617
— Gewährübernahme II 292f, 315, 319f, 670
— Haftung III 1558
— — für Auslieferungsverweigerung II 517
— — außervertragliche II 446, 635
— — für besondere Transportgefahren II 466ff
— — Beweislast II 428, 438f, 453ff, 457, 479ff, 609ff, 657, 659ff, 663, 666ff, 697ff

— — aus dem Chartervertrag II 291, 293ff, 310ff
— — für Deckverladung II 345f
— — für Deviation II 243, 537, 539, 541f
— — für Erfüllungsgehilfen II 313ff, 342, 503
— — Erhöhung der Haftungssumme II 634, 637
— — für Feuerschaden s. „Feuerschaden"
— — für Hilfspersonen II 444ff, 668ff
— — für die Kaianstalt II 398
— — für den Kapitän II 532, 669, 697
— — aus dem Konnossement II 290, 584
— — für Kosten der Güterbesichtigung II 487ff
— — für Ladungsuntüchtigkeit s. dort
— — für Löschungsverzögerung II 407, 424
— — für Nichtannahme II 433
— — für Postbeförderung II 672
— — bei schadensgeneigter Arbeit II 464f
— — für die Schiffsbesatzung II 503, 667, 669f, 697
— — Schrifttum II 428f
— — für Seeuntüchtigkeit s. dort
— — aus unerlaubter Handlung s. dort
— — für unerlaubte Umladung oder Verladung in ein anderes Schiff II 339ff, 630
— — für unrichtige Konnossementsausstellung II 435, 484, 568f, **614ff**, 635, 643
— — für unrichtige Konnossementsdatierung II 568f
— — für Unterlassen der Hinterlegung II 418
— — für unvollständige Konnossementsausstellung II 566
— — Verhältnis zur Reederhaftung II 40
— — für Verletzung der Warte- und Benachrichtigungspflichten II 372
— — für Verlust und Beschädigung des Frachtguts II 271, 340, 345, 427, **428ff**, 467, 479ff, 484ff, 491, 534, 629ff, 660
— — Verschärfung II 484
— — für Verschulden der Besatzung II 441, *443ff*, 449, 453, 483
— — für Verspätung s. „Verspätungsschaden"
— — vertragliche Milderung II 632
— — für die Zeit vor Ein- und nach Ausladung II 641, 646ff
— — zwingende s. „Haftung, zwingende"
— Haftungsausschluß II 291
— — bei Sondergefahren des Transports (§ 608) II 466ff
— — bei unrichtigen Konnossementsangaben II 473ff
— Haftungsbeschränkung II 261, 311f, 446, 702f, s.a. „Haftungsbeschränkung"
— Haftungsobjekt II 246
— Haftungsumfang II 35, 261, 316ff, 340, 347, 398, 428f, 431, 541, 629ff, 633ff, 667
— Hauptniederlassung II 280
— Hauptpflichten II 308, 690f
— Kenntnis von der Verladung, Art und Eigenschaft der Güter II 330, 333, 336ff
— Kontor des — II 559
— Kündigung
— — des Frachtvertrags s. „Rücktritt"
— — der Wartezeit II 361f
— Ladungseigner II 235
— Ladungsfürsorge s. „Ladungsfürsorge"
— Ladungsgläubigerrecht des — II 1325ff
— Leistungsverweigerung bis zur Konnossementsaushändigung II 582
— Nachprüfung der Angaben über das Frachtgut II 330
— Obhutspflicht s. „Obhutspflicht"
— Obliegenheit des — II 441
— Organe II 317f, 454
— beim Passagiervertrag II 811, s.a. „Beförderungsunternehmer"
— Pflicht
— — zur Abtretung der Ansprüche bei Einlagerung des Frachtguts II 419
— — zum Anlaufen eines Hafens II 380
— — zur Aufnahme von Angaben des Abladers in das Konnossement II 638
— — zum Ausladen II 430, 646f, 690
— — zur Beaufsichtigung der Stauung II 327, 440, 454, 647
— — zur Beförderung substituierter Güter II 328f, 373
— — zur Befreiung der Güter von der Bodmereischuld II 499f
— — zur Bereithaltung des Schiffes II 372
— — zur Konnossementsausstellung II 262, 550, 563, 691ff
— — zum Laden II 327, 358f, 430, 646f, 690
— — zum Reiseantritt ohne volle Ladung II 372ff
— — zum Stauen II 430, 647, 691
— — zur Übernahme angelieferter Güter II 387
— Recht

— — zum Reiseantritt II 362
— — zu Reparaturen während der Beladung II 309
— Rechtstellung bei Unterverfrachtung II 426f
— Rückgriff gegen den Befrachter bei Nichtzahlung der Fracht II 518ff
— Rücktrittsrecht II 280, 371, 392, 527, 533ff
— Sorge für See- und Ladungstüchtigkeit II 308ff
— Sorgfaltspflicht II **428ff**, 690
— — bei der Leichterung II 604
— Spediteurpflichten II 625
— Stellung eines Ersatzschiffes II 342
— Tragung
— — der Abladekosten II 325ff
— — der Löschkosten II 399ff
— Überwachungspflicht beim Laden und Löschen II 430
— als unmittelbarer Besitzer II 591ff
— Verantwortlichkeit des — II 40
— Verfügungsgewalt II 454
— Verhältnis
— — zum Ablader II 621
— — zum Ausrüster II 133
— — zum Befrachter II 609, 619f
— — zum Empfänger II 609ff, s.a. „Empfänger"
— — zur Kaianstalt s. dort
— — zum Reeder II 28
— Verjährung der Forderungen des — II 1388
— Verkauf des Frachtguts II 432
— Verpflichtung aus dem Konnossement s. „Konnossementsverpflichtung"
— Verschulden des — II 906, 909, 963
— Vertretung des — s. „Vertretung"
— Verzicht auf vertragliche Rechte II 384
— Vorleistungspflicht II 371f
— Vorsatz II 430
— Wahlrecht
— — hinsichtlich des Ladehafens II 321
— — hinsichtlich des Schiffes II 286
— Wartepflicht II 347, 351, 361, 371, 386, 388, 390, 394, 403, 407f, 415ff
— Zahlungsunfähigkeit II 524
— Zurückbehaltungsrecht s. dort

Verfrachterkonnossement II 557, 566, 575f, 623

Verfrachterpfandrecht
s. „Pfandrecht"

Verfrachtung
— auf Rückladung II 381f, 548
— des Schiffes II 98
— s.a. „Verschiffung"

Verfrachtungsbedingungen II 263, 429, 463, s.a. „Charterformulare", „Konnossementsbedingungen"

Verfügung(en)
— des Abladers II 262, 265
— des Befrachters II 265
— Begriff II 1123
— einstweilige s. „Einstweilige Verfügung"
— über Güter zur Fortsetzung der Reise II 1371
— Gutglaubensschutz I 477
— gerichtliche — bei Schiffsverkauf II 223
— von hoher Hand II 400, 471, 510, 520f, 534, 543f, 660, 814, 820, 1335, 1367
— über Ladung II 241ff, 249ff, 1123f
— über Mietzins I 561
— des Mitreeders II 81
— obrigkeitliche II 326
— über Reedereianteil II 112

Verfügungsbefugnis
s. bei der betr. Person oder Sache

Verfügungsbeschränkung
— absolute I 473f
— Eintragung im Schiffsregister I 271, 291
— relative I 473
— der Schiffshypothekenbank I *439*
— Vermerk im Schiffszertifikat I 292

Verfügungsgeschäft II 461

Verfügungsgewalt II 454

Vergleich I 147, II 461
— außergerichtlicher II 97
— über Berge- oder Hilfslohn II 1152, 1243
— des Kapitäns in einem Rechtsstreit mit Schiffsgläubigern II 1300
— vor dem Tarifschiedsgericht
— — für die deutsche Seeschiffahrt III 256
— — für die Hochseefischerei III 282
— Vollmacht des Kapitäns II 216, 218

Vergleichsordnung I 9

Vergnügungsfahrzeug I 598, 747

Vergütung
— „angemessene" — für Bergung und Hilfeleistung II 1118, 1145
— bei besonderer Haverei II 912
— bei großer Haverei II 929ff, 933f, 944f, 979, 983, 1320f, 1327
— des Kapitäns II 142, 237, 252ff
— des Korrespondentreeders II 93f
— wegen Kürzung der Verpflegung III 117
— für Mehr-, Nacht- und Sonntagsarbeit III 172f
— für nicht gewährte Unterkunft III 118
— für die Rettung von Menschenleben II 1246ff, 1258f
— für die Seebeförderung s. „Fracht"

— nach der StrandO bei Anzeige von in Seenot befindlichem Schiff III 399f, 405
— für Verladung auf eigene Rechnung II 254f
— für Warten des Schiffes s. „Ladezeit", „Liegegeld", „Liegezeit", „Überliegezeit", „Wartezeit"
Vergütungssätze für geborgene Seezeichen III 432
Verhaftung II 25, 831
Verhalten
— an Bord III 185
— im Hafengebiet III 874
— von Radarschiffen bei Nebel III 588ff, 614ff
Verhaltensmaßregeln
— Befolgung durch den Kapitän II 234, 239f
— Einholung durch den Kapitän II 232ff, 239
— des Ladungsbeteiligten II 239
— des Reeders II 57, 220f, 232ff, s.a. „Reeder, Anweisungen"
Verheimlichung bei Bergung oder Hilfeleistung II 1235f, 1238f, 1257, 1258
Verhinderung
— der Ablieferung II 417
— der Abnahme der Ladung II 412, 414f
— des Anlandbringens der Ladung II 413f, 415ff
— der Ausladung II 413ff
— des Auslaufens II 526f
— des Kapitäns II 172
— der Lieferung der Ladung an das Schiff II 363, 366ff, 369ff
— der Löschung II 419, 422, 424
— der Reise s. „Reiseverhinderung"
— der Übernahme der Ladung II 363, 367ff, 369f, 387
— der Versendung der Güter II 526f
Verholen II 274, 357, 1025
Verholkosten II 976
Verholmannschaft I 426
Verhütung von Schäden an Strombauwerken und Uferanlagen III 693
Verjährung
— der Ansprüche
— — aus eingetragenen Vorrechten I 479f
— — aus Fernschädigung II 1097, 1383f
— — aus Frachtvertrag II 265, 435, 485ff, 516, 1385ff
— — aus Schiffszusammenstoß II 1062, 1079, 1097, 1103f, 1383f, 1386ff
— — aus dem Versicherungsverhältnis II 1361, 1388
— des Anspruchs auf Berichtigung des Schiffsregisters I 478
— Beginn II 1385f, 1387
— der Berge- und Hilfslohnansprüche II 1131, 1259, 1383f, 1386
— Einrede der — I 520
— von Forderungen der Schiffsbesatzung II 74
— bei Geschäftsführung des Kapitäns II 230
— Hemmung II 485f, 1103f, 1259, 1382
— Hinderung der — seerechtlicher Ansprüche II 1382
— der Konnossementsansprüche II 565, 582
— maßgebliches Recht II 1382
— der Rechte bei großer Haverei II 944f, 1385ff
— des Rechts auf Anfechtung eines Rettungsvertrages II 1232
— bei Reederhaftung II 44
— bei Schifferhaftung II 149
— der Schiffsgläubigerforderung II 1384f
— der Schiffsgläubigerrechte II 1384f
— bei Schiffsmiete II 272
— der Schlepplohnforderung II 276
— seerechtlicher Ansprüche II 1382ff
— Unterbrechung der — II 486
— — von Berge- oder Hilfslohnansprüchen II 1259
— — bei der Haftung aus Schiffszusammenstoß II 1103f
— — seerechtlicher Ansprüche II 1382
Verkauf
s. „Veräußerung"
Verkaufskommissionär II 555
Verkaufsort, Recht des — II 226f
Verkaufswert II 632
Verkehrsfreiheit in fremden Häfen I 48, s.a. „Schiffahrtsfreiheit"
Verkehrsleistungen (KartG) II 752
Verkehrsrecht, allgemeines I 3
— und Seerecht I 3
Verkehrssicherungspflicht II 325, **1114ff**, III 1569, 1570
Verkehrssitte II 10, 212, 356, 423
Verkehrsvorschriften
— Übertretung von — II 1093
— Unkenntnis von — II 1024
— s.a. „Polizeigesetze", „Polizeivorschriften"
Verklarung II 198ff, III 1554
— Anspruch des Versicherers auf — II 1360
— im Ausland II 202
— Auslandsrecht II 202
— Beantragung durch den Schiffsmakler II 767, 769
— Bedeutung für zivilrechtliche Ansprüche II 1035
— Begriff II 199

— Beweiskraft II 201, 206
— Bewirkung der — II 204, 208
— vor deutschem Gericht II 200, 203
— Inhalt II 202
— durch den Konsul I 1219, II 203, 207 f
— Kosten II 207
— Kostenersatz II 1055
— Muster II 209
— Nachverklarung II 206
— Ort der — II 200f
— Pflicht zur — II 199
— Schiffsbesatzung II 201, 205
— nach Schiffsverlust II 200
— Verfahren II 203ff
— Verpflichteter II 200
— Voraussetzungen II 200
— Zeitpunkt der — II 201
— Zweck II 199
Verklarungsbericht II 204, 206, 208, 210
Verklarungshafen II 200f
Verklarungsordnung II 198, 203ff
Verladeanlage II 1115
Verladebrücke II 400, 402
Verlader II 261
Verladeschein II 338
Verladung II 166, 285f, 351, 430, 559
— in ein anderes Schiff II 285f, **339ff**, 617
— in angehängte Boote II 343, 645
— Arten der — II 343, 647ff
— durch den Befrachter s. „fio-Klausel“
— Beginn II 351
— Behinderung II 363ff
— Erschwerung II 366
— über Gangway II 647
— in die Kajüte II 307, 645
— in ein nachfolgendes Schiff II 342f
— auf Rechnung des Kapitäns II 254f
— durch die Schiffsmannschaft II 365
— in ein seeuntüchtiges Schiff II 309
— Tempo II 356ff, 410
— auf das Verdeck s. „Deckverladung“
Verladungsvorschriften für gefährliche Güter I *991ff*, III 1467
Verlängerter Arm des Seewegs II 264
Verlängerung
— von Schiffspapieren durch Seemannsämter im Ausland III 67
— des Seeversicherungsvertrages II 1337, 1366
— der Zahlungszeit II 1311
Verleihung
— der Befugnis zur Errichtung und zum Betrieb von Fernmeldeanlagen I 1320
— der Befugnis zur Führung der Bundesflagge I 337f, 344ff
Verletzung
— von Arbeitsschutzvorschriften durch den Reeder III 200
— des Besatzungsmitglieds durch eigene strafbare Handlung III 130f
— von Pflichten aus dem Heuerverhältnis als Kündigungsgrund III 147, 149
— von Vorschriften über die Schiffsbesetzung III 200
Verlust
— Abzug eines — bei der Berechnung der Havariegrossevergütung II 933
— eines beitragspflichtigen Gegenstandes bei der großen Haverei II 940f
— Berechnung, s. „Gewinn und Verlust“
— des Frachtguts II 271, 340, 345, 388, 419, 428ff, **431f**, 433, 439, 457ff, 464, 479ff, 484ff, 487, 502ff, 534, 581, 584, 592, 620, 628, 629ff, 660, 693, 908, s.a. „Ladung, Verlust“, „Verfrachter, Haftung“
— des Konnossements II 586f
— der Ladungsgüter
— — vor Reiseantritt II 522, 524, 536f
— — nach Reiseantritt II 523, 532f
— der Reederei II 111ff
— einer Reise, s. „Gewinn und Verlust“
— des Reiseguts II 822
— des Schiffes II 115, 225, 256f, 522ff, 528, 530f, 630f, 639, 814, 819
— — als Grund zur außerordentlichen Kündigung II 143, III 150ff
— — samt Ladung II 631
— — nach Schiffszusammenstoß II 1056
— — Verklarung II 198ff
— Verteilung s. „Gewinn und Verlust“
Vermächtnis eines Schiffes II 11
Vermächtnisnehmer als Reeder II 79
Vermehrter Arbeitsanfall III 112ff
Vermerk nach Artikel 6 des Gesetzes zur Änderung von Vorschriften über das Schiffsregister I 296
Vermessung
— der Aufbauten I 1160f, 1167, 1182, *1208*
— der Ladung II 475
— offener Fahrzeuge I *1191*
— des Schiffs, s. „Schiffsvermessung“
Vermessungsbehörde I *1192ff*, *1198ff*, III 1488ff
Vermessungsdeck I 1144, 1147, 1154, *1186*, *1204ff*
Vermessungsschiff I 235, II 1106
Vermessungsverfahren I 1133ff, *1185ff*, *1199ff*; III 1488ff
Vermieter II 7f, 136, 260
Vermietung des Schiffs s. „Schiffsvermietung“
Vermischung II 432, 584f

Vermißtenanzeige, betr. Besatzungsmitglieder III 190
Vermögen
— Gerichtsstand des — II 1062, 1130
— s. a. „Ladungsvermögen", „Landvermögen", „Schiffsvermögen"
Vermutung
— für ordnungsmäßige Ablieferung II 480, 482
— im Recht des Schiffszusammenstoßes II 1036, 1103
— im Rechtsstreit wegen Fernschädigung zwischen Schiffen II 1092f
— der vollständigen Befriedigung der Schiffsgläubiger II 1316ff
Verordnung
— zur Änderung
— — und Ergänzung der SeemO III 216
— — und Ergänzung der Vorschriften über Formblätter für die Gliederung des Jahresabschlusses der Kreditinstitute ... III 1279
— — der Hafenordnung (Polizeiverordnung) für die Häfen in Schleswig-Holstein III 927
— — der Seeschiffahrtstraßen-Ordnung III 647ff
— — der Verordnung über die Seelotsreviere, ihre Grenzen und die Lotsensignale I 1356
— über allgemeine Genehmigungen nach dem Gesetz über die Kontrolle von Kriegswaffen II 795, 797f
— über die Ausbildung und Prüfung der Seelotsen sowie über die Lotsenausweise I 16, III 496ff
— die Ausführung der StrandO betreffend (Lübeck) III 397
— zur Ausführung
— — von Anstricharbeiten in Wasserfahrzeugen ... III 1483ff
— — der Internationalen Gesundheitsvorschriften vom 25. 5. 1951 ... in Häfen und auf dem Nord-Ostsee-Kanal III 1500ff
— — der SchiffsbesetzungsO (Hamburg) III 315
— betr. Befähigungszeugnisse für Funkoffiziere auf Handelsschiffen vom 8. 10. 1921 III 322f
— über die Befahrungsabgaben auf dem Nord-Ostsee-Kanal III 863ff
— über die Beförderung gefährlicher Güter mit Seeschiffen I 16, 586, *983ff*, II 337, s.a. „Verordnung über gefährliche Seefrachtgüter"
— betr. die Berechtigung
— — fremder Flaggen zur Ausübung der deutschen Küstenfrachtfahrt I 111
— — der niederländischen Flagge zur Ausübung der deutschen Küstenfrachtfahrt vom 1. 6. 1886 I 111
— über die Besetzung
— — der Fahrzeuge in der Küstenfischerei für den Regierungsbezirk Aurich III 316
— — der Fahrzeuge in der Küstenfischerei für den Regierungsbezirk Stade III 316
— — der Kauffahrteischiffe mit Kapitänen und Schiffsoffizieren vom 29. 6. 1931 s. „Schiffsbesetzungsordnung"
— des Bundesministers für Verkehr über die Meldestellen für die Seeverkehrsstatistik I 1338ff
— über Dämpfung der Fahrgeräusche der Rheinschiffe I 30
— zur Durchführung des Gesetzes über Rechte an eingetragenen Schiffen und Schiffsbauwerken I 552
— — Änderung III 1281
— zur Durchführung des Gesetzes über die Statistik des grenzüberschreitenden Warenverkehrs (Außenhandelsstatistik) III 1510ff
— — Anlaß der Warenbewegung III 1517
— — Anmeldepapiere III 1518
— — Anmeldepflichtiger III 1521
— — Anmeldeschein III 1519
— — Anmeldestellen III 1523
— — Anmeldezeitpunkt III 1524
— — Anmeldungsbefreiung III 1527
— — Anmeldungserleichterung III 1527
— — Anmeldungssicherung III 1525
— — Ausführer III 1518
— — Auskunftspflichten III 1519
— — ausländische Truppen III 1521
— — ausländische Waren III 1512
— — Ausstellungspflichtiger III 1521
— — Befreiungsliste III 1532ff
— — Einführer III 1518
— — Einkaufland III 1517
— — Empfangsland III 1517
— — Ergänzungspflichtiger III 1521
— — freier Verkehr III 1512
— — Herstellungsland III 1516
— — Herstellungsort III 1516
— — Inkraftreten III 1531
— — Käuferland III 1517
— — Lager III 1512
— — Nationalität des Fahrzeugs III 1521

— — Sammelanmeldung III 1528
— — Schiffsbedarf III 1521
— — Seeschiffe, Erwerb und Veräußerung III 1520
— — Seeumschlag III 1514
— — Teilsendung III 1518
— — Übergangsvorschriften III 1531
— — Verbrauchsland III 1516
— — Veredelung III 1513
— — vereinfachte Anmeldung III 1528
— — Verkehrsarten III 1511
— — Versand-Ausfuhrerklärung III 1519
— — Versendungsland III 1517
— — Warenbenennung III 1514
— — Waren des freien Verkehrs III 1512
— — Warenmenge III 1514
— — Warenwert III 1515
— — Wertstellung III 1516
— — Zielort III 1516
— über die Durchführung der Meldepflicht gemäß § 24 des Kündigungsschutzgesetzes vom 16. 9. 1954 III 145
— über die Eignung und Befähigung der Schiffsleute des Decksdienstes auf Kauffahrteischiffen vom 28. 5. 1956 I 15, 585, III 165, 225, **337ff**, 1573
— über die Einführung einer Disziplinargerichtsbarkeit für Kapitäne und Offiziere der Handelsmarine vom 10. 1. 1941 (Außerkrafttreten) III 216
— über die Einrichtung
— — von Auswandererschiffen I 16, 855ff, II 813f, 826, 833
— — der Positionslaternen und die Abblendung der Seitenlichter I 18, 587, *915*, 969
— über die Eintragung von Hypotheken in ausländischer Währung vom 13. 2. 1920 (Aufhebung) III 1281
— über das Emslotswesen vom 29. 11. 1922 III 515
— zur Entlastung der Seelotsen am Nord-Ostsee-Kanal vom 4. 9. 1956 III 524
— über eine Erweiterung der Verbotszonen für das Ablassen von Öl vor der kanadischen Atlantikküste vom 15. 2. 1961 III 1227
— über die Festsetzung von Entgelten in der Binnenschiffahrt I 30
— über die Flaggenführung der Schiffe I 319, 339, 340
— über Formblätter für die Gliederung des Jahresabschlusses der Hypothekenbanken und der Schiffspfandbriefbanken I *446*, III 1279f
— über die Form und Führung der Öltagebücher III 1216
— über den Freibord
— — der Binnenschiffe auf Seeschiffahrtstraßen I 1129ff, III 1482, s.a. „Freibord“
— — der Kauffahrteischiffe I 16, 867, 976ff, II 163, 169, s.a. „Freibord“
— betr. die Führung und Behandlung des Schiffstagebuchs I 16, II 186ff
— über die Funkausrüstung und den Sicherheitsfunkwachdienst der Schiffe I 16, 586, 587, 833ff, 867, 1319, s.a. „Funksicherheitsverordnung“
— über die gebietliche Zuständigkeit der Frachtenausschüsse in der Binnenschiffahrt I 30
— über die Gebühren für Musterungsverhandlungen der Seemannsämter im Bundesgebiet III 76, **83ff**
— über gefährliche Seefrachtgüter vom 4. 1. 1960 II 165, 167, 332, 337f, 345, III **1467ff**
— — Allgemeines III 1470
— — Anmeldung der Ladung III 1472
— — Anwendungsbereich III 1474
— — ausländische Durchfuhrgüter III 1471
— — Ausnahmen III 1474
— — Beleuchtung von Frachträumen III 1473
— — Bescheinigungen III 1470
— — ergänzende Bestimmungen III 1474
— — Feuerschutz III 1473
— — hamburgische Anordnung zur Durchführung der — III 1471
— — Kennzeichnung III 1470
— — Ladungsverzeichnis für gefährliche Güter III 1472
— — Rauchverbot III 1472
— — Strafvorschriften III 1474
— — Übernahme der Ladung III 1472
— — Verbot von Feuer und offenem Licht III 1472
— — Versandstück III 1473
— — Vorschriften über die von der Beförderung mit Seeschiffen ausgeschlossenen oder bedingungsweise zur Beförderung zugelassenen Stoffe und Gegenstände III 1475
— — Zusammenladen III 1470
— — Zusammenpacken III 1470
— über die gesundheitliche Behandlung
— — der den Kaiser-Wilhelm-Kanal benutzenden Seeschiffe I 16, *1286ff* III **1500**
— — der Seeschiffe in deutschen Häfen I 16, 21, *1274ff*, *1286*, III **1500**

— betr. den Hafeninspektor
— — für Bremerhaven III 1098
— — der Stadt Bremen III 1068
— über die Heraufsetzung des Mindestmaßes fangfähiger Schollen I 16
— für das Herzogtum Oldenburg, betr. die Ausführung der StrandO vom 11. 12. 1874 III 448
— über das Inkrafttreten des Gesetzes über die Eintragung von Schiffspfandrechten in ausländischer Währung vom 29. 3. 1923 III 1281
— über die Krankenfürsorge auf Kauffahrteischiffen I 16, 860, 867, **1221 ff**, III 119, 120, 121, 198, 200, 213
— über die Lotsensignalordnung vom 27. 10. 1933 mit ÄnderungsVO III 507
— über Luftverkehr I 30
— betr. Maschinenjournal II 180f
— über die Meldestellen für die Seeverkehrsstatistik III 1507
— gegen Mißstände im Auswanderungswesen II 836ff
— betr. Öltagebuch II 182
— über Positionslaternen I 586, 587, **1114ff**
— über die Rechtsanwendung bei Schädigungen deutscher Staatsangehöriger außerhalb des Reichsgebiets vom 7. 12. 1942 II 50f
— zur Regelung des Verkehrs auf den Wattenfahrwassern zwischen der Ems und westlich des betonnten Fahrwassers der Weser und der Außenweser III 656, **789ff**
— zur Regelung von Zuständigkeiten im Außenwirtschaftsverkehr II 794
— des Reichspräsidenten zur Sicherung der Seefahrt I 586
— des Reichsverkehrsministers über einen Gebührentarif für die Musterungsverhandlungen der Seemannsämter im Reichsgebiet III 84
— über die Reichswasserstraßen I 221
— betr. das Ruderkommando I 586
— über die Schiffssicherheit in der Binnenschiffahrt I 1128, III 1481f
— über die Schiffsvermessung vom 28. 11. 1962 III 1488ff
— — Allgemeines III 1488
— — Bußgeldvorschriften III 1492
— — Gebühren III 1491
— — Schiffsmeßbrief III 1494ff
— — Verfahren III 1489
— — Vermessungsantrag III 1493
— — s.a. „Schiffsvermessungsordnung“
— über die Seelotsreviere, ihre Grenzen und die Lotsensignale I 15f, 1356, III 481, **504ff**
— über das Seelotswesen außerhalb der Reviere III 480, 481, **507ff**
— über seemännische Heuerstellen I 15, III 88ff
— über die Sicherheit der Seefahrt I 16, 587
— über die Sicherheitseinrichtungen für Fahrgast- und Frachtschiffe I 16, 585f, 587, **745ff**, 867, II 814
— über Sicherheitseinrichtungen und Sicherheitszeugnisse für Fahrgastschiffe I 342f
— zur Sicherung des Schiffsverkehrs während des Brückenbaues über den Fehmarnsund (PolizeiVO) III 778
— über die Sicherung der Seefahrt I 586, 828ff, II 1096
— zur Sicherung des Verkehrs im Bereich der Fähranlagen Großenbrode-Kiel (PolizeiVO) III 780
— über Sicherungsmaßnahmen im Bereich der Seezielschießplätze an der schleswig-holsteinischen Ostküste I 1355
— über die Speiserolle für die deutschen Seeschiffe und Seefischereifahrzeuge III 294ff
— betr. das Strafverfahren vor den Seemannsämtern vom 13. 3. 1903 III 216
— über die tierseuchenpolizeiliche Behandlung des auf dem Seeweg zur Einfuhr gelangten Schlachtviehs III 1505
— über die Untersuchung der Rheinschiffe und -flöße und über die Beförderung brennbarer Flüssigkeiten auf Binnenwasserstraßen I 1131f, III 1483
— über die Untersuchung der Seeleute auf Hör-, Seh- und Farbenunterscheidungsvermögen vom 9. 4. 1929 I 867, III 165, 306, 332, **348ff**
— über die Verbilligung von Dieselkraftstoff für die Große Hochsee-, Große Herings-, Kleine Hochsee-, Küsten- und Binnenfischerei vom 6. 6. 1951 I 197, III 1540
— über Verbilligung von Gasöl für die Hochsee-, Küsten- und Binnenschiffahrt vom 14. 1. 1954 I 1347, III 1540
— zur Vereinfachung des Verfahrens über Verklarungen II 198, 203ff
— über das Verfahren vor den Seemannsämtern, das Seefahrtbuch, die Musterrolle und Musterung (SeemannsamtsVO) III **22ff**, 212
— über das Verhalten der Schiffer nach einem Zusammenstoß von Schiffen auf See I 828

— zur Verhütung des Zusammenstoßes der Schiffe auf See I 586
— über den Verkehr von Motorsportfahrzeugen
— — in der Grimmershörner Bucht und auf dem Duhner Watt (PolizeiVO) III 776
— — an der schleswig-holsteinischen Ostküste (PolizeiVO) III 784
— über die vertrauensärztliche Untersuchung der Seelotsen III 481, **511ff**
— über die Verwaltung
— — der Elbe im Gebiete Groß-Hamburg I 219
— — der Elbe und anderer Reichswasserstraßen durch die Hansestadt Hamburg I 219
— über die Verwaltung und Ordnung
— — der Seelotsreviere Nord-Ostsee-Kanal I und Nord-Ostsee-Kanal II/Kieler Förde III 481, **521**, 859
— — der Seelotsreviere Weser I und Weser II/Jade III 481, **516**
— — des Seelotsreviers Elbe III 481, **518**
— — des Seelotsreviers Ems III 481, **513**
— — des Seelotsreviers Trave III 524
— über weitere Maßnahmen auf dem Gebiet des Handelsrechts während des Krieges II 198
— über wertbeständige Rechte I 467f
— betr. wertbeständige Schiffspfandrechte I 467
— über die Zollgrenze, über die Zollbinnenlinie und die der Grenzaufsicht unterworfenen Gebiete III 1193ff
Verordnungen
— der höheren Verwaltungsbehörde II 360
— örtliche II 321, 324f, 328, 351, 356ff, 360, 364, 370, 391, 396f, 399, 403, 407f, 409ff, 413, 416
Verpackung II 338, 440, 482, 577ff, 609, 617, 636, 691f, 1336, 1372
Verpackungsmangel
s. „Frachtgut, —"
Verpackungsvorschriften für die Beförderung gefährlicher Güter I *991ff*, III 1467
Verpfändung
— ausländischer Schiffe nach deutschem Mobiliarrecht I 410
— im Bau befindlicher Schiffe I 22
— der Fracht
s. „Verbodmung"
— des Frachtguts II 554, 595f, 598ff, 605, s.a. „Verbodmung"
— eines Gesamthandanteils an einem Schiff I 395
— des Konnossements II 599
— nicht eingetragener Schiffe I 395
— der Rechte aus dem Konnossement II 591
— des Schiffs II 99, s.a. „Verbodmung"
— von Schiffshypotheken I 266
— von Schiffsparten II 99
— verbodmeter Ladung II 885
— eines versicherten Gegenstandes II 1361f
— der versicherungsrechtlichen Entschädigungsforderung II 1362
— s.a. „Pfandrecht"
Verpflegung
— Berücksichtigung aufgewendeter bei Festsetzung von Berge- oder Hilfslohn II 1214
— der Besatzungsmitglieder II 919, 923, III 115ff, 238, 271, 294ff, 297
— des Kapitäns II 142
— Kosten für — der Schiffsbesatzung im Nothafen II 973
— Kürzung der — auf Bergungsfahrzeugen III 251
— Vergütung für — II 73
— Vorenthaltung durch den Kapitän III 198
Verpflegungsdienst auf Seeschiffen I 28
Verpflegungsgeld II 374, III 238, 271, 286
— des Kapitäns III 261
— Sonderbestimmungen für Bergungsfahrzeuge III 251
Verpflegungspersonal III 170, 173
— Arbeitsbereitschaft III 232
— Arbeitszeit III 170, 228ff
— Bezüge in Sonderfällen III 231
Verpflegungsvorräte III 212
Verpflichtung
— zur Meldung von Einstellungen und Entlassungen von Arbeitnehmern III 144
— zur Musterung III 79
Verpflichtungsschein II 427
Verproviantierung I 28, II 146, 160, 215f, 219, 308, 387, 690, 696, 833, III 8, 116, 294
Verrichtungsgehilfe I 511, II 42f, 101, 314, 327f, 434, 459
Versailler Vertrag I 48, 52, 90, 101
Versanden II 1119, 1211
Verschiffung II 262
— auf ausländischem Schiff II 641
— unter Chartepartie II 496
— auf deutschem Schiff II 641
— zwischen deutschen Häfen II 641
— nicht handelsübliche II 641, 650f, 705f
— Schiffervollmacht II 216
Verschiffungshafen II 340, 367, 537, 641, 709, s.a. „Ladehafen"
Verschiffungsland II 279f
Verschläge II 636
Verschlicken II 1119

Verschmutzung
— der See I 80
— der See durch Öl III 1215
Verschollenheit
— eines Schiffes I 257
— und Seeversicherungsvertrag II 1338, 1343, 1367, 1373
Verschollenheitsgesetz I 9, 1347f
Verschollenheitsfrist II 1343, 1360, 1367
Verschulden
— Arten des — II 37
— Begriff des — der Schiffsbesatzung im Falle des Schiffszusammenstoßes II 1020, 1022f
— i. S. des Brüsseler Übereinkommens II 1101f
— im internationalen Privatrecht II 49
— des Kapitäns II 145, 171, 220, s. a. „Kapitän, Haftung"
— des Reeders s. „Reederhaftung"
— der Retter an der Herbeiführung der Notwendigkeit einer Rettung II 1236f, 1258
— des Schifferreeders II 63
— im Seerecht II 36
— technisches II 37
— des Versicherungsnehmers am Schadenseintritt II 1357f
— bei Vertragsabschluß s. „culpa in contrahendo"
— s. a. „Kommerzielles —", „Nautisches —"
Verschuldenshaftung II 317, 330ff, 429
Verschweigen einer ansteckenden Krankheit III 149
Verschwiegenheitspflicht im Fischereiwesen I 204
Versender II 260f, 343
Versenkung eines Schiffes I 376f, II 471
Versicherer II 448, 535
— Haftung des — für bei Reiseantritt beschädigte Güter II 1372
— Rechtserwerb an versicherten Gegenständen II 1339, 1359
— bei Schiffsverkauf II 223, 225, 228
— bei Verklarung II 200
— Zahlungen des — zwecks Wiederherstellung des Schiffes oder Befriedigung der Schiffsgläubiger I 503f
— s. a. „Ladungsversicherer"
Versicherung
— ausländisches Recht I 501
— Ausrüstungskosten II 98, 216
— gegen Beschädigungen bei Hilfeleistung II 1216
— für eigene Rechnung II 1362ff
— der Fracht s. „Frachtversicherung"
— des Frachtguts II 340, 343, 347, 659f, s. a. „Frachtversicherung", „Güterversicherung", „Kaskoversicherung"
— für fremde Rechnung II 1329, 1347, 1362f
— gegen Gewalttätigkeiten II 1335, 1356
— Haftung für Arrestgefahr II 25
— von Havereigeldern II 98, 216
— Interesse an der Schiffspart II 107f
— durch Kapitän II 215
— durch Korrespondentreeder II 98, 100
— zugunsten von Ladungseigentümern II 1080
— bei mehreren Versicherern gemeinschaftlich I 506
— für Rechnung „wen es angeht" II 1362ff
— eines Schiffes I 497ff, II 91, 98, 216
— durch den Schiffshypothekengläubiger im eigenen Interesse I 500ff
— der Schiffsmannschaft II 213
— von Schiffsparten II 98, 216
— Sorgfaltspflicht II 104
— Wirkung auf Zubehör II 12
— s. a. „Baurisikoversicherung", „Doppelversicherung", „Fremdversicherung", „Inlandsversicherung", „Laufende Versicherung", „Seekaskoversicherung", „Seeversicherung", „Überversicherung"
Versicherungsabschluß II 767
Versicherungsanstalt
— Bereicherung auf Kosten einer — II 1222
— Forderungen der —
— — gegen den Reeder I 358
— — im Zusammenhang mit der Invalidenversicherung II 1278ff, 1312
Versicherungsaufsichtsgesetz II 790
Versicherungsbeginn II 1351
Versicherungsbetrug I 19
Versicherungsforderung
— Abtretung II 640, 642, 694
— als Haftungsobjekt bei der Schiffshypothek I 404, 405, 406, 408, 411, 412, **497ff**, 548, 550
— und Ladungsvermögen II 246
— Schiffsgläubigerrecht an der — des Reeders II 1289
— Zahlung des Versicherers auf die — bei bestehender Schiffshypothek I 503f
Versicherungsgelder
— Erstreckung des Ladungsgläubigerrechts auf — II 1327
— Erstreckung des Schiffsgläubigerrechts auf — II 1291, 1321
— und Schiffsvermögen II 56
— Nichtanrechnung auf den Schadensersatz II 631f
Versicherungskosten II 381, 421, 924, 1059, 1214

Versicherungsnehmer
— Anfechtung seitens des — II 1353
— Pflichten des — II 1332, 1334f, 1336, 1353, 1356, 1360, 1361, III 1287
— Rechtsstellung des — bei Bestehen einer Schiffshypothek I 499f
— Versicherung der durch den — schuldhaft verursachten Schäden II 1336, 1357f
Versicherungspflicht
— beim Auswanderervertrag II 832
— bei Schiffen und Schiffsbauwerken I *432f*, 497
Versicherungspolice
— Bedeutung der — bei Bezahlung des Schadens II 1347f
— mit der Bestimmung „vorläufig taxiert“ II 1331, 1351f
— Inhalt II 1353
— Pflicht
— — zur Aushändigung der — II 1329, 1353
— — zur Mitteilung an den Dispacheur II 949
— Zurückbehaltungsrecht an — II 1348
Versicherungsprämie II 291f, 504ff, 508ff
— Anspruch des Versicherers auf eine höhere — II 1333
— Fälligkeit II 1353
— Haftung für — bei Veräußerung des versicherten Gegenstandes II 1349
— Nichtzahlung I 504f, II 1354
— Rückzahlung II 1349ff
— Schiffsgläubigerrecht wegen — II 1278
— Zahlung II 1334, 1353f
— — durch Dritte I 508f
— — bei fehlendem Interesse II 1351
— — nicht rechtzeitige I 504ff
Versicherungssumme
— Anspruch des Versicherers auf die versicherten Sachen bei Zahlung der — II 1339, 1359
— Haftung des Versicherers bis zur — II 1339, 1359
— als Taxe II 1376
Versicherungsvertrag
— Abschluß durch Vertreter II 1329, 1332, 1351, 1354
— anzuwendendes Recht II 1382
— Einschränkungen nach dem AWG II 778, 790
— Eintritt eines zu ersetzenden Schadens bei Abschluß II 1329
— Kündigung oder Rücktritt I 504ff
— Unwirksamkeit II 1349, 1350, 1351, 1352
— Verjährung der Ansprüche aus — II 1361, 1388
Versicherungswert
— Begriff II 1330, 1331, 1351f, 1366, 1373
— Berücksichtigung bei der Festsetzung von Berge- oder Hilfslohn II 1217
— s.a. „Schiffswert“
Versinken
s. „Untergang“
Versorgung der Besatzung mit Arznei- und Heilmitteln III 121
Versorgungsleitungen über oder durch Wasserstraßen I 211
Verspätung II 295, s.a. „Verzögerung“
Verspätungsschaden II 428, 430f, **432f**, 457f, 467, 470, 474, 481f, 484, 541, 557, 635, 643, 666, 1214
Verstauung
s. „Stauung“
Versteigerung
— öffentliche
— — geborgener Gegenstände II 1251
— — der Ladung II 517
— — bei Reparaturunfähigkeit oder -unwürdigkeit eines Schiffes II 1370
— — bei Schiffsverkauf II 224
— des Schiffes im Ausland II 120
— s.a. „Zwangsversteigerung“
Versteigerungserlös II 1307
Verstoß
s. „Zuwiderhandlung“
Versuch einer Straftat bei der Rettung II 1239
Versunkene Gegenstände (StrandO) III 410f
Verteidigung eines Schiffes als Fall der großen Haverei II 913ff, **924f**
Verteilung
— des Berge- oder Hilfslohns unter Reeder, Kapitän und Schiffsbesatzung II 1241ff, 1256
— von Bezügen und Mindestbesatzung (MTV Hochseefisch) III 275f
— von Einschüssen II 107
— von Fracht- und Schleppgut I 30
— von Gewinn und Verlust II 111ff
— der Heuer bei nicht ausreichender Schiffsbesatzung III 112ff
— der Vergütung für Bergung oder Hilfeleistung unter mehrere Retter II 1128, 1145, 1151f, 1218, 1241, 1256, 1258
— s.a. „Havariegrosseverteilung“
Verteilungsplan zur Verteilung von Rettungslöhnen II 1241ff, 1245f
Verteilungsverfahren III 1282
Verträge des Bundes mit auswärtigen Staaten I 24, s.a. „Internationale Verträge, Vertrag“
Vertragsähnliches Verhältnis II 336
Vertragsflagge II 291
Vertragsfreiheit II 430

Vertragshafen II 383
Vertragshaftung
— im internationalen Privatrecht II 48
— im Verhältnis
— — zur Deliktshaftung des Reeders II 44f
— — zur Havariegrossehaftung II 908f
Vertragshilfe, richterliche II 1219ff
Vertragsklauseln II 423, 438f, 459ff, 466, 471, 481, 484, 493, 495f, 501ff, 519, 585
Vertragsort
s. „Abschlußort des Vertrages"
Vertragsreeder I 251, II 27, 92, III 133, 207, 223
Vertragsspesen II 288
Vertragsstatut II 48, 63f, 1285
Vertragsstrafe II 281, 352, 378f, 381, 515, 766
— im ausländischen Recht II 378
— Haftung des Pfandes beim Schiffsgläubigerrecht für — II 1295
— Schiffsgläubigerrecht wegen Forderung auf Erstattung von — II 1280, 1291
— als Schiffsvermögen II 55
Vertrag zugunsten Dritter II 265, 328, 460f, 492, 554, 623, 766
Vertrauensgrundsatz im Seestraßenrecht II 1028
Vertrauensschaden II 569
Vertrauensschutz
s. „Erklärungstreue", „Guter Glaube"
Vertreter II 467, 472, 697, 700
— für ein Schiff II 1301
— Straftaten und Ordnungswidrigkeiten des — des Reeders III 203f
— s.a. „Vertretung"
Vertretung
— des Abladers
— — durch den Empfänger II 265, 330f, 344, 502
— — durch die Kaianstalt II 397
— beim Abschluß
— — eines Rettungsvertrages II 1224
— — eines Versicherungsvertrages II 1329, 1332, 1351, 1354f
— des Ausrüsters durch den Kapitän II 231, 575
— des Befrachters
— — durch den Ablader II 261f, 321, 323, 340, 360, 620
— — durch den Empfänger II 330, 344, 477, 494, 502
— — durch den Kapitän II 380
— — durch den Schiffsmakler II 289, 762, 767
— des Besatzungsmitglieds durch den Verfrachter II 460f, 463
— des Empfängers
— — durch den Ablader II 618
— — durch den Befrachter II 618
— — durch die Kaianstalt II 397, 518
— — durch Ladungsunternehmer II 437
— gerichtliche II 97, 147, 213, 217, 228
— des Kapitäns II 172ff, 386, 398f, 427, 475, 558ff, 759f, 766ff, 869, 1244, 1255, III 11, 14f
— des Korrespondentreeders II 100
— der Ladungsbeteiligten durch den Kapitän II 140, 234ff, 241, 504, 512, 531, 869
— der Ladungsgläubiger durch den Verfrachter II 499
— mangelhafte — einer Partei I 279
— des Reeders II 57, 147, 211ff
— — im Ausland II 212
— — durch ermächtigte Vertreter II 558ff, 575f
— — durch den Kapitän II 140, 147, 211ff, 231, 558, 575f, 869
— — prozessuale II 213, 217
— — durch den Schiffsmakler II 558, 588, 759f, 766ff, 768
— des Schiffes durch die Kaianstalt II 397f, 560
— des Schiffshypothekengläubigers I 543f
— vor dem Seeschiedsgericht II 1147
— des Verfrachters
— — durch die Kaianstalt II 397f, 437, 560
— — durch den Kapitän II 213, 217, 261, 350, 360, 399, 405, 412, 419, 475, 477, 482
— — durch den Schiffsmakler II 261, 289, 350, 360, 399, 405, 412, 475, 477, 482, 491, 558, 588, 606
— ohne Vertretungsmacht II 460, s.a. „Vollmachtsüberschreitung"
— s.a. „Vertreter"
Vertretungsmacht
— des Kapitäns II 147, 211ff, 1277ff, 1281f, s.a. „Kapitän, Vollmacht"
— des Korrespondentreeders II 95ff, s.a. „Korrespondentreeder, Vollmacht"
Vertretungsverhältnis, auftragsähnliches II 237
Verunglücken des Schiffes II 522, 524
Veruntreuung II 431, 671
Verwahrung II 436f, 690f
— einstweilige II 1372
— eines Schiffes
— — im Arrestverfahren I 566
— — bei der Zwangsversteigerung I 558, 561
— Verschulden bei der — II 1357
Verwahrungskosten

— Berücksichtigung bei Festsetzung von Berge- oder Hilfslohn II 1218f
— Ladungspfandrecht an Gütern wegen — II 1326
— Schiffsgläubigerrecht wegen der — eines Schiffes II 1277ff, 1309
— der Schiffsverwahrung I 358

Verwaltung
— der Strandungsangelegenheiten im Gebiet der Unterweser und der Außenweser III 447
— von Wasserstraßen I 209ff

Verwaltungsanordnung
— über die Einrichtung des Bundesoberseeamts III 464
— über die Flaggenbescheinigungen für Seeschiffe des öffentlichen Dienstes I 273, 334, 350f

Verwaltungsausschuß seemännischer Heuerstellen III 89, 93

Verwaltungsbehörde für das SeemG i.S. des § 73 OWiG III 205

Verwaltungsrat des Seeschiedsgerichts II 1146

Verwaltungsrechtlicher Eingriff bei Verladung II 331

Verwaltungsvereinbarung über den Hafenlotsendienst
— im Hafen Emden III 542
— in dem Hafen Flensburg III 547
— in den stadtbremischen Häfen in Bremen III 546

Verweisung auf Landesrecht I 22

Verwender
s. „Ausrüster“

Verwendungsersatz II 515

Verwirkung
— nach dem Manteltarif für die deutsche Seeschiffahrt III 249
— von Rettungslohn II 1219ff, 1235ff, 1257f

Verzeichnis
— der gecharterten Schiffe I 346f, 362
— der aus dem gestrandeten Schiff fortgeschafften Gegenstände III 406

Verzicht
— auf die Anfechtung eines Rettungsvertrages II 1223, 1231f
— auf gerichtliche Entscheidung II 1225
— auf eine Schiffshypothek I 530f, 534, 535
— des Schuldners einer hypothekarisch gesicherten Forderung auf Einreden I 519f
— auf tarifliche Rechte III 1572

Verzögerung
— der Abnahme II 417, 422ff
— der Abreise II 374
— der Ankunft des Schiffes II 349, 405
— des Anlandbringens II 414
— der Anweisung des Löschplatzes II 404f
— der Ausbesserung eines Schiffes II 1366
— der Ausladung II 414
— des Auslaufens II 380, 472
— der Auslieferung II 398
— der Ausreise II 432
— der Beförderung II 317
— der Beladung II 280, 349
— der Einladung II 310, 324
— der Löschung II 405, 407, 423ff
— der Löschungsvorbereitungen II 421
— der Reise s. „Reiseverzögerung“
— der Schadensbeseitigung II 1052, 1056
— der Stauung II [illegible]
— der Wahl des Ladehafens II 321

Verzögerungsschaden II 243, 336, 338, 340

Verzollung II 419, III **1171ff**

Verzug
— Abladung „ohne Verzug“ II 386ff
— des Befrachters II 288, 321, 374, 390f
— des Empfängers II 417
— des Verfrachters II 288, 295, 310, 352, 432
— s.a. „Annahmeverzug“

Verzugsschaden II 288, 295, 352, 390

Verzugszinsen I 522, II 1150, 1231, 1296

Vestfjord I 47

vettore II 260, **s.a.** „Verfrachter“

Viehfahrt III 223, 252f

Viehseuche I 21

Viehtransportzulage III 253

Vietnam
— Flaggenrecht I 330
— als Mitglied internationaler Abkommen I 584, 982, 1294, II 1112
— Seerechtsquellen I 36

Viertes Gesetz über die Eintragung von Schiffspfandrechten in ausländischer Währung vom 10. 12. 1929 (Außerkrafttreten) III 1281

Vinkulierung von Schiffsparten II 114

Visierung des Konnossementsteilscheins II 588

Völkerrecht
— Beachtung durch Schiffer II 146, 171
— Delikte II 171
— s.a. „Seevölkerrecht“

Völkerrechtlicher Eingriff II 331

Völkerrechtliche Vertretung der Bundesrepublik I 24

Völkerrechtsakt
— Behinderung der Reise II 242
— Beschlagnahme von Ladung II 241

Vollcharter
s. „Ganzcharter“

Volle bedungene Ladung II 372f

Volle und bequeme Ladung II 295f, 373

Vollgiro
s. „Indossament“, „Vollindossament“

Vollgrad III 18, 275f
Vollindossament II 490, 492, 581
Vollmacht
s. „Vertretung", „Vertretungsmacht" sowie bei der betr. Person
Vollmachtserteilung durch schlüssige Handlung II 228
Vollmachtsindossament II 581
Vollmatrose III 20, 327
Vollschlagen eines Schiffes III 1091, 1093
Vollstreckung
s. „Zwangsvollstreckung"
Vollstreckungsgericht I 556f, 563f
Vollstreckungsklausel II 485, 492, 1313
Vollstreckungskostenersatz II 1082
Vollstreckungsurteil II 485
Vollzugsaufgaben der Schiffahrtspolizei I 22
Vollzugsordnung für den Funkdienst I 1319
Von-Haus-zu-Haus-Klausel II 1381
Voranmeldung
s. „Vorbuchung"
Voranzeige vom Zeitpunkt der Abfahrt oder der Ankunft II 351, 358, 406, 408
Vorbehalt, konnossementsmäßiger II 346
Vorbuchung II 263, 552
Vor-die-Hand-Kommen der Güter II 423
Vorerbe I 272
Perermittlung des Berechtigten durch das Strandamt III 417
Vorgesetzte III 177
— Mißbrauch der Anordnungsbefugnis III 198
— Pflichten III 189f
— Stellung bezüglich der Ordnung an Bord III 188f
— unredliche Handlungen von — II 1239
Vorkaufsrecht bei Partveräußerung II 114
Vorläufige Dienstanweisung für die Strandvögte in der Provinz Schleswig-Holstein III 397, 452
Vorläufige Lotsordnung
— für die Elbe vom 21. 3. 1960 III 521
— für das Seelotsrevier Ems vom 19. 3. 1960 III 515
— für das Seelotsrevier Nord-Ostsee-Kanal II/Kieler Förde vom 12. 12. 1958 III 524
— für das Seelotsrevier Weser II/Jade vom 21. 8. 1958 III 518
Vorläufige Richtlinien
— zur Regelung der Bordausbildung zum nautischen Schiffsoffizier III 321ff
— der See-Berufsgenossenschaft s. „Richtlinien der See-Berufsgenossenschaft, vorläufige"
Vorläufige Zulassungsbedingungen für die Positionslaternen der Sportfahrzeuge III 1475
Vorleistungsverlangen II 421
Vorleistungspflicht des Verfrachters II 371f
Vormann des Konnossementsinhabers II 342, 581, 604f, 618f
Vormerkung
— Eintragung I 289, 291, 294, 295, **469ff**, 535, 566
— Gerichtsstand I 470
— Gutglaubensschutz I 474
— Löschung im Schiffsregister I 271, 471, 479
— Vermerk im Schiffszertifikat I 292
Vormundschaftsgericht I 426
Vorrang
— absoluter — der Schiffsgläubiger I 554
— bei der Schiffshypothek I 535
— bei einer nur teilweise erloschenen Gesamthypothek I 538ff
Vorrat II 308, s.a. „Verproviantierung"
Vorratsräume I 660, 787
Vorreise II 348
Vorreisegüter II 1371
Vorsatz II 430, 447, 449, 462, 474, 630, 633
— bei Kreditgeschäften II 220
— beim Schiffszusammenstoß II 1022
— bei Vollmachtsbeschränkung II 229
Vorschriften
— über die nur bedingungsweise zur Beförderung mit Seeschiffen zugelassenen Güter I *989ff*, III 1467
— über die von der Beförderung mit Seeschiffen ausgeschlossenen oder bedingungsweise zur Beförderung zugelassenen Stoffe und Gegenstände III 1475
— behördliche II 346
— über die Bestimmung der Freiborde der Kauffahrteischiffe III 1429ff
— — Abflußrohr III 1437
— — Abzug für Aufbauten III 1448
— — Abzug für freistehende Aufbauten bei Tankschiffen III 1462
— — Abzug für größeren Sprung bei Tankschiffen III 1462
— — Anmarken III 1431
— — nicht durch Aufbauten geschützte Lade- und andere Luken III 1431
— — Aufbautenhöhe III 1443
— — Aufbautenlänge III 1443, 1445f
— — Back III 1446
— — Back des Tankschiffes III 1460
— — Balkenbucht III 1450
— — Bauart des Tankschiffes III 1460
— — Begriffsbestimmungen III 1429
— — Deckel sülloser Bunkerluken III 1436
— — Deckstrich III 1429
— — Freibord für Dampfer III 1439

— — Freibord für Dampfer, die Holzdeckslast fahren III 1456ff
— — Freibord für Segelschiffe III 1453ff
— — Freibord bei Tankschiffen III 1461
— — Freibordmarke III 1430f
— — Freibordmarke für Tankschiffe III 1460
— — Freibordstrich III 1430, 1453
— — Freibordtafel für Dampfer III 1451
— — Freibordtafel für Segelschiffe III 1455
— — Freibordtafel für Tankschiffe III 1462
— — Freibordzeichen III 1431
— — Frischwasserfreibord III 1451
— — geschlossener Aufbau III 1443, 1447
— — Keil III 1435
— — Laufbrücke des Tankschiffes III 1461
— — Lüfter III 1437
— — Lüfter von Tankschiffen III 1461
— — Lüksüll III 1431, 1435
— — Luftrohr III 1437
— — Luken auf dem Freiborddeck innerhalb von Aufbauten III 1435
— — Lukenbalken III 1432ff
— — Lukendeckel III 1432, 1435
— — Luken der Tankschiffe III 1461
— — Mannschaftsschutz III 1439
— — Maschinenraumöffnungen III 1436
— — Maschinenschächte des Tankschiffes III 1461
— — Mindestfreiborde III 1450f
— — Niedergänge III 1436
— — Persenninge III 1435
— — Pforten III 1437
— — Pläne für Tankschiffe III 1461
— — Poop III 1446
— — Quarterdeck III 1446
— — Schalkklampen III 1435
— — Schalklatten III 1435
— — Schotte der Aufbauten III 1444
— — Schuhe III 1435
— — Schutzbestimmungen für Tankerbesatzung III 1461
— — Schutzgeländer III 1438
— — Seitenfenster III 1438
— — Sommerfreibord III 1450
— — Speigatt III 1437
— — Sprung III 1448f
— — Spuren III 1435
— — Tankschiffe III 1460
— — Tropenfreibord III 1450
— — Trunk III 1447
— — Verschlüsse III 1445
— — Wasserablauf bei Tankschiffen III 1461
— — Wasserpforten III 1438
— — Winterfreibord III 1451
— — Winter-Nordatlantik-Freibord III 1451
— — Winter-Nordatlantik-Freibord für Tanker III 1462
— — Zugang zum Maschinenraum der Tankschiffe III 1461
— — zusätzliche Bedingungen für das Tieferladen bei Holzdecklast III 1157
— — s.a. „Freibord"

Vorschriften
— betr. die Vermessung der Schiffe für die Fahrt durch den Panamakanal I 1217f, III 1499
— über die Vermessung der Schiffe für die Fahrt durch den Suez-Kanal I 16, *1213ff*, III 1499

Vorschuß
— als Havariegrossemaßregel II 926
— des Kapitäns II 219
— des Korrespondentreeders II 108
— des Mitreeders II 106ff
— Rückerstattung II 107
— s.a. „Frachtvorschuß"

Vorschußpflicht
— des Kapitäns II 220
— des Versicherers II 1348

Vorsichtsmaßnahmen gemäß seemännischer Praxis oder wegen besonderer Umstände III 637ff

Vorteilsausgleichung II 1050, 1052f, 1105

Vorzugspfandrecht II 52

Vorzugsrecht
— am Erlös einer Schiffsversteigerung I 412
— der Schiffspfandbriefgläubiger im Konkurs der Schiffspfandbriefbank I 428, 440
— am Schiffsvermögen s. „Schiffsgläubigerrecht"
— s.a. „Internationale Verträge, Übereinkommen über —", „Rangverhältnis"

W

Wachdienst
— Feuerschutz III 1330
— im Hafen III 171
— auf Kauffahrteischiffen s. „Bekanntmachung, betr. die Dreiteilung des —"

Wachen im Funkdienst
s. „Sicherheitsfunkwachdienst"

Wachgänger auf See III 227f

Wachkapitän II 444

Wachmann II 22, 38, 1021

Wachmaschinist III 299
Wachoffizier II 18
Wachunternehmen II 22
Wäger, beeidigte II 478
Währung, maßgebliche II 1050, 1153f
Währungsumstellung und Schiffshypotheken I 482f
Wäscher(in) III 18
Waffen
s. „Kriegswaffen"
Wagenfähre III 704
Wahlkonsul II 210, s.a. „Konsul"
Wahlrecht
— hinsichtlich des Bestimmungshafens II 264, 281, 391f
— hinsichtlich des Ladehafens II 294f, 321f, 368, 391f
— hinsichtlich der Ladungsart II 368
— hinsichtlich des Ladungsplatzes II 323ff
— hinsichtlich des Schiffes II 286
— bei teilweiser Reiseverhinderung II 536f
Wahlschuld II 286, 294, 321, 391, 553
Wahrscheinlichkeit, für den Beweis erforderliche II 441ff
Walfang I 17, 26, 173, II 91
Walfangfahrzeug III 209f
Walnüsse II 472
Warenbearbeitung, Zollvorschriften III 1188
Warendienst
s. „Grundsätze für den nautischen —"
Wareneinkauf zur Befrachtung von Schiffen II 97
Warengattung II 264
Warenkredit II 1281
Warenlagerung, Zollvorschriften III 1188
Warenumwandlung, Zollvorschriften III 1188
Warenverbrauch, Zollvorschriften III 1188
Warenwert II 781
Warnsignal III 676
— bei Schiffahrtsbehinderung III 670
warranty II 312f, 315, 319f
Warschauer Abkommen
s. „Internationale Verträge, Abkommen zur Vereinheitlichung von Regeln über die Beförderung im internationalen Luftverkehr"
Wartefrist bei Rücktritt II 533f, 549
Warten auf Order II 357
Warteperiode bei Rabattversprechen II 507
Wartezeit II 321f, 350ff, 355, 361f, 364, 522, 525
— Ablauf II 361f, 364, 372, 375ff, 379f, 383f
— Begriff II 375
— Berechnung II 370
— Überschreitung II 379f, 525
— Verlängerung II 369f
— Verzicht II 375
— s.a. „Ladezeit", „Überliegezeit"
Wartung der Ladung II 449
Waschraum I 15, II 164
— auf Kauffahrteischiffen III 118, 213, 297, 952ff
— für die Schiffsmannschaft III 354
Wasserballasträume I 1172
Wassereinbruch II 320, 451, 1210, 1335, 1356
Wasserfässer II 10
Wasserfahrzeug
s. „Schiff"
Wasserflächen, Rechtslage der — I 45ff
Wasserflugzeug II 1011, 1280, III 458, 590ff
— Schiffseigenschaft I 229
— i.S. der SStrO III 591, 593, 594, 595, 597, 598, 600, 606f, 611ff
Wasserkräfte von Wasserstraßen I 208
Wasserlinie, Schäden unter der — II 920
Wassermelonen II 473
Wasserpforte III 1294
Wasserpolizeibehörde, Amtshaftung II 1115
Wasserschaden II 310, 425, 468ff, 482f
Wasserschutzpolizei III 660
Wasserski III 701, 800, s.a. „Schiffahrtspolizeiliche Anordnung über das Wasserskifahren ..."
Wasserstand II 185ff, 322, 367, 392, 395, 518, 543
Wasserstraßen II 325
— Abgaben I 223f
— Rechtsverhältnisse der — I 12, 17, 45ff, 207f, 219f
— Schrifttum III 1258
— Verkehrssicherungspflicht auf öffentlichen — II 1114
— s.a. „Binnenwasserstraße", „Gesetz über den Staatsvertrag, betr. den Übergang der — ...", „Gesetz über die vermögensrechtlichen Verhältnisse der Bundeswasserstraßen", „Verordnung über die Reichswasserstraßen", „Verordnung über die Verwaltung der Elbe und anderer Reichswasserstraßen ..."
Wasserstraßenverwaltung II 325, 1114ff
Wassertiefe II 185ff, 324, 348, 391, 396, 405
Wasser- und Schiffahrtsämter III 659f
Wasser- und Schiffahrtsdirektionen I 52, II 262f, III 659
Wasserzins I 208
Water Carriage of Goods Act (Kanada) II 319, 446, 719f
Wattenfahrwasser III 656, 661, 789ff
Wattenmeer
— Fischfang III 1258
— s.a. „Staatsvertrag zwischen Hamburg und Niedersachsen, betr. —"

weather working days II 366, 414
Wechsel
— des Ladungsplatzes II 348, 351
— des Löschplatzes II 404
Wechsel (Papier) II 60
— Ausstellung durch Kapitän II 221f
— Erstreckung des Schiffsgläubigerrechts auf — II 1291, 1307
— Schiffshypothek in Verknüpfung mit — I 542f
— Zeichnung durch Kapitän II 222
— s.a. „Wechselrecht“
Wechselbürgschaft II 222
Wechselerklärung II 222
Wechselfeuer III 568, 577
Wechselkurs II 495
Wechselmäßige Haftung II 222
Wechselmotor II 10
Wechselrecht II 492, 554, 561, 579ff, s.a. „Wechsel (Papier)“
Wechselverbindlichkeit
— Eingehung durch den Kapitän II 221f
— Eingehung durch den Korrespondentreeder II 99
— des Reeders II 221f
Wedel III 736
Weener III 711
Wegeberechtigung für fischende Fahrzeuge III 633
Wegerecht II 1073
Wegerechtschiff III 667
Wegerung I 1145, *1186*
Wehrpflichtiger II 831
weight shipped II 509
Weihnachtsgratifikation III 106
Wein I 177, II 441, 636, 650f
Weisungen
s. bei der betr. Person oder dem Gegenstand der —
Weiterbeförderung II 235, 340, 342f, 530ff, 658
— nach Bremen—Stadt II 518
— beim Durchfrachtvertrag II 622ff
— bei Nichterreichen des Bestimmungshafens II 393ff
— bei Quarantäne II 511
Weitere Beschwerde
s. „Beschwerde“
Weiterreise II 284, 668
Weiterverchartering II 272, 297
Weiterverkauf von Waren II 216
Wellenschlagschäden II 1091, 1093, 1094, 1107
Wellentunnel I 625ff, 764f
Welthandelsflotte II 676
Weltpostvertrag II 672
Werft I 424ff, II 313
Werftarbeiter II 313, 1012, 1021
Werktag II 406, 408, s.a. „Sonn- und Feiertage“
Werkvertrag II 265, **266ff**, 273ff, 372, 377, 397, 523, **811ff**, 825
Wert
— des gefährdeten Materials bei Bergung oder Hilfeleistung II 1215f, 1217f, 1258
— gemeiner II 464, 616, 629ff
— geretteter II 528f
— des Schiffvermögens II 312, 316
— s.a. „Schiffswert“
Wertdeklaration II 633, 637ff, 702f, 823
Werthaftungssystem II 64
Wertpapiere II 554, 590f, 638, 651, 823, 874, 892, 927f, 942f
Wertquoten bei der Vergütung von Bergungs- oder Hilfsdiensten II 1154
Weser III 718ff
— Anforderungssignal für Seelotsen III 506
— Fahrrinne I 216
— Lotswesen III 516
— strom- und schiffahrtspolizeiliche Anordnung für die Schiffahrt auf der — (Beleuchtung von Sportbooten) III 777
— Wasserentnahme I 215
— Zuführung von Abwässern I 215
— s.a. „Außenweser“, „Unterweser“
Weserhäfen II 16
Wesermünde III 1084ff, 1093
Wetboek van Koophandel I 30, 33f
Wettbewerbsbeschränkungen II 756f, s.a. „Gesetz gegen —“
Wetter II 191ff, 447, 470, III 611f
Wetterdienst I 186
— Gesetzgebung des Bundes über — I 11
Wetterstation
s. „Vereinbarung über Ozean-Wetterstationen im Nordatlantik“
Wettfahrt III 559, 565, 701
Wettversicherung II 1350
WGO-Vorschriften
s. „Internationale Gesundheitsvorschriften“
whether in berth or not III 1556
Widerklage wegen Schiffszusammenstoßes II 1109
Widerruf
s. bei der betr. Person
Widerspruch
— von Amts wegen im Schiffsregister I 272
— gegen die Dispache II 952f
— Eintragung I 289, 291, 294, 295, 468, 479
— und Gutglaubensschutz I 473, 475
— gegen die Löschung der Eintragung eines Schiffes I 260, 261
— Löschung im Schiffsregister I 271

— gegen die Richtigkeit der Eigentumseintragung im Schiffsregister I 255, 479
— gegen unrichtige Eintragungen im Kabelbuch I 134
— Vermerk im Schiffszertifikat I 292
Widerspruchsklage II 581
Widerstand III 196ff
Wiederaufbaudarlehen für Schiffe I 364, 452ff, III 1280, s.a. „Gesetz über Darlehen zum Bau und Erwerb von Handelsschiffen"
Wiederausfuhr II 511
Wiederausladung II 333, 376, 379ff, 385, 389, 391, 543ff
Wiederauslaufen II 511
Wiedereinladung II 341, 543f
Wiedereinräumung der Gewerbebefugnis III 479
Wiedereinsetzung in den vorigen Stand II 1145
Wiederflottbringen eines Schiffes II 967
Wiederherstellungskosten des Versicherers I 503f, 1339
Wiederkehrende Leistungen I 479f
Wiegen II 401ff
Wilhelmshaven III 547
Wilhelmshaven-Reede III 717
Willensmängel
s. bei der betr. Person
Wilster III 909
Wimbledon-Prozeß I 52
Winden I *896ff*, 961, 962f, II 414, III 1318, s.a. „Schiffswinde"
Windstärke II 470
Wind und Wetter II 363, 366ff, 408, 413ff
Winkel II 9
Winterreise II 470
Wirksamwerden
— einer Erklärung II 350
— eines Staatsvertrages I 24
Wirtschaftliche Sicherung der Arbeiter im Krankheitsfall
s. „Gesetz zur Verbesserung der —"
Wirtschaftsgebiet i. S. des Außenwirtschaftsgesetzes II 773ff
Wirtschaftsrecht
s. „Seewirtschaftsrecht"
Wisbysches Seerecht I 6
Wischhafen III 739f
Witterungsverhältnisse II 366, 415, 440, 537, 662
Wohnräume
s. „Logisräume"
workable hatch II 356, 410
working days II 365f, 414
working hours II 358, 364, 366, 410, 413
Wrack III 411, 413ff, 671, 807
— anzuwendendes Recht bei der Eigentumsaufgabe I 379
— Bergung im continental shelf I 67
— Beseitigung I 420, II 1115, 1122, III 413ff
— Bezeichnung III 557f, 564, s.a. „Wrackfeuer"
— dingliche Rechte am — I 259, 533
— als Gegenstand einer Bergung II 1121
— Neueintragung im Schiffsregister I 259
— öffentlicher Verkauf durch den Versicherungsnehmer II 1345
— Schiffseigenschaft I 229f, II 1011
— Tagesbezeichnung von —
s. „Grundsätze für die —"
— Übereignung I 365
— Verfügungsrecht I 376
— Weiterbestehen einer Schiffshypothek I 533
— Weiterwirkung eines früheren Schiffsgläubigerrechts II 1289
— Zwangsvollstreckung in ein — II 1298
Wrackfeuer III 567, 573, 581
Wucher II 870, 873, 1219ff, 1239
Wüstendörfer, Bedeutung I 6
Wurmfraß II 662, 1336, 1364
Wyk (Föhr) III 920

Y

Yacht
s. „Jacht"
York-Antwerp-Rules I 9, 23, II 3, 535, 891, 904, 911, **959ff**, 1356, III 1567

Z

Zahlenangaben über das Frachtgut
s. „Frachtgut", „Konnossement"
Zahl, Maß, Gewicht unbekannt II 438
Zahlmeister II 57, 176, III 15f
Zahlmeister-Assistent III 17, 224
Zahlungen
— Dritter an den Schiffshypothekengläubiger I 525f
— Dritter an den Versicherer I 508f
— Gutglaubensschutz bei — I 477
— von Seeschiffahrtsunternehmern, Meldepflicht II 794
— des Versicherers auf die Versicherungsforderung I 503f
Zahlungsbefehl II 485
Zahlungsunfähigkeit
— des Verfrachters II 524
— des Versicherers II 1349, 1361
Zahlungszeitverlängerung II 1311
Zahnbehandlung III 120

zeebrief I 274
zeewaardigkeit II 308
Zehn-Seemeilen-Grenze I 46
Zeitbefrachtung II 285
Zeitcharter II 8, 98, 135, 425, 557
— Anlieferung des Schiffes II 270
— anzuwendendes Recht, s. „Internationales Privatrecht“
— im ausländischen Recht II 268
— Dauer II 270, 284
— eigentliche II **284f**, 352, 512f
— Erfüllungsort II 272
— Formulare, s. „Charterformulare“
— Frachtforderung II 503, 512f
— als Frachtvertrag II 135
— gerichtliche Zuständigkeit II 272
— Grenzen der Fahrt II 270
— Kosten II 270
— Rechtsnatur II 266ff, 270f, 284
— im schweizerischen Recht II 268ff
— Stellung des Mieters und Vermieters II 7
— uneigentliche II 284f, 512f
— im Verhältnis zur Reederei II 27
— Verlängerung II 513
— verspätete Rücklieferung II 513
— Vorschußaufnahme durch Kapitän II 219
— Zurücklieferung des Schiffes II 270, 513
— s. a. „Charterpartie“ „„Chartervertrag“, „Raumfrachtvertrag“
Zeitcharterpartie II 291, s. a. „Chartepartie“
Zeitfracht II **512f**, 543f, 940, 1244
Zeitfrachtvertrag
s. „Zeitcharter“
Zeitprämie II 1338
Zeitverlust II 173f, 963, 1134, 1212
Zeitversicherung II 1337, 1359, 1366
Zeitweiliges Feuer III 567
Zeitweises Feuer III 567
Zementbeförderung II 1365
Zerealien II 402
Zerstörung
— von Schiffen, Strafrecht I 20
— des Schiffsvermögens II 1320
Zertifikat des Seeversicherers II 443
Zeuge
— Kapitän als — II 1243, 1300
— Mitreeder als — II 84
— Schiffsmannschaft als — II 1243
Zeugnis
— Ausstellung nach Überprüfung von Schiffen und deren Anlagen I 603ff, 750f
— des Kapitäns II 143
— für Schiffsjungen, Jungmänner und Leichtmatrosen III 332f
— für Seelotsenanwärter III 499
— für Sporthochseeschiffer III 865, 870
— für Sportseeschiffer III 865, 870
Zeugniserteilung III 246, 268
Ziehschein III 110, 238
Zimmermann II 19, III 18, 245
Zinsbeihilfe I 459f
Zinsen
— vom Anschaffungswert des Schiffes II 1055
— bei Ersatzansprüchen wegen Schiffszusammenstoßes II 1057
— Forderung auf Rückstände von — I 528
— von in großer Haverei zu vergütenden Verlusten II 984f
Haftung des Pfandes beim Schiffsgläubigerrecht für die — II 1295f
— bei der Höchstbetragshypothek I 544f
— persönliche Haftung des Reeders für — des Frachtgeldes II 1315
— aus dem Schiff I 536
— der Schiffshypothek I 410, 489f, 527
— einer durch eine Schiffshypothek gesicherten Forderung I 480f
— für Vorschuß des Mitreeders II 108
Zinsverlust II 1231
Zirkaklausel
s. „circa“
Zivilkomputation II 364, 413
Zivilmakler II 760f
Zivilprozeßordnung I 9, II 1149
Zivilrechtliche Jurisdiktion
— bei Schiffszusammenstößen I 69
— des Uferstaates I 62
Zivilrechtliche Zuständigkeit bei Schiffsunfällen
s. „Internationale Verträge, Übereinkommen zur Vereinheitlichung von Regeln über die —“
Zölle
— Beitragspflicht bei großer Haverei II 943
— Berücksichtigung von aufgewendeten — bei Festsetzung von Berge- oder Hilfslohn II 1218f
— ersparte II 630ff, 931f
— Erstattungspflicht des Empfängers II 488, 494, 496, 612
— Verjährung der Forderungen des Verfrachters wegen ausgelegten — II 1388
Zoll
s. „Allgemeine Zollordnung“, „VO über die Zollgrenze, über die Zollbinnenlinie und die der Grenzaufsicht unterworfenen Gebiete“, „Zölle“, „Zollgesetz“
Zollabfertigung II 336, 349, 366, 390, 405, 779, 786, III 1171ff
Zollagerung II 774, 786
Zollandeplatz III 1172, 1181
Zollanmeldung II 334, 760, 767
Zollansageposten III 1184

Zollanschlüsse III 1171
Zollausland III 1171
Zollausschlüsse III 1171, s.a. „Freihafen"
Zollbeamter II 478
Zollbehörde II 415, 417, 480f, 518
Zollbestimmungen
s. „Zollvorschriften"
Zollbinnenland III 1179
Zollbinnenlinie III 1179, 1193ff
Zolldeklaration II 171, 390, 404
Zolldelikt
s. „Zollvorschriften, Verstoß"
Zollfahrzeug
— Anwendung des Brüsseler Übereinkommens II 1106
— Borden eines — II 1013
— entgangener Gewinn bei — II 1057
— Zusammenstoß mit — II 1014
Zollflagge I 335
Zollflugplatz III 1172
Zollfreigebiet III 1171, 1178
Zollfreiheit II 786
Zollgesetz I 17, II 171, III **1171ff**
— Allgemeines III 1171
— Freigut III 1173
— Freihäfen III 1175ff, 1179, s.a. „Freihafen"
— Gestellung III 1173, 1182f
— Inkrafttreten III 1179
— Veredelungsverkehr III 1174f,
— Zollandungsplätze III 1172, 1181
— Zollanschlüsse III 1171
— Zollausland III 1171
— Zollausschlüsse III 1171
— Zollbinnenland III 1179
— Zollbinnenlinie III 1179
— Zollfreigebiete III 1171
— Zollfreigebiete außer Freihäfen III 1178
— Zollflugplätze III 1172
— Zollgebiet III 1171
— Zollgrenzbezirk III 1179
— Zollgrenze III 1171, 1193ff
— Zollgut III 1173
— Zollstraßen III 1172, 1181
— Zollstunden III 1172
Zollgestellung II 779, III 1173, 1182f
Zollgrenzbezirk III 1179
Zollgrenze III 1171, 1190, 1193ff
Zollgut III 1173
Zollhafen III 1182
Zollhaus II 401, 405, 658
Zollinland II 417
Zollinteresse (StrandO) III 401
Zollkaution II 511
Zollkontrolle in der Außenzone I 63
Zollkreuzer I 235
Zollpflichtige Sachen und Schiffsgläubigerrecht II 1322
Zollpolizei I 59
Zollrechtliche Festhaltung II 527
Zollschiff
s. „Zollfahrzeug"
Zollstrafe II 219, III 87, 105
Zollstraße III 1172, 1181
Zollstunden III 1172
Zollveredelungsverkehr II 774
Zollverschluß II 237, 404
Zollvorschriften II 390, 401, 404, 788, III 1171ff
— für den Kaiser-Wilhelm-Kanal I 53
— für den Nord-Ostsee-Kanal III 860
— Verstoß gegen — II 39, 171, 263, 330, 332, 334
— s.a. „Allgemeine Zollordnung", „VO über die Zollgrenze, über die Zollbinnenlinie und die der Grenzaufsicht unterworfenen Gebiete", „Zollgesetz"
Zollwesen I 17, III 1171ff
Zollzaun III 1189
Zollzeichen I 335, III 1182, 1192
Zonentheorie I 193
Zubehör
— Begriff I 416
— Beschlagnahmeverbot bei Segelfertigkeit II 25
— als Bestandteil des Schiffsvermögens II 54
— Entfernung von — I 509ff
— Ersatzansprüche wegen Schäden an — durch Schiffszusammenstoß II 1047
— Haftung des — bei Pfandrecht an einem Kabel I 134, 135
— als Haftungsobjekt bei Schiffshypotheken nach ausländischem Recht I 491f
— bei Rettungsbooten I *912*, 967
— Schadensermittlung bezüglich des — II 929f
— bei Schiffsveräußerung II 11
— Seewurf II 965
— bei Verbodmung II 12
— Verkauf von — II 250
— Verschlechterung von — I 509ff
— von Wasserstraßen I 207
— Zwangsvollstreckung in — I 523, 554
— Zweckbestimmung II 10
— s.a. „Schiffszubehör"
Zündwaren
s. „Gefährliche Güter"
Zufall II 286, 312, 315, 354, 363ff, 369, 375, 412ff, 415f, 424f, 429, 431, 435, 467, 503, 513, 522ff, 528, 532f, 535f, 543f, 546, 549, 630, 659f, 666, 698f, 1018, 1101
Zufluchtshafen I 99
Zugang

— zum Binnengewässer I 47
— einer Erklärung II 350f
— zum Schiff I *888*, 960
— zu Seehäfen I 88
Zug-um-Zug-Leistung II 378, 417, 421, 522
Zulage
— für Ladungsarbeiten III 237
— nach dem Manteltarif für die deutsche Seeschiffahrt III 236ff
Zulassungsbedingungen
— für Kohlensäurefeuerlöschanlagen auf Seeschiffen und damit verbundene Feuermeldeanlagen I 1100ff
— für Positionslaternen I 1117ff
Zumessen II 326
Zureise II 284, 294, 321f, 348, 383, 546ff
— in Ballast II 546ff
Zurückbehaltungspflicht
— betr. wegen großer Haverei beitragspflichtiger Güter II 957f
— betr. mit einem Pfandrecht des Bergers belasteter Gegenstände II 1251
— betr. des Schiffs gegenüber Schiffsgläubigern II 1304
— des Verfrachters II 500, 878, 957
Zurückbehaltungsrecht
— des Bergers II 1128, 1249ff
— am Frachtgut II 248f, 597, 602, 604, 957f
— bezüglich eines Schiffes wegen strafrechtlichen Verstoßes beim Schiffszusammenstoß II 1112
— des Verfrachters II 248, 374f, 378, 420, 491, 493f, 499f, 514f, 518, 521f, 532, 560ff, 878, 881, 957f
— des Werkunternehmers I 425
Zurücklassung von Besatzungsmitgliedern III 154f, 199
Zurückweisung
— beschädigter Güter II 633
— unreiner Konnossemente II 626
Zusammengesetzte Reise
— Beitragspflicht der Fracht bei — II 940
— Havereivergütung bei — II 934
— Sicherheitsleistung vor Verlassen des Dispachehafens bei — II 957
Zusammengesetzter Frachtvertrag II 281
Zusammenkoppeln von Fahrzeugen mit Maschinenantrieb III 691
Zusammenstoß
s. „Schiffszusammenstoß"
Zusammenwirken zwischen mehreren Rettern II 1153
Zusatzprotokoll zum internationalen Abkommen zur einheitlichen Feststellung von Regeln über die Immunitäten der Staatsschiffe I 575, 578, **582f**
Zusatzurlaub III 242
Zusatzvereinbarung zum Manteltarifvertrag Heringsfischerei III 290
Zusatzvertrag zum Staatsvertrag, betr. den Übergang der Wasserstraßen von den Ländern auf das Reich
— mit Bremen I 215
— mit Hamburg I 214, 218, III 416
— mit Lübeck I 216
— mit Preußen I 212, 217
Zuschlag eines Schiffes in der Zwangsversteigerung I 531
Zuschlagsprämie II 1354, 1355, 1358, 1372
Zuständigkeit
— gerichtliche II 272, 278, 290, 495, 562, 816, 882
— — für die Ausschließung unbekannter Schiffsgläubiger II 1308
— — für Klagen auf Rettungslohn II 1245f
— — für Klagen der Schiffsgläubiger II 1298ff
— bei Schiffsverkauf II 223
— des Seeschiedsgerichts s. dort
— bei Verklarung II 200ff
— s.a. „Internationale Verträge, Übereinkommen zur Vereinheitlichung von Regeln über die strafrechtliche — bei Schiffszusammenstößen ..." „Internationale Verträge, Übereinkommen zur Vereinheitlichung von Regeln über die zivilrechtliche — bei Schiffszusammenstößen"
Zuständigkeitsvereinbarung II 562
Zustellung II 362
— der Begleitpapiere an den Schiffer II 390f
— der Klage I 61, II 97
Zustimmung
s. beim Gegenstand der — und bei der betr. Person
Zuteilungsklausel II 664
Zuvielverladen II 327
Zuwägen II 326, 579, 615
Zuwiderhandlung
— gegen die Beistandspflicht II 1104f, 1259f
— gegen Polizeivorschriften I 21, 87
— gegen das SeelotsG III 495
— gegen Straf- oder Disziplinarvorschriften auf Schiffen II 1112
— gegen Zoll- und Steuervorschriften I 87
Zuziehung der Gegenpartei II 475, 479f, 482f
Zwangshypothek I 426, 475f, 523, 532, 553, 555
Zwangslotse II 664, **1082f**, 1088, III 480, s.a. „Führungszwangslotse"
Zwangslotsengeld II 1281
Zwangsmaßnahmen gegen ein fremdes Schiff I 62

Zwangsmittel des Kapitäns II 145, III 185ff
Zwangsschlepper II 1082
Zwangsstauer II 23, 168, 430, 669
Zwangsvergleich II 516
Zwangsverkauf II 225, 1290
Zwangsversteigerung
— Anmeldung eines Schiffsgläubigeranspruchs in der — II 1382
— eines ausländischen Schiffes I 560, 562f
— Beschlagnahme des Schiffes anläßlich der — I 535
— einstweilige Einstellung der — I 558
— Erlöschen des Schiffsgläubigerrechts im Falle der — II 1305ff, 1315
— Kosten der — II 1309
— eines einem Mieter überlassenen Schiffes I 561
— eines Schiffes I 426, 454, 484, 522ff, **555ff**, II 6, 24ff, 84, 115, 524, III 1264
— — nach internationalem Privatrecht I 239, 320, 412, **413f**
— — bei Segelfertigkeit I 556
— Schiffsgläubigerrecht des Reeders am eigenen Schiff in der — II 1276
— Terminsbestimmung I 559f, 562
— eines versicherten Gegenstandes II 1349
— und Zwangsverwaltung I 9
Zwangsversteigerungsgesetz I 9
Zwangsverwaltung I 9
Zwangsvollstreckung II 471, 493, 882ff
— Befriedigung der Schiffsgläubiger aus Schiff und Fracht II 1298ff
— in im Deckungsregister eingetragene Darlehensforderungen und Wertpapiere I *440*
— aus der Dispache II 953
— Gefährdung der — I 564
— Gutglaubensschutz I 475f
— in ein Hochseekabel I 137
— Intervention des Schiffseigentümers II 137, 1046
— mit einem gegen den Kapitän ergangenen Urteil in das Schiffsvermögen II 1303
— gegen Ladungsbeteiligte II 246
— wegen Reederhaftung II 82
— in Reedereivermögen II 84
— in Schiffe I 421, 484, 522ff, 531, **553ff**, II 1298
— — nach internationalem Privatrecht I 567f
— in Schiffsparten II 87
— in das Schiffsvermögen II 1303
— in Staatsschiffe I 236, II 60
— Umfang der — in das unbewegliche Vermögen I 553ff
Zwangswege für die Schiffahrt II 242, 537, 1072
Zweck
— von Geschäften des Kapitäns II 215
— der Reederei II 90, 96
Zweckbestimmung
— eines rettenden Schiffes II 1215, 1258
— beim Zubehör II 10
Zweites Gesetz
— über die Eintragung von Hypotheken und Schiffspfandrechten in ausländischer Währung III 1281
— über die Eintragung von Schiffspfandrechten in ausländischer Währung III 1281
Zweitverfrachter II 342, 622ff
Zwei-Wachen-Schiff
— Arbeitszeit auf — III 228
— i.S. des Manteltarifs für die deutsche Seeschiffahrt III 224
— Mehrarbeitsvergütung III 234
— Sondervorschriften des SeemG III 207f, 215
Zwei-Wachen-System III 231
Zwei-Wachen-Zuschlag III 232
Zwingende Haftung
s. „Haftung, zwingende"
Zwingendes Recht II 264, 271, 278f, 287, 290f, 315, 326, 340ff, 343, 345ff, 428ff, 433, 437, 444f, 449, 457, 475, 486, 541f, 551ff, 562f, 611ff, 615, 634f, 637, **639ff**, **643ff**, 811f, 817
Zwischendeck I 1158f, II 284, 827
Zwischenhafen II 346, 432, 511, 527, 534f, 538, 586, 621ff, 656ff, 818, **921**, 933f, 1337
Zwischenindossatar II 597
Zwischenspediteur II 622
Zwischenstaatliche Beratende Maritime Organisation I 592, III 1198
Zwischenstaatliche Rechtsangleichung I 23
Zwischenstaatliche Schiffahrtsvereinbarungen der Bundesrepublik I 113, III 1214
Zwischenurteil im Schiffsgläubigerrechtsstreit II 1303, 1319
Zwischenzone
s. „Außenzone"
Zyklon I 740f
Zypern III 1215

FSC
www.fsc.org
MIX
Papier | Fördert gute Waldnutzung
FSC® C083411

Kolibri 360 GmbH
Ferdinand-Jühlke-Straße 7
99095 Erfurt, Deutschland
produktsicherheit@kolibri360.de